Jim Cramer

Bekenntnisse eines Wall-Street-Süchtigen

Jim Cramer

Bekenntnisse eines Wall-Street-Süchtigen

Börsenbuchverlag

Die Originalausgabe erschien unter dem Titel
Confessions of a Street Addict
ISBN 0-7432-2487-6

Übersetzung: Egbert Neumüller
Gestaltung, Satz und Herstellung: Timo Boethelt
Lektorat: Karla Seedorf
Druck: GGP Media GmbH, Pößneck

ISBN 978-3-86470-846-6

Bibliografische Information der Deutschen Nationalbibliothek:
Die Deutsche Nationalbibliothek verzeichnet diese Publikation in der Deutschen Nationalbibliografie; detaillierte bibliografische Daten sind im Internet über <http://dnb.d-nb.de> abrufbar.

BÖRSEN MEDIEN
AKTIENGESELLSCHAFT

Postfach 1449 • 95305 Kulmbach
Tel: +49 9221 9051-0 • Fax: +49 9221 9051-4444
E-Mail: buecher@boersenmedien.de
www.boersenbuchverlag.de
www.facebook.com/plassenbuchverlage
www.instagram.com/plassen_buchverlage

Für Karen, meinen Vater und Nan.

Inhalt

Danksagungen 9

Kapitel 1
Die frühen Jahre 13

Kapitel 2
Goldman 43

Kapitel 3
Der Geld-Mann 65

Kapitel 4
Aufbau eines Hedgefonds 87

Kapitel 5
SmartMoney 97

Kapitel 6
Die Geburt von TheStreet.com 119

Kapitel 7
Und noch einmal Dow Jones 139

Kapitel 8
Desai 147

Kapitel 9
Der Mann mit den zwei Karrieren 169

Kapitel 10
Der Medien-Mann 189

Kapitel 11
Cendant 199

Kapitel 12
Berkowitz 211

Kapitel 13
Die Einstellung von Kevin English 223

Kapitel 14
Krise 1998: Teil 1 231

Kapitel 15
Krise 1998: Teil 2 265

Kapitel 16
Krise 1998: Die Rückkehr der Trading-Göttin 295

Kapitel 17
Im Inneren des IPO: Teil 1 321

Kapitel 18
Im Inneren des IPO: Teil 2 341

Kapitel 19
Medien-Wahnsinn 357

Kapitel 20
Die Rückeroberung von TheStreet.com 371

Kapitel 21
Die Neupositionierung von Cramer Berkowitz 379

Kapitel 22
Aussteigen 405

Kapitel 23
Bekenntnisse eines ehemals Wall-Street-Süchtigen 423

Danksagungen

Als TheStreet.com vor drei Jahren an die Börse ging, wussten wir alle, dass es ein brandheißes Geschäft werden würde. Das heißt, wir bekamen Aktien, die wir an Freunde und Verwandte verteilen konnten, und wir wussten, dass wir damit buchstäblich Hunderttausende Dollar verteilten, wenn wir sie jemandem gaben – vorausgesetzt, die Betreffenden verkauften sofort bei Handelsbeginn oder kurz danach. Ich setzte mich also hin und rechnete mir nach dem üblichen Wall-Street-System aus, wie viel meine Freunde und Verwandten insgesamt bekommen würden. Tagelang überlegte ich, wie ich die Aktien verteilen sollte; irgendwann gab ich es auf und sagte mir, dass ich ohne meinen Vater, meine Schwester und meine Frau ein Nichts wäre – also bekamen sie fast alles.

Und jetzt, da ich hier sitze und über die Widmung des vorliegenden Buches nachdenke, diesmal also kein Geld, sondern Dank verteile, komme ich zu genau dem gleichen Schluss. Mein Vater hat sein Leben lang gearbeitet, um meine Schwester und mich glücklich zu machen, und zwar sowohl durch die Bestreitung des Lebensunterhalts als auch durch Güte, Liebe und Einfallsreichtum. Er und meine verstorbene

Mutter ermutigten mich immer, meine Ziele zu erreichen. Ich selbst trieb dies bis zum Äußersten, was beide nicht wollten, und sie drängten mich auch, damit aufzuhören; meine Mutter tat dies, bevor ich meine Wall-Street-Karriere begann, mein Vater, als ich sie beendete. Das Leben meines Vaters hat mich dazu angeregt, hart zu arbeiten und immer die Wahrheit zu sagen. Er ist und bleibt die größte Inspiration für meine Erfolge und erreichten Ziele. Außerdem ist er mein bester Freund, und das können nur wenige Söhne von ihren Vätern sagen. Darüber bin ich sehr glücklich. Meine Schwester ist mir beigestanden bei den allergrößten Schwierigkeiten und Rückschlägen, sie hat mich von dem notdürftigen Lager auf dem Rücksitz meines Ford Fairmont in ihr Wohnzimmer in Greenwich Village geholt und mich dazu ermuntert, an der Wall Street meine Träume zu verwirklichen. Sie, die es länger mit mir hatte aushalten müssen als irgendjemand anders. Und meine Frau? Was soll ich dazu sagen? Lesen Sie das Buch und finden Sie es heraus. An dieser Stelle brauche ich die Rolle nicht näher zu erläutern, die sie gespielt hat.

Ich möchte auch Bob Bender und David Rosenthal von Simon & Schuster danken, denn sie haben daran geglaubt, dass ich es schaffe, und sie haben mich unterstützt. Sie sind die Besten und ich hoffe, dass ich noch sehr lange mit ihnen zusammenarbeiten kann. Dank gilt auch meiner Agentin Suzanne Gluck, die ebenfalls jederzeit an mich geglaubt hat.

In meinem Leben hat es so viele hilfreiche Menschen gegeben, die mich ermutigt und angespornt haben, die zu mir gehalten haben, obwohl ich sie zeitweilig im Stich gelassen habe, allen voran mein „Best Man“ [in den Vereinigten Staaten ein Freund, der bei den Hochzeitsvorbereitungen hilft] Marty Peretz; ich habe ihn in meiner Raserei schmählich hängen lassen. Er hat meine Entschuldigungen großmütig akzeptiert und die seinigen auf die Zeit ausgedehnt, in der die Gier jede Faser meines Körpers durchdrang. Jeff Berkowitz, mein ehemaliger Partner bei Cramer Berkowitz, hat mir das Leben gerettet. Wie hätte ich lebendig aus dem Hexenkessel des Hedgefonds herauskommen sollen, wenn er nicht diese verfluchte Geldmaschine übernommen hätte? Meine Assistentin Jeannie Cullen, die jetzt keine Entschädigungen mehr braucht für all die zerschlagenen Telefone, die zerschmetterten Computer und die Scherben der zerschmissenen Kaffeetassen, die in ihre Richtung flogen; sie tat ihr Bestes, um mich vor meinem manischen Wesen zu beschützen, wenn ich dem perfekten Handelstag nachjagte. Jim Stewart, der immer darauf beharrte, ich solle auch nach meinem Gang an die Wall Street weiterhin schreiben; ohne seine stetige Ermutigung hätte ich irgendwann damit aufgehört.

Momentan macht mir TheStreet.com großen Spaß, einerseits wegen des fantastischen CEO Tom Clarke und andererseits wegen des hervorragenden Chefredakteurs David Morrow, der aus der Redaktion von TheStreet.com endlich eine solide und geniale Institution gemacht hat.

Danken möchte ich auch Eric Seiler, meinem persönlichen Anwalt, der herausgefunden hat, wie ich die Schwierigkeiten vermeiden kann, in die ich mich ohne ihn gebracht hätte. Er ist fantastisch und hält mich davon ab, mir selbst zu schaden. Ich wünschte, ich wäre ihm vor 20 Jahren begegnet.

Und natürlich will ich meiner Mutter danken, die in ihrem kurzen Leben alles begriffen und es am Ende geschafft hat, aus mir einen Schriftsteller zu machen.

Aber am allermeisten möchte ich meinen wundervollen Kindern danken; Cece und Emma gaben mich nie auf, als ich zu dumm war, um zu erkennen, was aus mir geworden war und was aus mir geworden wäre, wenn ich nicht zur rechten Zeit Ehemann und Vater geworden wäre.

1 Die frühen Jahre

Wenn andere Neunjährige im Jahre 1964 einmal einen Blick in die Tageszeitung warfen, dann interessierten sie vielleicht die Comics oder die Baseballergebnisse. Aber wenn mein Vater das Dreisterneblatt *Philadelphia Evening Bulletin* mit nach Hause brachte, dann überblätterte ich Peanuts, Archie und was es sonst so gab. Stattdessen ging ich direkt zu dem Einzigen über, das mir je wichtig war: dem Wirtschaftsteil, genauer gesagt den Börsenkursen. Sie sehen, ich habe mich nie für Entlassungen, Einstellungen oder Wirtschaftspolitik interessiert. Wichtig waren mir nur die Unternehmen und die Dollarzeichen, die daneben standen und ihren täglichen Wert anzeigten. Mich interessierte die wunderbare, gedruckte Mauer aus Abkürzungen, Gen'lMot, So'CalEd, PhilMo, hinter der eine große Zahl stand, dann eine kleine Zahl, noch eine Zahl und dahinter ein Plus- oder Minuszeichen. Ich verschlang sie genau so, wie ein normaler Junge aus Philadelphia die Durchschnittsleistung der Batter seiner heiß geliebten Phillies oder Eagles oder Warriors verschlingen mochte. Ich wusste, dass ich mir ausrechnen konnte, in welche Richtung sich diese Zahlen entwickeln würden. Ich wollte die Muster erkennen, denen diese Preise folgten, und damit Geld verdienen, wenn auch nur in meinem eigenen Börsenspiel, das ich ständig und gut spielte.

Als ich in der vierten Klasse war, dachte ich, ich verstünde die Zahlenfolge hinter den abgekürzten Namen. Ich stibitzte ein älteres Hauptbuch vom Arbeitgeber meines Vaters, der National Gift Wrap & Packaging Company. Ich radierte die in Großbuchstaben geschriebenen Mengenangaben der verkauften Kartons aus – Herrenschachteln mit Deckel, 9 x 12 Zoll, und Damenschmuckschachteln, 3 x 4 Zoll – und ersetzte die Spalten durch Aktienbezeichnungen mit den voraussichtlichen Schlusskursen des Tages. Ich ließ keinen Tag aus und rätselte, wieso es an Karfreitag, am Memorial Day oder an Wahltagen keine Kurse gab. Wurden die Unternehmen nicht trotz der Feiertage bewertet? Ich konnte davon nie genug bekommen, im Gegensatz zum Rest der Amerikaner. Ich wollte jeden Tag Action.

Als ich in der fünften Klasse war, bat ich meinen Vater – ganz anders als andere Söhne in Amerika – darum, später von der Arbeit heimzukommen. Die Zeitung, die er normalerweise mit nach Hause brachte, die Dreisterneausgabe des *Bulletin*, berücksichtigte nur die Kurse bis 12:30 Uhr. Wozu war das nutze? Ich überredete meinen Vater, anderthalb Stunden länger zu arbeiten, sodass er auf dem Heimweg in die Vorstadt an der 16ten, Ecke Market Street, durchs Autofenster schnell die Fünfsterneausgabe kaufen konnte. Wie hätte ich feststellen sollen, ob ich mit meinen Voraussagen der Schlusskurse von Ling-Temco-Vought (LTV) und DougAir richtiggelegen hatte, wenn Dad nur die blöde Frühausgabe mit ihren Mittagskursen heimgebracht hätte? Während die anderen ihre Freizeit nach Schulschluss mit Brettspielen, Kämpfen oder Football verplemperten, spekulierte ich auf den Börsenschluss. Jeden Abend riss ich meinem Vater die Zeitung förmlich aus der Hand, breitete die Kurstabellen der New York Stock Exchange auf dem Boden des Wohnzimmers aus und sah nach, wie viel Geld meine Aktien gebracht hätten.

Allerdings waren mir meine eigenen Großtaten nicht genug. Nein, ich versuchte die gesamte fünfte Klasse von Mrs. Mixer dazu zu bringen, wie ich das Börsenspiel zu spielen. Ich erklärte ihnen sogar, wie man die

Kurstabellen liest, aber es gingen keine Wetten bei mir ein. Sie verstanden den ganzen Vorgang einfach nicht.

Aber egal. Nach meiner Rechnung hätte ich mit meiner Aktienauswahl noch vor dem Eintritt in die sechste Klasse zwei Millionen Dollar gemacht. Und damals waren zwei Millionen noch etwas wert. Meine Methode war simpel, ich versuchte, mit den aktivsten Aktien kleine Gewinne zu erzielen, zum Beispiel mit Rüstungsaktien, denn es war Krieg und die Rüstungsindustrie schien eine wahre Notenpresse zu sein. Es schien so, es war so und es wird wohl immer so sein.

Es wäre zu schön gewesen, wenn Fantasie und Realität 1965 in der Cromwell Road 1401 in Wyndmoor einander entsprochen hätten. Während ich mit meinen Aktien die Indizes übertraf, hatte mein Vater, wie so wie viele aus seiner Generation, von einem örtlichen Broker einen Tipp bekommen: National Video. Er steckte den Erlös seines Verpackungsgeschäfts in die Zukunft von National Video. Etwa ein Jahr lang verlor mein Vater jeden Cent, den er bei National Gift Wrap mit dem Verkauf von Papierbeuteln und Kartons verdiente, an diese Dotcom-Investition der damaligen Zeit. Jeden Abend musste ich mir beim Essen anhören, wie es National Video ergangen war. Die Aktie schien nicht steigen zu wollen. Zwar habe ich auch einmal einen Chart gesehen, der auf dem Weg in die Vergessenheit ein paar sanfte Anstiege aufwies, aber ich kann mich an keine einzige Unterhaltung aus jener Zeit erinnern, die nicht von dem Ausruf „Dieses gottverdammte National Video!“ geprägt war. Es kam so weit, dass sich mein Magen schon zusammenzog, noch bevor ich im Radio den Bericht über die wichtigsten Aktienbewegungen mitverfolgte; ich hörte die Sendung jeden Tag um vier Uhr nachmittags, um mitzubekommen, wie es gelaufen war, denn National Video wurde immer besonders hervorgehoben. Schließlich überwog der Schmerz, den National Video bereitete, die Freude an meinem eigenen Spiel. Gespräche über die Börse, ob in der Fantasie oder in Wirklichkeit, wurden fortan vom Abendessentisch verbannt, weil uns das zu sehr aufregte.

Inzwischen hat mein Vater National Video und den Typen, der ihn da hineingeritten hat, so gut wie vergessen. Aber ich erinnere mich an Jack P., einen Broker aus Philadelphia, der einer ganzen Generation die

Börse verleidet hat, und ich hasse diesen Scharlatan immer noch so, als wäre es gestern gewesen. Er und National Video haben so ziemlich alles ruiniert, was sich Kinder damals wünschten.

Die Aktie, und damit auch das Portfolio meines Vaters, erholte sich, genauso wie bei vielen anderen Menschen dieser Generation, nie wieder. In der sechsten Klasse hielt ich es für klüger, meine Börsengroßtaten zugunsten meiner Fähigkeiten im Werfen und Fangen herunterzuschrauben.

Und so unterdrückte ich diesen Drang während der gesamten Highschool- und Collegezeit, von den Schlusskursen blieb nur ein leichter Schleier. Was wollte dieses verschuldete Stipendiatenkind, das nicht einmal das Geld für einen Pennystock hatte, mit den Schlusskursen? Ohne meine Nebenjobs – nächtliches Korrigieren der Druckfahnen und Austragen der Unizeitung – hätte ich meinen Tagesjob als Präsident von *The Harvard Crimson* nicht fortführen, geschweige denn den Stundenplan einhalten können. Der Aktienhandel musste warten, bis ich etwas Geld haben würde.

In Harvard war ich ehrgeizig, zumindest hatte ich diesen Ruf. Ich war auf unermüdliche und sture Weise ehrgeizig. Das Harvard College war für mich nur ein Nebenschauplatz des *Crimson*, der Harvard-Zeitung. Ich kandidierte gegen Eric Breindel als Präsident beziehungsweise Chefredakteur. Über den Kampf um die *Crimson*-Präsidentschaft wird immer viel zu viel geschrieben. Das liegt wahrscheinlich daran, dass alle höheren Funktionäre des Blattes später in den Journalismus gehen. Über diesen Lebensabschnitt gibt es mindestens ein halbes Dutzend Zeitschriftenartikel, die alle gleich inkorrekt darüber berichten. Irgendein ungehobelter Kerl aus einer pennsylvanischen Wohnwagensiedlung kandidiert gegen ein höchst wohlerzogenes und schrecklich intelligentes Bürschlein, das über den Umweg Exeter aus New York City gekommen ist. Es stimmt, dass ich ein Stipendium hatte, aber das galt für alle in meiner Klasse. Und es stimmt, dass ich nicht so gebildet war wie Breindel, aber es reichte, um zu erkennen, dass der vorherige Präsident, Nick Lemann, an die Leistungsgesellschaft glaubte. Und ich war bereit, als Nachfolger doppelt so hart zu arbeiten und, wenn es sein musste, auch rund um die Uhr. Ich wusste auch, dass die Befürworter von Breindel eine „Vorschlagsliste“ erstellt hatten, in der alle Top-Positionen ohne mich besetzt waren. Als ich dies Lemann sagte, hielt er mich für paranoid, bis er es von Breindels Sympathisanten am Abend des „Truthahnschießens“ selbst erfuhr (an diesem Abend geben die Kandidaten für die höchsten Posten ihre Bewerbung bekannt). Die Abstimmung ging mit zwölf zu elf Stimmen knapp zu meinen Gunsten aus; nachdem Breindel verloren hatte, trollten sich die meisten seiner Wunschkandidaten, allerdings nicht ohne den ehemaligen Führungskräften, die für mich gestimmt hatten, noch eins auszuwischen. Das war mir egal – drei fantastische Neue arbeiteten für mich: Mark Whitaker, späterer Chefredakteur von *Newsweek*, sein späterer Starjournalist Jon Alter und Joe Dalton, ein talentierter Schreiber, der aber dahinging, ohne seine Möglichkeiten je auszuschöpfen. Wir schufen ein großartiges Blatt, und am Ende brachte auch Breindel seine Fans wieder zurück und sie arbeiteten mit mir zusammen.

Die zwei Jahre, in denen ich sozusagen als wandernder Reportergeselle für Allgemeines tätig war, zuerst in Florida für den *Tallahassee Democrat* und dann in Kalifornien für den *Los Angeles Herald Examiner*, waren für meine Börsenfixierung auch nicht das Richtige. Nicht, dass ich kein Verlangen danach gehabt hätte. Ich war zwar nicht reich, aber auch keineswegs arm, und in diesen zwei Jahren habe ich mehrere Wendepunkte erlebt, die jedem anderen so manche Anlässe zum Reichwerden geboten und für mehrere Leben gereicht hätten.

Was die Nachrichten betrifft, hatte ich den Dreh heraus, zur rechten Zeit am rechten Ort zu sein. Nur ein paar Monate nach meiner Ankunft in Tallahassee brach ein verrückter Mörder in ein Studentinnenwohnheim ein, nur einen Block von meiner Wohnung entfernt. Ich war früh genug da, um allen Kriminalreportern des Landes in der beginnenden Berichtsorgie über den Serienmörder Ted Bundy ein Schnippchen zu schlagen. Meine Artikel über den Doppelmord fanden landesweit derart großen Anklang, dass die Chefredakteure auf der Suche nach brandheißen Kriminalreportagen bei mir anklopften und mir Jobs anboten. Nach wenigen Monaten schrieb ich für den *Los Angeles Herald Examiner* über jeden gewaltsamen Tod in Kalifornien.

Während ich eine steile Karriere als Kriminaljournalist hinlegte, ging es mit meinem persönlichen und finanziellen Wohlergehen rapide bergab. Ein paar Wochen, nachdem ich in einen Bungalow in Orange Grove gezogen war, im Fairfax District, dem einzigen Viertel von Los Angeles, das entfernt meinem Zuhause ähnelte, kam ich eines Tages von der Arbeit nach Hause und stellte fest, dass sich während meiner Abwesenheit jemand in meiner Küche ein Thunfisch-Sandwich gemacht hatte. Mitten auf dem Küchenboden lag eine offene Dose und die Brottüte war mysteriöserweise geöffnet worden. Ich rief die Polizei, die meine Sicherheitsmaßnahmen gegen Einbrecher kurz überprüfte und mir dann riet, die Schlösser auszutauschen – was ich dann auch tat.

Als ich am nächsten Tag heimkam, sah ich, dass jemand in meinem Ofen ein Hähnchen gebraten und ein paar Beutel Gemüse, Marke Birds Eye, gegessen hatte. Der Eindringling hatte mir die Knochen, ein paar Innereien und eine übel angebrannte Pfanne hinterlassen.

Ich rief bei der Polizei an und man schlug mir ein zweites Mal vor, die Schlösser auszutauschen. Das hätte ich doch schon gemacht, sagte ich, aber ich würde es noch einmal tun, allerdings werde das langsam teuer.

Am nächsten Morgen hatte ich das Gefühl, jemand stehe vor meinem kleinen Heim und rauche. Ich rief sofort die Polizei, aber bis die Beamten da waren, war der Mann schon verschwunden. Immerhin lag direkt unter meinem Schlafzimmerfenster ein Häuflein Winston-Zigarettenstummel. Offenbar hatte die Person dort gewartet, bis ich aufstand und zur Arbeit ging, damit sie tagsüber meinen Bungalow bewohnen konnte.

Ich zeigte den Polizisten den Standort hinter meinem Haus und fragte, ob sie denn keine Fingerabdrücke von den Zigarettenstummeln oder vom Fensterbrett nehmen wollten.

Erst dann merkte ich, wie machtlos ich war. Der eine Polizist schaute den anderen an und sagte: „Der Kerl hält uns wohl für so was wie Kojak.“ Der Rat des anderen war etwas präziser: „Pass auf, kauf dir eine Pistole oder nimm dir einen Privatdetektiv, beschütze dich selbst.“

Danke, Herr Wachtmeister!

Noch am selben Tag lieh ich mir von einem befreundeten Kollegen eine Pistole Kaliber 22 und kramte meine Pfadfinderaxt heraus, die ich in meiner Jugend immer zum Zeltlager mitgenommen hatte. Als ich an jenem Abend heimkehrte, stellte ich fest, dass sich der Eindringling einen schönen Salat gemacht hatte, dass er eine Dose Obst aufgemacht und in meinem Badezimmer geduscht und sich rasiert hatte. Das Spülen hatte er vergessen. Außerdem hatte er meine umfangreiche Sammlung von John-Coltrane-Platten und das Kleingeld mitgenommen, das ich in einer Tupperdose im Flur aufbewahrt hatte. Diesmal rief ich die Polizei nicht mehr.

Ich hatte damals meinem Chefredakteur anvertraut, dass sich der Einbrecher bei mir die Rosinen herauspickte. Frank Lalli hatte vorher für *George* und *Money* gearbeitet, und später arbeitete er für die New Yorker *Daily News*. Ich sagte ihm, dass ich mich an niemanden wenden könne und seine Hilfe bräuchte. Er nickte immer nur und gab mir einen neuen Auftrag. Ich sollte eiligst nach San Diego, wo die örtliche Polizei die 16-jährige Todesschützin Brenda Spencer in die Enge getrieben hatte. Später sollte Brenda Spencer, eine der ersten Schulschützinnen, aussagen, sie habe getötet, weil Regentage und Montage ihr so auf das Gemüt schlügen.

Als ich an dem mutmaßlichen Schauplatz des Verbrechens angekommen war, rief ich Lalli an und erklärte ihm, dass bereits eine Menge Presse da war. Er redete auf mich ein, ich bräuchte einen anderen Blickwinkel als die anderen, und schlug vor, ich sollte die Polizeilinie durchbrechen und in die Schule rennen, damit ich ein Gefühl dafür bekäme, wie es wohl ist, wenn man beschossen wird. Ich wusste, dass Lalli kein Fan von mir war, und für 179 Dollar die Woche wollte ich mich nicht zur lebenden Zielscheibe für einen wahnsinnigen Teenager machen. Das sagte ich Lalli auch und teilte ihm außerdem mit, dass ich in meinen Bungalow zurückwollte, weil ich Angst davor hatte, was passieren würde, wenn mein Schleicher über Nacht freie Hand hätte.

Stattdessen antwortete er mir, ich sollte in San Diego bleiben und sehen, ob ich am zweiten Tag eine gute Perspektive auf die Schießerei bekommen würde.

Als ich am nächsten Tag nach Hause kam, war nichts mehr da. Es sah aus, als wäre ein Möbelwagen da gewesen und hätte meine Habe bis auf das letzte Stückchen mitgenommen. Ich hatte nichts mehr. Keine Kleidung, kein Bettzeug, keine Möbel, keine Bücher, keine Toilettenartikel, keine Lebensmittel, nicht einmal mehr Klopapier oder Zahnpasta. Besenrein, bis auf eine Sprungfedermatratze und die schwersten Elektrogeräte.

Mein ganzer Besitz befand sich nun in meinem Auto, eine Sportjacke, die 22er und die alte Pfadfinderaxt. Natürlich waren meine Schecks weg und am Vortag war mein Girokonto geleert worden. Ich hatte also auch kein Geld mehr für die Miete – nicht, dass ich noch eine Nacht hätte bleiben mögen. Die Polizisten kamen also noch einmal und sagten, sie würden gern ein Formular über die gestohlenen Gegenstände mit mir ausfüllen – als ob ich versichert gewesen wäre! Sie sagten mir außerdem, es wäre Irrsinn, weiter in dieser Wohnung zu bleiben, es sei denn, ich wollte mich von dem Schleicher umbringen lassen.

Ein guter Rat.

Ohne Möglichkeit, meine Miete zu bezahlen, buchstäblich nur mit dem Hemd auf dem Leib und ein paar Dollar in der Tasche, stieg ich schnell ab in die Welt der arbeitenden Obdachlosen.

In den folgenden neun Monaten schlief ich auf dem Rücksitz meines Ford Fairmont und gelegentlich auch bei Bekannten, die meinen Bitten gnädig nachgaben. Meine liebsten Übernachtungsplätze waren Raststätten am Interstate Highway 5; ich kauerte mich unter meine Cordjacke und hielt mit der einen Hand die Axt, mit der anderen die 22er umklammert. Don Forst, der damalige leitende Redakteur des *Herald Examiner* und inzwischen Herausgeber der *Village Voice*, ließ mich einen Monat lang in seiner Wohnung übernachten, weil er den Geruch meiner Samtcordjacke und meiner Gap-Hosen nicht mehr aushielt, die ich Tag für Tag trug. Er fragte mich, warum ich nie die Kleidung wechselte. Er gab mir die Chance, wieder auf die Beine zu kommen, aber kaum sah es so aus, als hätte ich eine feste Bleibe gefunden, da bekam Forst die Stelle als Chefredakteur des *Boston Herald*. Ich stand wieder auf der Straße, mit meinem Fairmont, der 22er, der Axt und neuerdings auch Jack Daniel's, der mich warmhielt. Ich war mitleiderregend und arm. Und Junge, Junge, wie ich stank!

Mein Vorgesetzter Lalli fand mein Elend fürchterlich witzig. Es machte ihm Spaß, mich zu lächerlichen Nachtterminen zu schicken, von denen ich sowieso nicht „nach Hause" gehen musste. Wenn es neblig war, ließ er mich wiederholt am LAX [Flughafen von Los Angeles] Wache halten, um auf einen Flugzeugabsturz zu warten. Ich musste über jeden nächtlichen Brand in L.A. berichten, der nicht gerade eine Grillparty oder ein Schulfest mit Lagerfeuer war. Selbstverständlich schickte er mich zu den Familien sämtlicher Mordopfer, und wenn ich für die erste Ausgabe mit leeren Händen kam, ließ er mich die Hinterbliebenen ein zweites, drittes und viertes Mal belästigen. Ich musste unter einen absturzgefährdeten Felsblock kriechen, der aus den Palisades mit Blick auf den Pazifik herausragte. Er hatte wohl gehofft, der Block würde während meiner Wache hinabrollen, ein paar Autos auf dem Pacific Coast Highway zermalmen und dann auf der anderen Straßenseite in das Büro des Leiters von Sounder brechen. Als der Staat den Block dann schließlich mittels Sprengung lösen wollte, drangsalierte er mich, die Story von unterhalb der voraussichtlichen Flugbahn des Felsens zu schreiben, um den richtigen Kick zu kriegen. In der Schlagzeile sollte es heißen, ich hätte „Rock around the Clock" gespielt, und der „Rock" hätte gewonnen. Gegenüber anderen Reportern witzelte er täglich über meine Armut und er schien sich daran zu weiden, wenn er mich möglichst schmutzig machen konnte, denn er wusste, dass ich ohne die Hilfe Dritter weder frische Kleider noch eine Dusche bekam. Ohne den Schutz von Donny Forst war ich diesem höhnischen Irren ausgeliefert.

In meiner Verzweiflung bekniete ich meine Vorgesetzten, dass sie mich auf die Straße schicken sollten, damit ich mich von den Spesen neu einkleiden könnte, auch wenn das bedeuten würde, dass ich auf den nordkalifornischen Raststätten des Interstate Highway 80 im Auto schlafen müsste. Jim Bellows, der Chefredakteur, erhörte mein Flehen, indem er mich zum Chef des Hauptstadtbüros in Sacramento machte; er wies Lalli an, den derzeitigen Büroleiter zu versetzen. Aber Lalli sagte niemandem etwas und als ich in die Hauptstadt kam, wusste der Büroleiter nichts von einer Ablösung. So kampierte ich tagsüber neben seinem Schreibtisch und nachts am Rande der I-80.

Aus den ersten Spesen machte ich mithilfe von Pferdewetten genügend Geld, um mir eine Wohnung mieten zu können. Auf dem College hatte ich von einem Kommilitonen, der mit Andy Beyer, dem Rennkolumnisten der *Washington Post*, zusammen studiert hatte, einen Wettkurs bekommen; dieser war eine Woche vor seinem Examen von Harvard abgegangen, weil er auf der Rennbahn zu viel Geld verdiente. Ich verbrachte Wochenenden in meinem Auto am Rande der Rennbahn im Bay Meadows Park außerhalb von San Francisco oder ich fuhr nach Los Angeles und kampierte in der Nähe von Santa Anita. Das war meine einzige Möglichkeit, genug Geld zu verdienen für Kleidung und um mich warmzuhalten.

Wie das Leben so spielt, wollte der Gouverneur Jerry Brown unbedingt eine bestimmte Region des Staates fördern, die gerade zu boomen begann, und organisierte für jedermann, der Interesse zeigte, eine mehrtägige Besichtigungstour durch die Fabriken des Silicon Valley. Ich war der einzige Freiwillige.

Die Reise ging gerade so weit von Sacramento weg, dass der echte Büroleiter nichts dagegen hatte, und so kam ich zum ersten Mal mit Hightech-Unternehmen in Berührung. Natürlich hatte ich keinen Penny für den Aktienkauf übrig, aber im Frühjahr 1978 bekam ich bei der Besichtigung von National Semiconductor und von Signal, zwei Vorreitern des kommenden Technologiebooms, das Gefühl, dass dies der Ort war, an dem ich das große Geld machen könnte, wenn ich je welches zum Investieren haben würde.

Nicht lange nach meiner Ankunft in Sacramento bat mich Lalli aus einer Laune heraus, mit Gouverneur Brown und seiner Freundin Linda Ronstadt nach Afrika zu fliegen. Ich hatte nur einen Tag Vorlaufzeit und für die Abreise brauchte ich Impfungen, die normalerweise über einen Zeitraum von mehreren Wochen verabreicht werden. Am nächsten Tag hatte ich so etwas Ähnliches wie Cholera, das sich sehr schnell in eine zutiefst gelbsüchtige Leber verwandelte.

Unglücklicherweise war ich nicht krankenversichert, weil die HMO [„Health Maintenance Organization", eine recht eingeschränkte Form der Krankenversicherung] der Zeitung nur in Los Angeles Vertragsärzte hatte. Ich schleppte mich in eine Landarbeiterklinik in Yuba City und dort sagten mir die Ärzte, dass sich jemand um mich kümmern müsste, falls ich wieder genesen wollte.

Ohne große Hoffnungen versuchte ich, meine alten *Harvard Crimson*-Verbindungen wiederaufleben zu lassen, um jemanden zu finden, der in New York einen Journalisten einstellen würde, denn ich wusste, dass mich meine Schwester Nan dort wieder gesund pflegen würde. Scott Kaufer, ein Kumpel von mir, der im College ein paar Jahre über mir gewesen war, erzählte mir, dass Steve Brill, ein knallharter Reporter, der inzwischen Herausgeber geworden war, gerade ein Handelsmagazin für Anwälte aufbaute und jungen Reportern die Möglichkeit geben wollte, sich im investigativen Journalismus zu üben. Ich war dermaßen am Ende, dass ich die Vorstellung durchaus attraktiv fand, beim Aufbau einer Art Handelsblatt für Anwälte zu helfen. Also sagte ich Kaufer, ich würde es liebend gern in New York versuchen. Da ich nicht viel verdiente und keinen Arbeitgeberanteil zur Krankenversicherung bekam, dachte ich mir: Noch schlimmer kann es kaum werden.

Kurz darauf rief mich Steve Brill an. Einem Typen wie ihm war ich noch nie begegnet und werde ich wohl auch nie wieder begegnen. Brill war gemein, aber nicht hinter dem Rücken, sondern ganz offen. Grundlos gemein und unglaublich witzig. Der Kontrast hätte nicht größer sein können: auf der einen Seite ich, 1,75 Meter groß, schmächtig und mit einer wilden, sich langsam lichtenden Afro-Frisur, einer abgewetzten Jacke und ausgebeulten, notdürftig geflickten Hosen – und auf der anderen Seite der feiste und grobschlächtige Brill im perfekt geschnittenen Anzug, darunter ein Hemd mit Vatermörderkragen, inklusive Yale-Krawatte und goldener Krawattennadel. Als ich in sein Büro gebeten wurde, bekam ich als Erstes von ihm zu hören, dass er mich zwar liebend gern einstellen würde, aber das könne er erst, wenn er Mike Vermeulen gefeuert habe, einen Reporter, der weit jenseits von Gut und Böse war. Er müsse zuerst Vermeulens Schreibtisch freimachen.

Er schaute mich von oben bis unten an, ließ seinen Blick auf den verschmutzten Aufschlägen meiner Samtcordjacke ruhen und meinte, ich sähe aus, als könnte ich ein bisschen zusätzliches Geld gebrauchen. Er bot mir tausend Dollar auf die Hand, wenn ich Vermeulen eigenhändig und auf der Stelle hinauswerfen würde. Er hatte keine Ahnung, wie verzweifelt ich war und wie dringend ich Geld brauchte – ich schuldete in Kalifornien jedermann ein paar Hundert Dollar –, und so ergriff ich die Gelegenheit beim Schopf. Als ich ohne zu zögern sagte, dass ich es tun würde, engagierte er mich vom Fleck weg für ein Gehalt von 20.000 US-Dollar; das war 1979 ein enormer Betrag und nahezu das Doppelte meiner armseligen Entlohnung beim *Los Angeles Herald Examiner*. Er hielt mich von dem Rausschmiss ab – und glauben Sie mir, ich hätte es getan –, gab mir ein paar Hundert Dollar und sagte mir, ich sollte mir ein paar saubere Hemden und eine Jacke kaufen und mich in zwei Wochen zur Arbeit melden.

Mit dem Job in der Tasche flog ich nach Kalifornien zurück, rief auf der Stelle meinen Chefredakteur Bellows an und erklärte ihm, ich würde kündigen, weil ich die Tortur des Journalismus Marke Lalli nicht mehr ertrüge. Selbstverständlich hatte das, wie immer in solchen Fällen, keinerlei Konsequenzen, aber zumindest hatte ich Bellows gegenüber durchblicken lassen, was für ein sadistischer Hurensohn Lalli war. Erst jetzt, nachdem ich an der Börse Millionen gemacht habe, um aus dieser Armut herauszukommen, kann ich perverserweise – und auf eine Art, die Lalli sicher verstehen würde – diesen seltsamen Tyrannen respektieren, der das unbändige Verlangen hatte, so schnell wie möglich reich zu werden.

Ich schwor mir, dass ich nie wieder so arm sein würde und es mir nie wieder derart an materiellem Wohlstand fehlen würde wie zu jener Zeit. Meine einzige und ältere Schwester Nan ist Teilhaberin einer Anwaltspraxis in Downtown Manhattan. Sie ließ mich auf dem Boden ihres Appartements in Greenwich Village schlafen, sodass ich langsam ein wenig Geld zusammensparen, mir Kleider kaufen und wieder gesund werden konnte. Als ich dann endlich für *American Lawyer* arbeitete – so hieß Brills Zeitschrift –, kontaktierte ich sämtliche Gläubiger aus den unterschiedlichsten Branchen, eine Telefongesellschaft, Southern California Edison, Mobil, Allstate und so weiter, und vereinbarte mit ihnen, dass ich meine Schulden über vier Jahre abbezahlen würde.

Mit dem, was von meinem Gehalt übrig bliebe, so mein Entschluss, würde ich mein Glück wieder in dem Spiel versuchen, das ich vor Jahren aufgegeben hatte: Aktien. Ich kaufte Aktien von Unternehmen, die ich ein paar Monate vorher im Silicon Valley besichtigt hatte. Mein Geld reichte nur für den Kauf von fünf Aktien auf einmal und die Gebühr war zum Teil so hoch wie der Kaufpreis! Das konnte mich aber nicht davon abhalten. An diese ersten Aktiengeschäfte erinnere ich mich noch, als wäre es gestern gewesen. Ich besorgte mir sieben Aktien des Konfektionsunternehmens Bobbie Brooks, nachdem *Forbes* einen netten Artikel darüber geschrieben hatte. Ich schnappte mir zehn Aktien von American Agronomics, einem Orangensafthersteller, der ebenfalls in *Forbes* besprochen worden war. Dann kaufte ich 20 Aktien von Bob Evans Farms, einer Restaurantkette aus dem Mittleren Westen. Zeitschriften wie *Forbes* sind voller guter Ideen, aus denen man Profit schlagen kann. Ich kramte das alte Hauptbuch aus den 60er-Jahren heraus und setzte neue Namen ein, aber diesmal mit echten Dollar, nicht mit Spielgeld. Ich kombinierte Ideen aus *Businessweek* und *Forbes* mit dem spärlichen Aktienresearch, das damals über die New York Public Library zur Verfügung stand. Obwohl wir uns immer noch in der Endphase der 70er-Jahre-Baisse befanden, funktionierte meine Aktienauswahl. Es war genau wie in den alten Tagen in der Vorstadt von Philadelphia. Meine Fähigkeit, aus den Schlagzeilen des Tages und den Aktienkursen ein paar klare Gewinner herauszupicken, hatte sich nicht verändert. Mit den Gewinnen, die ich immer sofort vom Tisch nahm, investierte ich in SPS Technologies, einem Hersteller von Flugzeugbefestigungen; dank eines zyklischen Aufschwungs der Flugzeugindustrie verdoppelte ich schnell mein Geld.

Nach einigen Monaten hatte ich kaum noch Zeit für meine journalistische Tätigkeit, weil ich so sehr damit beschäftigt war, in die Midtown Business Library in Manhattan zu rennen, um Tipps und Ideen für meinen nächsten Punktesieg am Markt aufzutreiben. Ich hatte sogar Brill, meinen Chef, damit angesteckt, nachdem er mich einmal gefragt hatte, wieso zum Teufel ich ständig meinen Broker anrufen würde, wo ich doch eigentlich hätte schreiben sollen. Ich sagte ihm, ich hätte da so eine Vorahnung, dass Natomas, eine Ölgesellschaft mit gigantischen Lieferungen, bald ein Übernahmeangebot bekommen würde. Als dies ein paar Tage später wirklich passierte, war er angefixt. Schon bald gab er mir frei für meinen nächsten großen Wurf, vorausgesetzt natürlich, ich würde ihn daran teilhaben lassen. Wir haben zusammen gutes Geld verdient.

Ich gab die Rennbahn zugunsten der Aktien auf und nahm von dort die Angewohnheit mit, groß einzusteigen, wenn ich richtiglag, und drastisch zu kürzen, wenn die Chancen gegen mich standen. Das waren die eigentlichen Leckerbissen aus „Picking Winners" und „My First 50.000 $ Season", zwei hervorragenden Büchern über Pferdewetten von Andy Beyer, der für die *Washington Post* schrieb. Während andere sie lasen, um Pferdewetten richtig zu verstehen, betrachtete ich sie als das, was sie tatsächlich sind, nämlich eine strenge und disziplinierte Möglichkeit, mit Risiken umzugehen, und zwar bei jeglicher Unternehmung, die etwas mit Wetten zu tun hat, egal ob nun Sport oder Aktien. Ich kombinierte meine Fähigkeit, die Fundamentaldaten hinter den Aktien zu sehen, mit von Beyer abgeschauten Erkenntnissen zu einer Anlagephilosophie, mittels derer ich die Gewinne laufen lassen, die Verluste dagegen sofort abblocken konnte. Er predigte Disziplin als Gegenmittel zur Fehlbarkeit. Seine Philosophie bestand darin, große Beträge auf abseitige Läufe und Bahnen zu setzen, die sich außerhalb des Horizonts der großen Spieler befanden – das perfekte Kriterium für den Aktienmarkt.

Es gibt tonnenweise Bücher über Geldanlage, wobei die meisten „Kaufen und Halten" empfehlen und den Schwerpunkt auf die Analyse von Substanz- und Wachstumswerten legen. Aber wenige bis gar keine beschreiben einen disziplinierten Stil, der die persönliche Überzeugung mit dem wechselnden Lauf der Fundamentaldaten verbindet und der wie Beyer den ganz großen Einsatz empfiehlt, wenn man glaubt, man habe etwas ganz Besonderes gefunden. In keinem dieser Investmentbücher ist von Flexibilität die Rede oder davon, dass man sein Portfolio regelmäßig und nach strengen Kriterien neu bewerten und verändern muss, genauso wie Beyer seine Pferdewetten. Es waren seine Erkenntnisse, die mich auf den Weg des großen Profits gebracht haben. Als ich viele Jahre später durch den Kauf und Verkauf von Aktien jede Woche Millionen verdiente, verblüffte es mich des Öfteren, dass Beyer seine Begabung auf das Kleingeld der Pferdchen verschwendete. Der Mann hätte das Zeug dazu gehabt, den großartigsten Investmentratgeber aller Zeiten zu schreiben, wenn er nur gewusst hätte, wie ähnlich sich Pferde und Aktien sind. Aber entweder ging das an ihm vorbei oder er mochte Pferde einfach lieber als Aktien.

Ich hätte ewig bei Brill bleiben können. Seine Bosheit erstreckte sich nur auf diejenigen, die keinen Dampf machten. Letztendlich war er der angenehmste Chef, den ich je hatte, auch wenn er auf Texte, die man eilig geschrieben hatte oder die nicht ganz durchdacht waren, oben in Rot immer wieder hinkritzelte: „Für diesen Haufen Müll sollte ich dich eigentlich hinausschmeißen." Als ich eine schwierige Operation hinter mir hatte und einen Monat im Bett bleiben musste, bombardierte er mich mit Geschenken und Büchern, und ich musste mir unbedingt alle Sticheleien gegen sämtliche Redakteure anhören, von denen er wusste, dass ich sie nicht leiden konnte. Er machte mich mit Jim Stewart bekannt, einem langjährigen Redakteur, der später für seine Reportagen über Ivan Boesky und Michael Milken im *Wall Street Journal* den Pulitzerpreis bekam. Er ist der beste reine Schreiber und Reporter; wir wurden Freunde fürs Leben. Brill brachte mir bei, dass ich alles schreiben konnte, was ich wollte, solange es der Wahrheit entsprach, und er nahm mich vor einer ganzen Reihe von Menschen in Schutz, die mich dazu bringen wollten, positivere Artikel zu schreiben. Er war wirklich niemandes Eigentum und ermutigte mich dazu, genauso zu sein. Er irrte sich nie, was den Leitartikel betraf, er hatte einen unfehlbaren Riecher für große Storys und er gab ein Vermögen dafür aus, wenn ich für irgendeine Story Recherchen anstellen musste. Er stellte keine Fragen. Wenn man einmal etwas Härteres geschrieben hatte und der unvermeidliche Anruf von einer großen und wichtigen Persönlichkeit kam, die Brill nahelegte, er solle einen entlassen, dann schrie Brill die mächtige Persönlichkeit ohne Rücksicht auf Verluste an, denn er nahm seine Reporter in Schutz. Dafür wurde er geliebt. Ich finde es immer wieder erstaunlich, wie wenige Chefs in der Welt des Journalismus sich derart loyal gegenüber den Ihren verhalten.

Brill liebte es, die Begabungen seiner Mitarbeiter gegeneinander auszuspielen. Kurz bevor er mich einstellte, hatte er Stewart und Connie Bruck engagiert, die jetzt beide bei *The New Yorker* sind, und wir wetteiferten um die Titelstory dieses kleinen Handelsmagazins mit einer Auflage von 17.000. Er versprach den Titel immer allen dreien, und wir waren wirklich schwer enttäuscht, wenn wir ihn dann am Ende doch nicht bekamen. Erstaunlicherweise schaffte er es, dass uns das wirklich wichtig war.

Allerdings wusste er nicht, wann es genug war, und er konnte ums Verrecken nicht verlieren. Beim sommerlichen Betriebsausflug zu Brills Villa in Westchester teilte er uns in Mannschaften ein, verteilte uns im Pool und bestand darauf, dass wir eine unfaire Version von Wasserball spielten, bei der Tauchen ausdrücklich erlaubt und erwünscht war. Er genoss den Körperkontakt und er war einen Kopf größer als fast alle Angehörigen der gegnerischen Mannschaft, einschließlich mir selbst. Als ich gerade dabei war, das vermutlich rettende Tor zu werfen, grub Brill seine Zähne in meinen Wurfarm, und das Blut spritzte in einem kontinuierlichen Strom in das saubere Wasser. Alle erstarrten vor Schreck, aber ich konnte nur lachen. Das war Steve, wie er leibt und lebt. Er hatte meinen Versuch verhindert, das Spiel gewonnen und dem Begriff „unsportliches Verhalten" eine neue Bedeutung gegeben – alles mit einem Biss.

Erst als ich des Schreibens für die wohlhabenden Anwälte bei *American Lawyer* überdrüssig wurde und mich entschloss zu gehen, konnte ich so viel Zeit für die Aktienauswahl aufbringen, dass es nicht mehr nur ein Hobby war, sondern ein Beruf. Als ich mich bei der juristischen Fakultät bewarb, wollte ich eigentlich Staatsanwalt werden. Ich dachte mir, das wäre so ähnlich wie Journalist zu sein, nur eben mit gesetzlicher Gewalt. Aber nachdem ich 1980 auf die Harvard Law School gegangen war und den Studienbeginn auf 1981 verschoben hatte, hatte ich meinen Blick mehr auf die Wirtschaft gerichtet. Ich verdiente an der Börse in jenem Frühling einfach zu viel Geld, sodass es mir widerstrebte, diese Tätigkeit zugunsten eines Vollzeit-Jurastudiums aufzugeben. Zwar verraten einem dies weder die Vorlesungsverzeichnisse noch die Eltern, aber die juristische Fakultät ist der ideale Ort, um sich drei ganze Jahre Zeit zu nehmen, herauszufinden, was man denn wirklich einmal werden will. Eines war von Anfang an klar: Wenn man einen schlecht bezahlten Job als Staatsanwalt wollte, dann musste man hart arbeiten und brauchte gute Noten. In der Welt des Rechts, die dem gesunden Menschenverstand widerspricht, braucht man für die begehrtesten Stellen die besten Noten und bekommt das niedrigste Gehalt.

In meinem ersten Jahr an der juristischen Fakultät in Harvard geschah etwas, das der Möglichkeit ein Ende setzte, ich könnte je hart arbeiten oder gute Noten bekommen. Das *Financial News Network* hatte gerade angefangen und ein UHF-Sender in Boston übernahm das Programm. Neben ständigen Kommentaren zu Aktien lieferte *FNN* einen regelrechten Ticker, eine Wiedergabe des Geschehens auf dem Parkett der New York Stock Exchange mit einer Verzögerung von 15 Minuten. Ich war elektrisiert. Monatelang hatte ich in die Merrill-Lynch-Filiale am Grand Central Terminal gehen müssen, um Kurse zu bekommen, und jetzt hatte ich auf der 9-Zoll-Röhre meines Sony-Fernsehers plötzlich den ganzen Markt in Schwarz-Weiß vor mir. Als ich in meinem Wohnheimzimmer vor dem Fernseher saß, konnte ich es kaum fassen, wie einfach es war, mit Aktien zu handeln und Geld zu verdienen, während ich so tat, als wollte ich einen akademischen Grad erlangen. Als ich mir sicher war, dass *FNN* Bestand haben würde – was angesichts des seit vielen Jahren fürchterlichen Marktes nicht ganz selbstverständlich war –, legte ich meinen Stundenplan so, dass ich am frühen Morgen und am Spätnachmittag Lehrveranstaltungen hatte; somit bekam ich den Handelstag auf jeden Fall mit. Ich stellte fest, dass ich mich mit dem Trading nach dem *FNN*-Ticker durch das Jurastudium bringen konnte.

Natürlich gab es auch nervige Lehrveranstaltungen mit Anwesenheitspflicht, aber wenn man ganz hinten saß, mit dem Journal und ein wenig Wall-Street-Research, das man in der Bibliothek eiligst abgeschrieben hatte, störte das niemanden. Ich rechnete mir aus, dass ich den großen Reibach und gleichzeitig meinen Abschluss machen könnte. Es stellte sich heraus, dass es keinem Professor etwas ausmachte, wenn man nur nicht zu laut mit dem Papier raschelte. Am Ende des ersten Studienjahres sah ich sowieso die Portfolios meiner Professoren durch. Ich brachte Charles Fried, meinen Professor für Arbeitsrecht und später Bundesanwalt der Vereinigten Staaten, von ein paar garstigen Gold-Aktien ab und rettete Charles Nesson, Professor für Beweisaufnahme, vor dem Vergessen der Small Caps.

Kurz darauf verbandelte ich mich mit Alan Dershowitz, der eine Anwaltskanzlei in der Nähe der Harvard Law School leitete. Er bekam so viel TV-Sendezeit, wie er wollte, und ein paar von uns ließen ihn gut aussehen, indem wir Recherchen betrieben und für seine prominenten Klienten Zusammenfassungen schrieben. Die Bezahlung war hervorragend, die Zeiten überschnitten sich nicht mit der Börse und zu Anfang meines zweiten Studienjahres an der Rechtsuniversität hatte ich genügend Geld verdient, um die ganzen drei Jahre und noch ein bisschen mehr zu bezahlen.

Im Herbst 1981 hatte der Markt die Bullen noch nicht willkommen geheißen und eigentlich war die Börse für die meisten Menschen kaum von Interesse. Man kann sich heute kaum noch vorstellen, wie unzugänglich alles war. Nur die Superreichen waren dabei. Es galt als ruchlos, an der Börse zu „spielen", weil eine frühere Generation so viel Geld verloren hatte. Die Indizes befanden sich im Prinzip genau da, wo sie schon 15 Jahre davor gewesen waren. Die Öl-Aktien profitierten allerdings immer noch von dem Schock nach dem Sturz der amerikafreundlichen Regierung in Iran und Übernahmen waren nach wie vor äußerst häufig, sowohl im Finanz- als auch im Öl- und Gasbereich, obwohl viele Aktien – selbst Wachstumswerte – zusammenschmolzen. Ich hatte damals eine besondere Begabung dafür, potenzielle Übernahmekandidaten herauszupicken.

Manchmal konnte ich einfach nicht widerstehen und posaunte meine Ideen heraus. Während andere Leute im Harvard College Fifth Year Reunion Book darüber berichteten, wen sie heiraten wollten oder wie viele Jahre sie bei Cravath oder bei Morgan Stanley gearbeitet hatten, erklärte ich im Herbst 1981, man sollte Dean Witter unter 40 US-Dollar kaufen; der Hintergedanke war, dass die Bank bis zu unserem Fünfjahrestreffen im Juni nicht mehr eigenständig sein würde. Kurz nachdem alle ihre Jahrbücher bekommen hatten, bekam sie ein Übernahmeangebot. Nennen Sie mir bitte noch einen Eintrag in jenem rot gebundenen Buch, der irgendjemandem Geld gebracht hat. Ich nehme an, ich konnte einfach nicht anders. Die Börse wollte mir einfach nicht aus dem Kopf gehen.

Im Sommer 1982 machte ich ein Praktikum bei Fried Frank, einer großen Anwaltskanzlei, die wie alle anderen davon überzeugt war, Anwälte seien klüger als die Geschäftsleute, um deren Angelegenheiten es ging, müssten aber den Mund halten und für weniger Geld länger arbeiten. Ich empfand die Arbeit als verblödend. Ich versuchte, einen kühlen Kopf zu bewahren und an die Möglichkeit zu denken, Anwalt für Körperschaftsrecht zu werden, aber das war nicht mein Ding. Ich musste den Burschen, der die Post brachte, dreimal täglich darum bitten, dass er mich aufweckte.

Etwa in der Mitte des Sommers bettelte ich darum, dass man mir die mozarteske, bühnenhafte Behandlung ersparte, bei der man das Gefühl hatte, man säße in der dritten Reihe vor dem Orchestergraben; ich wollte wissen, wie die Arbeit in einer Rechts-Fabrik wirklich aussah. Also steckten sie mich an einem Wochenende in das Anwaltsteam, das mit der feindlichen Übernahme von Giddings & Lewis – eines verschlafenen Herstellers von Werkzeugmaschinen für die Automobilbranche – durch einen kanadischen Stahlproduzenten befasst war, der nicht die Bohne vom Automobilgeschäft verstand. Es überstieg meinen Verstand, wie jemand so verrückt sein konnte, für einen dämlichen Eisenbieger mehr als den Marktwert zu zahlen. Und eines späten Samstagabends, als ich zusammen mit den Chefs, den Bankern und Anwälten, die den Übernehmer aus Kanada vertraten, Schriftstücke Korrektur las, machte ich den Mund auf; ich sagte allen in dem Raum Anwesenden, irgendjemand müsste doch dem Klienten sagen, dass die Übernahme schwachsinnig war, weil die Japaner beschlossen hatten, aggressiv auf den Werkzeugmaschinenmarkt zu drängen, und dies die Gewinne von Gesellschaften wie Giddings & Lewis schmälern würde. Wenn sonst niemand über den Irrsinn der Übernahme sprechen wollte, dann sollte man mich für zehn Minuten zu dem Klienten lassen, ich würde es ihm dann sagen; so sprach ich, während ich unbedeutende Interpunktionsfehler korrigierte, die ich auch ohne Universitätsdiplom gefunden hätte. Die Geschäftsleute prallten zurück, als hätte jemand einen Furz gelassen, und die dienstälteren Anwälte nahmen mich so schnell wie möglich beiseite, um mir zu sagen, dass ich besser die Klappe halten sollte, sonst würde ihnen dieses Geschäft entgehen. Sie sagten mir, niemand wolle klugscheißende Anwälte.

Ein paar Jahre später stellte der Käufer einen Insolvenzantrag.

Als ich im Herbst wieder an die Uni zurückging, hatte ich beschlossen, keine Kanzlei mehr zu betreten, egal, wie viel man mir bezahlen würde. Ich musste genug Geld an der Börse machen, um den Investmentfirmen an der Wall Street zu zeigen, dass sie mich engagieren mussten. In jenem Herbst überfiel mich ein paar Wochen vor Beginn der großen Hausse blitzartig die Erkenntnis, dass uns eine Kursexplosion bevorstand, die jedem ein Vermögen bescheren würde, der ausreichend investiert war. Ich sah, dass alles zusammenpasste, damit auf breiter Front neue Hochs erreicht würden: die Präsidentschaft von Reagan nach einer langen Periode völlig mieser Performance, die durch Carters Anti-Aktien-Präsidentschaft und einen Federal-Reserve-Vorsitzenden gebremst worden war, der entschlossen war, mit astronomisch hohen Zinsen alles Finanzielle zu zerstören.

Ich nahm das Geld, das ich verdient hatte, indem ich Dershowitz bei dem vergeblichen Versuch geholfen hatte, ein paar Schreibtischtäter zu retten, und kaufte damit jede Menge Technologie-Aktien; die Branche steckte als Anlagesektor noch in den Kinderschuhen und ich erwischte den ersten Aufwärtsschub, der mitten ins Schwarze traf. Ich begann, Call-Optionen zu kaufen – Kontrakte auf Aktien, mit denen man Gewinn macht, wenn die Aktien steigen, die aber die Anlagesumme vernichten, wenn die Aktie fällt. Jeden Morgen kaufte ich vor Verfassungsrecht Calls auf Motorola und Texas Instruments, und nach dem Ende der zweistündigen Gähnveranstaltung verkaufte ich sie mit fünf bis sechs Punkten Gewinn. Manchmal ging ich vorzeitig und hörte mir lieber nicht mehr an, wie der Professor weiter über Marbury gegen Madison schwadronierte; aber das führte häufig dazu, dass ich verkaufte, bevor das Geschäft richtig reif war. So erhitzt war damals der Tech-Markt und so erschreckend langweilig waren damals die Vorlesungen.

Ich schrieb mich am anderen Flussufer an der Harvard Business School für eine Lehrveranstaltung ein, weil ich mehr über die Optionen wissen wollte, mit denen ich täglich handelte.

Im kommentierten Vorlesungsverzeichnis schrieb der Professor in der Kurzbeschreibung, in seiner Veranstaltung lerne man die innersten Gründe der Bewertung jener Instrumente kennen, mit denen ich so viel Geld verdiente. Aber schon nach kurzer Zeit stellte ich fest, dass der Professor trotz aller tollen Berechnungen, die den „wahren" Wert von Call-Optionen zeigten, keine Ahnung hatte, wie Optionen wirklich funktionierten. In fast allen Fallbeispielen, die er brachte, wäre in der Welt der richtigen Optionen etwas anderes herausgekommen. Wieder einmal musste ich fasziniert feststellen, dass Akademiker absolut nichts davon wussten, wie Wertpapiere wirklich gehandelt werden. Nach etwa vier Wochen gab ich die Lehrveranstaltung entnervt auf und sagte mir, der Witzbold, der sie hielt, könnte sich nicht einmal aus einer nassen Papiertüte heraushandeln. Gott sei Dank hatte ich nichts mitgeschrieben; mit diesen „Kenntnissen" hätte ich am Markt keinen Heller verdient. Der einzige Ort in dieser Hochschule, an dem man Geld verdienen konnte, war die Bibliothek, denn dort gab es Jahresberichte auf Mikrofiche und die sind für das Auffinden des nächsten guten Trades unentbehrlich.

Zur gleichen Zeit, als die Hausse an der Wall Street ausbrach, gelang es Alan Dershowitz, sich die Berufung von Bülow zu angeln, worum es in „Die Affäre der Sunny von B." ging (Dersh erzählte mir, dass ich in dem Film von einem Inder gespielt wurde, aber er sagte dies auch einem Dutzend anderer, die an dem Fall beteiligt waren). Ich musste dabei für irgendeine blödsinnige Durchsuchung und Beschlagnahmung nach dem vierten Amendment plädieren, wobei es um eine schwarze Tasche mit Insulin ging, die Claus angerührt haben sollte oder auch nicht. Mit 18 US-Dollar pro Stunde verdiente ich genug, um meine durchschnittliche Position von fünf auf zehn Calls auszubauen. Bedenkt man, wie viel Gebühren bei dem Handel draufgingen, war das ein enormer Fortschritt. Eigentlich hielt ich den Kerl wirklich für schuldig, aber aufgrund unseres bizarren Rechtssystems spielte das in dem Prozess kaum eine Rolle.

Ein paar Monate nach Beginn der Hausse 1982 war ich so zuversichtlich, dass sich dieser Markt sonst wohin bewegen würde, dass ich auch andere dorthin bringen wollte. In meinem ersten Jahr an der juristischen Fakultät schickte ich jede Woche einen Börsenbrief mit dem Titel „Mr. Bullish" an meine Eltern und ausgewählte Freunde. Darin standen ein paar gute Aktientipps, meistens zu den brandheißen Konfektions- und Schuhgesellschaften, und außerdem die Überlegungen, die hinter diesen Tipps standen. Die Familie bekam das Original, die Bekannten die Durchschläge. Im Rückblick war dies für einen 26-Jährigen eine erstaunlich schräge Aktivität, aber sie zwang mich, konsequent über Aktien nachzudenken. Viel Zulauf hatte ich trotzdem nicht. Es hatten noch nicht genügend Menschen von diesem neuen großen Bullenmarkt gehört. Ich fand, dass ihn eigentlich niemand verpassen und alle mitmachen sollten, die ich kenne. Also benutzte ich den Anrufbeantworter, den mir meine Schwester Nan geschenkt hatte, um in das Aktiengeschäft einzusteigen; ich hinterließ Nachrichten über ausgewählte Aktien: „Hier spricht Jim Cramer, ich bin gerade nicht da, aber Sie sollten diese Woche alles Geld zusammenkratzen, das Sie erübrigen können, und People Express unter 14 Dollar kaufen." Oder: „Hallo, ich bin gerade nicht da, aber IBM sieht bis zu einem Kurs von 70 Dollar nach einem guten Geschäft aus." Jeden Sonntagabend änderte ich den Tipp, bis ich ein Portfolio von zehn Aktien mit einer Mischung aus Finanzwerten, Fluggesellschaften und Halbleiterunternehmen aufgebaut hatte. Ich packte ein paar richtige Renner auf den Anrufbeantworter, zum Beispiel Monolithic Memories, National Semiconductor, Northern Telecom und ein paar kanadische Ölgesellschaften, die munterer herumhüpften als alles andere auf unseren Märkten. In besonders tollen Wochen drängte ich die Anrufer, Gewinne aus den Fluggesellschaften mitzunehmen und damit Halbleiter zu kaufen, oder eben umgekehrt, wenn die Airlines einen Rückschlag erlitten.

Ich schwänzte eine Menge Lehrveranstaltungen, tradete den ganzen Tag gemäß *Financial News Network* und erledigte meine Recherchearbeit für Dershowitz. Und dann erlebte ich den größten Bruch in meinem Leben als Geschäftsmann, und zwar in dem Moment, als ich am wenigsten damit gerechnet hatte. Ein paar Wochen lang rief immer wieder ein Typ namens Marty Peretz an und sprach auf Band. In Harvard kannte jeder Marty. Wer seine Lehrveranstaltungen besuchte, mochte ihn, und er entdeckte bei seinen Vorlesungen in Gemeinschaftskunde und in seinen Einführungsseminaren immer wieder erstaunliche junge Talente. Ich kannte ihn flüchtig; ein paar Jahre vorher hatte uns Michael Kinsley, damals Herausgeber von *New Republic*, miteinander bekannt gemacht, den ich wiederum durch den *Crimson* kennengelernt hatte. Ich war den ganzen Sommer 1977 nicht im College gewesen, weil ich für *New Republic* einen Beitrag über Eliten und über die Philadelphia Eagles unter Dick Vermeil geschrieben hatte. Für meine Mühen bekam ich allerdings nur 179 Dollar.

Peretz rief an, weil er wollte, dass ich eine Rezension des Buches „The Partners" nach dem Motto „da ist was faul" schreibe. Das Buch hatte mein Freund Jim Stewart von *American Lawyer* geschrieben und es handelte vom Berufsstand des Juristen. Peretz und Stewart waren Kumpels, Marty wollte Jim helfen und so kam er auf mich. Ich hatte bis dahin nicht einmal gewusst, dass man Freunde rezensieren konnte! Selbst nach all den Jahren, die ich bei Brill verbracht hatte, war ich also hinsichtlich journalistischer Praktiken immer noch heillos naiv. Vielleicht war ich noch zu sehr der *Crimson*-Moral verhaftet, wo man Freunden eher in den Rücken fällt, als ihnen zu helfen. Aber so arbeitete weder Marty noch der Rest der Welt, wie ich später feststellte. Ich hatte eigentlich überhaupt kein Interesse daran, die Rezension zu schreiben, aber Peretz war ausdauernd und hinterließ mir jeden Montag eine Nachricht. Ich machte mir nicht die Mühe, zurückzurufen. In der vierten Woche allerdings hinterließ mir Peretz, den ich als jemanden kannte, der reicher war, als ich mir je erträumen konnte, eine Nachricht und sagte, die Rezension sei ihm jetzt nicht mehr so wichtig. Er wollte sich aber unbedingt einmal mit mir treffen, weil er mit meinem Anrufbeantworter mehr Geld verdient hatte als in 20 Jahren mit sogenannten Anlageprofis. Er mochte mich wegen meiner Aktien, wegen der Tipps, die ich jeden Sonntagabend auf meinen Anrufbeantworter sprach. Deswegen wollte er mich treffen und mit mir über die Verwaltung von einem Teil seines Geldes sprechen. „Treffen wir uns morgen früh um halb neun bei Coffee Connection – und bringen Sie Ihre besten Aktientipps mit", so lautete die Nachricht. Junge, Junge, ich wusste überhaupt nicht, in was ich da hineingeriet.

Ich schleppte mich also um halb neun pflichtbewusst über die Straße. Peretz schüttelte mir die Hand, bestellte zwei Kaffee, stellte einen Scheck über 500.000 Dollar aus und sagte mir, ich solle ihn nehmen. Ich sagte, das ginge doch nicht, denn was zum Teufel verstand ich schon von der Verwaltung des Geldes anderer Leute? Das fragte ich den bärtigen Professor. Er versicherte mir: „alles". Marty hatte eine tolle und reiche Frau namens Anne geheiratet und viel Zeit damit verbracht, den Wohlstand mit eigenen Investitionen zu vergrößern, zumeist in Privatunternehmen. Und jetzt hatte er, wie er sagte, jemanden gefunden, mit dem zusammen er diese Rohdiamanten schleifen und das meiste Geld herausholen konnte; er wollte mich nicht in die Uni zurücklassen, ohne dass ich das Geld nahm.

Und dann ließ mich Marty auf der Stelle das Portfolio seiner Familie durchsehen. Er hatte Öl und Eisenbahnen übergewichtet, was in dem Moment eindeutig das falsche Pferd war, denn die Öl-Aktien hatten gerade einen Höhepunkt überschritten. Es gehört zu meinen verrückten Eigenheiten, dass ich ein unglaubliches Gedächtnis für Aktien und Kurse habe, obwohl ich mir Namen und Gesichter nicht sehr gut merken kann. Da ich die Börsenseiten studiert hatte, bevor ich ins Connection gegangen war, wusste ich, wo die ganzen Aktien dieses dicken Portfolios standen, und ich kannte ihre Schwankungsbereiche im letzten Jahr. Ich erzählte Marty von meiner Hightech-Erleuchtung und fragte ihn, wo denn seine Technologiewerte wären. Er meinte, seine

Geldverwalter hätten bedauerlicherweise keine ausgewählt. Seine Aktien hätten ein beschränktes Potenzial, erklärte ich ihm. Die Zeit des Öls sei vorbei, sagte ich ihm, und es sei unwahrscheinlich, dass die Ölgesellschaften die Indizes übertreffen würden. Und die Eisenbahnen seien unglaublich langweilig (das sind sie immer noch). Er bestand wieder darauf, dass ich sein Geld nehmen solle. Er bettelte darum. 500.000 Dollar. Der Mann wollte mir wegen meines Aktientipps der Woche 500.000 Dollar geben, einem Mann, der nicht einmal 5.000 sein Eigen nannte; und ich wehrte mich dagegen? „Warum streite ich mich eigentlich mit ihm?“, dachte ich mir. „Der Typ will mich das tun lassen, was ich am besten kann, das, wofür ich meiner Meinung nach auf die Erde geschickt wurde, und ich sage Nein?“ Ich konnte die Erträge dieses Familienportfolios in der Zeit übertreffen, in der ich im Hörsaal saß. Ich konnte sie schlagen, ohne den Saal zu verlassen! Rechnete ich etwa damit, dass in den nächsten hundert Jahren noch einmal jemand mit einem Scheck über 500.000 Dollar auftauchen und darum betteln würde, dass ich sein Geld für ihn manage? Wovor hatte ich eigentlich Angst? Worauf wartete ich noch? Also nahm ich es und schüttelte ihm die Hand, auch wenn ich unfassbare Angst hatte, ich würde das Geld verlieren, und Marty hätte soeben einen teuren Aktienbluff gekauft. Das war der Beginn einer unglaublichen Partnerschaft, die uns beiden tonnenweise Geld gebracht hat; und dafür stehe ich für immer in Martys Schuld.

Ich weiß noch, wie ich zur U-Bahn-Station Harvard Square ging, einen Block vom Connection entfernt, mit einem zusammengefalteten Scheck über eine halbe Million Dollar in meiner Chinohose und meinen Gesetzbüchern unter dem Arm. 20 Minuten später war ich am Schalter irgendeines Fidelity-Büros in der Bostoner Innenstadt. Wie ich schon sagte, damals war das Interesse am Markt noch nicht besonders groß und das Kursinformationssystem war frei. Obwohl ich eigentlich einen vollen Stundenplan hatte, saß ich stundenlang da und drückte auf Symbole. Nachdem ich einen langen Nachmittag hindurch Kurse abgerufen hatte, überreichte ich am Diskontschalter den Scheck und begann damit meine Karriere als professioneller Trader. Die Angestellten schauten mich an und sie schauten den Scheck an sowie einen Brief von Marty, in dem es hieß, ich könne mit dem Geld machen, was ich wolle; sie waren völlig irritiert. Mit meinen Turnschuhen, meiner abgewetzten Jacke von Sierra Designs und meinem hässlichen schwarzen Baumwoll-T-Shirt sah ich nicht gerade wie einer aus, der Freunde hat, geschweige denn eine halbe Million Dollar. Aber nach ein paar Telefonaten ließen sie mich ein Depot einrichten und ich bekam die Handelsermächtigung für das Geld.

Am nächsten Tag schwänzte ich die Uni, um die halbe Million auf den Markt zu bringen. Ich wollte keine Zeit verlieren. Ich quoll über vor guten Ideen, zumindest dachte ich das. Ich erstellte Chart über Chart der wichtigsten Aktien, die ich kaufen wollte. Ich hängte sie an die Wand und legte damit den Boden aus. Mit einem gewissen Angstzittern nahm ich den Telefonhörer, tippte eine siebenstellige Nummer und erreichte einen Fidelity-Vertreter. Innerhalb von zwei Minuten hatte ich die 500.000 Dollar zum Arbeiten gebracht.

Sie werden es nicht glauben, aber ich verlor am ersten Tag 14.000 Dollar; ein Daten-Switch-Unternehmen, das ich aus dem Value Line Special Situation Survey herausgepickt hatte, spießte mich auf. Dann verlor ich noch einmal 64.000 Dollar mit Pulte Homes, Time Life und ein paar Chip-Aktien, die mir die ganze Zeit so viel Gutes getan hatten. 78.000 Dollar, einfach so verschwunden. Weg. In Luft aufgelöst. Ich konnte es nicht fassen; nachdem ich zwei Jahre lang für mich selbst jede Woche schönes Geld verdient hatte, schaffte ich es jetzt, innerhalb von Tagen aus 500.000 Dollar 422.000 zu machen. Was war ich für ein Idiot! Das waren erschreckende Verluste. Ich erlebte die erste meiner jahrzehntelangen schlaflosen Nächte; ich wachte um drei Uhr morgens auf und versuchte mir zu überlegen, wie ich dem Mann, den ich nur auf eine Tasse Kaffee getroffen hatte, sein Geld wiederbeschaffen konnte. Bei einem Honorar von 200 Dollar hätte ich eine Unmenge an Artikeln für *New Republic* schreiben müssen, um den Peretz-Handel wieder wettzumachen. Ich konnte mir nicht vorstellen, wie ich aus diesem Verlust je wieder herauskommen könnte. Der Schweiß rann mir den Nacken hinunter, als ich auf die Börseneröffnung wartete. Ich schnappte jedes Mal nach Luft, wenn eines meiner Ticker-Symbole mit einem Minuszeichen auftauchte. Am vierten Tag ertrug ich es nicht mehr, *FNN* zu sehen. Zum ersten Mal in meinem Leben hatte ich vor den Kurstabellen Angst. Ich war ein Betrüger, ein ganz großer Betrüger, der einfach nur unglaubliches Glück gehabt hatte. Ich würde den Rest wieder zu Barem machen, damit ich ihn nicht auch noch verlor, und ich würde als Bediensteter für Marty arbeiten, bis alles zurückgezahlt wäre; ich würde sein Haus putzen und vielleicht das Laub von hundert Jahren aus seinem Hof im schicken North Cambridge rechen.

In der darauffolgenden Woche sprach Marty auf meinen Anrufbeantworter, der nun keine Empfehlungen mehr gab, dass er mit mir besprechen wollte, wie es bisher gelaufen war. Es erschreckte mich zutiefst, dass ich so viel echtes Geld verlieren konnte, nachdem ich so gut gespielt hatte, zunächst mit Spielgeld und dann mit kleinen Geldbeträgen – meinem eigenen Geld, und nicht dem Geld eines anderen. Nach einer vollkommen schlaflosen Nacht konnte ich kaum einen klaren Gedanken fassen, während ich die Dunster Street überquerte, um an den gleichen Tisch im Coffee Connection zurückzukehren, an dem ich eine Woche zuvor 500.000 Dollar bekommen hatte, 500.000, die ich jetzt in 422.000 verwandelt hatte.

Sobald ich Marty sah, fiel ich mit der Tür der „verlorenen" 78.000 Dollar ins Haus. Ich versprach ihm, den Rest des Geldes zurückzugeben und jede Arbeit zu erledigen, die er verlangte. Und dann war ich schockiert, denn Marty lachte über den Verlust und sagte mir, ich solle es einfach an der Börse wieder zurückholen, sein Glaube an mich sei ungebrochen und wenigstens käme ich mit dem Niedergang der Börse – die erste ernstliche Verkaufswelle seit Beginn der Zinssenkungen durch die Federal Reserve im Jahre 1982 hatte gerade begonnen – wunderbar zurecht, jedenfalls besser als seine anderen Geldverwalter. Ich weiß noch, ich musste die Tränen zurückhalten. „Sie wollen also nicht, dass ich Ihnen das Geld sofort zurückgebe? Ich schulde Ihnen nicht einmal das verlorene?" Nein, sagte er. Und eigentlich wollte er mir sogar noch mehr Geld geben. Er wollte mir in diesem Augenblick noch ein paar

Hunderttausend Dollar dazugeben, nur um mir zu beweisen, dass er Vertrauen in mich setzte und glaubte, ich würde später noch viel mehr Geld für ihn verdienen, wenn ich mehr Gefühl für die Kurse bekommen hätte.

„Gehen Sie und holen Sie es zurück", sagte er.

Und das tat ich auch.

Ich fegte sofort das ganze verfluchte Portfolio aus, das ich eigentlich hatte kaufen und halten wollen. Ich machte mich auf, mich zurück in die schwarzen Zahlen zu traden, anstatt Aktien zu besitzen und das Beste zu hoffen. Ich platzierte Beträge von 2.000 oder 3.000 Dollar in Call-Optionen auf Computer- und Halbleiteraktien, bis ich etwa die Hälfte des Verlustes wieder eingefahren hatte (Calls sind getunte Anlagen, mittels derer man viel mehr Aktien kontrollieren kann, als man sich für das gleiche Geld tatsächlich kaufen könnte. Bis zum Ausübungsdatum kann man entsprechend dem Optionswert traden, der steigt, wenn die zugrunde liegende Aktie steigt. Es kommt aber die Zeit, da eine Option ausgeübt werden muss, und wenn die Aktie zwischenzeitlich nicht gestiegen ist, verliert man alles. Calls kauft man nicht, um sie zu halten. Wegen ihrer Volatilität sollte man mit ihnen traden, und zwar andauernd. Sie machen süchtig und wenn man auf die richtigen gesetzt hat, bringen sie schneller Geld als alles andere auf der Welt).

Dann wechselte ich aggressiv auf die Short-Seite; ich spekulierte gegen Motorola und Texas Instruments sowie gegen viele der Erdöl- und Eisenbahn-Aktien, die Marty in seinen anderen Portfolios hatte, denn ich dachte, das Momentum hätte einen vorläufigen Höhepunkt überschritten (die „Short-Seite" bedeutet, dass man Geld verdient, wenn eine Aktie fällt. Das ist genauso, wie wenn man beim Sport gegen eine Mannschaft wettet. Man erhält den Lohn, wenn es abwärtsgeht, nicht aufwärts. In der Welt des Geldmanagements bringt short zu sein mehr, als long zu sein oder Aktien zu halten, denn man verdient Geld, während andere Geld verlieren; man kann sich das so vorstellen, dass man für seine Schadenfreude belohnt wird). Schon bald richteten sich fast alle meine Spekulationen gegen den Markt. Manche Aktien tradete ich acht- oder neunmal am Tag, weil ich versuchte, kleine Bewegungen mitzunehmen. Und ich schaute wieder in allen Mittagspausen *FNN*. Den Dershowitz-Job gab ich ganz auf, damit ich mehr über Unternehmen lesen konnte, mehr Ideen haben und mehr shorten konnte. Alle Ecken meines Wohnheimzimmers waren mit Stapeln von Researchmaterial und Haufen von Jahresberichten ausgelegt. Ich kaufte Puts auf alles, von dem ich dachte, es könnte fallen, und während der Umwälzung des Marktes machte ich so langsam das große Geld (Puts sind wie eine Versicherung für etwas, das man nicht besitzt. Man kauft beispielsweise eine Option auf eine Aktie, von der man erwartet, dass sie fällt. Und dann bekommt man als Gewinn den Verlust der Aktie). An manchen Tagen machte ich zwischen 2.000 und 2.500 Dollar; ich versuchte, auf null zu kommen.

Marty kümmerte es gar nicht, dass ich das Geld ein paar Wochen später wieder zurückgeholt hatte, und zwar ohne Tellerwaschen und glücklicherweise – angesichts der armseligen Entlohnung bei *The New Republic* – auch ohne Artikelschreiben. Als ich ihm seine ursprünglichen 500.000 Dollar wieder anbot und dazu die Möglichkeit, dass jeder wieder seiner Wege ging, wollte er nichts davon hören. Abermals beschwor er mich, noch mehr Geld zu nehmen. Er wollte wissen, ob ich mein Händchen wiedergefunden hatte, jenes, das meine Anrufbeantwortertipps so punktgenau gemacht hatte. Deshalb bestand er darauf, dass ich noch mehr Geld annahm. Er hatte seinen Stock-Picker gefunden und wollte ihn nicht mehr hergeben.

2
Goldman

Im Winter 1982/83, nachdem ich fünf Monate mit Martys Geld getradet hatte, konnte ich den Gedanken nicht ertragen, im Sommer wieder in eine Anwaltskanzlei gehen zu müssen. Ich wusste, dass ich das Recht hasste. Ich hasste Prozesse. Ich hasste die Arbeit für Unternehmen. Ich hasste das Korrekturlesen. Ich hasste es, vor anderen zu kriechen. Ich hasste es, für armselige und gemeine Partner zu arbeiten. Ich wusste, ich würde das niemals durchhalten. Ich wusste, dass ich Geschäfte liebte, und ich wollte im Geschäft sein, nicht in der Justiz. Also entschloss ich mich, den entscheidenden zweiten Sommer bei einer Kanzlei sausen zu lassen und mich bei allen größeren Investmentbanken der Stadt zu bewerben, um zu sehen, ob ich etwas bekommen würde. Ich ging wieder in die Bibliothek der Harvard Business School. Ich suchte die größten und besten Investmentbanken heraus und bewarb mich bei jeder einzelnen. Innerhalb einer Woche hatten alle abgesagt, außer der besten, Goldman Sachs, die ernstlich interessiert zu sein schien. Ich erhielt ein Schreiben von Goldman, dass sie mich für das Ausbildungsprogramm im Sommer in Betracht ziehen würden, ich mich aber gegen Hunderte anderer Bewerber durchsetzen müsste. Rückblickend glaube ich, das war eine Absage, die ich als Zusage betrachtete.

An den schwarzen Brettern in der Bibliothek der Harvard Business School hingen Zettel, auf welchen die Studenten zu einer Cocktailparty ins Bostoner Ritz-Carlton eingeladen wurden, um eventuell einen Platz bei Goldman zu bekommen. Ich mogelte mich durch den Empfang, indem ich meine „Zusage" vorzeigte, und das Nächste, woran ich mich erinnere, ist, dass ich den Menschen gegenübersaß, welche die Bewerbungsgespräche führten. Ich rechnete mir aus, dass ich aufgrund meines Jurastudiums und meiner Vorliebe für Aktien für einen jener tollen Finanzjobs infrage kommen würde, die in den Businessschools das Angesagteste überhaupt waren. Ich wollte die Rolle der gelehrten Banker übernehmen, die bei den Geschäftsabschlüssen, an denen ich bei Fried Frank teilgenommen hatte, die Anwälte herumkommandierten. Ich wollte die Chance haben, ein hochbezahlter, arroganter Spezialist für Unternehmensfinanzen oder für Fusionen und Übernahmen zu werden. Ich stellte mir vor, dass das zu jemandem mit meinen Fähigkeiten perfekt passen würde. Und dann war ich mit den Menschen in einem Raum, die entscheiden, wer solche Jobs bekommt. Ein paar Minuten nach meinem Eintreffen unterhielt ich mich mit einem baumlangen Mann, welcher der regierende Goldman-Bonze zu sein schien. Und das war er wirklich: Ich war Richard Menschel vor die Füße gestolpert, dem Chef der Abteilungen Wertpapiere, Verkauf und Handel. Er war einer der einflussreichsten Partner, die jemals für Goldman gearbeitet haben. Ich war wild entschlossen, ihm zu sagen, dass die Unternehmensfinanzen meine neue Heimat werden müssten. Nach kurzem Scherzen sagte er, er müsse mir eine sehr wichtige Frage stellen. Er wollte wissen, wieso ein Student der Harvard Law School bei Goldman Sachs Aktien verkaufen wollte. Ich dachte eine Sekunde nach. Hm, Verkauf, also, nun ja, Verkauf – wovon redet der überhaupt? Verkauf? Ich will in die Unternehmensfinanzierung. Bin ich hier nicht bei der Veranstaltung für Unternehmensfinanzierung? Waren die Verkaufsleute bei Goldman Sachs so wie der Broker, der meinem Vater National Video verkauft hatte? Gab es bei der geschätzten und erhabenen Gesellschaft Goldman Sachs so etwas wie Broker?

Aber noch bevor ich sagen konnte, „Haut mich ja total um, Kumpel", kam ich zur Besinnung und sagte einfach nur: „Weil ich glaube, dass ich für den Verkauf von Aktien wie geschaffen bin." Er fragte mich, was mich vor der Masse auszeichne, welche die Jobs ebenfalls haben wollte. Ich dachte einen Moment nach und sagte, ich sei das am stärksten unterbewertete Wertpapier in diesem Raum; wenn er mir eine Chance geben würde, würde ich meinen Wert schon noch beweisen. Ich sagte, ich sei wie Exxon, übersehen und unterbewertet. Er lachte und meinte, vielleicht würde ich eine Chance bekommen. Ich dachte, ich wäre drin, aber ich hatte ja keine Ahnung, was mich erwartete. Wenn eine Stelle bei Goldman schon für die Besten von der Harvard Business School ein Spießrutenlauf war, dann war sie für einen von der Harvard Law erst recht unmöglich zu schaffen.

Nicht lange, nachdem ich für eines jener quälenden Bewerbungsgespräche bei einer Kanzlei in New York war, die ich in der Hinterhand behielt, falls das Goldman-Spiel nicht aufging, trat ich bei Goldman Sachs zu der Stunde an, die mir der Personalchef mitgeteilt hatte, nachdem Menschel über mein Schicksal entschieden und nicht schlichtweg Nein gesagt hatte. Die Empfangsdame setzte mich etwa um 11:00 Uhr in einen Raum von der Größe zweier Telefonzellen. Ich wartete geduldig und las ein paar Jahresberichte, wie mir schien, stundenlang. Und es waren tatsächlich Stunden. Niemand kam. Kurz nach 17:00 Uhr sagte mir eine Putzkraft, alle seien gegangen und ich sollte lieber nach Hause gehen, wenn ich nicht über Nacht eingeschlossen werden wollte. Ich zog diese Möglichkeit kurz in Betracht und ging dann hinaus.

Die sechs Stunden in der Telefonzelle nahm ich als Zeichen, dass es wohl ein bisschen schwieriger werden würde, als ich gedacht hatte, den Sommerplatz bei Goldman zu bekommen, dass ich mich aber nicht entmutigen lassen sollte. Als ich wieder in Cambridge war, schrieb ich noch einmal und bat um ein Gespräch. Der Verantwortliche für das Sommerprogramm befürchtete, ich hätte die Botschaft meines ganztägigen Wartens wohl nicht begriffen. Ich sagte, doch, das hätte ich, Goldman sei ein raues Pflaster und nur diejenigen, die einen ganzen Tag in einem fensterlosen Raum Däumchen drehend warteten, würden es in die nächste Runde schaffen. Ich sagte dem Personalbeauftragten, der Test sei bisher zwar äußerst kräftezehrend, aber ich sei an dem Verkaufen von Aktien mehr interessiert als je zuvor.

Eine Woche später saß ich wieder in der Zelle. Aber diesmal wechselten sich ein Dutzend junger Mitarbeiter dabei ab, den Burschen von der Law School zu triezen. Jeder von ihnen versuchte, mich aus der Fassung zu bringen, indem er mich nach einem halben Dutzend Aktien fragte, die mir gefielen, sowie nach ihren Kursen, ihren Kurs-Gewinn-Verhältnissen und ihren Buchwerten – ja, es ist schon lange her. Ich dachte, ich wäre gestorben und im Himmel. Ich war dafür geboren, solche Fragen zu beantworten. Nachdem ich die Kurse aller Aktien, ihre 52-Wochen-Tiefs und -Hochs sowie ihre Multiplen und meine Gewinnschätzung für das nächste Jahr genannt hatte, kritisierte ich eifrig ihre Aktien und erwähnte ein paar, von denen ich dachte, dass sie mehr bringen würden als die in der Empfehlungsliste von Goldman enthaltenen.

Ich fühlte mich nach der ganztägigen Serie von Gesprächen so gut, dass ich meinen Mantel aus der Garderobe im Empfangsraum im vierten Stock nahm und aus Goldman hinausrannte, als wäre ein Feuer ausgebrochen. Erst als ich zur Brücke an der 59th Street kam, stellte ich fest, dass ich den falschen Mantel gegriffen hatte – versehentlich war ich in dem Regenmantel des letzten Mitarbeiters gegangen, der mich befragt hatte –, und dachte mit Schrecken, ich würde deswegen die Stelle nicht bekommen. Fünf U-Bahn-Stationen später hängte ich den Mantel gerade wieder auf den Bügel, als der Mitarbeiter gehen wollte. Er schaute mich an und staunte, dass ich noch so lange geblieben war, nachdem ich weggeschickt worden war. Ich meinte, ich könnte mich nicht vom Ort des Geschehens trennen. Er sagte, diese Eigenschaft gefalle ihm, er finde es gut, wenn jemand nicht weiß, wann er aufhören muss.

Kurz danach bekam ich den begehrten Sommerplatz. Ich sollte der Harvard-Law-Typ für Verkauf und Handel sein. Noch nie war ein Student der Harvard Law School so begeistert davon, in die Verkaufsabteilung zu gehen, wie ich. Ich wusste, dass ich nach diesem Ereignis nicht mehr zur Juristerei zurückkehren würde.

In jenem Sommer bekam ich einen Vorgeschmack auf die Grundausbildung von Goldman Sachs. Goldman war das komplette Gegenteil einer Anwaltskanzlei. Bill Gruver, der strenge Leiter des Programms, ging mit uns sofort an die vorderste Front. Als wir da waren, wurde ich sofort in das Verkaufsbüro gesteckt. Dort musste ich die Anrufe von Arbitrageuren entgegennehmen, die im Zuge einer Übernahme Diamond Shamrock kaufen wollten. Ich hatte keine Ahnung, was ich tat. Die Menschen taten den ganzen Tag nichts anderes, als mich anzubrüllen, was für ein Depp ich wäre. Ich war nicht sicher, ob ich am nächsten Tag wiederkommen sollte. Aber ich kam wieder und setzte mich an den gleichen Platz und wieder wurde ich den ganzen Tag angeschrien, bis mich jemand an einen anderen Schreibtisch bat, und dann wurde ich dort den ganzen Tag angeschrien. Sie nannten mich einen Idioten, einen Trottel, einen blöden Deppen, aber ich konnte froh sein, dass sie nicht wussten, dass ich von der Harvard Law School kam, denn dann hätten sie so richtig ihren Spaß mit mir gehabt. Dieses Trading-Zeug war hart. Das waren nicht mehr meine sieben Stücke Bobbie Brooks oder meine zehn Amoco-Calls. Nein, hier ging es um „250.000 Aktien von Crown Cork zum Geldkurs, zum Verkauf freigegeben". Das war der totale Front-Drill und ich liebte es.

Die Teilnehmer an dem sogenannten Programm versuchten ihr Möglichstes, nicht allzu häufig mit sinnlosen Aufträgen für unbedeutende Mitarbeiter gequält zu werden, die sich wichtigmachen wollten. Standhaft ließen wir uns den ganzen Tag lächerlich machen und abends, nach Börsenschluss, hatten wir Unterricht. Die Abendkurse begannen häufig erst Stunden nach der angekündigten Uhrzeit. Und sie waren wirklich grausam. Uns wurde immer eine Anzahl von Fragen gestellt, die wir nicht beantworten konnten, und wenn man nicht die richtige Antwort gab, musste man den Raum verlassen und draußen warten, bis man wieder hineingeholt wurde. Manchmal wurde man nicht wieder hineingeholt. Die Teilnehmer des Programms waren alle hart wie Stahl. Ich erinnere mich noch, wie ich mich bei einem unserer ersten Treffen vorstellte. Ich erzählte, dass ich in meinem Auto gelebt hatte, mit einer 22er-Pistole und einer Axt, und dass ich über Gewaltverbrechen geschrieben hatte. Ich dachte, damit könnte ich mich zu den Harten zählen. Aber der, der nach mir dran war, schaute mich an wie einen Waschlappen. Ich dachte mir, vielleicht hätte ich eine Magnum gebraucht oder besser einen Flammenwerfer und Handgranaten. Ich werde nie vergessen, was er dann erzählte, was er getan habe. Er sagte, vor seiner Einstellung sei er Fregattenkapitän auf einem U-Boot gewesen; als er den Tötungsberuf ergriffen hatte, sei er in der Lage gewesen, von Diego Garcia im Indischen Ozean aus mit einem Atomsprengkopf das Yankee-Stadion zu treffen. Und als er fünf Jahre später den Dienst quittierte, konnte er die gleiche Rakete abschießen, aber diesmal genau auf das Homebase. Normalerweise hätte ich darauf gesagt: „Warum zum Teufel willst du Atomsprengköpfe auf das Yankee-Stadion schießen?" Aber ich staunte nur ehrfürchtig. Ich hatte noch nie etwas getan, das den Dritten Weltkrieg hätte auslösen können.

Goldman war immer noch auf Personalabbau aus, nicht auf Neueinstellungen. Sie suchten nach Möglichkeiten, die Anzahl der neuen Mitarbeiter zu begrenzen. Sie wussten, dass sie einen durch die Einstellung reich machten, und aufgrund dieses Versprechens entstand eine Hingabe an das Unternehmen, die keine Grenzen kannte. Der vierte Tag meines Trainings hatte mehr von einem Test, als ich gedacht hatte. Am ersten Wochenende des Sommerprogramms heiratete meine Schwester Nan. Als ich den Platz angenommen hatte, hatte ich darum gebeten, an dem Abendessen am Freitag vor der Hochzeit teilnehmen zu dürfen. Mir war versichert worden, das sei kein Problem, solange ich die Unterrichtsstunden nach der Arbeit besuchen und dort um Erlaubnis fragen würde. Am Morgen hatte ich noch einmal um Erlaubnis gefragt, und weil ich das Ereignis auf keinen Fall verpassen wollte, erinnerte ich meinen Chef in der Mittagspause nochmals daran, dass ich um 20:00 Uhr in Philadelphia sein musste. Er sagte mir, ich bräuchte mir überhaupt keine Sorgen zu machen. Der Unterricht würde nach Börsenschluss pünktlich beginnen, weil an diesem Sommerwochenende alle am Freitag früh Schluss machen wollten.

Aber der Lehrgangsleiter – derselbe gute Mann, der mir wiederholt versichert hatte, ich würde das Ereignis nicht verpassen, tauchte erst zweieinhalb Stunden nach Börsenschluss auf; die Börse schloss um 16:00 Uhr. Bevor die Stunde anfing, erklärte ich dem Kursleiter – vor etwa 35 Vollzeit-Trainees, die gerade die Business School absolviert hatten, sowie einer Elitegruppe von fünf Sommerteilnehmern, zu denen auch ich gehörte –, dass ich es noch zu dem großen Abendessen vor der Hochzeit meiner Schwester schaffen könnte, wenn ich jetzt sofort gehen würde. Ich bat darum, dieses Mal abhauen zu dürfen. Der Lehrer schaute mich an und stellte fest, dass ich ja wohl hart dafür gearbeitet hätte, den Sommerplatz zu bekommen, und jetzt sei die Stunde der Wahrheit gekommen. Natürlich könne ich gehen, aber dann bräuchte ich am Montag nicht wiederzukommen, denn Goldman würde die Stelle dann einem der tausend anderen Menschen geben, die sie gewollt hatten, jedoch abgelehnt worden waren, weil irgendein Kerl von der Law School den Platz bekam. „Ihre Entscheidung", sagte er und begann sofort mit dem Unterricht.

So kam es, dass ich das Abendessen vor der Hochzeitsfeier meiner Schwester versäumte.

Ich kann bis heute keinem Angehörigen meiner Familie erklären, warum ich mich damals so entschieden habe. Ich kann immer noch nicht erklären, warum ich so sehr zu Goldman Sachs wollte, dass ich den Zorn meiner Familie und mein schlechtes Gewissen in Kauf nahm. Aber ich wusste, dass mir die Strenge und die Arbeitsmoral des Unternehmens gefiel. Und natürlich reizte mich auch das Geld. Ich wollte in der Festung des Kapitalismus erfolgreich sein und es war unsinnig, umzukehren, nachdem man es bis ins Basislager geschafft hatte. Letztendlich wollte ich es allzu sehr, denn wie mir später klar wurde, opferte ich liebend gern die wichtigen Menschen und Dinge in meinem Leben um des Erfolges willen.

So streng das sommerliche Boot Camp auch war, ich konnte von Goldman Sachs nicht genug bekommen. Im Hochsommer war ich mir sicherer denn je, dass ich niemals Anwalt werden würde, aber trotzdem musste ich noch ein ganzes weiteres Jahr an der Law School durchhalten, bis ich an die Wall Street zurückkehren konnte. Ich tauchte jeden Tag in das Parkett ein und widmete mich jede Nacht dem Research. Ich versuchte, 18 Stunden am Tag mit allen möglichen Leuten über Aktien zu sprechen. Ich konnte nicht genug bekommen von der aktiengeschwängerten Luft dieser Gegend. Gegen Ende des Sommers war es mit dem Schikanieren vorbei und ich durfte mit den Angestellten ohne absolute Unterwerfung sprechen. Im August blieb ich bis zu dem Tag, bevor das dritte Studienjahr begann. Im August hatte ich die Erlaubnis bekommen, zu traden, und ich stockte auch meine eigenen Positionen auf. Der August 1983 entwickelte sich zu einem starken Börsenmonat und ich verdiente für mich und für die Firma gutes Geld. Nun, da ich den Jargon kannte, merkte ich erst, wie energiegeladen alles war. Diese Menschen waren alle so unglaublich schlau, schnell und genau, und sie waren vor allem gieriger, als man sich vorstellen könnte, dass Menschen sind, die jede Woche ein Vermögen machen. Das war eine präzisionsgesteuerte Geldfabrik. Ich wollte nie wieder weg.

Als ich im Herbst wieder in Cambridge war, stürzte ich mich in das Trading für Peretz und managte die „Teilnahme“ an den Lehrveranstaltungen mittels einer überall bekannten Methode: Man besucht eine von 30 Lehrveranstaltungen und schreibt minutiös mit, dann tun 29 andere Studenten das Gleiche und am Ende hat man 30 großartige Mitschriften. Das war die optimale Möglichkeit, sich mit gutem Gewissen die Zeit zu vertreiben. Eigentlich war die gesamte Law School ein fantastischer Ort, um es sich unter einem guten Vorwand gut gehen zu lassen – vorausgesetzt, es kümmerte einen nicht, welchen Platz man in den Kursen belegte. Als jemand, der in die Verkaufsabteilung von Goldman gehen wollte, konnte es mich kaum weniger kümmern. Die Law School war auch die ideale Umgebung für den Aktienhandel, denn pro Lehrveranstaltung verpasste ich nur eine Handelssitzung.

Im Herbst 1983 und im Frühjahr 1984 erlitten die Technologiewerte, die ich von der Short-Seite angerempelt hatte, schwere Rückschläge. Ich hatte ungeheure Summen gegen Motorola, Cray Research, Data General und Digital Equipment gesetzt. Auf der Long-Seite hatte ich mich auf ein Spiel mit hohen Einsätzen eingelassen; ich kaufte Calls auf Öl- und Gasgesellschaften, weil sich die Übernahmeaktivitäten auf diesem Gebiet ins Fieberhafte steigerten.

Während ich unser Depot in der Mitte des Frühjahrs 1984 deutlich in die schwarzen Zahlen brachte, fand ich endlich eine Lehrveranstaltung, die für meinen Handel von Bedeutung war: Kartellrecht. Die Mehrzahl meiner Call-Positionen waren Ölgesellschaften, die meiner Meinung nach Übernahmeangebote bekommen würden oder bereits bekommen hatten. Das Einzige, was dem großen Geld im Wege stand, war die Antitrust-Gesetzgebung, die Bundesgesetze, die aus der Zeit von Teddy Roosevelt stammen. Ich wusste gar nichts darüber, aber ich hatte den besten Professor, den es für dieses Sachgebiet gab: Phil Areeda, ehemaliger Leiter der Antitrust-Abteilung im Justizministerium.

Wie immer setzte ich mich in eine der hinteren Reihen, erstellte Aktiencharts und las die Kurstabellen, so wie ich es in der Handvoll Lehrveranstaltungen immer tat, die ich besuchte. Und damals beschloss ich, alle Schlusskurse aller Aktien der New York Stock Exchange auswendig zu lernen, nur um der Hörsaal-Langeweile von April bis zu den Prüfungen zu entgehen.

Nachdem ich von dem Sommerprogramm bei Goldman zurückgekehrt war, hatten sich meine Einsätze schlagartig erhöht, und zwar von zehn auf zwanzig Calls, also von 5.000 bis 10.000 US-Dollar auf etwa 25.000 bis 50.000 Dollar. Mir gefielen die Ölgesellschaften so gut, dass ich die Hauptseminararbeit im dritten Studienjahr über die DuPont-Conoco-Übernahme schrieb. Ich verbrachte für die Arbeit Unmengen an Zeit mit Gesprächen in Anwaltskanzleien, die mir – dem Studenten – alle versicherten, sie hätten noch viele Deals wie Conoco in petto. Also bohrte ich nach Call-Options-Quellen und fand sie bei Sinclair und Getty. Den Gewinn schichtete ich dann auf Gulf Oil um, ein immerwährendes Übernahmeziel. Und problemlos landete ich einen Volltreffer, ein enormes Angebot von Chevron an Gulf, die kleinste der erhabenen „Sieben Schwestern" in der Welt des Öls. Überraschenderweise stieg die Gulf-Aktie jedoch nur um sechs Punkte an, was mir zwar einen sauberen Gewinn bescherte, aber nicht annähernd so viel war, wie es gegeben hätte, wenn der Staat nicht eventuell eingeschritten wäre, um den Handel zu verhindern. Anders gesagt wurde die Aktie weit unter dem Endpreis gehandelt, den sie erzielen würde, wenn der Deal genehmigt würde. Ich rechnete mir aus, dass ich 15 dicke Punkte machen könnte, wenn ich nur wüsste, ob der Staat das Geschäft erlauben würde. Die Zeitungen waren voll von argwöhnischen Arbitrageuren, die befürchteten, dass das Geschäft niemals genehmigt würde. Gulf kroch langsam dahin zurück, wo es gestanden hatte, bevor der Deal angekündigt worden war. Ich wurde einen großen Teil meines Gewinns wieder los. Eigentlich wollte ich den Einsatz verdoppeln, aber die Entscheidung des Justizministeriums war einfach zu schwer vorauszusehen, wenn man der Parade der Experten glaubte, die ich auf dem Bildschirm sah und von denen ich im *Journal* las. Man wusste einfach nicht, ob das Ministerium grünes Licht für die Fusion der zweitgrößten mit der siebtgrößten Ölgesellschaft geben würde.

In den drei Jahren auf der Law School habe ich mich in den Seminaren nie über die Gesetze geäußert, wenn es sich vermeiden ließ. Ich versteckte mich lieber, bevor ich aufgerufen wurde, und ich kam oft damit durch, auch wenn mich die Professoren daran erinnerten, dass wir hier nicht Bridge spielten. Beim ersten Mal lachte ich noch über den Scherz, aber im dritten Jahr konnte ich ihn schon nicht mehr hören. Ich wünschte mir, sie würden mich in Ruhe lassen. Wie ein Schlafwandler ließ ich in der hintersten Bank alles über mich ergehen. Aber ich dachte mir, dieses eine Mal müsste mir die teure Ausbildung wirklich etwas bringen. Ein paar Tage nach dem Deal zwischen Gulf und Chevron, als sich die Gulf-Aktie im freien Fall befand, weil die Gerüchteküche der Wall Street darauf wettete, das Justizministerium würde einschreiten, und als meine Calls mir rote Augen bescherten, tat ich das Undenkbare: Ich ging zu Professor Areeda, dem führenden Antitrust-Experten des Landes und der anerkannten Koryphäe auf diesem Gebiet, und ich fragte ihn nach dem Gulf-Geschäft. Er schaute mich langsam von oben bis unten an und rümpfte die Nase, so als könnte ich eine Dusche gebrauchen, was vermutlich auch stimmte. Dann fragte er mich, ob ich der Kerl sei, der immer hinten im Saal das *Journal* las, anstatt dem Unterricht zu folgen. Ich sagte ja, das wäre ohne Zweifel ich. Er meinte, er habe zwar eigentlich keine Lust, jemandem zu helfen, der eindeutig kein Interesse an dem Fach hatte, aber da ich sein Student sei, fühle er sich verpflichtet, mir zu sagen, dass das Geschäft durchgehen und nicht untersagt werden würde. Ich schaute ihn noch einmal an und fragte: „Mr. Areeda, ich halte es ein wenig mit dem Wetten, wie sicher sind Sie?"

Er antwortete, er wisse, dass das Justizministerium nicht einschreiten werde. Ich sagte ihm, dass ich in dieser Richtung spekulieren würde und dass wirklich alles in die Hose gehen würde, wenn er sich irrte.

Er blickte mich voller Verachtung an und fragte mich, ob ich dachte, er wäre nicht der Experte, von dem er wisse, dass er es sei. Ob ich sein Wissen oder seine Quellen im Justizministerium infrage stellen wolle?

Aber nein, so versicherte ich ihm, ich hätte von diesen Dingen einfach keine Ahnung, und dieser Auffassung pflichtete er sofort bei.

Nach diesen Worten dankte ich ihm, schaute auf die Uhr und sah, dass ich noch genug Zeit hatte, aus dem Saal und in die Telefonzelle vor dem Gebäude zu eilen. Ich nahm mein gesamtes Geld und meine gesamte Kreditwürdigkeit zusammen und setzte alles auf Gulf-Oil-Calls zu 45, zu 50 und zu 55, denn ich spekulierte darauf, dass die Aktie, die jetzt knapp über 40 stand, sofort wieder nach oben rauschen würde, weil der Staat das Geschäft nicht blockieren würde. Ich würde mein Geld fast verzehnfachen, wenn Areeda wusste, wovon er sprach.

Ich musste erst warten, bis eine Frau aufhörte zu telefonieren, die vor ihrer Mutter damit prahlte, dass sie einen Job bei irgendeinem New Yorker Ausbeuter bekommen hatte. Ich wusste, dass ich es nicht mehr vor der Schlussglocke schaffen würde, wenn sie nicht endlich aufhörte. Sie legte gerade noch rechtzeitig auf, damit ich schnell die Nummer von Fidelity eintippen und den Hölleneinsatz auf Gulf-Calls durchgeben konnte.

Am nächsten Tag ließ das Justizministerium durchsickern, dass es dem Zusammenschluss seinen Segen geben würde. Dieser Schachzug bezahlte mir die drei Jahre Law School und noch einiges mehr. Es sollte zwei Jahre dauern, bevor ich noch einmal einen derart großen Treffer landen würde. Und es erinnerte mich daran, dass Diversifizierung zwar eine gute Sache ist, dass man aber im Falle eines Vorsprungs bereit sein muss, sein Haus zu verwetten.

Für mich hatte die Reise – und die Sucht – gerade erst begonnen.

Ich zählte die Tage bis zum Ende der Law School. Am letzten Tag schmiss Marty eine tolle Party und stellte mich Dutzenden von Freunden als seinen Broker vor. So stellte er sicher, dass ich einen soliden Kundenstamm haben würde, wenn ich zu Goldman ging. Das war ein Akt der Großzügigkeit, den er in den zwölf Jahren danach immer wieder für mich vollzog. Am letzten Prüfungstag jedoch, als ich schon meine Sachen für New York und für den Sommer gepackt hatte, in dem ich für die Anwaltsprüfung lernen wollte, erhielt ich einen Telefonanruf, der mir einen Schock fürs Leben versetzte. Das Prüfungsamt behauptete, ich hätte ein Fach vergessen abzuwählen und hätte jetzt eigentlich seit 15 Minuten eine Prüfung in Zivilprozessordnung, die ich brauchte, wenn ich einen Abschluss wollte. Ich sagte, ich wisse nichts über die Zivilprozessordnung und würde keine Prüfung ablegen, auf die ich mich nicht vorbereitet hatte. Dann, so sagte mir die Dame, würde ich eben keinen Abschluss bekommen.

Ein paar Tage, nachdem schon alle den Campus verlassen hatten, kam mein Fall vor den Verwaltungsrat. Ich sagte meinem Gesprächspartner, dass ich kein einziges Mal in der Lehrveranstaltung gewesen sei und dies sei doch ein eindeutiges Zeichen dafür, dass ich die Veranstaltung abgewählt hatte. Aber der Frager wusste, dass ich auch die anderen Lehrveranstaltungen kaum besucht hatte und daher nichts beweisen konnte. Nachdem ein paar Professoren, auf die ich als Stock-Picker Eindruck gemacht hatte, zu meinen Gunsten gesprochen hatten, bekam ich meinen Abschluss. In den 16 Jahren danach, so lange, bis ich mich aus dem Hedgefonds-Geschäft zurückzog, träumte ich mindestens dreimal pro Woche, ich müsste eine Prüfung in einem Fach ablegen, das ich nicht belegt hatte.

Die Vorbereitung auf die Anwaltsprüfung war die reinste Hölle, denn an der Ecke Sixth Avenue und 45th Street in Manhattan, wo das Repetitorium stattfand, gab es nur eine einzige Telefonzelle und es gab keine Pause vor Handelseröffnung, in der man seine Orders hätte platzieren können. Vor der Handy-Ära war es fast unmöglich zu traden, wenn man nicht gerade an einem Schreibtisch saß.

So ließ ich also meine Call-Positionen zwei Monate lang laufen und tradete nur, wenn ich es zu dem Münzfernsprecher schaffte, und auch dann machte ich keinen großen Schnitt. Ich ruinierte mich fast, indem ich darauf spekulierte, dass Amoco der nächste Übernahmekandidat im Ölgeschäft sein würde. Es sollte noch mehr als zwölf Jahre dauern, bis aus dieser Übernahme etwas wurde.

Goldman Sachs hatte klargestellt, dass ich in der dreimonatigen Ausbildungszeit in der Verkaufsabteilung Martys Geld nicht managen konnte. Also musste ich Martys Depot auf Maximalgröße bringen und dann in Bares verwandeln. Ich musste also ein größeres Technologiegeschäft rechtzeitig vor der Anwaltsprüfung abschließen, mit massiven Einsätzen auf Texas Instruments, IBM und Motorola. Eine Woche vor der Prüfung kaufte ich eine große Menge Calls. Da ich am Tag nach der Prüfung wieder auf die Arbeit gehen musste, hatte ich keine andere Wahl, als meine sämtlichen Positionen in der Pause zwischen den Prüfungen in zwischenstaatlichem und New Yorker Recht aufzulösen. Als die Kasse klingelte, wurden aus den Call-Optionen circa drei Millionen Dollar – ich hatte aus dem ursprünglichen Betrag über die Jahre eine beträchtliche Summe gemacht. Ich erledigte das von dem einzigen funktionierenden Münzfernsprecher drei Blocks von der New York Law School entfernt aus, in der die Prüfungen stattfanden. Gerade noch rechtzeitig zur nächsten Prüfung kam ich zurück.

Ich verließ das Ausbildungsprogramm bei Goldman vor der Zeit, denn vieles von dem, was es zu lernen gab, hatte ich mir schon selbst beigebracht, und außerdem bekam ich Entzugserscheinungen, wenn ich nicht traden durfte. Und ich wusste, dass mich auch nach dem Ausbildungsprogramm eine enorme Hürde daran hindern würde, an der Börse die Leistung zu erbringen, die ich ansonsten geschafft hätte: Als Broker im Firmenauftrag, selbst für eine so große Firma wie Goldman Sachs, hat man nur eine einzige Aufgabe im Kopf, und das ist nicht, für die Klienten Geld zu verdienen, sondern das Beschaffen weiteren Geldes und von „Elefanten“, wie wir sie bei Goldman nannten. Jeden Tag, tagein, tagaus, musste ich blind 30 Menschen anrufen, die ich nicht kannte und die nicht mit mir sprechen wollten. Unzählige Male legten die Menschen auf, an die ich herankommen wollte. Egal. Es war mein Job, anzurufen, und ich musste jede Woche eine Gesprächsliste vorlegen (das fiel mir leicht, nachdem ich in meiner Zeit als Gewaltreporter dutzendweise die nächsten Angehörigen von Mordopfern hatte anrufen müssen).

Ich war unablässig auf der Suche nach guten Telefonlisten. Ich rief jeden an, der für irgendetwas Geld stiftete und noch nicht unser Kunde war. Ich rief alle Mäzene der Metropolitan Opera, des Metropolitan Museum und aller Ballettkompagnien an, die ich auftreiben konnte. Wenn Ihr Name je im Programmheft des Lincoln Center auftauchte, dann habe ich Sie angerufen.

Die meisten dieser Menschen hatten Sekretärinnen, die die Anrufe für sie filterten. Wenn ich es schaffte, den Namen einer Empfangsdame oder einer Sekretärin zu bekommen, dann wusste ich, dass ich so gut wie drin war, denn die meisten Broker gehen mit solchen Leuten fürchterlich um. Wenn man sich nicht allzu neunmalklug gebärdete, konnte man viel erreichen. Wenn ich das Geburtsdatum herausfand, bekamen die Menschen von mir Blumen oder sonstige Geschenke. Und irgendwann ließen sie mich, den netten Herrn von Goldman Sachs, zu dem Elefanten vor. Ich weiß, ich weiß, das klingt bekannt, es klingt nach Bud Fox aus dem Film „Wall Street". Und das sollte auch so sein, denn im Rahmen der Recherchen für den Film erklärte ich den Filmemachern, wie ich versuchen würde, zu Gordon Gekko vorzudringen. Bud machte es genauso und es klappte auch.

Wenn ich dann einen Termin hatte, gab ich mein Bestes. Ich kritisierte das Portfolio des Elefanten und drängte ihn, etwas zu kaufen, das ich liebte. Und fast nie ging ich ohne eine Order in der Tasche.

Nach dem Termin ging ich in das oberste Stockwerk des Gebäudes und arbeitete mich nach unten durch; ich klopfte an Türen und probierte, ob irgendjemand über Aktien reden wollte. Jede Tür, an der die Worte „Kapital", „Gesellschaft" oder „Wertpapiere" standen, war Freiwild für mich, nur falls Sie sich überlegen, wie Sie Leute wie mich davon abhalten wollen, in Ihr Büro zu kommen. Meine Trefferquote beim Hinuntersteigen war zwar nicht sehr hoch, aber sie war nicht so schlecht, dass sie mich dazu verleitet hätte, vom Büro aus noch mehr Blindanrufe zu starten. Am Ende kannte ich von allen Wolkenkratzern in Midtown Manhattan das Telefonverzeichnis und hatte alle Büros betreten, die auch nur im Entferntesten nach einem Partner für Vermögensverwaltung rochen.

Schon bald hatte ich Manhattan erschöpft. Ich mietete mir einen Wagen und fuhr zu den Bibliotheken der Reichenviertel. Dort las ich in der Lokalzeitung nach, wer im dortigen Stadtleben den Ton angab. Ich notierte mir Dutzende von Namen und mit einem Beutel Vierteldollars rief ich einen nach dem anderen an, bis ich einen Termin ausmachen konnte. Wieder einmal zahlte sich die Beharrlichkeit aus, und wenn ich erst einmal drin war, fand ich in dem Portfolio immer etwas, das darin bleiben und nachgekauft werden sowie auch etwas, das verschwinden sollte.

Das war das, was die Firma von mir wollte, aber ich hatte andere Ideen. Mich schmerzte der Gedanke, dass ich nicht so viel Ertrag generieren konnte, wie ich es gewohnt war, und ich fühlte mich durch die Empfehlungsliste der Firma ziemlich eingeengt, obwohl sie so um die 500 Unternehmen umfasste, die in irgendeiner Form als „Kauf" gelten konnten. Das waren alles gestandene, solide Unternehmen und es ist unsinnig, von der Liste abzuweichen, wenn man reiche Leute mit reichen Gedanken langweilen will.

Das wollte ich aber nicht. Ich wollte ausziehen, um die nächste große Idee zu finden. Während ich auf Klientensuche unterwegs war, kam mir die Idee, ich könnte in Geschäfte gehen und schauen, was angesagt ist. Nach ein paar Wochen stellte ich fest, was man alles aus Verkäufern herausbekommt, wenn man weiß, wonach man fragen muss. Als ich eines Tages am Woolworth Building auf und ab ging, betrat ich einen nahegelegenen Foot-Locker-Laden, um zu sehen, was so los war.

Der Aerobic-Turnschuh von Reebok, sagte mir der Verkäufer. Hält sich kaum im Regal. Wenn ich in der Woche darauf ein Gebäude nach Kunden durchkämmte, ging ich jedes Mal in ein Schuhgeschäft in der Nähe. Ich bekam immer die gleiche Antwort: „Wir bekommen die Reeboks nicht schnell genug herein."

Die Reebok-Aktie stand zwischen 10 und 15 Dollar und war erst kürzlich an die Börse gekommen. Ich suchte die entsprechenden Dokumente in der Goldman-Bibliothek heraus und sah, dass die Aktie kaum von Analysten beobachtet wurde, auch nicht von Goldman Sachs. Ich wusste, ich hatte einen Homerun.

Aufgrund dieser einen Information, die ich aus dem Besuch von mehr als 40 Schuhgeschäften aufgelesen hatte, rief ich alle Führungskräfte der Schuhbranche an, die im Buch standen (Führungskräfte wollen immer Aktien aus ihrer eigenen Branche kaufen). Einige der Angerufenen arbeiteten außerhalb von New York – ich wilderte sozusagen im Revier anderer Goldman-Mitarbeiter, aber sei's drum – und ich schwatzte allen Reebok auf, die ich finden konnte. Jeder blind Angerufene bekam die Reebok-Geschichte zu hören. Jedes Mal, wenn ich einen Raum betrat, erwähnte ich Reebok. Ich meldete mich auch bei Depotinhabern, die nicht zu mir gehörten und die Reebok geshortet hatten; ich drängte sie, ihre Shorts einzudecken (die geliehenen Aktien zurückzukaufen, um den Short zu beenden). Ich rief Michael Steinhardt an, den legendären Bären der Wall Street, nachdem ich in der Zeitung gelesen hatte, dass er short war, und bat um einen Termin. Als wir uns trafen, erklärte ich ihm, er sei auf dem falschen Dampfer und die Reebok-Aktie, die inzwischen Mitte der 30er stand, würde noch auf 100 Dollar steigen (in diesem Stil verkaufte ich viele Aktien, ich suchte welche, die um die 30 oder 40 standen, und sagte, sie würden bei 100 das nächste Mal anhalten).

Steinhardt antwortete mir, ich hätte keine Ahnung, wovon ich spreche; Reebok sei eine Modetorheit, eine Farce.

Aber keiner lachte mehr, als Reebok ein paar Monate später den Preis von 100 Dollar pro Aktie erreichte. Ich rief alle an und sagte, sie sollten verkaufen. Ich wollte nicht erst warten, bis die Show nicht mehr angesagt war (die Aktie stieg danach noch ein bisschen und dann fiel sie über Jahre hinweg).

Während des beispiellosen Laufs von Reebok, während eines um das andere der von mir betreuten Depots die Aktie kaufte, rief mich mein Vorgesetzter zu sich und fragte mich, warum so viele Menschen eine Aktie kauften, die von Goldman Sachs nicht empfohlen wurde. Ich erzählte ihm von meinem Research. Er erklärte mir, die Firma gebe Millionen für Research aus und ich sollte mich lieber an die Empfehlungsliste halten. Ich fragte ihn, worin der Sinn liege, denkende Menschen zu engagieren, wenn sie dann nicht etwas empfehlen dürften, das auf ihren eigenen Recherchen beruht. Er sagte mir, die Tage meiner Freiberuflichkeit seien vorbei und ab jetzt solle kein Kunde mehr Reebok kaufen, es sei denn, es wäre seine eigene Idee.

Das ergab keinen Sinn. Das Ziel der ganzen Prozedur war es doch, den Menschen zu Geld zu verhelfen. Aber irgendwie ergab es doch einen Sinn: Die Firma musste vorsichtig sein; es konnte nicht angehen, dass Broker Aktien empfahlen, die nicht durch offizielles Research abgesichert waren.

Das war die Tat eines Cowboys in einem Unternehmen, das keine Cowboys mag. Ich gewann den Eindruck, dass ich noch strenger überprüft worden wäre, wäre ich nicht einer derjenigen gewesen, die der Firma die meisten Gebühren bescherten. Der Manager runzelte auch darüber die Stirn, dass ich mich an Menschen gewandt hatte, die nicht zu meinem New Yorker Gebiet gehörten. Ich habe nie herausgefunden, ob er mich damit bestrafen wollte oder nicht, jedenfalls ging ich danach eine über die andere Woche nach Rochester, Syracuse und Elmira, um etwas über Gebiete zu lernen. In jeder Stadt ging ich in die Bibliothek und suchte alle Kunstmäzene zusammen, aber sie ergaben alle zusammen nicht einmal so viel wie ein einzelner großer New Yorker Klient. Ich weiß, mein Chef dachte, ich hätte die Botschaft verstanden, dass ich in meinem New Yorker Gebiet bleiben sollte, komme, was wolle, sonst dürfte ich schon bald die Schönheiten des Südens oder der Finger Lakes erkunden. Diese Reisen waren für mich so etwas wie ein Straflager, denn Goldman ließ mich kein Depot eröffnen, wenn die Person nicht mindestens zehn Millionen Dollar für den Kauf von Aktien und Anleihen übrig hatte, und ehrlich gesagt gibt es in Glens Falls, Horseheads oder Binghamton nicht allzu viele Multimillionäre.

Aber kurz nachdem ich mit meinen wöchentlichen Runden nach Chemung County angefangen hatte, dem Sitz der Chemung County Bank und anderer kerniger Institutionen, rief mich der Mann an, der Geschäftsführer gewesen war, als ich Präsident von *The Harvard Crimson* war. Er war auf der Suche nach ehrlichen Börseninformationen, er suchte einen Broker, dem seine Firma vertrauen konnte, der sie nicht über den Tisch ziehen oder ausnehmen wollte. Er war in Seattle und wollte, dass ich einmal vorbeikäme, um ihn zu beraten, was er mit seinen Aktien und seinem Geld tun sollte.

Wir plauderten miteinander und ich meinte zu ihm, ich würde sehr gerne einmal vorbeikommen. Ich war schrecklich erkältet, aber der Anrufer, Steve Ballmer, der jetzige CEO von Microsoft, sagte, das Unternehmen denke über einen Börsengang nach, und falls es mir nichts ausmache, würde er mich am liebsten ziemlich bald treffen. „Wie bald?", fragte ich. Und er sagte: „Wie wäre es heute, zum Abendessen?"

Am nächsten Tag sollte ich eigentlich auf Kundensuche nach Glen Falls fahren. Mir schwirrte der Kopf, teils wegen meiner Erkältung und teils, weil ich wusste, dass ich ein kompletter Idiot wäre, wenn ich am nächsten Tag nicht nach Glen Falls auf Erkundung fahren, sondern stattdessen in ein Flugzeug steigen und mit Steve Ballmer in Seattle zu Abend essen würde. Ich zögerte einen Moment und währenddessen sagte er mir, falls ich noch heute Abend kommen könnte, würde ich die Bekanntschaft von Bill Gates senior machen, der sich ebenfalls frage, was er mit seinen und seines Sohnes potenziellen Reichtümern anfangen solle.

„Aber klar, Steve, ich bin schon unterwegs."

Das Nächste, woran ich mich erinnere, ist, dass ich im Flugzeug nach Seattle sitze, zwar krank wie ein Hund, aber fest entschlossen, die größte Elefantenherde aller Zeiten heimzutreiben.

Als wir in die Lüfte abhoben, spürte ich einen brennenden Schmerz und einen ungeheuren Druck im linken Ohr, der während des Fluges noch stärker wurde. Ich sagte es der Stewardess, die mir empfahl, Kaugummi zu kauen, aber das half nichts. Als der Schmerz zunahm, brachte sie mir Tassen mit dampfend heißen Papiertaschentüchern und sagte mir, ich solle sie mir an das Ohr halten. Aber auch das setzte dem Schmerz kein Ende.

Als wir uns dem Flughafen Seattle-Tacoma näherten, meinte sie, die Landung könnte für mich höllisch schmerzhaft werden, aber wir hätten natürlich keine andere Wahl. Beim Landeanflug platzte irgendetwas

Bösartiges in meinem Ohr und plötzlich war alles wie gedämpft. Ich hörte die Menschen sprechen, aber es war so, als befänden sie sich unter Wasser.

Mir war das Trommelfell geplatzt. Mein Kopf war wie gespalten, mein Gehör kaputt. Aber ich musste dieses Depot kriegen, ich musste diesen Elefanten kriegen.

An das Abendessen kann ich mich kaum noch erinnern, nur an die Schmerzen in meinem Kopf. Das Reden besorgte vor allem Steve. Was auch immer ich gesagt hatte, es hat funktioniert, denn am nächsten Morgen flog ich zurück und hatte zwar auf einem Ohr das Gehör verloren, aber dafür ein Riesengeschäft in der Tasche. Bevor ich ins Büro ging, suchte ich einen Ohrenspezialisten auf, der mir nur bestätigte, dass mein Trommelfell geplatzt war und so etwas passieren kann, wenn man mit einer schlimmen Erkältung fliegt.

Mir war es egal. Ich war über den Geschäftsabschluss dermaßen begeistert, dass ich mich nicht beherrschen konnte. Ich erzählte allen die frohe Botschaft.

Nach wenigen Minuten wurde ich in das Büro meines Vorgesetzten gerufen. Was war das mit der Reise nach Seattle?

Ich fing an zu erklären, was passiert war. Er war außer sich vor Wut und sagte, niemand dürfe derart wildern. Er wollte, dass ich das Depot dem Büro in San Francisco übergebe, in dessen Zuständigkeit das Gebiet fällt. Ich weigerte mich und meinte, Ballmer wäre zu einem anderen Unternehmen gegangen, wenn ich nicht hingeflogen wäre. Aber es half nichts. Mein Chef wollte den Flug nicht bezahlen. Ich konnte nichts dagegen tun. Innerhalb weniger Jahre wurde Ballmer einer der größten Kunden der Firma, aber ich wurde nie entschädigt. Und wenn Sie wollen, dass ich für Sie ein offenes Ohr habe, dann sollten Sie bei mir nicht in Ungnade fallen.

Die Arbeit bei Goldman bestand größtenteils darin, möglichst erfinderisch zu sein, damit einem die Menschen ihr Vermögen anvertrauten. Das ist das, was Broker am besten können, und ich war darin verdammt gut. Es kam kaum darauf an, was man für die Menschen bewirkte. Das war abstrakt, darüber sprach man nicht.

Über die Performance hatte man keine Kontrolle. Wir wurden danach bewertet, wie viel Vermögen wir sammelten und zu welchen Bedingungen. Nur gelegentlich hatte ich das Gefühl, dass es eine geistige Überschneidung zwischen dem Wohl des Kunden und meinem eigenen Wohl gab. Wichtig war nur ein kontinuierlicher Strom neuer Kunden und zwischen Zahltag und Bewertung drehte sich alles nur darum, wie viele Geschäfte man abschloss, nicht um das, was man tat, um seine Kunden zufriedenzustellen. Die Klienten mussten gewissermaßen so reich sein, dass man nur darauf achten musste, ihr Vermögen nicht in den Sand zu setzen; das Vermögen zu mehren war ein völliger Nebengedanke, etwas, das man in seiner eigenen Zeit tat.

Das bedeutete, dass man Obligationspapiere verkaufte, die sich für einen selbst und für den Kunden auszahlten, und dass man Grenzprodukte wie Wandelanleihen von Bethlehem Steel oder hypothekarisch gesicherte Schuldverschreibungen von American SouthWest vermied, die einem immens viel einbrachten, den Kunden jedoch aufspießten. Aber niemand hat je Schwierigkeiten bekommen, weil er einen Kunden aufgespießt hat, man bekam jedoch sofort Ärger, wenn man die Lizenz aufspießte. Ich kaufte sie; sie nicht zu kaufen bedeutet, Scheitern und Entlassung Tür und Tor zu öffnen.

Ich bemühte mich bei Goldman außerdem nach Kräften, meine geisteswissenschaftlichen Neigungen mit dem Roboter in mir ins Gleichgewicht zu bringen, der um jeden Preis die Zahlen schlagen und auf jede Weise Geld verdienen wollte, die Goldman als gerecht und ehrlich betrachtete. Ich wollte das Schreiben weiterbetreiben, aber das wurde von kaum jemandem gutgeheißen, außer – erstaunlicherweise – von Bob Rubin, der damals Arbitragegeschäfte für Goldman machte und von dem man zutreffenderweise glaubte, er werde am Ende das Unternehmen leiten. Ihm gefiel es, dass ich schrieb; er verlangte lediglich, dass alles vor der Veröffentlichung über seinen Schreibtisch ging. Ich schrieb ein paar harmlose Beiträge über die Börse für *The New Republic*, die ihm gefielen, zu denen er sich aber kaum äußerte. Das meiste waren kleine Momentaufnahmen von der Börse. Ich schrieb, dass wir am Anfang einer größeren Hausse stünden und dass man sich von den Verkaufswellen nicht verschrecken lassen sollte, dass man kaufen sollte, nicht verkaufen. Im Hause Goldman war ich als leichtsinniger und hoffnungsloser Bulle verschrien, aber im Rückblick hatte selbst ich die Kurssteigerung zu vorsichtig eingeschätzt.

Eines Tages bat mich Marty Peretz ein weiteres Mal um eine wohlwollende Rezension für einen Freund, diesmal für Ivan Boesky, der ein Buch mit dem Titel „Merger Mania“ geschrieben hatte. Das war ein Jahr, bevor das FBI Boesky festnahm.

Als ich den Entwurf für die Rezension fertig hatte, in der ich Boesky dafür lobte, dass er erklärte, wie er zu seinem Geld gekommen war, kam er von Rubin völlig verstümmelt zurück; an den Rand waren Bemerkungen gekritzelt, dass Boesky sein Geld keineswegs auf diese Art verdient habe. Aus den Bemerkungen ging hervor, dass Rubin nicht daran glaubte, Boesky schreibe die Wahrheit über die Arbitrage Marke Boesky. Rubin forderte mich auf, zu ihm zu kommen. Ich joggte die Treppen hinauf in sein Büro, wo er ausgestreckt auf dem Boden lag – er hatte ständig Rückenschmerzen. Er fragte mich, ob ich irgendetwas über Boesky wisse. Ich antwortete, ich wäre ihm einmal begegnet und ich hätte sein Buch gelesen. Rubin sagte, wenn ich nicht einen Vorbehalt bezüglich der Art einfügen würde, auf die Boesky sein Geld verdient hat, würde das irgendwann auf mich zurückfallen. Ich erklärte ihm, die von ihm vorgeschlagenen Änderungen könnten Boesky in eine peinliche Lage bringen. Das war ihm egal. Er lächelte nur und sagte, die einzige Person, die am Ende in eine peinliche Lage kommen könnte, weil sie Boeskys Buch ernst genommen hat, wäre ich. Also änderte ich die Rezension. Ich schrieb, Boesky liefere in dem Buch zwar hervorragende Informationen, aber wir müssten wohl auf ein weiteres Werk warten, um die wahre Geschichte der Legende Boesky zu erfahren. Rubin war begeistert, und *The New Republic* druckte sie ab. Später, nachdem die Bundespolizei Boesky verhaftet hatte, merkte ich, wie sehr ich in Rubins Schuld stand. Aber er wollte nie für irgendetwas gewürdigt werden. Er wollte nur, dass ich gut dastand.

3
Der Geld-Mann

Bei Goldman versuchte ich immer, den Menschen zu mehr Geld zu verhelfen, als die Firma ihnen verschaffen wollte. Ich hatte einen fürchterlich großen Kundenstamm und dazu noch einen wohlsituierten. Teilweise lag das daran, dass mich Marty Peretz auf seinen großen Freundeskreis angesetzt hatte, zu dem viele Ärzte zählten. Diese Ärzte waren ständig auf der Suche nach einem Broker, der ihre medizinischen Kenntnisse in Profite umsetzen könnte. Ich versuchte immer, diese Umsetzung zu bewerkstelligen. So entdeckte ich auch die größte Einzelinvestition, die ich je getätigt habe: Merck. Damals war Merck ein verschlafenes, wenig aufregendes Unternehmen. Niemand hatte etwas dagegen, aber es mochte auch niemand besonders. Und eigentlich war Goldman Sachs nicht gerade begeistert davon, denn es hatte keinen einzigen Knüller in der Produktpipeline – zumindest dachte das die Researchabteilung.

Ich wusste es aber besser. Merck hatte ein cholesterinsenkendes Medikament, das einige von Martys Freunden gerade testeten. Die Resultate waren sensationell. Im Jahre 1986 löste ich alle sonstigen Positionen auf und steckte alles in Merck. Das war eine großartige Voraussage und wir machten das ganze Jahr über mit Merck tonnenweise Geld. Allerdings befand sich Merck nicht auf der Empfehlungsliste von Goldman und so wurde die ganze Aktion, mit der ich für die anderen Millionen und Abermillionen sowie für mich selbst einige Hunderttausend verdiente, als eine weitere Gaunerei betrachtet, die mich als Cowboy brandmarkte. Es war jedoch keine so große Gaunerei wie mein Leerverkauf von Bethlehem Steel. Das einstmals großartige Stahlunternehmen hatte sich wegen einer Finanzierung an Goldman Sachs gewandt, dabei ging es um Vorzugsaktien mit Umtauschrecht. Im Rahmen der Rossschau, in der das Management durch die Lande zog und erklärte, warum man seine Aktien kaufen sollte, kam „Bessie", wie die Gesellschaft in der Firma genannt wurde, auch zu Goldman Sachs. Ich war einer der wenigen aus der Verkaufsabteilung, die an der Besprechung teilnahmen. Nachdem die Leute von Bethlehem keine Antwort darauf hatten, wie sie sich gegen den Exportstahl wehren, die sinkende Nachfrage bekämpfen oder ihre beträchtlichen Krankenkassenbeiträge bezahlen wollten, verließ ich das Treffen mit der Überzeugung, dass die Aktie, die bei 25 Dollar stand, noch deutlich tiefer sinken würde. Ich überredete Marty Peretz dazu, eine große Menge Puts auf Bessie zu kaufen. Da die Aktie kurz danach auf fünf Dollar abstürzte, machte Marty mehr Geld, als wir je mit einer einzelnen Aktie gewonnen hatten, abgesehen von Merck. Aber wieder einmal war die Firma nicht damit einverstanden, dass ich die Puts gekauft hatte. Es war schon schlimm genug, dass wir mit Merck, einer nicht empfohlenen Aktie, eine Menge Geld verdient hatten, aber einen Haufen Geld dadurch zu verdienen, dass man gegen eine Empfehlung spekulierte, die darüber hinaus auch noch ein Kunde des Hauses war, das war nun allerdings die reinste Ketzerei.

Eigentlich wäre das eine schöne Zeit für mich gewesen, meine Geschäfte liefen sehr gut und meine Goldman-Klienten machten das große Geld. Aber Anfang 1985 wurde bei meiner Mutter, die Metallskulpturen anfertigte, Nierenkrebs festgestellt, die Art, die häufig bei Schweißern auftritt. Sie war in ihrem ganzen Leben noch nie krank gewesen, aber der Krebs war unheilbar. Ich wollte so viel Zeit wie möglich mit ihr verbringen, weil ich wusste, dass uns nicht mehr viel davon blieb. Ich ging zu den Menschen, die mich eingestellt hatten, Richard Menschel und Bill Gruver, und ich erzählte ihnen von meiner Mutter. Beide Herren, die ich in meiner Probezeit für herzlos gehalten hatte, erklärten mir jetzt, wie die Goldman-Familie wirklich funktioniert. Ich solle mir so lange freinehmen, wie ich wollte, damit ich bei meiner Mutter sein konnte. Sie wollten mich in dieser Zeit nicht sehen und drängten mich, zu meiner Mutter und meinem Vater nach Philadelphia zu gehen und ihnen beizustehen. Das ist eine Seite von Goldman, die man nur mitbekommt, wenn man dazugehört. Und so durfte ich in den letzten Monaten ihres Lebens so viel Zeit mit meiner Mutter verbringen, wie ich wollte.

Meine Mutter, die gerade an einer Metallskulpturen-Ausstellung bei Art Alliance in Philadelphia arbeitete – sie sollte sie noch erleben, denn sie starb erst einige Tage nach ihrer Vollendung –, wollte, dass ich wieder etwas Schöpferisches täte. Sie mochte die Börse, aber nur als Spaß, war allerdings der Meinung, die Börse würde mich auffressen. Sie meinte, das Geldgeschäft sei barbarisch und habgierig. Es würde mich zu einem Menschen machen, dem nur noch das Geld wichtig sei und nicht die Familie oder die persönliche Entfaltung. Sie drängte mich, wieder zum Journalismus zurückzukehren, sobald ich genug Geld hätte, denn sie wusste, dass ich das Schreiben liebte. Dass ich beim Abendessen darüber sprach, wie gut es mir finanziell ging, und dass ich als guter Verkäufer geachtet wurde, der viele Gebühren einbrachte, fand sie abstoßend. Das ist nichts, worauf man stolz sein kann, sagte sie. In den letzten Monaten ihres Lebens legte sie eine seltsame, zornige Klarheit an den Tag, aufgrund derer sie gegen das wetterte, was aus mir werden würde. Sie sehnte sich nach dem Jungen zurück, der Gutes tun, der etwas Bedeutendes tun wollte und nichts Kaufmännisches.

Meine Beziehung zu Marty Peretz irritierte sie. Auf der einen Seite fand sie es toll, dass ich jemanden gefunden hatte, der an mich glaubte und meine Karriere bei Goldman Sachs förderte. Sie war so stolz auf die Party gewesen, die Marty zum Universitätsabschluss veranstaltet hatte, und hatte miterlebt, wie aus unserer geschäftlichen Beziehung eine echte, persönliche Freundschaft erwuchs. Aber sie war auch der Meinung, Marty trage dazu bei, dass ich ununterbrochen auf die Börse fixiert war.

Sie wunderte sich, dass Marty zu allen möglichen Zeiten anrief und wir von 6:30 bis 23:00 Uhr über Aktien sprachen. Übernahmeaktien. Aktien mit glänzenden Gewinnaussichten. Aktien und nochmals Aktien. Sie befürchtete, ich wäre süchtig nach Geld geworden, auch wenn ich ihr sagte, dass mir das Trading einfach nur Spaß machte. Ich hatte sie und meinen Vater dazu gebracht, wieder ein bisschen an der Börse herumzuspielen, und das machte ihr auch Spaß. Aber sie fand, das ständige Trading, das nicht einmal aufhörte, während ich in ihren letzten Monaten neben dem Bett saß, sei einfach nur verrückt.

Ich wusste selbst nicht so recht, wohin mich diese Besessenheit bringen würde. Mir war kler, dass meine Beziehung zu Marty eine Intensität erreicht hatte, die eine absolute Konzentration auf den Markt erforderte. Er hielt das Trading für eine willkommene Ablenkung von der traurigen Krankheit meiner Mutter. Ich kam freitags, saß bei meiner Mutter, telefonierte mit Marty, rief bei Goldman an, schaute *FNN* und platzierte alle Orders von zu Hause aus – buchstäblich bis zum Tode meiner Mutter. Die Unterhaltungen mit Marty waren die einzige Ablenkung von der unglaublichen Traurigkeit, die einen überkommt, wenn man zuschaut, wie die 55-jährige Mutter stirbt, wo sie doch so glücklich und stolz wegen ihrer Karriere und ihrer Familie gewesen war. Damals schien Marty recht zu haben: Das Trading war ein Ort, an dem mein Geist Zuflucht finden konnte, auch wenn andere dies für grob und grausam hielten. Es war wie in „Lauf, Sammy“.

Aber ich hatte keine Ahnung, wie weit es mit mir schon gekommen war, bis zu dem Tag, an dem meine Mutter starb. Marty sprach mir sein Beileid aus und sagte, er wolle zur Beerdigung kommen. Dann fragte er in dem üblichen leichten Tonfall nach seinen im November fälligen Call-Positionen in Union Carbide und GAF und ob wir sie nicht in Dezember-Calls umschichten sollten. Vor den Ohren meines entsetzten Vaters und meiner entsetzten Schwester redete ich mit ihm, als wäre es ein ganz normaler Tag. War die Trading-Besessenheit wirklich eine Therapie, ein Tonikum, das mich Schlaf finden ließ und meinen Geist von der Welt ablenkte, in der nun meine Mutter fehlte? Dies schrieb ich an jenem Abend in mein Tagebuch. Diente dies meiner geistigen Gesundheit? Oder betrog ich mich nur selbst und mein Gefühl, dass ich Marty für all seine Hilfe etwas schuldete, überwältigte ganz einfach mein Urteilsvermögen? Hatte Martys finanzielles Wohlergehen absoluten Vorrang, sogar jetzt, da ich vor dem nun leeren Bett meiner Mutter stand? Ich wusste nur eines: Es erschien mir unmöglich, mit dem Trading zu pausieren. Ich wusste, dass ich damit Marty im Stich lassen würde, denn man kann Calls und Puts, die bald verfallen, nicht einfach untätig herumliegen lassen. Das wäre unverantwortlich: Wenn sie wirklich etwas bringen sollen, dann muss man mit ihnen handeln.

Die Beziehung, die ich zu Marty pflegte, war also schon seltsam. Wir sprachen über den Markt so, wie andere über Leben und Tod sprachen. Das war unsere Sprache, unsere Art, mit den Ereignissen umzugehen, und es war mir derart zur zweiten Natur geworden, dass es eine willkommene Ablenkung von der Realität meines Verlustes war. Ich wollte das Richtige für meine Klienten tun und ich wollte zu Hause das Richtige tun, deshalb versuchte ich die Balance zwischen Geld und Performance einerseits und allem anderen im Leben andererseits zu finden, aber in Wahrheit konnte ich das nicht, auch wenn ich das damals dachte.

Das war nicht das erste Mal, dass mein Wille, Marty zu gefallen, und meine Trading-Begierde meinem richtigen Leben im Weg standen. Weit gefehlt, dies war lediglich das erste Mal, dass es jemand infrage stellte, den ich liebte. Ich weiß, dass ich keine befriedigende Antwort gab. Und ich wusste, das Thema würde wieder auf den Tisch kommen, wenn mir je wieder jemand nahestehen würde.

Nachdem ich für meine Mutter Schiwa gesessen hatte, entsprechend der jüdischen Tradition, eine dahingegangene Seele mit Geschichten über Liebe und Lachen zu betrauern, ging es natürlich wieder zu Goldman an die Arbeit, und zwar mit Volldampf. Ich machte jeden Morgen Dutzende von Trades und erledigte jeden Nachmittag Dutzende von Blindtelefonaten: Nach dem Tode meiner Mutter kam mir der stumpfsinnige Vorgang sehr entgegen – versuchen, einen Termin zu vereinbaren, ein Depot zu gewinnen und die betreffende Person zu einem Goldman-Kunden machen. Es war derart aufreibend, dass ich den ganzen Tag an nichts anderes denken konnte.

Während der Krankheit meiner Mutter hatte ich die sanftere Seite von Goldman kennengelernt, aber jetzt sollte ich die härtere spüren. Kurz nachdem meine Mutter verschieden war, ließ ich mich von der *New York Times* breitschlagen, offen darüber zu reden, wie sehr ich meinen Beruf liebte. Alle Jubeljahre beschließt die Presse, mit jungen Brokern, die gerade groß rauskommen, ihren Spaß zu haben. Die Presse weiß, dass Broker viel Geld verdienen, und die Presse ist eifersüchtig, weil die meisten Presseleute glauben, Broker seien eine Horde angeberischer Ignoranten.

Eines Tages rief mich eine Reporterin an und wollte ein Interview darüber, wie ich von der juristischen Fakultät direkt ins Geschäft gekommen war, ohne zuerst als Anwalt tätig zu sein. Die Reporterin, Sandra Salmons, sagte, das sei ein interessanter Trend, über den sie gerne schreiben würde. Später, viel später, fand ich heraus, dass ein Reporter der *Times* meinen Namen von jemandem bekommen hatte, der wusste, dass dieser Artikel eigentlich dazu gedacht war, die jungen Broker an der Wall Street als herzlose und gierige Menschen dastehen zu lassen. Und die betreffende Person wollte sich damit für eine Kränkung rächen, die ihr von *The Harvard Crimson* zugefügt worden war – vor zehn Jahren! Das ist ein typisches Beispiel, welche heftigen Emotionen der *Crimson* bei den Menschen auslöst. Prima, dachte ich naiverweise, da ich nicht wusste, dass alles nur Schiebung war; die Sache mit der Law School passt ja wunderbar zu dem, was ich bei Goldman vorhabe, nämlich an den juristischen Fakultäten im ganzen Land junge Talente aufzuspüren, die im Verkauf arbeiten wollen. Ich konnte mir keine bessere Möglichkeit wünschen, derart viele Studenten anzusprechen, als einen Artikel über meinen Werdegang von der Harvard Law School zu Goldman Sachs. Und genau das erzählte ich meinen Vorgesetzten nach dem Anruf. Sie waren damit einverstanden, dass ich das Interview gab.

Frau Salmons schien sich ernsthaft dafür zu interessieren, wieso ein Jura-Absolvent mit Aktien hausieren geht. Wir verbrachten mehrere Stunden miteinander und es machte mir Spaß, ihr zu erzählen, wie ich Aktien fand und auswählte und wie sehr ich schon damals die Börse liebte. Sie stellte mir Dutzende harmloser Fragen, während ein Fotograf nebenbei Aufnahmen machte. Ich beantwortete alles und wiederholte immer wieder, ich wünschte mir, dass auch andere Jurastudenten versuchen würden, es so zu machen wie ich. Spätestens als der Fotograf mich bat, ich solle die Füße auf den Tisch legen, hätte ich eigentlich die Fühler aufstellen müssen. Ein Wunder, dass er nicht noch eine Zigarre aus der Tasche zauberte, um das Urteil zu besiegeln.

Am Ende des Interviews sagte Frau Salmons, ihr Chefredakteur habe ihr aufgetragen, mich nach meinem Einkommen zu fragen. Ich erwiderte, das gehe sie nichts an. Dann fragte sie mich, ob es sich im oberen oder mittleren sechsstelligen Bereich bewege, und wieder sagte ich, das gehe sie nichts an. Sie fragte noch einmal. Ich weigerte mich nochmals und meinte, es wäre wohl Zeit, das Interview zu beenden. Außerdem sei es doch vollkommen irrelevant für den Artikel, wieso mir der Aktienmarkt lieber war als das Rechtswesen. Als ich sie hinausgeleitete, setzte sie mir noch einmal zu, wie reich ich denn sei. Ich erklärte ihr, dass ich in einer Einzimmerwohnung wohnte, dass ich immer noch den gleichen verbeulten Ford Fairmont wie in Los Angeles fuhr, dass ich kein Sommerhaus, keine Kunstsammlung und kein gar nichts hatte, sondern alles sparte und wieder in die Börse investierte. Aber, so beharrte sie, verdiente ich nicht so viel Geld, dass ich mir alles kaufen könnte, was ich wollte? Ich sagte ihr, wenn ich in einen Supermarkt gehen und etwas sehen würde, das mir gefiel, dann könnte ich es mir sicherlich kaufen, aber ich sei schon immer ein eher genügsamer Mensch gewesen, der mehr zum Sparen als zum Geldausgeben neigt.

Eine Woche danach schlug ich auf dem Weg zur Arbeit in einem Sammeltaxi an der Kreuzung 72nd und York den Wirtschaftsteil der *Times* auf. Ich sah ein Foto von mir und darunter die Bildunterschrift: „James Cramer sagt, er kann alles kaufen, was er will." Zeit meines Lebens bin ich rot geworden, puterrot, wenn ich verlegen bin. Für die anderen drei Fahrgäste muss ich wie eine rote Verkehrsampel ausgesehen haben. „In der Zeitung steht meine Todesanzeige", sagte ich zu den Mitfahrern. Sie lachten. Dann zeigte ich ihnen das Bild samt Unterschrift. Sie murmelten, ich sei wohl wirklich ein toter Mann.

Als ich zu Goldman kam, ging ich direkt zu meinem Chef und versuchte zu erklären, was geschehen war. Er meinte, er selbst habe damit kein Problem, aber John Weinberg, der zweite Vorsitzende von Goldman, wolle mich sofort sehen. Ich flog die Treppen hinab und nach nicht einmal einer Minute Wartezeit rief er mich herein. Er erklärte mir, meine Zahlen seien zwar gut, aber es sei wirklich nicht möglich, dass ich weiterhin für die Firma arbeitete. Ich sagte ihm, ich liebte die Firma wirklich heiß und innig, würde aber selbstverständlich ausscheiden, wenn ich ihr irgendwelches Ungemach bereiten würde. Doch ich wollte ihm trotzdem wissen lassen, wie ich hereingelegt worden war. Er hörte mir zu und rief sofort bei der *Times* an, um herauszufinden, was wirklich passiert war. Dann sagte er, ich solle in mein Büro gehen. Er würde mir dann sagen, was ich zu tun hätte.

Ein paar Tage später erfuhr ich gerüchteweise, dass die *Times* dem Vorsitzenden meine Geschichte bestätigt hatte. Ich war tatsächlich hereingelegt worden. Die Zeitung hatte kein Interesse an der Story, für die ich um Erlaubnis gebeten hatte. Also vergaben mir meine Vorgesetzten zwar intern, aber dieser Zwischenfall änderte mein Image in der Firma radikal.

In einem Artikel über Goldman, der am darauffolgenden Sonntag erschien, sagte Weinberg, seine Firma habe etwas gegen Starkult und man möge es nicht, wenn jemand gegenüber der Presse das Maul aufreißt. Das war ein gezielter Schuss auf mich. Nach diesem Artikel war nichts mehr wie vorher. Ich hatte immer noch hervorragende Zahlen und war einer der besten Gebührenbeschaffer der Firma, aber ich hatte stets das Gefühl, meine Tage in der Firma seien gezählt. Ich hatte das Maul aufgerissen. Ich hatte gegen den Kodex verstoßen. Bei Goldman gab es keine Stars und keine Großtuer. Meine extravagante Persönlichkeit brandmarkte mich und ich würde niemals in dieser Organisation bleiben oder in der Hierarchie aufsteigen können, obwohl ich Jahr für Jahr Klassenbester in der Beschaffung von Gebühren gewesen war.

Gegen Ende des Jahres 1986, ein paar Monate nach dem *Times*-Zwischenfall, beschloss ich, dass es an der Zeit war, die Firma zu verlassen und mit meinem Kollegen Larry Levy einen eigenen Hedgefonds aufzuziehen. Sosehr ich auch der Meinung war, dass Goldman Sachs der beste Arbeitgeber der Vereinigten Staaten war, eine Firma, die es mir ermöglichte, innerhalb sehr kurzer Zeit Millionen zu verdienen, wollte ich die Freiheit haben, mir die Aktien auszusuchen, mit denen ich meinen Lebensunterhalt verdiente, anstatt für den Rest meines Lebens Kunden an Land zu ziehen. Vielleicht wird sich das Brokergeschäft eines Tages mehr an der Performance als an der Beschaffung von Neukunden orientieren, aber einstweilen dachte ich mir, ich könnte mehr verdienen, wenn ich prozentual an dem beteiligt wäre, was ich für andere Menschen verdiente, als durch die Transaktionsgebühren. Marty hielt den Abschied von Goldman für eine weise Entscheidung. Er gelobte, mir so viel Geld wie möglich zu beschaffen, und er hielt dieses Versprechen auch. Ich wandte mich an alle Menschen, für die ich in den letzten paar Jahren viel Geld gemacht hatte, und bat sie darum, mir einen Teil des Gewinns zur Verwaltung zu geben. Meinen Vorgesetzten bei Goldman versprach ich, dass ich ein guter Kunde der Firma sein würde – denn ich brauchte ja jemanden, der meine Trades ausführte –, und so ging ich mit mehr Goodwill, als ich gedacht hatte (ich baute den Fonds zusammen mit Levy auf, aber er kehrte nach ein paar Monaten in das Brokergeschäft zurück, weil ihm das Geldmanagement nicht so recht lag).

Nach ein paar Monaten der Vorbereitung und der Suche nach Büroräumen suchte ich Martys guten Freund Michael Steinhardt auf, den Mann, dem ich erklärt hatte, Reebok sei eine großartige Long-Position und kein Short. Steinhardt hatte die Reebok-Shorts damals nicht eingedeckt, sondern entgegen meinem Rat laufen lassen. Wenn er auf mich gehört hätte, meinte er zu mir, hätte er Millionen sparen können. Nun wollte er mir Geld und Büroräume zur Verfügung stellen, damit ich lernen könne, wie man tradet. Ich entgegnete, ich wüsste, wie man tradet. Nein, widersprach er, ich wüsste zwar, wie man auf gute Ideen kommt, aber ich müsse den Aktienhandel von seinen Händlern lernen. Er hatte absolut recht, ich hatte keine Ahnung, wie man Geld verwaltet, obwohl ich schon seit fast zehn Jahren tradete.

So fremd die Welt der Broker denjenigen sein mag, die noch nie Aktien verkauft haben, so ist die Welt der Hedgefonds noch mysteriöser, selbst für jene, die sich schon seit Jahren mit dem abplacken, was alle Welt als das „Geschäft" bezeichnet. Als ich Goldman Sachs verließ, gab es nur etwa 600 bis 700 Hedgefonds. Inzwischen sind es mehr als 10.000.

Man kann sich heute kaum vorstellen, dass jemand damals, als ein genialer Bullenmarkt die 90er einläutete, vor Angst gezittert hat, als er sich selbstständig machte, um an der Börse Geld zu machen. In den fünf Jahren davor hatten die Menschen mit schöner Regelmäßigkeit ihrem Arbeitgeber gekündigt, sich ins Netz gestöpselt und mit wenig oder gar keinem Kapital zu traden begonnen. Aber im Jahre 1987 wurde es fast als Selbstmord betrachtet, dass jemand einen hochbezahlten Job bei Goldman – im vierten Jahr verdiente ich eine Million Dollar – gegen einen Job eintauschte, bei dem man mindestens so schlau wie der Markt sein musste und nur einen Anteil von dem bekam, was man verdiente. Nur eine Handvoll Menschen glaubte, sie könnten an der Börse so viel Geld verdienen, dass es sich mehr lohnen würde, als Gebühren für den Kauf und Verkauf von Aktien zu kassieren. Ich war einer von Ihnen.

Ich würde mir wünschen, dass für die Art Unternehmen, die ich aufbaute, ein anderer Name gefunden wird, denn „Hedgefonds" sagt nicht gerade viel aus. Der Name kommt daher, dass ein solcher Fonds seine Spekulationen „hedgen" kann [„hedgen" bedeutet „absichern", zum Beispiel, indem man Aktien und entsprechende Puts oder Shorts und entsprechende Calls kauft], die Bezeichnung ist quasi selbsterklärend. Eigentlich ist ein Hedgefonds die einzige in den Vereinigten Staaten gesetzlich erlaubte Möglichkeit, das Geld mehrerer Menschen in einem Pool zu sammeln und von dem damit erwirtschafteten Gewinn einen bestimmten Prozentsatz abzuschöpfen. Nach der Depression beschloss die Bundesregierung, die Vermögensverwaltung zu regulieren, und sie erlaubte es, einen Prozentsatz des verwalteten Betrages als Gebühr zu kassieren, nicht aber einen Anteil des Gewinns. Das ist das Prinzip der Investmentfonds. Der Staat schuf dazu aber auch eine Ausnahmeregelung, die es den Geldverwaltern ermöglichte, Vermögen ohne staatliche Regulierung zu managen, vorausgesetzt, alle Klienten des Managers waren wohlhabend genug. Gemäß den Absichten des Gesetzgebers brauchten reiche Menschen den Schutz der Regulierung nicht. Sie konnten selbst für sich sorgen. Und das ist ein Hedgefonds. Ich entschied mich für das Hedgefonds-Modell, weil ich der Meinung war, dass man damit für die Klienten und sich selbst das Beste tun konnte.

Ironischerweise wäre das Hedgefonds-Modell für diejenigen, die nicht wohlhabend sind, besser geeignet als das Investmentfonds-Modell, denn gerade jetzt sind sie den Launen des Marktes vollkommen ausgeliefert und die Fondsmanager pfeifen darauf, ob sie das Geld ihrer Kunden verlieren. Bezahlt werden sie so oder so. In der Welt der Hedgefonds funktioniert das anders. Man wird nur bezahlt, wenn man für die Menschen Geld verdient, und das erklärt sich folgendermaßen: Ein Hedgefonds kassiert normalerweise ein Prozent der Anlagesumme als Verwaltungsgebühr und 20 Prozent der Gewinne – egal ob realisiert oder nicht realisiert (also ob die Positionen verkauft werden oder nicht) – für den Fonds. Wenn man Gewinn macht, verdient man äußerst gut, wenn man jedoch Verlust macht, muss man erst auf null kommen, bevor man wieder Gebühren kassieren kann. Die Provision richtet sich also nach dem „Pegelstand". So ist das bei fast allen Hedgefonds geregelt und auch bei meinem war es so. Wenn man also im ersten Jahr Verlust macht, bekommt man so lange kein Geld, bis man das Geld seiner Kunden wieder hereingeholt hat. Wenn man das im zweiten Jahr nicht schafft, bekommt man auch im zweiten Jahr nichts. Dieses Modell zwingt einen wirklich dazu, erfinderisch und vorsichtig zu sein, was die Aktienauswahl angeht. Das bedeutet, dass man nicht wie die Investmentfonds dem Markt die Schuld geben und seine Gebühren kassieren kann. Man muss gegen den Markt spekulieren, wenn man glaubt, er werde fallen, denn dann kann man trotzdem noch Geld verdienen. Man muss Aktien und gelegentlich auch den gesamten Markt shorten, damit man keinen Verlust macht, wenn die Börse fällt. Man kann nicht ständig voll in Aktien investiert sein, eine Position, die ich als extrem leichtsinnig betrachte, die aber von fast allen Fondsfamilien des Landes bevorzugt eingenommen wird.

Warum der Staat nach wie vor nur den Reichen erlaubt, von diesem Konzept zu profitieren, das von Natur aus der Performance förderlicher ist als das Investmentfonds-Modell, ist mir unverständlich. Das Hedgefonds-Modell stellt den Manager und den Anleger auf die gleiche Seite. Das Modell Investmentfonds macht den Manager zum Sklaven der Vermögensbeschaffung und der Vermarktung. Man kann jahrelang hinter dem Marktdurchschnitt zurückbleiben und trotzdem viel Geld einnehmen, wie wir jetzt feststellen müssen, nachdem viele Fonds eine so üble Performance aufweisen. Auf diese Art sollte man dieses Spiel lieber nicht spielen.

Als frisch gebackener Hedgefonds-Manager traf ich noch eine weitere Vorkehrung, um das Vermögen meiner Partner (so nennt man die Anleger eines Hedgefonds) zu schützen: Eine Klausel besagte, dass der Vertrag und die Partnerschaft endeten, wenn die Performance des Fonds unter minus zehn Prozent fallen würde. Ich nahm diese Klausel auf, weil einem meiner Partner der Gedanke nicht gefiel, nicht an sein Geld heranzukommen, falls ich einen schlechten Start haben sollte.

Sie werden es kaum glauben, aber als ich in der ersten Aprilwoche anfing, haute es den Markt zusammen und es erwischte mich, genauso wie damals, als ich mit Marty Peretz angefangen hatte. Offen gesagt geriet ich unter den Hammer, weil ich nicht wusste, wie man richtiges Geld verwaltet. Bevor ich den Hedgefonds aufbaute, hatte ich einfach nur mit Analysten von Goldman geredet, eine einzelne gute Idee genommen und diese an meine Kunden verkauft. Als ich ins Hedgefonds-Geschäft ging, verließ ich mich immer noch vollkommen auf Goldman Sachs. Dort hatte ich mein Depot und ich hörte immer noch sehr auf das, was mir die Verkaufsabteilung über die Aktivitäten von Goldman erzählte. In dem Büro bei Steinhardt fühlte ich mich ohne die Kontakte zu Goldman schrecklich allein. Ich wusste noch nicht, dass es beim Management eines Hedgefonds entscheidend ist, gegen die Wall Street zu spekulieren. Aber um das zu tun, muss man wissen, was die Wall Street sagt.

Ich musste das auf die harte Tour lernen. Eines Abends, in der dritten Woche meiner Selbstständigkeit, rechnete ich nach einer besonders heftigen Prügelschlacht am Markt aus, wo wir standen, und stellte fest, dass wir fast neun Prozent im Minus waren – nur noch gut ein Prozent von der Öffnung und Auflösung des Fonds entfernt. Ich war erst seit Kurzem im Geschäft und wurde schon zermalmt. Als ich damit beschäftigt war, herauszufinden, was ich falsch machte, kam John Lattanzio vorbei, ein legendärer Trader, der für Steinhardt handelte, und wollte sehen, wie es denn so lief. Er hatte mich immer damit aufgezogen, ich sei der Harvard-Junge, der nichts wusste; er hänselte mich regelmäßig, ich sei zu klug, um einen Hedgefonds zu managen. Lattanzio war der letzte Mensch, mit dem ich jetzt reden wollte, ein rauflustiger, aber immer absolut korrekt gekleideter rauer Bursche mit silbrigem Haar. Ich wusste, er würde mich gnadenlos auflaufen lassen, wenn er hörte, dass ich so schnell derart viel Geld verloren hatte. Als er mich fragte, wie es denn so laufe, sagte ich, es laufe gut. Er sagte, er habe mit anderen Leuten gewettet, dass ich jetzt tief drinstecken würde, und sei froh, das zu hören.

Ich konnte mich dann doch nicht mehr zurückhalten, denn ich dachte, es würde alles nur noch komplizierter machen, wenn ich den Fonds am nächsten Tag auflösen musste, nachdem ich Lattanzio gesagt hatte, er laufe gut. Die Performance ist etwas, das man in diesem Geschäft nicht einfach verbergen kann, man kann niemanden täuschen, wenn es schlecht läuft. Also sagte ich ihm die Wahrheit.

Als er das hörte, versetzte er mir einen Klaps an die Schläfe. Das ist so seine Art. „Hör zu, du kleines Stück Scheiße, und hör gut zu, denn ich werde deinen armseligen kleinen Schwanz retten“, sagte Lattanzio, und ich schrieb diese Wortwahl noch am selben Abend in mein Tagebuch, weil sie zu unverschämt war, als dass sie in Vergessenheit geraten durfte. „Krieg deinen Kopf klar“, sagte er. „Verkaufe alles. Fang neu an.“ Lattanzio sagte, dann würde er mir beibringen – so wie er es seinen Tradern beigebracht hatte –, wie man einen Handel abschließt, Gebühren kassiert und die Branche für sich arbeiten lässt. Er sagte, ich könnte mich auf ihn stützen, auf seine Trading-Abteilung, und mich auf null zurücktraden.

Und er hielt Wort. Am nächsten Tag machten wir reinen Tisch, stoppten die Blutung bei 9,9 Prozent und änderten das Geschäftsmodell auf die Methode, die Lattanzio in seiner Trading-Abteilung anwendete. Ich sollte von seinen Tradern lernen, meinte er, weil sie mir alles beibringen könnten, was ich wissen musste.

Ich wollte vor allem die Frauen kennenlernen; es waren vier, alle sahen toll aus und waren offenbar Singles. Ich sagte meiner Assistentin Marilyn, ich würde alles dafür geben, die Frau links außen an dem hufeisenförmigen Schreibtisch kennenzulernen. Marilyn löste das Problem für mich. Sie meinte, ich sollte mir eine Cola Light holen, und gleichzeitig sagte sie Karen Backfisch, in der Küche sei jemand, der sie sprechen wolle. Zunächst schien diese kleine Kuppelei nach hinten loszugehen. Wir hätten kaum verschiedener sein können. Ich wusste, dass ich auf Karen total abstoßend wirkte, mit meinen immerzu blauen Sills-Anzügen für 2.000 Dollar, den weißen Hemden und den roten Krawatten, die ich täglich trug, wie zuvor bei Goldman. Als ihr klar wurde, dass sie mich hatte treffen sollen, fragte sie mich als Erstes: „Was sollen diese Anzüge? Niemand kümmert sich darum, wie Sie aussehen. Die Leute interessieren sich jetzt nur noch für Ihre Performance. Sie sind doch kein Broker." Offenbar hatte Lattanzio sie über meine schlechte Performance informiert. Ich antwortete ihr, Lattanzio habe gesagt, ich sollte lernen, und dass ich von ihr etwas lernen könne.

Mein erstes Treffen mit der Frau, welche die Wall Street später als die Trading-Göttin bezeichnen sollte, fand in meinem kleinen Büro statt, vom Trading Desk aus auf der anderen Seite des Flurs, und es ging nur um Geschäftliches. Zuerst fragte sie mich, was ich denn machte. Ich zeigte ihr meine Positionen, ein bisschen Heinz, ein bisschen Alcoa, ein bisschen General Mills, American Stores und noch ein Dutzend weiterer Positionen. Sie fragte mich, was ich über diese Unternehmen wisse. Ich erwiderte, ich hielte es für wichtig, dass man ein paar Aktien aus dem Lebensmittelsektor halte, ein paar Zykliker und ein paar Pharmawerte. „Das ist Portfoliomanager-Geschwafel", sagte sie. „Bei einem Hedgefonds ist es egal, wo man übergewichtet oder untergewichtet ist."

Dann fragte sie mich noch einmal, was ich über die Aktien wisse. Ich fing damit an, dass dem Metall-Analysten von Goldman Alcoa gefiel und dass der Lebensmittel-Analyst von Goldman Heinz für gut hielt. „Das sind Idioten", sagte sie. „Die bringen Ihnen kein Geld und haben keine Ahnung." Ich widersprach, da irre sie sich, Goldman hätte Top-Analysten, die sehr wohl Geld machten.

Aber sie wusste alles über sie, viel mehr als ich, und demonstrierte das, indem sie herunterrasselte, wie viel diese Analysten Steinhardt schon gekostet hatten.

Sie erklärte mir, ich sollte niemals eine Position eingehen, ohne dass ich etwas wusste, das sonst niemand wusste. Aber das seien doch Insiderinformationen, wandte ich ein. Keineswegs, erwiderte sie, man brauche einen legalen Vorsprung. Ich hätte keine Ahnung, wie ich diesen Vorsprung gewinnen sollte, meinte ich. Sie antwortete, ich solle mir keine Sorgen machen. Sie würde es mir schon beibringen.

Dann erzählte sie mir ihre Geschichte. Nachdem sie als Assistentin des Vizepräsidenten bei Lehman Brothers gearbeitet hatte, wo sie den Portfoliomanagern half, war ihr Boss, Mark Howard, vor vier Jahren von Steinhardt abgeworben worden und hatte ihr angeboten, sie mitzunehmen. Innerhalb eines Monats würde Howard das Unternehmen verlassen. Karen hatte ihren Abschluss an der State University of New York in Stony Brook auf Long Island gemacht und hatte kein weiterführendes Wirtschaftsstudium aufzuweisen. Sie wusste nicht, was sie tun sollte. Vor Kurzem hatte sie ein Appartement in Brooklyn Heights bezogen, und wenn es mit dem Job bei Steinhardt nicht klappen sollte, würde sie zurück zu ihren Eltern ziehen, direkt hinter den Ställen der Belmont-Pferderennbahn, an der Grenze zwischen Nassau und Queens. Steinhardt sagte, sie müsste entweder als Trading-Assistentin am Trading Desk arbeiten oder könne gleich wieder gehen. Karen hatte ebenso wie ich keine Ahnung vom Trading, aber sie war wissbegierig und wollte bei Steinhardt bleiben, denn die Bezahlung war enorm, wenn man es schaffte. Nach ein paar Monaten machte sie 20.000 Dollar Gewinn pro Tag, tagein, tagaus; sie wurde eine echte Day-Traderin und konnte Geld verdienen, indem sie einfach nur die Aktienbewegungen beobachtete und darauf reagierte.

Sie spielte gegen die Wall Street, versuchte, die Züge der Analysten vorauszusehen, bevor sie diese ausführten, und platzierte große Summen dort, wohin sich die Analysten bald orientieren würden. Auf diese Art, so meinte sie, habe man immer einen Vorsprung, man besitze niemals etwas Unnützes und habe immer eine Ausstiegsstrategie.

Das sei alles gut und schön, wandte ich ein, aber kein Analyst rufe einen an, bevor er seine Position bekannt gibt. Man kann Analysten nicht dazu bringen, einem im Voraus zu verraten, was sie zu tun beabsichtigen.

Klar, sagte sie. Man musste also jeden Tag Dutzende von Telefongesprächen mit Brokern und Analysten führen und sie fragen, was sie von bestimmten Aktien hielten. Man müsse auf eine Situation warten, in der ein Analyst einer Aktie immer mehr gewogen ist, und dann müsse man ihn mit positiven Informationen anderer Analysten füttern. Man musste sie gegeneinander ausspielen. Man sagte ihnen beispielsweise, ein anderer wolle die Aktie höherstufen. Wenn man sicher sein konnte, dass sie sich mit einer Story anfreundeten, oder wenn man sie ans Telefon bekam, bevor sie ihren Verkaufsbeauftragten mitgeteilt hatten, dass ihre Gewinnschätzungen zu hoch oder zu niedrig waren, dann hatte man vielleicht etwas in der Hand. Man unternahm aber noch nichts, bevor man sich ziemlich sicher sein konnte, dass man die Hochstufung oder Herabstufung erwischte.

Karen erklärte mir, bei dem Analystenspiel gehe es um eine Art Sponsoring. Analysten setzen sich gern hinter eine Aktie und treiben sie nach oben. Man muss im Erdgeschoss einsteigen, wenn die Sponsoring-Kampagne beginnt. Das Sponsoring wirkt wie ein Aufzug, sagte sie. Wenn man früh genug in eine Sponsoring-Kampagne für eine Aktie einsteigt, ist das so, als ob man ein P&G-Produkt kauft, das von Madison Avenue gepusht wird. Man weiß dann, dass es nur so durch die Ladentür fliegt. Wenn Merrill der Sponsor ist, bringt sie fünf Punkte. Wenn Goldman etwas sponsert, kann es zehn Punkte bringen. Man kauft etwas und stößt es in der Sponsoring-Kampagne sofort wieder ab. Das ist an der Wall Street die einzige sichere Sache.

Als ich sie fragte, wie man denn all diese wunderbaren Dinge herausfinden sollte, wenn man nur ein kleiner Hedgefonds-Manager war, sagte sie nur ein Wort: Kommission. Ich sagte ihr, dass meine ganzen Gebühren, oder zumindest so viel wie möglich, an Goldman Sachs flössen und ich versprochen hätte, das werde auch so bleiben. Wenn das so ist, meinte sie, könne ich auch gleich wieder zurück zu Goldman Sachs gehen, denn ich würde in diesem Geschäft keinen Cent verdienen. Die

Gebühren, so erklärte sie, bestimmen, was man erzählt bekommt, was man weiß und wie viel man herausfindet. Wenn man viele Gebühren bringt, rufen einen die Analysten zurück, die Broker arbeiten für einen und man bekommt viele Ideen, die man zu Geld machen kann, und zwar auf kurz- wie auch auf langfristiger Basis. Für Goldman, meinte sie, wäre es ausreichend, dass ich mein Depot dort hätte – die wären glücklich, wenn ich mir bei ihnen Geld für den Aktienkauf leihen würde, was bei Hedgefonds gängige Praxis ist –, aber ich müsste mit allen Geschäfte machen und die Berichte einfach an Goldman weiterleiten. Mit Gebühren konnte man alles schmieren, und bevor ich nicht gelernt hätte zu traden und regelmäßig tradete, würde mich kein Verkäufer oder Analyst ernst nehmen.

Sie hatte ein Rolodex voller guter Broker, die Voraussagen trafen und ihr Ideen lieferten. Sie erklärte mir auch das „Flow Trading". Wenn ein großes Depot Aktien kauft oder verkauft, beeinflusst es die Aktie unweigerlich in die Richtung des Trades. Wenn man zum Beispiel zwei Millionen Stück Georgia Pacific verkaufte, was Karen vor Kurzem getan hatte, drückte man damit den Kurs, in diesem Fall von 26 auf 24 Dollar. Sobald der Verkauf beendet ist, steigt die Aktie wieder, weil das Angebot versiegt. „Das Ziel ist es", so sagte sie, „die letzten 200.000 Aktien zu kaufen und sie den anderen Käufern zuzuspielen, die von dem Kursabfall profitieren wollen." So richtig Geld verdienen würde man, wenn man diese drei kombinierte: Trading, Verkauf und Research. Sie tat das jeden Tag. Sie verschaffte den Brokerhäusern genügend Gebühren, damit sie erfuhr, wo bei einer großen Verkaufsorder das „Ende der Fahnenstange" war. Und sie erfuhr auch, ob irgendein Analyst vielleicht im Begriff stand, Georgia Pacific zu empfehlen, um bei dem Beispiel zu bleiben, indem sie die Kaufempfehlungen aller Analysten aller Firmen beobachtete. Wie ein guter Kartenspieler, der weiß, wann er mit einem guten Blatt viel Geld setzen kann, kaufte sie eventuell einem großen Verkäufer die letzten 500.000 Stück Georgia Pacific ab, wenn sie einen Analysten gefunden hatte, der begeistert war zu erfahren, dass ein großer Verkäufer den Kurs gedrückt hatte, und der die Aktie deshalb für preiswert hielt.

Diese Art des Geldverdienens erscheine mir sehr arbeitsaufwendig, wandte ich ein – so viele Aktien zu beobachten, die Entwicklung von Angebot und Nachfrage sowie die Analysten zu verfolgen. „Kennen Sie denn eine bessere Methode?", fragte sie. „Wollen Sie Aktien kaufen, nur weil Sie sie für preiswert halten oder so etwas? Sie wollen sich dem Markt ausliefern? Das können Sie gern tun, aber nicht, wenn Sie einen Hedgefonds managen." Man muss bei jedem Brokerhaus ein paar Millionen Umsatz machen, um an die Analysten heranzukommen und so mit ihnen ins Gespräch zu kommen, dass man von potenziellen Sponsoring-Kampagnen erfährt. Bei den besten Brokern sollte man mindestens drei bis vier Millionen machen, damit man ihre wichtigsten Aussagen bekommt. Es schien sie nicht zu kümmern, dass ich nur sechs Millionen in der Hand hatte. „Wenn Sie wissen, wie man tradet, dann können Sie mit den sechs Millionen sechs Millionen machen." Und dann bekommt man alle Auskünfte über das Ende von Großverkäufen, die man braucht, um Geld zu verdienen. Es war kaum zu glauben. Ich hätte nicht gedacht, dass ich ein Jahr später genau das tun würde und die Anrufe bekam, die ich brauchte, um es so gut zu machen, wie Karen glaubte, dass ich es könnte.

Das Geniale an Karen war, dass sie nicht darauf achtete, was der Markt tat, sondern mit einzelnen Aktien spielte. Und an diesen Aktien interessierte sie nur das, was binnen kurzer Frist geschah, weil sie da spielen konnte. Sie gehörte der Kirche des Was-gibt-es-heute an. Sie liebte und hasste eine Aktie um eines Groschens willen. Sie verliebte sich am Morgen in eine Halbleiter-Aktie und hasste sie am Nachmittag. Sie ging erst long, dann verkaufte sie und schließlich shortete sie die Aktie; auf dem Heimweg deckte sie den Short ein, weil sie erfuhr, dass ein Brokerhaus seine Einschätzung der Gesellschaft ändern könnte.

Sie hatte sogar einen Spielplan für mich. Zur Vervollständigung des Puzzles fehle noch das, was die Unternehmen selbst sagten, meinte sie. Wenn sie ihr Trading und ihre Broker-Research-Erkenntnisse mit dem kombinieren könnte, was die Unternehmen in Besprechungen und Einzelgesprächen – privaten Treffen mit einzelnen Investoren – sagten, könnten wir jeden Tag ein paar Punkte machen, tagein, tagaus, war sie überzeugt. Und wenn ich ein Unternehmen fände, das seine Aussichten positiver beurteilte als ihr Analystennetzwerk, könnten wir durch die Vorwegnahme von Hoch- und Herabstufungen ein Vermögen verdienen.

Am Anfang widerstrebte es uns beiden, irgendjemanden wissen zu lassen, dass wir ein gemeinsames Interesse hatten. Wir tauschten Mitteilungen aus, indem wir sie in Wall-Street-Researchmaterial hineinsteckten, das wir einander auf den Fluren übergaben. Das taten wir im Geheimen, denn Lattanzio hasste es, wenn eine seiner Traderinnen einem Trader zu nahekam. Die Frauen bildeten einen Club, seinen Club, und er wollte nicht, dass irgendwelche streunenden Kater dazustießen.

Unsere Beziehung war von Anfang an gewinnbringend. Ich nahm die Unternehmen jetzt deutlicher wahr, ich konnte einschätzen, was sie sagten, und dann meine Gedanken auf Karens Netzwerk loslassen. Und es dauerte nicht lange, da schlug ich in einer meiner Mitteilungen vor, dass wir uns außerhalb des Büros treffen sollten, um unsere Zusammenarbeit zu besprechen. Da die Beziehung geschäftlich begonnen hatte, fiel es uns beiden nicht so leicht, wie ich gedacht hatte, das Geschäftliche abzuschalten. Bei unserer ersten Verabredung, als wir gerade die Third Avenue auf Höhe der 36th Street in Richtung Rio Grande überquerten, sagte ich, ich wollte sie etwas fragen. „Was?", sagte sie. „Was hältst du denn von Compaq?", fragte ich. Erstaunlicherweise antwortete sie, ohne aus dem Tritt zu kommen: „Steigt auf 30." Das wäre kein schlechter Deal, denn die Aktie stand bei 26 Dollar. Dann fragte ich, wie es mit Tandem Computer zu 18 aussieht. „Ich würde bis 15 shorten." Als wir an unserem Tisch saßen, wusste ich, wen ich einmal heiraten wollte. Ich war so sicher, dass ich es ihr sagte. Sie zuckte nicht einmal mit der Wimper. Ich hatte meinen Meister gefunden. Binnen Jahresfrist waren wir verlobt.

Von da an arbeiteten wir als Team, wir telefonierten den ganzen Tag von unserem jeweiligen Fonds aus miteinander und halfen uns gegenseitig, denn ich kämpfte allein mit dem Markt, seit mein Gründungspartner von der Volatilität – und wohl auch von meinem Vertrauen in Karen – die Nase voll hatte und zu Goldman zurückging (aus Cramer Levy Partners wurde schnell Cramer Partners). In jenem langen Sommer beschloss Karen, von Steinhardt weg und zu einem anderen Fonds zu gehen, aber wir hatten während unserer Rendezvous schon ziemlich fest beschlossen, dass wir zusammen das große Geld machen könnten, indem wir genau die von Karen skizzierte Methode anwendeten. Im September hatte ich den Fonds aus den April-Tiefen auf knapp über null heraufgeholt, was keine schlechte Leistung war. Der Markt stand für das Jahr 18 Prozent im Plus, aber ein großer Teil des Gewinns war schon da gewesen, bevor ich im April mit dem Trading angefangen hatte.

Im Oktober 1987 stellte ich allerdings fest, dass etwas nicht in Ordnung war. Viele Aktien gaben Kursgewinne wieder ab, die sie über die letzten zwei bis drei Jahre angesammelt hatten. Die Analystenempfehlungen funktionierten nicht mehr. Die Verkäufer überwogen bis zum Ende des Tages die Käufer und die Börse schloss niedriger, als sie eröffnet hatte. Der Markt war zu verrückt geworden, zu wild und zu unkontrollierbar, als dass ich noch Gewinn machen konnte, und das zum ersten Mal, seit ich acht Jahre zuvor begonnen hatte, Aktien auszuwählen. Karen machte in der Firma, in die sie gewechselt hatte, die gleiche Erfahrung. Das Unternehmen machte täglich Millionenverluste, weil es hoch kapitalisierte Wachstumsaktien besaß, genau die Sorte, die unter den Hammer kam. Aber der Fonds wollte nicht auf ihre Prophezeiung hören, dass ein Börsencrash bevorstand. Sie bestand darauf, dass ich komplett ausstieg und aggressive Maßnahmen ergriff. Am 10. Oktober jenes Jahres vereinbarte Karen ein Treffen mit Steinhardt – sie war erst im August weggegangen und sie sprachen immer noch häufig miteinander –, um ihm ihre Vorbehalte gegenüber der Börsenlage mitzuteilen. Sie drängte mich, ebenfalls zu kommen. „Ich glaube, dass wir einen Crash bekommen", sagte sie zu Michael. Der war jedoch äußerst bullish eingestellt, eine ziemliche Wandlung gegenüber seiner ansonsten bärenhaften Art. Aber er vertraute ihrem Urteil als Traderin und sagte, wenn sie dieses Gefühl hätte und ich auch, dann sollten wir alles zu Geld machen, eine 100-prozentige Bargeldposition einnehmen. Damals war es eine so gut wie nie da gewesene Strategie, alles zu verkaufen, weil einem der Markt nicht gefiel.

Als der Markt von 2.800 auf 2.400 fiel, verfocht Karen immer eiserner die Auffassung, dass der Zusammenbruch heftiger ausfallen würde, als wir beide es je erlebt hatten. Kurz danach ging ich zu 100 Prozent in Bargeld, wobei Karen jeden Nachmittag am Telefon darauf bestand, ich solle noch mehr Verkäufe tätigen, auch wenn ich in einen wirklich lausigen Markt verkaufte. Sie beharrte darauf, dass ich alle Positionen liquidieren sollte, so sicher war sie, dass es abwärtsging. Und sie bestand darauf, dass ich einige Spekulationen gegen den Markt setzen sollte, obwohl ich sie darauf hinwies, dass die Bargeldposition an sich schon eine große Spekulation bedeutete. Also shorteten wir einige Pharma- und Entsorgungs-Aktien in recht großem Maßstab. In der Woche vor dem Crash, der schlimmsten Börsenwoche aller Zeiten, deckte ich die Shorts mit einem immensen Profit ein. Zu diesem Zeitpunkt waren die meisten Analysten immer noch äußerst bullish und versicherten ihren Klienten, das sei eine riesige Kaufgelegenheit und man sollte einen Teil des Bargeldes einsetzen, um den großen Sprung nach oben zu erwischen, der für die kommende Woche zu erwarten sei. „Im Leben nicht", sagte sie am Freitag, als der Markt nochmals 100 Punkte abgegeben hatte und den Dow Jones auf 2.200 Punkte brachte. „Der Crash kommt am Montag. Ein Riesencrash." Sie wiederholte diese Vorhersage an jenem Wochenende jedem auf der Hochzeit meines Freundes und ehemaligen Studienkollegen in Harvard, Eliot Spitzer, der inzwischen Generalstaatsanwalt von New York ist, mit Silda Wall – das nur für den Fall, dass Sie glauben, hier handle es sich um eine jener privaten Erleuchtungen wie bei so vielen angeblichen tollen Voraussagen, die irgendwelche Gurus in den letzten 20 Jahren angeblich getroffen haben.

Am Montag stürzte die Börse um 508 Punkte ab und steckte damit die schwersten Prügel ihrer Geschichte ein. Und mein Fonds bestand zu 100 Prozent aus Bargeld. Das ist und bleibt die beste Prognose, die ich je erlebt habe. Meine Partner hatten keine Ahnung, woher sie kam, aber ich kann im Nachhinein ohne Weiteres sagen, dass meine Firma den Crash ohne meine damalige Verlobte nicht überlebt hätte. Aber so wurden wir als der Fonds berühmt, der auf den Crash 1987 perfekt vorbereitet war, und wir brauchten nie wieder etwas zu tun, um Geld zu beschaffen. Tatsächlich mussten wir den Menschen gegenüber ziemlich hart sein, damit wir nicht mit Geld überschüttet wurden. Von diesem

Zeitpunkt an musste, ähnlich wie in einem exklusiven Country Club, jeder, der in meinen Fonds hineinwollte, von jemandem berufen werden, der bereits zu meinen Partnern zählte. Das war die einzige Möglichkeit, wie wir den Mittelzufluss des Fonds unter Kontrolle bekommen konnten. Und das war ein wichtiger Faktor, der dazu beitrug, dass wir in den 14 Jahren danach nach Abzug aller Gebühren einen kumulierten Jahresgewinn von 24 Prozent erwirtschafteten.

Vier Wochen nach dem Crash machte ich Karen einen Heiratsantrag. Was als Büroromanze begonnen hatte, war zu etwas erblüht, das sich dieser 32 Jahre alte Junggeselle nicht hatte vorstellen können: einer Verlobung. Wir heirateten ein Jahr später und Marty Peretz, der Mann, der mir in meiner geschäftlichen Karriere am meisten geholfen hat, war mein Best Man.

Im Februar 1988 trat Karen bei Cramer Partners ein.

4
Aufbau eines Hedgefonds

Die Jahre 1988 und 1989 waren für Cramer & Co. sensationell. Im Jahre 1990 marschierte der Irak in Kuwait ein und der Markt erzitterte. Als der Markt nach der Invasion des Iraks kollabierte, war Karen Aktien gegenüber äußerst negativ eingestellt. Sie shortete und sie spekulierte gegen Aktien aller Art, insbesondere Finanzwerte und Einzelhandel. Sie bezeichnete sich selbst als Charttechnikerin und damit meinte sie, dass sie Charts betrachtete und aus den Mustern auf das künftige Verhalten des Marktes schloss. In Wahrheit jedoch ließ sie sich mehr von fundamentalen Ereignissen leiten als die meisten Techniker. Sie beurteilte beispielsweise die Bank-Aktien deshalb so negativ, weil sie sah, dass alle Spar- und Darlehenskassen in unserem Viertel in Brooklyn zumachten und die Fenster vernagelten. Ihre negative Einschätzung von Dayton Hudson, May und Best Buy stammte von ihren Besuchen leerer Shoppingmalls.

Nun, da wir Seite an Seite arbeiteten und Cramer & Co. jedem von uns zu 50 Prozent gehörte, kamen mir ihre negativen Einschätzungen zustatten. Ich hasste die gleichen Aktien wie sie. Als der Index von 3.100 auf 2.300 fiel, wurde meine Haltung sogar noch negativer und ich befürchtete, das Land würde aus dem Trudeln nicht mehr herauskommen. Ich dachte, dass uns die Rezession und die Inflation Probleme bereiteten, ein wackliges Bankensystem und ein Haushaltsdefizit, das unkontrolliert sprießte. Wenn man auf all das noch die Destabilisierung der Weltwirtschaft durch den Irak oben drauflegte, dann, so glaubte ich, hätten wir einen Markt, der noch einmal die Tiefs des Crashs 1987 unterbieten könnte.

Karen interessierte sich nicht für die theoretischen Hintergründe, was den Markt auf bestimmte Niveaus treiben könnte. Es interessierte sie nur, was die Menschen dazu brachte, Aktien zu kaufen und zu verkaufen. Sie verstand den Markt „mit dem Bauch". Wenn man ihr sagen konnte, was den Menschen ein besseres Gefühl gab, was sie in eine bessere Stimmung versetzte, verriet sie einem, wohin sich der Markt bewegen würde. Sie sah höhere Kurse voraus. Da sie in den Unternehmen gearbeitet hatte, in denen es um das große Geld geht, wusste sie, dass das große Geld menschlich ist. Aber sie war auch eine Bestie, die alles Greifbare kaufte, wenn die Ereignisse sie von der Kette ließen. Der Bestie war es egal, wo die Aktien vorher gestanden hatten oder wie hoch sie stiegen; sie wollte einfach nur kaufen.

Wir behielten unsere bearishe Position bis zum Ende des Jahres 1990 bei und beendeten das Jahr aufgrund unseres Pessimismus deutlich in den schwarzen Zahlen. Ich beharrte weiterhin darauf, dass sich die Fundamentaldaten weiterhin verschlechtern würden und wir short bleiben sollten, aber Karen wollte davon nichts hören. Also deckten wir unsere Shorts in den letzten Dezemberwochen ein. Und als ich sie dann wegen der schlechten Zahlen erneuern wollte, bestand sie darauf, im Büro immer und immer wieder 17 + 4 und Rommé zu spielen. Wenn ich sie drängte, Puts zu kaufen oder gegen den Markt zu spekulieren, nahm sie den Telefonhörer und rief Reisebüros an.

Als sie schließlich mein Betteln nicht mehr ertragen konnte, bestellte sie uns ein Zimmer im Hyatt auf den amerikanischen Jungferninseln; sie unterbrach das Reservierungsgespräch und fragte mich, wann denn die Vereinigten Staaten den Irak angreifen würden, denn der Präsident hatte eindeutig gesagt, dass ein Angriff geplant war. Ich sagte, ich hielte den 15. Januar für wahrscheinlich, und so buchte sie den Rückflug nach New York für den 14. Januar. Damit hätten wir noch massenhaft Zeit für Käufe. Ich fragte, wieso wir kaufen sollten, und es machte mich völlig fertig, wie sie die Düsternis leichthin überging, die alle Märkte der Welt einhüllte.

Weil, so sagte sie, wir den Krieg gewinnen würden, und zwar mit einer sehr geringen Anzahl von Opfern. Und das würde alles ändern, meinte sie. Ich erinnerte sie an die Rezession, an die Arbeitslosigkeit und an das wackelige Bankensystem.

Sie hielt es nicht einmal für nötig, zu antworten. Sie ignorierte auch ihre Charts, die alle nach Abschwung schrien. Auch das würde sich mit dem Krieg ändern, meinte sie.

Als wir aus St. John zurückkamen, fielen die ersten Bomben. Karen hatte einen immensen Kredit aufgenommen, damit wir alles kaufen konnten, was greifbar war. Ich war sprachlos. Natürlich strömten nach ein paar Wochen die Verbraucher wieder mit Macht herbei, denn sie fühlten sich so gut wie seit Jahren nicht mehr. Niemanden interessierte, dass die Ölpreise abstürzten und im Keller blieben oder dass die Banken aufgrund der niedrigen Fed-Zinsen ihre Bilanzen wieder bereinigen konnten. Der Markt begann eine Erholung von historischen Ausmaßen und dies fiel mit der größten konjunkturellen Expansion in Friedenszeiten zusammen. In dieser Erholungsphase verdienten wir für die Partner von Cramer L.P. Zigmillionen Dollar.

Ende 1990 hatten wir erfahren, dass wir ein Kind bekommen würden. Wir wurden also eine Familie, was unsere 1,5-Zimmer-Wohnung Ecke State und Hicks in Brooklyn Heights komplett in Anspruch nehmen würde. Für Karen bedeutete dies, dass sie aufhören musste, und sie begann sofort, einen Nachfolger für ihren Trading-Job heranzuzüchten. Gegen ihre Empfehlung hatte ich mich für einen „Landsmann" entschieden, Seth Tobias aus Philadelphia, der Broker, der am schärfsten darauf war, mit uns Geschäfte zu machen. Karen traute Seth nicht, aber ich wusste, ich brauchte jemanden, der mit Hochdruck daran arbeitete, weiter genug Gebühren zu produzieren, damit wir die Analystenkontakte bekamen. In den nächsten sieben Monaten machte sie Seth mit den Feinheiten des Jobs vertraut. Sie erwartete das Baby im Juli und war sich sicher, sie würde Seth im Juni so weit haben, dass er übernehmen konnte. Und ob er das war! Eines Tages kam er und sagte, er habe einen neuen Job. „Was?", fragte meine Frau. „Bei wem?" Als er meinte, er würde für Mark Howard arbeiten, Karens ehemaligen Chef, der sieben Jahre davor Steinhardt verlassen hatte, ging Karen an die Decke. Er solle auf der Stelle gehen, meinte sie: „Wir packen deine Sachen in Kartons und stellen sie vor die Tür", mit diesen Worten geleitete sie ihn hinaus.

Das war mir sehr unangenehm. Er war mein Mann gewesen und meine Frau hatte recht behalten. Sie erklärte mir, Aufhören käme jetzt nicht mehr infrage. Sie machte weiter und arbeitete bis zum 12. Juli. An diesem Tag platzte ihr die Fruchtblase, als sie gerade mit Merrill Lynch einen großen Trade im Freiverkehr organisierte. Trading-Göttinnen gehen nicht einfach so. Nach Ceces Geburt blieb Karen vier Monate zu Hause und dann kam sie widerwillig zurück, aber sie begann damit, eine Mannschaft aufzubauen, damit sie nicht mehr zu Cramer & Co. würde gehen müssen, wenn wir unser zweites Kind bekämen.

Ein paar Jahre lang lief dann wirklich alles normal. Ich verbrachte den ganzen Tag mit Unternehmensresearch und meine Frau tradete. Meine Firma wurde größer. Karen stellte weitere Trader und einen Research-Direktor ein, einen erfahrenen Mann, der schon seit vielen Jahren im Geschäft war. Im Sommer 1992 nahm ich einen Sommerpraktikanten von der Columbia Business School namens Jeff Berkowitz, der seinen ersten Abschluss in Wharton gemacht hatte. Er war von Anfang an so brillant, dass ich am Ende des Sommers meinen Research-Direktor feuerte, Jeff zum Direktor ernannte und die Columbia Business School dazu brachte, ihn sein Studium in den Nächten und an Freitagen abschließen zu lassen.

Damals entwickelten wir zum ersten Mal unser Rezept, um an jedem einzelnen Tag – tagein, tagaus – Geld zu verdienen, aber auch, um langfristige Kapitalgewinne zu erzielen. Wir entwickelten einen Stil, der darin bestand, herauszufinden, was bald heiß sein und was der nächste große Knaller sein würde. Wir handelten mit diesem Knaller, wir bauten Long-Positionen auf und plauderten mit den Analysten darüber, was wir Positives sahen und hörten. Oder wir shorteten Aktien und sprachen mit den Analysten über Negatives. Wir erarbeiteten uns Hoch- oder Herabstufungen mittels des zynischen Wissens, dass die Wall Street schlicht und ergreifend eine Werbemaschinerie war. Uns war klar, dass die Analysten dazu da waren, Reklame für Aktien zu machen, und zwar üblicherweise für Aktien, die ihre Arbeitgeber an die Börse brachten; dadurch sollten diese Aktien steigen. Manchmal trieben sie sie nach oben, damit ihre Firma ein zweites Mal als Emissionshaus fungieren konnte. Andere Male trieben sie sie nach oben, damit sie irgendeinen Finanzierungsauftrag bekamen, Schuldverschreibungen oder Wandelanleihen. Und manchmal pushten sie sie ganz einfach, weil es verdammt noch mal ihr Job war, Aktien zu pushen. Ja, das taten sie.

So um 1992 hatten wir daraus eine Wissenschaft gemacht: Meine Frau suchte Aktien aus, die charttechnisch entweder so aussahen, als würden sie steigen, oder sie hielt Ausschau nach Papieren, die im tiefsten Keller waren. Dann erstellte sie eine Liste von Aktien, die aufgrund von guten Nachrichten schnell steigen könnten. Und dann machte sich Jeff daran, die Unternehmen anzurufen und herauszufinden, ob wir irgendetwas Positives über sie sagen könnten. Ich rief indessen die Analysten an und fragte, ob sie irgendetwas gehört hatten. Wenn wir eine Aktie fanden, die charttechnisch nach einem Ausbruch aussah oder deren Angebot geschluckt worden war, wenn Jeff bei dem Unternehmen etwas Positives herausfand und ich wusste, dass die Analystenkreise nichts Positives wussten, dann deckten wir uns mit Call-Optionen und Aktien ein. Danach gaben wir die guten Nachrichten an unsere Lieblingsanalysten weiter, denen die Aktie gefiel und die deshalb dafür Reklame machen konnten. Damit konnten wir den Boom auslösen und während des Booms mit einem hübschen Profit unsere Positionen liquidieren.

Um dies richtig hinzubekommen, mussten wir Hunderte von Anrufen bei allen möglichen Unternehmen und Analysten in Dutzenden von Branchen tätigen. Wir saßen da und telefonierten um Dollars, bis wir unserer Sache sicher waren; indessen tradete meine Frau Tag für Tag das täglich Brot herein. Ich kann Ihnen kaum sagen, was für aufregende und erfrischende Tage das waren. Damals begann ich, Tag für Tag Hunderte von Trades abzuwickeln, um genügend Gebühren zu generieren, damit die Analysten weiterhin zurückriefen. Und damals begann ich auch, um fünf Uhr früh zur Arbeit zu gehen, denn wenn ich gut vorbereitet sein und in allen Branchen auf dem Laufenden bleiben wollte, musste ich quasi jeden Tag einen zwei Fuß hohen Stapel Jahresberichte und Researchmaterial lesen.

Jeden Abend waren wir mit Leuten von der Wall Street unterwegs und sprachen über die Börse. Es ging immer nur um Aktien, Aktien und wiederum Aktien. Mein Ziel war es, alle Aktien zu kennen. Wenn meine Frau dann beispielsweise sagte: „Phelps Dodge sieht jetzt passend aus", dann wollte ich wissen, wer die vier entscheidenden Kupfer-Analysten waren. Und ich wollte sie sofort ans Telefon bekommen können, weil meine Frau so viele Geschäfte mit ihren jeweiligen Unternehmen abgewickelt hatte. Jeffs Rolodex mit Unternehmenskontakten nahm innerhalb eines Jahres einen Umfang an, den ich unglaublich fand. Wir hatten eine derartige Informationsbasis und Jeff einen derartigen Elan, dass es keinen Chief Executive Officer und keinen Chief Financial Officer gab, den er nicht innerhalb von Minuten ans Telefon bekommen konnte. Wenn im zweiten Jahr seiner Beschäftigung bei uns die Aktie einer x-beliebigen Industrie- oder Technologiegesellschaft um mehr als einen Prozentpunkt abrutschte, riefen die Bosse Jeff an und fragten ihn, was denn los sei. Karen forschte dann bei zehn großen Trading-Abteilungen nach, ob es irgendwo einen großen Verkäufer gab. Ich dagegen checkte mit ihr um die Wette schnell die Analysten, um zu sehen, ob einer irgendetwas wusste. Dann riefen wir sofort die Unternehmensleitung an und hatten eine Antwort für sie. Das gehörte alles zu unseren Hausaufgaben, den täglichen Überprüfungen, wie es den Unternehmen ging. Wir wollten nicht auf Spekulationen angewiesen sein.

Solange wir nicht in der Zeit anriefen, die als Sperrfrist bekannt ist, das heißt, in den letzten vier Wochen eines Quartals, in denen die Unternehmen nichts preisgeben dürfen, weil sie sonst das Quartal verraten und uns nach den SEC-Vorschriften zu „Insidern" machen würden, die dann nicht mehr mit der Aktie handeln dürfen, so lange druckten wir sozusagen unser eigenes Geld. Mit der Zeit stellten wir eine Liste von CEOs zusammen, an die wir glaubten, bei denen wir sicher waren, dass sie lieferten, in die wir mehr oder weniger verliebt waren, ganz unabhängig von der Branche. Von Zeit zu Zeit erlebten wir es, dass die richtigen Chief Executive Officers ihre Aktien aus Abstürzen schnell wieder herausholten. Die falschen Chief Executive Officers dagegen betrachteten sich als hilflose Opfer des Aktienmarktes. Die richtigen Unternehmensleiter packten die Probleme, die wir entdeckt hatten, sofort an. Die falschen verhielten sich so, als könnte man nichts ändern oder als wären die Probleme eine unumstößliche Tatsache. Wir stellten auch fest, dass diejenigen Chief Executive Officers, die ihre Aktien wie selbstverständlich verfolgten und sich um ihre Aktionäre sowie den Shareholder Value kümmerten, ein eigener Menschenschlag waren. Sie jagten jedem Fehler hinterher, verabscheuten jeden, der ihren Aktien einen Schlag versetzte, und nahmen alles, was man über ihre Aktien sagte, persönlich. Diejenigen, die sich distanzieren konnten und das Ganze nicht als Frage von Leben und Tod betrachteten, denen der Verlust von ein paar Punkten nichts ausmachte, wurden aussortiert oder als „shortbar" gekennzeichnet: Wir wussten, wenn wir negative Nachrichten hatten, konnten wir die Aktie „hinabstoßen" und brauchten keine Angst vor einer Hochstufung oder einem Kursanstieg zu haben.

Das war ein perfekter Indikator und er funktioniert auch heute noch. Über längere Zeit gesehen ist dies eine der wichtigsten Determinanten für Kursgewinne; die meisten Werber und Analysten der Wall Street jedoch sind dafür blind, weil ihre „strenge" Methode sie dazu zwingt, sich um eine Aktie Sorgen zu machen, wenn sie statistisch betrachtet „billig" ist; wir dagegen brauchten uns darum weniger zu kümmern. Wir wollten Aktien mit dem gewissen Etwas, mit CEOs, die sowohl ihr Unternehmen als auch ihre Aktien managten. Diese Kombination brachte meinem Fonds so langsam sagenhafte Gewinne und mit der Zeit wuchsen wir stetig. Wir arbeiteten pausenlos, aber ich wollte die Sache klein und familiär halten, ich wollte mit möglichst wenigen Menschen möglichst viel Geld verdienen. Und ich wollte mit meiner Frau und mit Jeff Spaß an der Arbeit haben.

Unser strenger Geschäftsansatz geht immer noch über das hinaus, wozu die meisten Menschen bereit sind. Ich habe noch kein Unternehmen gefunden, das so gearbeitet hat wie wir, mit Hunderten Anrufen bei Firmen, Analysten und Brokern, ergänzt durch Besuche bei den Firmen und durch ein hohes Gebührenaufkommen; dies gab uns den Trading-Vorsprung, den wir brauchten. Meines Wissens waren wir das einzige Unternehmen, das wirklich versucht hat, in jeder einzelnen Stunde, die wir im Büro verbrachten, Geld zu verdienen. Wir hassten es so sehr, Verluste zu machen, dass wir jede Stunde unsere Schreibtische verließen und buchstäblich alle Positionen einzeln miteinander durchgingen. Meine Frau rasselte die Liste in einem strengen Tonfall herunter, der uns wahnsinnig machte. „Alcoa, warum sind wir da long?" „Bethlehem Steel, wo ist der Witz?" „Chrysler, wo ist da die Story?" „Dean Foods, warum haben wir die?" Und wir mussten uns immer rechtfertigen, wenn uns eine Aktie gefiel. Meine Frau nannte das „Disziplin sticht Überzeugung" und das zwang uns dazu, uns jede Stunde darauf zu konzentrieren, was mit den Aktien passierte. Wenn eine Aktie einen halben Dollar abgegeben hatte, röstete sie uns bei lebendigem Leibe. Oder sie sagte, wenn wir nichts Näheres darüber herausfinden würden, warum die Aktie einen halben Punkt im Minus stand, würde sie uns die Position unter dem Hintern weg verkaufen. Wir riefen die Menschen wieder und wieder an, um herauszufinden, warum eine Aktie einen halben Punkt gestiegen oder gefallen war, nur um Karen zufriedenzustellen und die Position in der Liste zu halten. Jeff und mir graute vor diesen Besprechungen, aber sie bewahrten uns vor größeren Verlusten und gaben uns die Überzeugung, die wir brauchten, um unabhängig von dem Verhalten des Gesamtmarktes long zu bleiben. Es hinderte uns auch daran, zu viele Positionen auf der Liste zu haben, denn keiner von uns hielt Karens Prüfung lange stand, wenn er die Aktie nicht wirklich liebte. Jedes Mal, wenn wir unsere Schreibtische verließen, waren wir schweißgebadet. Manchmal drohte Karen damit, etwas zu verkaufen, nur weil wir mit einer Person noch nicht gesprochen hatten. Manchmal verkaufte sie eine Aktie, weil es ihr nicht gefiel, wie sie sich „benahm", und wir mussten mit glühenden Argumenten kommen, um sie wieder aufzunehmen.

Die Angst vor Karens scharfer Zunge und die Peinlichkeit, dass sie unsere Positionen verkaufte, führten dazu, dass der Laden brummte und so profitabel war, wie ich es mir nie hätte vorstellen können. Für Fehler blieb kein Raum. Wenn man Verlust machte, mischte Karen die Karten und legte Patiencen, während sie die Portfolios durchging. Wenn sie der Meinung war, man bringe zu wenig Leistung und strenge sich nicht ausreichend an, blätterte sie in den Katalogen von Lands' End oder Kingsman und bestellte dort etwas, anstatt unsere Orders zu platzieren. Und wenn sie wirklich dachte, wir wüssten nicht, was wir tun, verkaufte sie unsere Positionen, während wir auf der Toilette waren. Wir merkten das dann erst, als sie am Ende des Tages die Positionslisten auf den neuesten Stand brachte. Das war eine demütigende Erfahrung und wir trauten uns kaum noch, aufs Klo zu gehen. Unser Modell, unsere Arbeitsmethode war so streng und straff, dass es uns immer wieder zurück zu den Aktien trieb, bei denen wir zuversichtlich waren, dass der CEO nichts anbrennen lassen würde, weil die Konsequenzen zu schwerwiegend gewesen wären, als dass er sie hätte in Kauf nehmen können. Wir wollten nicht schlecht dastehen, und wenn es auch nur war, um bei diesen Sitzungen, die einer Wurzelbehandlung gleichkamen, bei meiner Frau einen guten Eindruck zu machen. Sonst wurde es einfach zu heiß. Es war grausam. Es war übel. Es war streng. Es war heftig. Es war himmlisch.

Wie heftig war es? Nehmen wir doch einmal den Druck, unter dem ich stand, als Emma, unser zweites Kind, am 17. Mai 1994 geboren wurde. Die Federal Reserve hatte in jenem Jahr nach und nach die Zinsschraube angezogen. Wir hatten das Gefühl, die einzige Möglichkeit, Geld zu verdienen, bestand darin, Aktien zu shorten, denn irgendwann mussten sie als Reaktion auf die Verknappungswellen der Fed ja fallen. Jedes Mal, wenn die Fed weiter anzog, waren wir völlig außer uns, weil wir dachten, das könnte das letzte Mal gewesen sein und die Börse würde wieder steigen.

Eigentlich wollte ich alle Positionen glattgestellt haben, bevor die Wehen einsetzen würden, aber das konnte ich nicht. Ich hatte schon Wochen davor so eine Vorahnung, dass der Markt gerade dann wieder steigen würde, wenn meine Frau im Begriff sein würde zu entbinden, aber das schien mir als „Tradeaholic“ doch zu lächerlich, um wahr zu sein. Karen sollte das Baby eigentlich eine Woche vor der Fed-Versammlung bekommen, aber als ein Tag nach dem anderen verging und nichts geschah, sah es immer mehr so aus, als würde sich die Vorahnung bewahrheiten.

Schließlich leitete der Arzt am 17. Mai die Wehen ein. Um 14:11 Uhr erschien der Kopf des Babys. Um 14:12 rief mich ein wahnsinniger Jeff auf dem Handy an, während ich dem Arzt gerade dabei half, das Baby herauszubekommen; Jeff sagte, er wisse nicht, was er tun solle, die Fed habe soeben die Zinsen angehoben, der Markt klettere nach oben und unsere Shorts würden uns noch umbringen. Ich sagte, das sei jetzt nicht der richtige Moment. Schon klar, meinte er, aber wir müssten etwas tun. Der Doktor schaute mich an und fragte mich, was los sei. Dann schaute mich Karen an und fragte, was los sei. Die einzige Person, die mich nicht fragte, was los sei, war Emma, die gerade herauskam, während ich mich mit Jeffs Fragen nach unseren Shorts auf Alcoa und Dow Chemical herumschlug. Jeff sei am Apparat, meinte ich zu Karen, die Fed hätte die Zinsen angehoben und wir würden wohl in der Klemme sitzen. Der Arzt drehte sich zu mir um und fragte: „Oh, auf wie viel erhöhen sie denn die Zinsen?“ Gerade wollte ich ihm antworten, da blaffte mich Karen an: „Ich fass es nicht. Wir bekommen gerade ein Baby, und ihr Clowns steht da und redet über die Börse? Sag Jeff, er soll sich das selber überlegen.“ Jeff hatte das gehört und legte auf. Der Schaden war angerichtet. Ich entschuldigte mich überschwänglich, aber Karen war rasend vor Wut. „Überleg dir doch mal, was du da tust“, sagte sie. „Es gibt Augenblicke im Leben, in denen man einfach nicht über Aktien spricht. Und das ist jetzt einer davon.“

Ich konnte nur den Kopf über mich schütteln. Der Tod meiner Mutter, die Geburt von Emma – ich kam nicht davon los. Ich hatte den Augenblick immer noch nicht gefunden, in dem es nicht richtig war, über den Aktienmarkt zu sprechen.

5 SmartMoney

Wir schlossen das Jahr 1994 trotz einiger böser Rückschläge, die viele andere Hedgefonds ganz schön zugerichtet hatten, mit schwarzen Zahlen ab. Unter anderem ging der Staat Mexiko bankrott und das Orange County machte aufgrund des schlechten Umgangs mit Finanzderivaten Pleite. Wir haben solche Derivate nie eingesetzt. Dabei handelt es sich um irgendwelche Spekulationen auf Zinsen und sie beinhalten eine enorme Hebelwirkung beziehungsweise große Darlehen von Brokerhäusern. Wir kauften immer nur simple Aktien, Optionen oder Anleihen. Dadurch hielten wir das Geschäft recht einfach und das bewahrte uns davor, unser Kapital übermäßig zu strapazieren und uns selbst den Garaus zu machen, wie es so viele Hedgefonds getan haben, die seither begonnen haben, Geld zu verwalten.

Die Performance war zwar in Ordnung, aber der Hedgefonds war für mich nicht mehr das, was er einmal gewesen war. Er machte keinen Spaß mehr, denn Karen fing nach der Geburt von Emma nicht wieder an zu arbeiten. Karen hatte in der Firma so viele Sachen gemacht – die ganze Büroverwaltung, Einstellungen, Kündigungen, das Management des komplexen Beziehungsnetzes zu Verkaufs- und Trading-Abteilungen, also unsere sogenannte „Abdeckung“; die Verwaltung der Unternehmensfinanzen – und natürlich das spontane, tägliche Geldverdienen, das auf ihrer Fähigkeit beruhte, sozusagen „Lochstreifen zu lesen“. Es konnte ganz einfach niemand anders die täglichen Anrufe der Research-Broker zu einzelnen Aktien mit dem Strom von Aktien verschmelzen, der aufgrund von Angebot und Nachfrage der großen Institutionen entstand, und daraus an jedem einzelnen Tag gute Ideen gewinnen. Als sie aufhörte, brauchten wir fünf Menschen, um sie zu ersetzen: einen Büroleiter, zwei Trader, einen Trading-Assistenten und einen Research-Assistenten. Wir waren jetzt nicht mehr das geniale, profitable Familienunternehmen, sondern ein Unternehmen mit einer Gehaltsliste sowie mit Personalproblemen. Wir mussten jedes Jahr unseren Schnitt machen, weil wir für das Wohlergehen unserer Angestellten verantwortlich waren. Jetzt konnten wir mit der Firma nicht mehr alles machen, was wir wollten. Jetzt konnten wir nicht mehr an den Donnerstagen und Freitagen von unserem Bauernhof in Bucks County aus traden, weil zu viele Menschen im New Yorker Büro daran hingen. Ohne Karen kam mir das Unternehmen vor wie irgendein beliebiger Hedgefonds und ich empfand einen schmerzlichen Verlust. Es wurde zu einem Job.

Für die Leitung der Trading-Abteilung hatte Karen einen würdigen Nachfolger ausersehen, einen ehemaligen Verkaufstrader von Lehman Brothers und Goldman Sachs. Er konnte zwar die Trades ausführen, die ich wollte, aber er war einfach nicht so erfinderisch wie Karen, was das tägliche Geldverdienen anging. Und als Karen die Abteilung führte, hatte ich nicht viel zu konkreten Aktiengeschäften sagen müssen. Wir hatten uns immer schon vorher darüber geeinigt, was wir tun mussten, und dann hatte ich nichts mehr damit zu tun gehabt – welchen Broker wir nehmen, welche Preisbedingungen wir akzeptieren wollten oder wann wir mit dem Verkauf aufhören mussten. Sie hatte für die Funktionsweise des Aktienhandels ein besseres Gefühl als ich. Bei unserem neuen Trader musste ich mich viel mehr an den einzelnen Trades beteiligen. Ich musste mehr verhandeln, und in vielen Fällen musste ich selbst den Telefonhörer in die Hand nehmen und das konkrete Geschäft selbst abwickeln, anstatt die Orders einfach an meine Trading-Abteilung zu geben, denn ich war mit dem Handel nicht immer ganz glücklich.

Ich fand, dass wir mit der Ausnutzung kleiner Kursbewegungen, also mit dem schnellen Ein- und Ausstieg, den Karen immer betrieben hatte, nicht genug Gewinn machten. Mit Karen haben wir das besser hingekriegt, fand ich; die Preise, die wir bekamen, waren immer etwas besser gewesen und wir hatten dabei immer ein bisschen gespart. Ich war entschlossen, diesen Vorsprung nicht aufzugeben, auch wenn das bedeutete, viel Zeit von der Ideenfindung abzuziehen und sie auf die Ausführung der Trades zu verwenden. Das Trading erzeugt massiven Stress, denn wenn man Hunderttausende Aktien innerhalb kürzester Zeit kauft und verkauft, platziert man nicht einfach Orders, sondern das ist ein Geben und Nehmen. Es wird über den Preis verhandelt. Es können Ereignisse dazwischenkommen, entweder Meldungen zu den Aktien (Hochstufung, Herabstufung, Ergebnisse) oder zum allgemeinen Geschehen, wie zum Beispiel Maßnahmen der Federal Reserve oder des Finanzministeriums, oder auch zum weltpolitischen Geschehen. Und solche Ereignisse können jeden beliebigen Trade, den man gerade bewerkstelligt, aus dem Gleis bringen. Ich hatte keine Ahnung gehabt, was für ein angespanntes und mühevolles Spiel es jedes Mal ist, eine große Stückzahl zu bewegen. Dazu brauchte man Achtsamkeit – die Fähigkeit, zu erkennen, wann man von einer Trading-Abteilung betrogen oder missbraucht wurde, die einen über den Tisch ziehen wollte.

Karen hatte sich von niemandem linken lassen. Ich hatte immer gedacht, wir würden von den Brokern genauso behandelt wie die großen und mächtigen Unternehmen, zum Beispiel Fidelity, Janus oder Invesco. Sie verstand es, gute Tipps durch Beschaffung von Gebühren vergalt. Und sie wusste, wann sie die Notbremse ziehen, das heißt die Handelsbeziehung zu einer Firma beenden, musste, von der sie dachte, sie hätte uns betrogen oder ihren Job nicht ordentlich gemacht. Aber jetzt hatte ich das Gefühl, dass wir für die Millionen Dollar, die wir regelmäßig an Gebühren ausgaben, nicht das Bestmögliche bekamen. Vor allen Dingen war das Trading immer eine Säule des Profits für die Firma gewesen. Karen hatte ihre eigene Gewinn-Verlust-Rechnung aufgestellt. Wir registrierten immer, wer das Geld verdiente und wer für die Positionen verantwortlich war, denn es kann keine Disziplin geben, wenn alles allen gehört anstatt jedem Einzelnen.

Jetzt änderte sich das alles. Unter der Leitung des ehemaligen Cheftraders machte mir die Trading-Abteilung zu viel Arbeit. Karen schaute gelegentlich einmal herein und stellte sicher, dass alles glattlief, aber sie war nicht mehr mit dem Herzen dabei. Sie sagte, sie verstehe nicht, wieso wir jetzt noch beide arbeiten sollten, da wir schon so viele gute Jahre in der Tasche hatten. Sie gönnte sich den Luxus einer Auszeit. Sie machte sich daran, einen Wohnort für uns zu finden, da unsere Älteste bald in die Schule kommen sollte. Da wir beide begeisterte Anhänger der öffentlichen Schulen sind, entschieden wir uns am Ende für Summit in New Jersey, denn erstens gibt es da hervorragende Grundschulen und zweitens liegt es nicht sehr weit von unserem Büro entfernt.

Die Gewohnheit, zu schreiben, konnte ich auch in der ganzen Zeit, in der ich den Hedgefonds aufbaute, nicht ablegen. Ich sehnte mich danach, meinen eigenen Börsenbrief herauszugeben und den Menschen meine Gedanken mitzuteilen. Seit der Wende des Marktes im Jahre 1991 wollte ich im produzierenden Gewerbe der Vereinigten Staaten investiert sein, einem Sektor, den ich in den zehn Jahren davor tunlichst gemieden hatte. In den 80er-Jahren war ich überzeugt gewesen, dass sichere Sachen die einzige Möglichkeit wären: die Pharmaindustrie, die Lebensmittel- und die Filmbranche. Ich stand auf Philip Morris, Heinz und Kimberly-Clark. Das beruhte größtenteils auf der Angst vor den Japanern. Ich weiß, man kann sich heute kaum noch vorstellen, wie dominant die Japaner damals waren. Jetzt erscheinen sie nur noch wie ein ungeordneter Haufen alter Männer und bankrotter Künstler, bestenfalls Frühkapitalisten. Aber um die Wende des Jahrzehnts hörte ich aus den Unternehmen, mit denen ich zu tun hatte, Gerüchte über Technologie, Flugzeugbau, Finanzwesen und die guten alten Maschinenbauer. Zehn Jahre lang hatten die Japaner von uns genommen; sie nahmen Anteile, kauften Unternehmen, beherrschten Märkte und sorgten dafür, dass uns die profitablen Unternehmen ausgingen.

Es ging irgendwann so weit, dass ich mich sicherer dabei fühlte, Aktien von Heinz als von Intel zu haben, denn es war zwar denkbar, dass Intel kein bedeutendes Halbleiterunternehmen mehr sein würde, aber es war unvorstellbar, dass wir Mitsubishi-Ketchup auf unsere Hamburger kippen würden. In der Zeit, als unsere Kinder noch nicht geboren waren und ich noch Unternehmen aller Art besuchen konnte, stellte ich fest, dass das produzierende Gewerbe in den Vereinigten Staaten wieder einen Aufschwung erlebte. Zuerst waren es nur Einzelfälle. Caterpillar gewinnt gegenüber Komatsu Marktanteile. Intel bringt den 286er heraus. Auf den Trading Desks tauchen plötzlich Workstations von Sun Microsystems auf. Applied Materials bekommt mehrere Halbleiteraufträge. Ende der 80er-Jahre war ich sicher, und zwar so sicher, dass ich bei *PBS* in der TV-Sendung von Charlie Rose auftrat und den Zuschauern empfahl, den japanischen Aktienindex Nikkei bei 38.000 Punkten zu shorten, den Dow Jones bei 3.000 zu kaufen und die beiden so lange zu halten, bis sie sich kreuzen (ich habe an dieser Ansicht festgehalten, und gerade vor Kurzem haben sich die Indizes gekreuzt). Ich wollte meine Ansichten mit aller Gewalt veröffentlichen. In Beiträgen für *The New Republic* schrieb ich über die Renaissance der amerikanischen Herstellerbetriebe. Außerdem verfasste ich eine wöchentliche Kolumne für eine Gruppe von juristischen Zeitschriften, aber nirgends konnte ich mich darüber äußern, dass die Industrieunternehmen ein mehrjähriges Comeback erleben würden.

Deshalb kam mir *SmartMoney*, ein Meinungsmagazin über Aktien und private Finanzen, gerade recht, als mich das *Wall Street Journal* im Jahre 1990 darum bat, beim Aufbau der Zeitschrift zu helfen. Jim Stewart, Steve Swartz, der damals für die Titelseite des *Journal* verantwortlich war, und ich machten uns gemeinsam auf, die journalistische Berichterstattung über den Aktienmarkt zu verändern. Sie wollten ebenso wie Norm Pearlstine einen leibhaftigen Fondsmanager als Autor. Sie wollten kein „laut dem Fondsmanager“ und sie wollten kein Interview, sondern Berichte von der Front. Ich sollte darüber berichten, was ich kaufte und verkaufte. Das war ein ganz neuer Ansatz und für mich schien das der tollste Job der Welt zu sein: Dass ein Börsenkommentator genauso wie ein politischer Kommentator Stellung bezieht und seine Position schriftlich verteidigt. Mein Mund sollte genau dort sein, wo auch mein Geld war.

Ich war begeistert wie noch nie. Nun hatte ich die Chance, Journalist und Trader zu sein. Ich hatte die Chance, über das vermutete Comeback der amerikanischen Technologie zu schreiben und darüber, dass hinter der nächsten Ecke ein enormer Bullenmarkt wartete. Die Idee, auf diesem Gebiet eine neue Zeitschrift aufzulegen, erschien damals lachhaft. Die Kategorie Kleinanleger wurde damals von *Money* beherrscht und die verbleibenden Marktanteile gehörten *Kiplinger's*. Ich wusste allerdings, dass sie ihren wunden Punkt hatten, denn beide konnten nichts anderes tun, als immer und immer wieder über „Altersversorgung mit 47.000 Dollar" zu schreiben. Sie übernahmen alle gerade aktuellen Binsenweisheiten. Meine Motivation war noch größer, als ich durchblicken ließ. Frank Lalli, meinem Vorgesetzten beim *Los Angeles Herald Examiner*, hatte ich immer seine schonungslose Behandlung während meiner harten Zeit in Los Angeles vorgeworfen. Irgendwie war er 14 Jahre später Herausgeber von *Money* geworden. Ich gebe gern zu, dass ich nachtragend bin. Mit *SmartMoney* bekam ich die Chance, mich mit ihm zu messen, ihm zu zeigen, wer der bessere Journalist war. Ich war glücklich.

Auf der Arbeit war ich zu einem unfreundlichen Griesgram geworden, denn wie schon gesagt musste ich viel Zeit darauf verwenden, den Betrieb am Laufen zu halten, anstatt nach guten Aktien zu suchen, was im Grunde das Einzige war, was ich je tun wollte. Trost fand ich in jenem Jahr nicht in der Performance des Fonds, sondern im Schreiben für *SmartMoney*, wo ich anderen die Börse erklärte. Die Zeitschrift wurde ein Riesenerfolg und ich genoss es, Teil dieser Berühmtheit zu sein. Aber Anfang 1995 passierte mir beim Schreiben etwas, das ich nie für möglich gehalten hätte, und das änderte mein Bild in der Öffentlichkeit für immer. Ich wurde in einen Trading-Skandal verwickelt, der *SmartMoney* erschütterte, mein Geldverwaltungsunternehmen und so ziemlich alles andere in meinem Leben. Ich hatte einen Artikel verfasst, der meine Aktienpositionen nicht korrekt offenlegte, und das gefiel der Behörde nicht, die meinen Fonds regulierte, der Securities and Exchange Commission [Börsenaufsicht], denn sie vertritt die Auffassung, dass diese Offenlegung von größter Bedeutung ist, wenn jemand über Aktien schreibt. Mir passierte diese Unterlassung aus Unachtsamkeit. Ich hatte die Reihe „Unconventional Wisdom“ seit drei Jahren regelmäßig geschrieben und hinsichtlich des Umgangs mit der Offenlegung der Positionen waren wir alle etwas nachlässig geworden. Das war der eigentliche Stein des Anstoßes, der den Skandal auslöste.

Ende 1994 hatte mich Steve Swartz, der Chefredakteur von *SmartMoney*, gebeten, einen Artikel über niedrig kapitalisierte Aktien zu schreiben, die mir gefielen und die von der Wall Street vernachlässigt wurden. Also schrieb ich einen Artikel über vier „verwaiste“ Aktien, die ich gegen Jahresende aggressiv gekauft hatte. Das waren winzige Aktien, die meines Erachtens wertvoll waren, weil sie von keiner Firma beworben oder gesponsert wurden. Das war schon an sich nicht sehr klug von mir. Man sollte niemals über kleine Aktien schreiben, die man leicht beeinflussen kann, denn das ist moralisch problematisch. Was mir aber wirklich die Schlinge um den Hals legte, war die Tatsache, dass *SmartMoney* den kleinen Kasten am Ende des Artikels wegließ, in dem hätte stehen müssen: „Cramer und Co. hält eine große Position dieser Aktien.“ Es half nichts, dass ich im Text geschrieben hatte, dass ich diese Aktien liebte und sie gekauft hatte. Die Securities and Exchange Commission besteht aufgrund einer informellen Regelung darauf, dass man als Manager am Ende eines jeden Artikels, den man schreibt, seine Besitzverhältnisse offenbart, insbesondere wenn die Position „berichtspflichtig“, also größer als fünf Prozent ist; und dies war bei mir mit allen Aktien der Fall. Der Staat möchte nicht, dass Menschen Gutes über Aktien schreiben, die sie besitzen, ohne die Öffentlichkeit wissen zu lassen, dass der Verfasser von jeder Preissteigerung profitieren kann, die der Artikel hervorruft. Und ich hatte nun diese informelle Übereinkunft zwischen den Medien und dem Staat verletzt (als Schreiber, der von dem Kauf und Verkauf von Aktien lebte, war ich in der Welt der Zeitschriftenverlage ein Unikum). Und was noch schlimmer war, ich war mir sicher, irgendjemand würde glauben, dass ich Vorteile aus meiner

Macht zog, die Aktien auf ein Niveau zu treiben, auf dem ich sie mit großem Gewinn verkaufen konnte – obwohl ich überhaupt nicht die Absicht hatte zu verkaufen. Das wäre ein „Pump-and-Dump"-Geschäft, ein Verbrechen nach den Bundesgesetzen: Man preist eine Aktie groß an und nutzt dann den selbst verursachten Kursgewinn, indem man die Aktienposition an arglose Käufer abstößt (denken Sie an Enron). Der Staat hätte mich sicher dieser Straftat bezichtigt, wenn ich die Aktien auf dem Hoch verkauft hätte. Aber das hatte ich nicht getan.

Alle vier Aktien, die sich im unteren einstelligen Bereich bewegten, sprangen ein paar Tage, bevor der Artikel allgemeine Verbreitung fand, um 30 bis 50 Prozent nach oben. Das bedeutet, dass diejenigen, die die Zeitschrift als Erste bekamen, wie die Wilden losrannten, um die Aktien zu kaufen. Zunächst fühlte ich mich durch meine anscheinende Macht, Kurse zu bewegen, gebauchpinselt. Du lieber Himmel, dachte ich, ist es denn zu glauben? Mein kleiner Artikel in *SmartMoney* in der Ausgabe Februar 1995 hat die vier Aktien, die ich behandelt habe, nach oben getrieben? Konnte es wirklich wahr sein, dass meine Kolumne Smith Environmental und Hogan Systems nach oben bewegt hatte? Steckte wirklich mein „Unconventional Wisdom" hinter den enormen Bewegungen von UFPT und Rexon, zwei Aktien, die seit Jahren überhaupt nichts getan hatten? Nachdem ich in den vergangenen sechs Jahren schon Hunderte von Artikeln über den Aktienmarkt geschrieben hatte, war ich plötzlich jemand geworden, der die Märkte beeinflussen kann? Ich wusste nicht, ob ich stolz darauf sein sollte, dass meine Kolumne eine derartige Wirkung hatte, oder ob es mir peinlich sein sollte, dass mir die Menschen so sehr vertrauten, dass sie absurde Preise für Aktien bezahlten, deren erneuten Niedergang sich jeder ausrechnen konnte – oder ob ich befürchten sollte, dass ich rechtlich verfolgt werden würde, weil ich angeblich den Aktienbesitz verheimlicht und Aktien gepusht hatte, um sie am Ende zu höheren Preisen abzustoßen.

Ich rief sofort Swartz an und sagte ihm, dass meine Kolumne die Aktien bewegte und dass vielleicht bald ein Reporter von Dow Jones anrufen würde, dem ich dann sagen könnte: „O Mann, treib die nicht so weit hoch, die kommen wieder runter, wenn der Zirkus vorbei ist."

Steve fand das amüsant, aber er war nicht der Ansicht, dass man jemanden damit belästigen müsste. Ich teilte ihm meine vielfältigen Bedenken mit. Er schloss sich mit den Leuten von Dow Jones kurz und sagte mir dann, dort glaube zunächst einmal keiner, dass ich an den Aktienbewegungen großartig beteiligt war. Die haben mich bestimmt für einen Egomanen gehalten, der die Macht seines eigenen Artikels überschätzt.

Kein Redakteur konnte nachvollziehen, weshalb ich so große Angst hatte, ich hätte die Kurse hochgetrieben. Aber je mehr ich darüber nachdachte, wie die Aktien abgehoben hatten, desto mehr befürchtete ich, die Leser würden für diese Aktien überhöhte Preise bezahlen. Und was noch wichtiger ist, ich stand vor einem ernsten Dilemma: Wenn die Aktien oben bleiben würden und ich versuchen würde, sie zu verkaufen, würden mich die Leser lynchen; wenn sie aber fallen würden und ich nicht verkauft hätte, würden mich meine Partner lynchen, die Menschen, deren Geld ich verwaltete. Ich wusste, dass solche Bewegungen aufgrund von Artikeln keinen Bestand haben konnten.

Als von Dow Jones niemand das Bedürfnis verspürte, die Daten über die Aktien zu korrigieren, rief ich als Zweites meinen Anwalt an, Bruce Birenboim aus der Kanzlei Paul Weiss. Ich sagte ihm, dass ich Aktien besaß, die gerade ein paar Millionen Dollar zugelegt hatten, weil ich einen Artikel darüber geschrieben hatte. Wenn man 200 Millionen verwaltet, ist das zwar kein großer Betrag, aber trotzdem nicht zu verachten. Was sollte ich tun? Was würde mit den Menschen passieren, die überhöhte Preise bezahlt hatten und ein paar Tage danach unter diesem Preis verkaufen müssten?

Bruce ist der beste Anwalt der Welt. Er kann Ärger von einem anderen Planeten aus riechen. Er bestellte mich sofort für ein Gespräch über den Artikel in sein Büro. Im Gegensatz zu den Leuten von Dow Jones war ihm klar, dass es wegen des Artikels ein Riesentheater und eine Untersuchung geben würde. Da er meinen Vertrag mit Dow Jones ausgehandelt und eine Latte von Sicherungen eingebaut hatte, die mich gegen den Vorwurf des Pushens schützen sollten, wollte er als Erstes wissen, was mit dem Kasten am Ende des Artikels passiert war, in dem hätte stehen sollen, dass ich die Aktien selbst besaß, über die ich geschrieben hatte. Ich sagte ihm, ich hätte keine Ahnung und dass wir bei solchen Sachen ein wenig nachlässig geworden seien. „Oh, das ist einfach großartig", sagte der ewig sarkastische Bruce, „einfach genial. Gute Arbeit, Jim."

Ohne diese Schutzmaßnahme, so erklärte er mir, würden die Menschen glauben, ich wollte meinen Aktienbesitz verheimlichen. Aber aus dem Artikel gehe doch hervor, dass ich diese Aktien besaß, wandte ich ein. Außerdem dachte ich, mein Vertrag würde mich schützen. Das wäre egal, meinte er, und die Presse würde ihre helle Freude an mir haben. Er sagte mir, ich solle mich auf einen moralischen Feuersturm gefasst machen, der seinen Lieblingsmandanten auf jeden Fall versengen, wenn nicht gar ihn verbrennen würde.

Als ich die Besprechung verließ, zitterte ich und dachte nur: Mein Gott! Niemand hatte je meine Moral infrage gestellt. Ich war der sprichwörtliche Pfadfinder gewesen, der nie ein Gesetz übertrat, der nicht einmal einen Strafzettel bekam. Ich war ein richtiger kleiner Saubermann. Als ich an diesem Abend nach Hause kam, konnte ich meiner Frau und meinen Kindern nicht in die Augen sehen, als ich ihnen erzählte, was wegen eines dummen Artikels passieren könnte, den ich geschrieben hatte. Ein paar Tage vergingen, ohne dass etwas geschah, und ich fühlte mich wie ein hoffnungsloser Paranoiker. Das Leben ging seinen normalen Gang. Vielleicht sorgte ich mich umsonst? Vielleicht war ich schon aus dem Schneider?

Und dann erhielt ich einen Telefonanruf von Howard Kurtz, dem Medienreporter der *Washington Post*. Er sagte, er wolle einen Artikel darüber schreiben, wie ich meine Kolumne in *SmartMoney* dazu benutzt hätte, mich zu bereichern. Ich schreibe, weil es mir Spaß macht, weil ich es gerne tue. Ich habe mit meiner Schreiberei keinen Cent verdient. Und bereichern? Weil ein paar Aktien für ein paar Tage nach oben geklettert sind? War das Bereicherung? Sicherlich war ich reich, aber nicht aufgrund eines großen Betrugsmanövers, indem ich über Aktien schrieb und von dem Geschriebenen profitierte. Ich erklärte ihm, die Aktien wären schon wieder im Fallen begriffen, ich hätte nichts davon verkauft und in meiner gesamten Laufbahn als Artikelschreiber hätte ich niemals den Kurs einer Aktie beeinflusst. Ich sagte, ich bedauerte es, über Small Caps geschrieben zu haben, und dass nicht ich den Kasten mit den Besitzverhältnissen weggelassen hätte. Aber egal, was ich sagte, die Messer waren schon gewetzt. Mir war klar, dass Kurtz beschlossen hatte, mich wegen meines *SmartMoney*-Beitrags zum Staatsfeind Nummer 1 zu machen, zu dem Mann, der aus Eigennutz seine Leser verraten hat. Zum Mann, der nicht schrieb, weil er es gern tat, sondern weil er damit Aktienkurse beeinflussen konnte, der so Performance erzeugen und auf Kosten der arglosen Öffentlichkeit reich werden konnte.

Kurtz' Artikel erschien am 10. Februar 1995 auf der Titelseite der *Washington Post*, an meinem 40. Geburtstag. Kurtz hatte den Gewinn aus den „verwaisten" Aktien auf dem Höhepunkt berechnet und daraus auf einen Profit von zwei Millionen Dollar für meine Firma geschlossen. Der Artikel troff nur so von boshaften Unterstellungen und darin wurde einer der wichtigsten Redakteure von *Kiplinger's* mit Aussagen zitiert, ich hätte die Aktien verkauft und mir von dem Geld BMWs gekauft, und das, obwohl Kurtz wusste, dass ich auf den Artikel hin keine einzige Aktie verkauft hatte. Ich stand in Flammen. Bruce hatte recht gehabt. Der Feuersturm hatte begonnen und ich hatte keine Mittel, ihn zu löschen. Ich hatte nicht einmal einen Gartenschlauch, um meine Familie zur Sicherheit nass zu spritzen.

Ich wusste, dass sich auf Kurtz' Artikel hin die Behörden bei mir melden würden. Der Artikel war darauf angelegt, Ermittlungen anzuregen, und ich war mir darüber im Klaren, dass eine Untersuchung stattfinden würde. Ich wusste auch, dass die restlichen Medien nach der Attacke von Kurtz nachziehen mussten. Die Geschichte war einfach zu saftig: Hedgefonds-Manager prellt Leser mit Artikel um dicke Dollars.

Obwohl es an diesem Samstag noch nicht einmal Mittag war, flößte ich mir einen großen Schluck Johnnie Walker Black ein, rief Bruce an, las ihm den Artikel vor und brüllte ihm all meine schrecklichen Gedanken ins Ohr. Ein guter Anwalt ist wie ein Seelendoktor und Bruce wurde über Nacht mein Chefpsychiater. Ich betrachtete mich als erledigt, unterwegs ins Konzentrationslager für Pusher, ein toter Mann, in Ungnade gefallen: Ich würde meinen Fonds verlieren, mein Haus, meine Familie. Und alles nur wegen dieses dummen Artikels. Bruce hatte derart Angst um mich, dass er Arthur Liman hinzuzog, den Staranwalt für Strafsachen, der die Verteidigung von Michael Milken geleitet hatte. Er bat ihn, mich am Samstagnachmittag anzurufen und mir zu sagen, das sei nur eine Lappalie und ich bräuchte mir keine Sorgen zu machen. Die Firma werde sich um mich kümmern. Der hat gut reden, sagte ich mir. Was konnte er denn für Milken tun?

Der Nachmittag schleppte sich dahin und der Artikel samt dem bevorstehenden Albtraum ängstigte mich immer mehr. Zwischen den Anrufen bei Bruce kippte ich fast die ganze Flasche Johnnie Walker. Einen Schluck nehmen, Birenboim anrufen. Noch einen Schluck und noch einmal Birenboim anrufen. So verbrachte ich den Nachmittag meines 40. Geburtstags. Jedes Mal wiederholte ich die Litanei der schrecklichen Dinge, die über mich hereinbrechen würden. Und jedes Mal bemühte sich Bruce vergebens, mich zu beschwichtigen.

Meine Frau informierte mich, sie habe ein Essen mit meiner Schwester Nan und ihrem Mann, Todd Mason, ausgemacht, um mich auf andere Gedanken zu bringen. Ich konnte mir nichts Schlimmeres vorstellen. Ich wollte nicht aus dem Haus gehen. Ich wollte das Haus nie wieder verlassen. Ich wollte nicht, dass mich irgendjemand sieht. Immer wieder sagte ich: „Die halten mich doch für den zweiten Boesky."

Sie meinte, ich solle mich nicht lächerlich machen, das gehe wieder vorbei; keiner habe den Artikel gelesen und wir würden an diesem Abend mit der Familie ausgehen, komme, was wolle. Daraufhin leerte ich die Flasche auf der Stelle. Trink nicht zu viel, warnte sie mich. Spar noch etwas für heute Abend auf, sagte sie immer wieder. Aber es war zu spät. Ich hatte es schon übertrieben.

Als wir ein paar Stunden später zu Gallaghers im Herzen von Manhattan kamen, war ich in einer fürchterlichen Stimmung. Als wir das Restaurant betraten, konnte ich meiner Schwester kaum in die Augen schauen. Sie und ihr Mann waren ehemalige Wertpapieranwälte und sie wussten, dass ich die Börsenaufsicht gebührend fürchtete. Das Nächste, woran ich mich erinnere, ist, dass man uns sagte, wir müssten in den ersten Stock gehen, weil unten keine Tische mehr frei seien. Ich war wütend, ich raste und ich verlangte, dass wir woanders hingingen. Ich würde mich nicht nach oben schicken lassen, rief ich. Ich wollte wissen, wieso wir ein Restaurant ausgewählt hätten, das mich an meinem verfluchtnochmalüberhauptnichtbesonderen 40. Geburtstag nach oben schicken wollte, wo die Loser aßen. Karen sagte, ich sollte still sein, und führte mich die Treppe hinauf. Sie nahm mich, zog mich nach oben in einen dunklen Raum hinein. Als das Licht anging, riefen alle Freunde, die ich je in meinem Leben gehabt hatte: „Überraschung!" Neben der Menschenmenge an der Bar hing ein nachgemachter *SmartMoney*-Titel mit der Schlagzeile: „Cramer wird 40: Alles dreht sich um die Haare." Denn schon seit Jahren gingen mir mehr und mehr die Haare aus. Als ich das sah, dachte ich sofort an den Waisen-Artikel, und ich brach in Tränen aus. Die Versammlung all dieser Menschen, die zum Feiern hier waren, die aber auch wussten, dass ich mich mit meiner Schreiberei in große Schwierigkeiten gebracht hatte, war einfach zu viel für mich.

Ich kann mich nicht mehr an viel erinnern, außer dass ich auf Absolut Wodka umschwenkte, fünf oder sechs Drinks in mich hineinschüttete und dann zwischen Marty und meiner Frau saß; Jim Stewart stand zu meiner Rechten als „Toastmeister". Dann brachten alle Gäste nacheinander einen Trinkspruch auf mich aus. John Spritz, mein Zimmergenosse auf dem College, hatte ein Telefon mitgebracht und sagte, es sei das Telefon, das ich im zweiten und dritten Studienjahr immer nach ihm geworfen hätte. Er wollte wissen, ob sonst noch jemand je von mir mit einem Telefon beworfen worden war. Drei Viertel der Hände im Raum gingen nach oben. Ich erinnere mich noch, dass Jim Stewart sagte, die Menschen würden mich gegen meinen Willen lieben. Ich wurde weiß, als meine Schwester und mein Vater sagten, in Wahrheit sei ich gar nicht das Scheusal, zu dem ich mich immer machen wollte. Neben mir saß Marty Peretz, der sich gerade anschickte, ein paar Bemerkungen zu machen.

Genau in diesem Moment, zwischen dem Toast meiner Schwester und Martys Trinkspruch, begann ich mich zu übergeben; zuerst in meine Hände, weil ich versuchte, mir den Mund zuzuhalten. Dann unter den Tisch und auf meine Schuhe. Mehrmals fragte ich Karen, ob man das merke und ob ich diskret sei. Dann brach ich auf Martys Hose und auf Karens Kleid. Und schließlich, als der Toastmeister Stewart eine kurze Pause machte, wuchtete mich Karen zur Hintertreppe von Gallaghers, und dort übergab ich mich, dass sich eine Lawine von Erbrochenem die Treppe hinunter ergoss wie ein Wasserfall.

Karen überredete Jimmy Manfredonia, einen Trader von Merrill Lynch, mir sein Hemd zu geben, weil es meinem ähnlich war. Eine Stunde später hatte ich endlich aufgehört, mich zu übergeben, aber nicht, ohne mindestens ein halbes Dutzend Menschen mit meinen Kotzgeschossen beworfen zu haben. Happy Birthday.

Irgendwie erholte ich mich so weit, dass ich bei Lou Gehrigs Rede über „den glücklichsten Mann auf Erden“ wieder dabei war, bevor ich nach Hause bugsiert wurde, um weitere Erniedrigungen zu vermeiden. Dieser Abend beschrieb recht gut meine ersten 40 Jahre in der Schusslinie des Lebens. Wenn er nicht auf Band aufgenommen worden wäre, dann wüsste ich überhaupt nichts mehr davon, so besoffen war ich. Sechs Monate mühevoller Planung meiner Frau, um die tollste Überraschungsparty auf die Beine zu stellen, und alles wird von meiner eigenen Panik vor einer Untersuchung über den Haufen geworfen, die mit Sicherheit kommen musste. Und wofür all das? Wegen meines Bedürfnisses, anderen etwas über die Börse zu sagen? Für den Ruhm des Schreibers? Wofür?

Die Jagdsaison auf Cramer wurde am darauffolgenden Montag, dem 13. Februar 1995, eröffnet. Ich hatte Dutzende von Artikeln geschrieben, in denen ich die Moral aller möglicher Menschen, von Fondsmanagern über Broker bis hin zu Finanzjournalisten, kritisiert hatte. Ich hatte aus meiner Verachtung von vielem, was um mich herum an der Wall Street passierte, nie einen Hehl gemacht. Solange ich eine weiße Weste hatte, brauchte ich mir keine Sorgen zu machen, selbst wenn ich viele Steine warf. Doch jetzt hatte ich einen Fehler gemacht und diejenigen, die ich kritisiert hatte, würden nun mit mir abrechnen, namentlich Dan Dorfman, der wandelnde Hype-Künstler, der damals bei *CNBC* arbeitete, und Frank Lalli, mein alter Racheengel, der jetzt bei *Money* war, dem Erzrivalen von *SmartMoney*. Wer nicht selbst einmal in einen solchen Medienstrudel hineingeraten ist, hat keine Ahnung, wie es ist, von der großen Fernseh- und Printmühle ausgequetscht zu werden. Ich sollte das mitsamt allen Nebenwirkungen erfahren.

Jahrelang hatte ich in meinen Kolumnen in *SmartMoney* und zuvor in *Manhattan Lawyer* Dorfman kritisiert, den heiseren Zeitungsjournalisten und Radiokommentator, weil er für die Fondsmanager an der Wall Street der Schnellschreiber für Einsacken, Abschießen und Liquidieren war. Sie kauften zuerst große Mengen Aktien, das war das „Einsacken". Dann setzten sie Übernahmegerüchte in die Welt, die sie an Dorfman weitergaben, damit er sie in seinen Artikeln wiederholte oder „abschoss". Und dann „liquidierten" die Fondsmanager die Positionen, nachdem Dorfman mit den erlogenen Übernahmeplänen an die Öffentlichkeit getreten war. Jahrelang wussten alle Hedgefonds-Trader in New York, die einfachste Möglichkeit, eine schlechte Position loszuwerden, bestand darin, Dorfman anzurufen und ihm zu sagen, Coca-Cola habe es auf das Unternehmen abgesehen oder Exxon reiße sich um die beschissene Position. Ich kenne unzählige Manager, die ihren Jahresschnitt nur dadurch geschafft haben, dass sie irgendeine miese Aktie kauften, dann Calls darauf erwarben und sie abschossen, indem sie an Dorfman irgendeine erfundene Geschichte durchsickern ließen, damit sie die Aktie auf seinen Bericht hin verkaufen konnten. Da Dorfman jeden Tag eine neue Story brauchte, war er für diese Leute eine leichte Beute. Ich hatte bei vielen Gelegenheiten immer wieder geschrieben, dass man ihm nicht trauen könne, weil er Drecksarbeit für Hedgefonds erledige (Dorfman verlor später seine Jobs bei *Money* und bei *CNBC* aus genau diesem Grund, weil er nämlich von einem PR-Mann benutzt worden war, der ein Vermögen dafür kassiert hatte, dass er ihm Aktien schmackhaft machte).

Jetzt hatte Dorfman die Gelegenheit zur Rache. Ein paar Tage nach meinem Geburtstag forderte er in seiner Morgensendung auf *CNBC* eine Untersuchung. Er sagte, wenn er das getan hätte, was ich getan hatte, würde er ins Gefängnis wandern. Natürlich würde er das, denn er ist ein Journalist. Aber ich bin ein Geldverwalter. Wenn ein Journalist Aktien kauft und sie dann groß herausbringt, bekommt er Schwierigkeiten, es sei denn, er ist zum Aktienkauf autorisiert. Aber wie alle in der Hierarchie von Dow Jones wussten, war es meine Aufgabe, über das zu schreiben, was ich kaufte. Deswegen war ich ja engagiert worden. Das war genau das, was von mir erwartet wurde, und Dorfman wusste das. Aber egal, die Geschichte war einfach zu pikant. Dorfmans Bericht wurde an dem Tag mehrmals gesendet, unter anderem auch während unseres Abendessens, sodass ihn meine vierjährige Tochter hörte. Jetzt gab es schon zwei Cramers, die glaubten, ich müsste ins Gefängnis!

Als Nächstes gab die *New York Times* einen Schuss auf mich ab. Sie hatte den ehemaligen leitenden Redakteur Norm Pearlstine gewonnen, der inzwischen nicht mehr beim *Journal* war. Sie fragte ihn nach den näheren Umständen und was es bedeutete, einen Fondsmanager zu engagieren, der über Aktien schrieb. Und Pearlstine, der Mann, der mich formell engagiert hatte, damit ich schrieb, was ich kaufte und verkaufte, der Mann, mit dem ich den Vertrag ausgehandelt hatte, der Mann, der einen leibhaftigen Portfoliomanager als Schreiber haben wollte – dieser Mann sagte der *Times*, er wisse nicht, ob es richtig sei, dass ich schrieb und mit Aktien handelte. Er war sich nicht sicher, ob ich einen entsprechenden Vertrag hatte. Er war sich nicht sicher, ob ich autorisiert war, das zu tun, was ich tat.

Oh Mann, dieser Kommentar in der *Times* machte mich wirklich fertig. Wenn ich keinen Vertrag hatte, dann saß ich im selben Boot wie Foster Winans, der in Ungnade gefallene ehemalige Verfasser von „Heard on the Street", der in den 80er-Jahren Aktien gekauft, dann positiv darüber geschrieben und sie mit großem Gewinn verkauft hatte. Er wurde verurteilt, weil er die Informationen für die Artikel von seinem Arbeitgeber gestohlen und daraus Gewinn gezogen hatte. Für seine Taten ging er ins Gefängnis. Pearlstines Kommentare deuteten an, dass ich vielleicht genau das Gleiche getan hatte. Würde mich der Staat jetzt des gleichen Verbrechens bezichtigen? Wenn man als Beamter den Artikel in der *Times* las, dann musste man einfach ein Ermittlungsverfahren eröffnen. Man musste Cramer verfolgen.

Der schlimmste Aufschrei kam jedoch von Lalli, der diese Gelegenheit wohl wirklich genossen hat, noch einmal auf mich einzuschlagen. Lalli widmete meiner Geißelung in *Money* zwei ganze Seiten, auf denen er sich selbst schwere Vorwürfe machte, weil er mir keine Moral beigebracht habe, als er mein Chef beim *Los Angeles Herald Examiner* gewesen war. Er argumentierte, hätte er mich damals besser angeleitet, dann wäre ich nicht zu dem unmoralischen Schwein geworden, das ich jetzt sei. Ich hätte meine eigenen Interessen über diejenigen der Leser gestellt, warf er mir vor, und man solle genau untersuchen, wie viel Geld ich mit meiner Kolumne verdient hätte. Er stellte klar, dass *Money* einen derartigen Verrat niemals tolerieren würde. Im Prinzip legte er *SmartMoney* nahe, mich zu feuern.

Nach diesem Trommelwirbel war es nur eine Frage der Zeit, bis die Securities and Exchange Commission anrufen würde, um dem Geschehen auf den Grund zu gehen. Ein paar Tage nach den Artikeln in der *Times* und in *Money* rief mich die SEC an und teilte mir mit, sie habe eine Akte „In Sachen Cramer" eröffnet, eine informelle Ermittlung, um herauszufinden, ob ich irgendwelche Gesetze gebrochen hätte, weil ich über Aktien geschrieben hatte, die ich selbst besaß. Man sagte mir, die Ermittlungen seien privat und diskret und niemand werde davon erfahren.

Natürlich erschien die SEC-Untersuchung am nächsten Tag auf der Titelseite des *Wall Street Journal*, und zwar ohne die Nettigkeiten von wegen „informell". In dem Artikel stand, die SEC ermittle gegen mich wegen Missbrauchs meiner Kolumne zum Gelderwerb. Bis zu dem Zeitpunkt, an dem die Ermittlungen begannen, waren die verwaisten Aktien, die den ganzen Aufruhr ausgelöst hatten, alle wieder auf das Niveau zurückgekehrt, auf dem sie vor dem Artikel gestanden hatten, und ich hatte keine einzige Aktie verkauft. Aber warum sollte man sich durch diese Tatsache daran hindern lassen, einen Fondsmanager so richtig schön zu lynchen?

Am Anfang konzentrierten sich die behördlichen Ermittlungen auf drei Fragen: Ob ich berechtigt war, über Aktien zu schreiben, die ich besaß, warum ich meinen Besitz nicht offengelegt hatte und ob ich von den Unternehmen Geld bekommen hatte, damit ich die Artikel schrieb.

Aber wie es bei Regulierungsbehörden so ist, wenn sie einen einmal am Wickel haben, dann werfen sie auch gleich einmal einen Blick ins Handschuhfach. Als Nächstes untersuchte der Staat, ob Angestellte oder Familienmitglieder die Aktien heimlich gekauft und verkauft hatten. Das war bei keinem der Fall, denn in meinem Laden durfte niemand separat handeln. Und dann steigerte es sich so weit, dass ermittelt wurde, ob ich das Geld irgendeiner Person verwaltete, die nicht wohlhabend genug für einen Hedgefonds war, denn das hätte die Gesetze verletzt, denen alle Hedgefonds-Manager unterworfen sind.

Wie konnte ich meinen Kopf aus der Schlinge ziehen? Ich fragte Bruce. Wie kommt dieser Albtraum zu einem Ende? Mein Anwalt erklärte mir den Fall recht einfach: Wenn mir Dow Jones hinsichtlich des Zwecks der Kolumne bestätigen würde, dass ein Geldverwalter über das schreiben sollte, was er kaufte, wären wir aus dem Schneider und die Ermittlungen würden eingestellt werden.

Dabei gab es allerdings ein Problem. Es hatte bei Dow Jones immer eine Gruppe von Menschen gegeben, die sich fragten, warum ich das tun durfte. Sie wollten nicht, dass Manager über Aktien schreiben, sie wollten, dass Reporter die Manager interviewen. Pearlstine, der mich engagiert und meinen Vertrag ausgehandelt hatte, war nicht mehr da (und meine Verteidigung war ihm wurscht). Und anderen war meine Rolle als Fondsmanager und Kolumnist noch unangenehmer.

Also entschied Dow Jones, dass der Verlag erst seine eigene vollständige Untersuchung meines Hedgefonds durchführen müsse, bevor er mir ein sauberes Gesundheitszeugnis ausstellen könnte. Er konnte den Beamten nicht einfach sagen, dass ich auf seine Anordnung handelte, auch wenn dem so war. Und ohne dieses Gesundheitszeugnis wollten mich die Regulierer nicht gehen lassen. Diese Untersuchung würde mich allerdings einen wochenlangen Arbeitsausfall und Hunderttausende Dollar an Rechtsaufwendungen kosten.

Als Erstes verlangte Dow Jones den zeitlichen Verlauf der 120 Aktien, über die ich seit dem Start der Zeitschrift positiv geschrieben hatte, um zu sehen, ob es irgendein Muster gäbe, ob ich gekauft, positiv berichtet und dann verkauft hätte.

Für mehrere Wochen verwandelte ich mein Büro in einen Generalstab, was ich gekauft und was ich dann darüber geschrieben hatte und ob es je den Versuch gegeben hatte, auf Kosten meiner Leser aus meinen Artikeln Kapital zu schlagen. Wir verfolgten die Entwicklung aller Aktien zurück, die ich je in irgendeinem Artikel erwähnt hatte, bis in das Jahr 1992, zu IBM und ATT. Wir fanden keinen einzigen Fall, in dem ich eine Aktie gekauft, positiv darüber geschrieben, einen Kursgewinn beobachtet und dann dank der Leser teurer verkauft hatte. Nicht einen. Das war kein einziges Mal passiert. Und in der Tat hatte bis zu dem Waisen-Artikel nichts, was ich geschrieben hatte, je eine Aktie auch nur ein bisschen nach oben geschubst.

Wir erkannten allerdings ein seltsames Phänomen. Die Menschen begannen, über Aktien und Anlagen in Onlineforen zu diskutieren. Ich entdeckte eine Website, auf der die Teilnehmer wegen meiner guten Ergebnisse scharf auf die von mir ausgewählten Aktien waren. Ein paar Trader, die die Zeitschrift frühzeitig erhalten hatten – sie wurde über das Land verteilt ungleichmäßig verschickt, sodass sie in einigen Regionen einen oder zwei Tage früher erschien als in anderen –, hatten meine Aktien aus der umstrittenen Februarausgabe in das Forum gestellt und darauf gewettet, dass sie nach oben laufen würden, sobald der Artikel allgemein zugänglich wäre. Andere schlugen vor, die Aktien auf dem Weg nach oben zu kaufen und ein paar Tage später zu verkaufen, falls es zu einem Anstieg kommen sollte. Für mich war das Internet eine völlig neue Welt, aber diesen Spielern war das Gespräch über Aktien und die Diskussion über Zu- und Abneigungen schon zur zweiten Natur geworden.

Andere hatten über meine Aktien in den Chatrooms von *The Motley Fool* diskutiert. Im Web gab es einen erstaunlichen Untergrund von Börsenfans, die unglaublich viel Zeit für die Recherche nach ausgewählten Aktien und die Weitergabe von Ideen aufwendeten. Sie kauften, weil meine Artikelreihe ihnen Geld brachte. Diese Chats über meine Aktien hatten offenbar mit der Bewegung der Aktien mehr zu tun als mein Schreiben an sich. Das Internet vergrößerte den kleinen Artikel immens.

Die Verantwortlichen bei Dow Jones wussten nicht so recht, was sie tun sollten, nachdem ich die Beweise dafür vorgelegt hatte, dass ich nichts Unrechtes getan hatte. Mein Anwalt Bruce und ich verlangten, dass sie sich aufraffen und mir in einem Schreiben an die Behörde den Rücken stärken sollten. Darin sollten sie die Rolle, die ich bei dem Artikel spielte, ausführlich erklären. Wir wollten das „Gütesiegel für solide Haushaltsführung" des *Journal*. Dow Jones blieb aber weiterhin in zwei Lager gespalten: das Lager derer, die es in Ordnung fanden, dass Fondsmanager schreiben, und das Lager derer, die das grundsätzlich unehrenhaft fanden. Der Vertrag war dem zweiten Lager offenbar egal. Wenn ich dieses Gütesiegel nicht bekam und wenn Dow Jones das vertragliche Recht, zu schreiben und zu traden, nicht zugab, könnte mich der Staat strafrechtlich verfolgen, weil ich aufgrund meiner eigenen Insiderinformationen gehandelt hätte.

Am Ende kam es zu einer hitzigen und angespannten Sitzung bei Paul Weiss, auf der mich der Chef der Rechtsabteilung von Dow Jones und mehrere Redakteure einen Tag lang ins Kreuzfeuer nahmen, um zu sehen, ob ich ihrer Unterstützung würdig wäre. In diesem ganztägigen Verhör nahmen sich die Redakteure 25 Aktien vor, die ich in meiner Reihe in den letzten vier Jahren erwähnt hatte, und fragten mich wieder, warum ich über die Aktien geschrieben hatte und ob ich sie nach Erscheinen der Artikel verkauft hätte. Und wieder konnten sie keinen Fall finden, in dem ich das getan hatte. Denn ich hatte es nicht getan. Aber egal, ich konnte ihnen die Unterstützung auch nach dieser Übung nicht herausleiern und es brach ein Streit aus. Als immer noch nicht klar war, ob mich Dow Jones den Wölfen zum Fraß vorwerfen würde oder nicht, ergriff schließlich Steve Swartz das Wort und verteidigte leidenschaftlich meine Ehrlichkeit. Er bestand darauf, dass Dow Jones zu mir halten sollte. Er glaube voll und ganz an mich, versicherte er. Seine solide Rückendeckung und sein kraftvolles Zeugnis führten dazu, dass mir die Leute von Dow Jones das Gütesiegel doch noch gaben.

Am nächsten Tag formulierte der Anwalt von Dow Jones ein Schreiben, in dem er der SEC mitteilte, die Weglassung des Offenbarungsvermerks unter dem Artikel sei ein Fehler des Magazins und kein Versuch meinerseits, meinen Aktienbesitz zu verheimlichen; man sei der Meinung, dass ich nichts Unrechtes getan hätte. Auf diesen Brief hin endete die Untersuchung offenbar unvermittelt. Im Gegensatz zum Beginn der Ermittlungen, über den überall lang und breit berichtet worden war, gab es diesmal jedoch keine Artikel darüber, dass ich nichts Falsches getan hatte. Es gab keinen Beitrag in *Money*, dass keine Strafen gegen mich verhängt wurden. Dan Dorfman berichtete nicht über das Ergebnis der Ermittlungen und auch Howard Kurtz schrieb nichts mehr darüber. Es liegt in der Natur von Ermittlungen staatlicher Regulierungsbehörden, dass ich hinsichtlich dessen, was ich getan hatte, nicht entlastet wurde. Oder, wie mein Anwalt nicht müde wurde zu erwähnen, sie würden mir keine Verdienstmedaille für Investment verleihen. Tatsächlich flaute die Hitze erst dann langsam ab, als Joe Nocera, ein Kolumnist der Zeitschrift *Time*, einen Monat nach Beginn der Untersuchung einen Artikel schrieb, in dem er die Ansicht vertrat, es sei unabdingbar, dass Fondsmanager darüber schreiben dürfen, was sie kaufen und verkaufen; erst dann fühlte ich mich wieder wohl dabei, über Aktien zu schreiben. Nocera spottete, wenn Manager nicht über die Aktien schreiben dürfen, die sie besitzen, und Journalisten keine Aktien besitzen dürfen, sei der Journalismus dem Durchschnittsanleger keine große Hilfe und der Anleger brauche die Hilfe von Profis, die nicht Angst haben müssen, deswegen verfolgt zu werden. Noceras Theorie, die 1995 etwas Neues war, liegt zu einem großen Teil dem zugrunde, was wir heutzutage im Internet und im Fernsehen über Aktien routinemäßig akzeptieren.

Zwar wurden die behördlichen Ermittlungen gegen mich am Ende einfach eingestellt, aber Menschen, mit denen ich geschäftlich zu tun habe, erinnern sich heute an den Skandal als eine echte Anklage wegen „Insidergeschäften", obwohl gar keine Anklage erhoben wurde, sich niemand verteidigt hat und niemand schuldig gesprochen wurde. Anscheinend erinnern sich nur wenige Menschen daran, dass ich keines Vergehens schuldig gesprochen wurde. Sie erinnern sich nur, dass ermittelt wurde, und der Staat ermittelt doch nicht, weil man nichts getan hat, oder?

Übrigens übernahm Dow Jones einen großen Teil der Kosten in Höhe von 700.000 US-Dollar, die infolge der Zusammenarbeit mit den Ermittlern entstanden, und dafür bin ich sehr dankbar. Die Firma versprach mir zudem ein Weißbuch, das mich vollständig entlasten sollte, aber ich habe es nie bekommen. Auf eine seltsame Weise machte das jedoch gar nichts. Zwei Jahre danach taten die Menschen genau das, weshalb gegen mich wegen *SmartMoney* ermittelt worden war – sie besaßen Aktien und schrieben darüber –, und der Vorsitzende der SEC persönlich bestärkte sie noch darin. Arthur Levitt, SEC-Kommissar unter Clinton, förderte in seinen letzten Amtsjahren die Website von *Motley Fool.* Diese wurde von ein paar Brüdern gesponsert, die keine Ahnung von der Börse hatten und ständig über Aktien sprachen. Levitt begriff, dass wir alle zu Journalisten wurden, als sich das Netz ausbreitete und jeder über Aktien schreiben konnte, die er gut fand. Das, was ich getan hatte – über Aktien zu schreiben, die ich besaß –, wirkt geradezu harmlos, wenn man bedenkt, wie heute jeden Tag auf populären Internetseiten Aktien ganz offen angepriesen werden.

6 Die Geburt von TheStreet.com

Nachdem sich der Wirbel um *SmartMoney* gelegt hatte, ging es mir nicht mehr aus dem Kopf, dass so viele Menschen online über Aktien diskutierten und dass man aus der Verbreitung von Aktieninformationen im Internet ein Geschäft machen könnte.

Im Büro hing ich dann in den Diskussionsräumen herum, die im Web schon damals weithin vorhanden waren. Ich dachte mir ständig, wie natürlich es war, über Aktien zu chatten, wie machtvoll es war, vor dem Bildschirm zu sitzen und sich in Echtzeit mit anderen über seine Positionen, über Aussichten und Ideen zu unterhalten. Jedes Mal, wenn es im Trading eine Unterbrechung gab, wenn die Märkte schlummerten, tauchte ich in die Chats ein, um von Menschen aus dem richtigen Leben – nicht Analysten – zu erfahren, wie es den Unternehmen wirklich ging. In jenen Tagen war das Netz noch derart wild, dass die Menschen einfach online gingen und über die Stärken und Schwächen ihrer eigenen Unternehmen sprachen. Es war unglaublich leicht, über die Chats herauszufinden, welche Unternehmen an interessanten Dingen arbeiteten – vorausgesetzt, man war bereit, Menschen zu trauen, die Pseudonyme benutzten. Ich spann mich in zahlreiche Messageboards von *Motley Fool* hinein und wieder heraus, Orte, an denen sich die Teilnehmer über Aktien austauschten. Dabei identifizierte ich mich immer als UPOD – das steht für „Under Promise and Over Deliver" [etwa: weniger versprechen, mehr halten]. Damals benutzte niemand online seinen richtigen Namen. Das Ganze war ein aufregender Undercovereinsatz. Ich entschied mich für UPOD, weil ich gehört hatte, dass der Chief Executive Officer von Tambrands mit diesem Begriff eine Philosophie umschrieb, die perfekt die Art und Weise wiedergab, auf die ich meinen Hedgefonds betrieb.

Ich wollte niemals mehr versprechen, als ich halten konnte. Und ich wollte immer die Erwartungen übertreffen. Als UPOD schoss ich Tag und Nacht in verschiedene Chatrooms hinein und wieder hinaus. Ich überprüfte die Beiträge, die zu verschiedenen Biotechnologie- und Technologiewerten „gepostet" wurden, die ich verfolgte. Ich stellte den Teilnehmern Fragen dazu. War das Modem von Gandalf Technologies besser als das Hayes-Modem? War Penril technisch betrachtet ein legitimes Unternehmen? Hatte irgendjemand eine Ahnung, wie die MS-Studien von Biogen liefen? Aus heutiger Sicht erscheint das alles so fürchterlich unschuldig. In unserer heutigen Zeit sind die Chatrooms zu einem Sündenpfuhl der Aktienwerbung geworden. Viele Menschen betreten die Aktienforen nur, um Aktien über den grünen Klee zu loben, damit sie dann steigen und sie sie dann den Arglosen andrehen können. Aber damals, im Jahre 1995, stellten Ingenieure von bedeutenden Unternehmen noch Vergleichstests verschiedener Technologien ins Netz und Ärzte teilten die Ergebnisse von Studien mit, die Aktienkurse beeinflussen konnten. Man konnte einiges erfahren, und zwar ohne die Mittelsperson des Brokers, auf dessen Aufgabenliste meistens etwas anderes stand als Ihr Wohlergehen.

Ich konnte die schiere Anzahl von Menschen einfach nicht fassen, die jeden Tag online gingen, um sich über Aktien zu unterhalten. Die Menschen schienen süchtig zu sein. Das Internet erschien mir das natürliche Medium dafür zu sein, mit anderen über meine Ansichten zu kommunizieren – schneller, einfacher und leichter.

Anfang 1996 stellte ich fest, dass ich – egal, wie aufregend die Verwaltung eines Hedgefonds auch war – am Anfang einer meines Erachtens explosiven Idee stand: eine Onlinezeitung, die in Echtzeit Nachrichten und Kommentare zu Aktien brachte. Warum sollte man nicht gegen eine Gebühr Nachrichten und Analysen in Echtzeit direkt im Netz zur Verfügung stellen? Warum sollte man nicht ein kleines Team zusammenstellen und einen Kostenpunkt berechnen, der uns bei einer erreichbaren Abonnentenzahl sofort profitabel machen würde? Das Internet hatte alle zu Journalisten und Aktienexperten gemacht. Es hatte den Aktienmarkt bemerkenswert leicht zugänglich gemacht, denn man konnte etwas über eine Aktie nachlesen, ein paar Tasten drücken und die gleiche Aktie gegen eine Gebühr von nur wenigen Cent kaufen. Die Gebühren für den Aktienkauf, die früher so hoch waren, dass sie den Gewinn auffraßen, wenn man nicht gerade einen Volltreffer landete, hatten jetzt, wo der Handel elektronisch abgewickelt wurde, nur noch symbolischen Charakter.

Die einzige professionelle Möglichkeit, in Echtzeit etwas über Aktien zu erfahren, waren damals die äußerst kostspieligen speziellen Systeme von Agenturen wie Reuters, Dow Jones oder Bloomberg. Solche Nachrichtendienste kosteten bis zu 1.500 Dollar im Monat. Ich fragte mich, was passieren würde, wenn man nur ein Hundertstel dieses Preises für Kommentare von mir und noch ein paar anderen Fondsmanagern verlangen würde, die bereit waren, auf einer Website vom Standpunkt des Profis über Aktien zu schreiben. Würden wir gegenüber jenen teureren Diensten einen Vorsprung haben? Sie brachten nur Nachrichten. Dort gab es nur wenige Analysen und keine Meinungen. Für Analysen und Meinungen waren Zeitschriften und Zeitungen zuständig. Aber die meisten Magazine erschienen monatlich und die Vorlaufzeit zwischen dem Zeitpunkt, zu dem der Artikel verfasst wurde, und dem Zeitpunkt, zu dem die Menschen ihn lasen, war zu lange. Während man schrieb, hatte man keine Ahnung, was der Markt in der darauffolgenden Woche tun würde. Und wenn man für eine monatlich erscheinende Zeitschrift schrieb, musste man sogar drei Monate im Voraus wissen, was passieren würde – oder zumindest so tun, als wüsste man es. Man musste ein Hellseher sein und wenn man sich irrte, bekam man an dem Tag, an dem die Zeitschrift in die Kioske kam, faule Eier ins Gesicht. Mein Manuskript für die Novemberausgabe von *SmartMoney* reichte ich im Spätsommer ein. Ich weiß noch, ich musste die Artikel so schreiben, als wäre der Markt im Oktober zusammengebrochen und hätte sich im November wieder erholt – und das im August, als der Markt noch aus vollen Rohren schoss.

Analysen waren im journalistischen Bereich rar. Im *Wall Street Journal* war die Kolumne „Heard on the Street“ der einzige Ort, an dem Reporter darüber spekulieren konnten, was mit den Aktien passieren könnte, der einzige Ort, an dem man wagen konnte zu vermuten, ob eine Aktie steigen oder fallen würde. Die Zeitungen und Zeitschriften kritisierten niemals die Geldverwalter. Es war praktisch tabu, Investmentfonds in negativem Licht darzustellen, obwohl so viele Fonds schlechter waren als der Börsendurchschnitt. Niemand versetzte dieser Branche Hiebe, denn sie war der größte Anzeigenkunde.

Und was noch wichtiger war, kein Reporter und kein Redakteur erklärte den Lesern den offensichtlichen Interessenkonflikt der Analysten, die in den Investmentbanken arbeiteten und im Fernsehen Aktien anpriesen, an deren Emission sie beteiligt gewesen waren. Keine Nachrichtenorganisation enthüllte, was wir als Manager wussten: Vielen Empfehlungen konnte man nicht trauen, weil die empfohlenen Unternehmen für die Empfehlung bezahlten, und zwar in Form der Emissionsgebühren. Die Anleger mussten wissen, wer von einem Kunden der Abteilung Unternehmensfinanzierung bezahlt wurde – das war, als würde ein Filmkritiker von Warner Brothers bezahlt werden – und wer wirklich versuchte, als ehrlicher Ideenhändler Geld zu verdienen. Wer war am Fang beteiligt und wer vertrat nur die Kunden, die Aktien kaufen wollten, nicht aber diejenigen, die sie emittierten? Den Lesern, so dachte ich, würden diese neuen Informationen gut gefallen.

Jedermann in meiner Branche hatte ein System von Bloomberg, Reuters oder Dow Jones und einen Personal Computer. Wenn nun aber alle Personal Computer mit dem Netz verbunden wären? Was wäre, wenn alle, die jeden Tag vor dem Computerbildschirm saßen, etwas zu lesen hätten, das ihnen Geld bringen könnte? Was, wenn sie Artikel über Aktien lesen könnten, über Aktien chatten könnten und Aktien kaufen könnten, und zwar alles per Mausklick oder Tastendruck? Die anderen Dienste kosteten Tausende von Dollars jährlich, sie benötigten massive Hardware und mussten extra installiert werden. Die anderen Benutzeroberflächen hatten ihren Platz auf den Schreibtischen schon erobert. Aber meine Idee, durch das Internet Nachrichten und Analysen zu übermitteln, für die man eine bescheidene Abogebühr zahlt, müsste sich nicht gegen die anderen Anbieter durchsetzen, denn sie würde in dem Personal Computer erscheinen, der auf jedem Schreibtisch steht.

Heute halten wir das alles für selbstverständlich; es hat sich herausgestellt, dass es im Internet genau darum geht. Aber als ich darüber nachdachte, die beiden zusammenzubringen, war das so neuartig, dass es die Menschen gar nicht begreifen konnten. Der erste Schritt war, dass ich mit meiner Idee für einen neuen Typ Internetseite zu Steve Swartz ging, der mir bei dem Debakel um den Waisen-Artikel in *SmartMoney* beigestanden hatte. Ich sagte ihm, wir könnten sie SmartMoney.com nennen, und selbst das erschien damals als neue Idee. Steve war begeistert und arrangierte ein Essen mit Paul Steiger, dem Chefredakteur des *Wall Street Journal*.

Paul ist ein vollkommener Gentleman und als ich ihm von der Idee erzählte und sagte, wir könnten sowohl in der gedruckten Welt als auch in der Welt der Kabel das Geld fließen lassen, zeigte er sich interessiert.

Ich stellte allerdings klar, dass ich im Gegensatz zu *SmartMoney*, wo mir klar geworden war, dass ich um eine Beteiligung hätte kämpfen sollen (schon damals hatte das Blatt einen Wert von mehreren Hundert Millionen US-Dollar), schon ein paar Prozente von SmartMoney.com bekommen müsste, falls er wollte, dass ich es entwerfe, gestalte und ausführe. Ich stellte klar, dass ich nicht für ein Gehalt arbeiten würde, denn wenn sich dieses Projekt als etwas Großes entpuppen sollte, würde ich mir hinterher wie ein vollkommener Idiot vorkommen. Paul sagte, er werde sehen, was sich machen ließe, und dankte mir für die Idee.

Am nächsten Tag kam die Rückmeldung: „Keine Beteiligung." Wird nichts. Ich würde nur ein Gehalt bekommen. Da mein Fonds ein hervorragendes Jahr hatte, war das Letzte, was ich gebrauchen konnte, noch so eine kümmerliche *Journal*-Entlohnung.

Über das Internet wusste ich damals nicht viel mehr, als dass man dafür „www“ eintippen musste. In der Schule hatte ich mich nie groß für Computer interessiert, und obwohl ich meinen PC für Textverarbeitung oder Tabellenkalkulation benutzte, wusste ich von 98 Prozent des Computers nicht, wie er funktioniert.

Ich wusste aber, dass man für wenig Geld seine eigene Seite entwerfen konnte und dass meine Seite viel gelesen werden würde, und zwar aufgrund meiner Leserschaft bei *SmartMoney*. Ich rechnete mir aus, wenn ich noch ein Dutzend Autoren und ein paar Leute für das Geschäftliche nehmen würde, könnte ich das Projekt vielleicht mit dem Geld aus den Startlöchern bringen, das ich mit dem Hedgefonds verdient hatte.

Aber mir war auch klar, dass ich einen Partner brauchte. Ich hatte mich vor allem deshalb an das *Journal* gewandt, weil ich nicht wollte, dass irgendjemand glaubte, das sei meine Zeitung, eine Art persönliches Jubelblatt für einen Hedgefonds-Manager. Um die Kosten machte ich mir keine Sorgen, denn ins Netz kam man praktisch umsonst. Ich hatte schon immer von meiner eigenen Zeitung geträumt, aber dafür war ich einfach zu spät geboren; doch jetzt hatte ich die Erleuchtung: Was an einer Zeitung teuer ist, sind die Bäume, der Druck, die Laster und die Verteilung. Die Möglichkeit, eine Zeitung online zu produzieren, beseitigte die später sogenannten „Reibungsverluste“ von Unternehmen der Prä-Internet-Ära. „Reibungsverluste“ wurde zum Lieblingswort der Wagniskapitalgeber und damit konnte man fast alle Investitionen in Internetprojekte rechtfertigen.

Also wandte ich mich ohne wirkliches Wissen, wie das World Wide Web wirklich funktioniert, aber mit dem glühenden Glauben, dass wir einen Weg finden würden, dass wir die Menschen, die sich online über Aktien informieren wollten, restlos begeistern könnten, an den gleichen Mann, der mir meine ersten Schritte ins Geschäft ermöglicht hatte – Marty Peretz. Ich erklärte Marty das Geschäftsmodell – ein Online-Abonnement, denn ich glaubte nicht, dass es viel Werbung geben würde – und er erklärte sich auf der Stelle einverstanden, mein Partner zu werden, und zwar fifty-fifty. Wir machten uns sofort daran, eine Mannschaft zusammenzustellen, die unsere Vision wahr werden lassen sollte, auch wenn ich bisher nur ein paar Zettel mit Ideen für die Website vollgekritzelt hatte.

Als ich Marty zu diesem Abenteuer beschwatzte, war ich so naiv wie Bambi gewesen, oder vielleicht eher so naiv wie Bambis Mutter. Ich dachte, die Menschen würden für Informationen im Internet, die Geld brachten, auch Geld bezahlen, und zwar mehr Geld als offline, denn hier ging es um Echtzeit! Dies stellte sich jedoch als vollkommen falsch heraus. Kein Mensch wollte im Internet für irgendetwas bezahlen, auch wenn die Menschen für das langsame schwarz auf weiß Gedruckte Tausende zu zahlen bereit waren. Das war einfach so. Ich dachte, ein Personal Computer würde ausreichen, um unsere Veröffentlichung zu verarbeiten und an Millionen Menschen zu übertragen. Ich wusste nicht, dass ich allein für die Onlineveröffentlichung Hardware im Wert von Hunderttausenden Dollar brauchen würde. Außerdem dachte ich, jemand könnte einfach seine Kreditkartennummer eintippen und dann würde ihm das Geld abgebucht werden, damit er dann meine Sachen lesen dürfte. Ich hatte keine Ahnung, dass ich ein Handelssystem von Grund auf entwickeln musste, weil das Netz der Vorstellung von kostenpflichtigem Inhalt nicht so freundlich gegenüberstand, wie ich gedacht hatte. Was für ein verträumter Künstler ich doch war!

Aufgrund der einfachen Kostenstruktur, die ich anstrebte, und der Tatsache, dass das Budget nur für die jungen Talente und ein paar Computer gedacht war, welche die Seite beherbergen sollten, sagte ich zu Marty, zusammen bräuchten wir maximal 400.000 Dollar, um das Projekt auf die Beine zu stellen. Und ich war mir meiner Sache so sicher, dass ich sagte, ich wollte von meiner Seite nur 400.000 Dollar einsetzen. Kein Problem, meinte Marty, bei 400.000 würde er mich ausstoppen und den Rest finanzieren.

Wenn Marty einmal in Aktion getreten ist, kann ihn nichts mehr aufhalten. Wenn wir uns zusammentun, fließt die Energie des Indianapolis-500-Autorennens zwischen uns, mitsamt Superbenzin und vielen PS. Und dabei hatten wir damals noch nicht einmal einen Namen für das verdammte Ding. Ich dachte an „People'sCapitalist.com“ oder „The-

DailyProfit.com". Während der Handelstage schob ich im Jahre 1996 im Geiste ständig Dotcom-Namen hin und her. Damals war noch alles frei, und jedes Mal, wenn ich wieder eine Idee hatte, ließen wir sie einfach registrieren.

Marty, der lange Zeit *The New Republic* geleitet und ein großes Geschick im Auffinden junger Talente erworben hatte, beraumte im Regency Hotel in Midtown New York eine Reihe von Terminen für Mitarbeiter an, die den täglichen Betrieb sicherstellen sollten. Ich war derart mit dem Hedgefonds beschäftigt, dass ich die Personalangelegenheiten Marty überlassen musste. Zuerst wollten wir versuchen, jeden zu bekommen, der einmal *The Harvard Crimson* geleitet hatte, ein Überbleibsel aus der Zeit, in der ich noch dachte, wer diesen Job mal gemacht habe, würde auch mit jedem anderen zurechtkommen. Aber wir fanden aus den unmittelbar vorangegangenen Jahren keinen Bewerber, der am Business interessiert war, ganz zu schweigen von einer Stelle bei einer bald erscheinenden Dotcom; noch dazu in einer Zeit, in der man immer noch erklären musste, wofür „www" steht – von dem Dotcom-Suffix gar nicht erst zu reden. Wir schalteten Stellenanzeigen in einigen Zeitungen der Ivy League [der Elite-Universitäten im Osten der USA], aber wiederum gingen wir leer aus, abgesehen von einem Filmkritiker des *Daily Pennsylvanian*.

Als Nächstes entschied sich Marty dafür, über den Kreis der Journalisten hinauszugehen und für den Betrieb der Firma Unternehmensberater zu suchen. Er brachte einen Mann zwischen 20 und 30 mit, der so aussah, als könnte er mein Sohn sein, einen Consultant von Bain namens Andrew Drake. Der junge Berater sprach großspurig über das Internet, über große Dinge und große Pläne. Aber was am wichtigsten war, er wollte die Stelle haben; wir wollten die Stelle besetzen und konnten keine anderen Anwärter finden. Marty schlug vor, dass wir ihm ein Angebot machen sollten, ich sagte, das klinge nach einer guten Idee, und schon hatten wir unseren ersten Mitarbeiter. Einfach so. Wir waren auf dem besten Weg – und das meine ich so zynisch, wie man es nur meinen kann –, genau das zu tun, was auch andere Net-Gesellschaften falsch machten. Zum Beispiel, dass wir unglaublich junge Menschen ohne Erfahrung einstellten und ihnen sagten, sie sollten ein Unternehmen aufbauen, und das ohne einen Plan, abgesehen von ein paar hingeworfenen Skizzen auf ein paar Blättern Papier.

Drake brachte dann noch seinen Freund Ravi Desai, ebenfalls Berater, für ein Vorstellungsgespräch mit. Desai hatte den tollsten Lebenslauf, den ich je gesehen hatte: Summa cum laude in Harvard und in der Harvard Business School, die Leitung größerer Projekte in seinem ersten Jahr bei der Boston Consulting Group; alle, mit denen wir zur Überprüfung sprachen – von dem Herrn bei Schwab bis zu dem Mann bei American Express –, sagten uns, was für ein Glück wir hätten, wenn wir uns diesen Desai schnappen würden. Also taten wir das. Nach einem kurzen Frühstück im Regency stimmten Marty und ich darin überein, dass Ravi der ideale Chefredakteur wäre, auch wenn er noch nie etwas redigiert hatte und vom Journalismus kaum etwas wusste. Wir hatten es einfach zu eilig, um uns darum zu kümmern. Unser erster Auftrag, jetzt, wo wir eine Führungsmannschaft im Schlepptau hatten, bestand darin, ein zweites Aushängeschild zu finden, einen Namen, der etwas mobilisieren konnte, damit es nicht einfach „JimCramer.com" sein würde.

Wir brauchten noch einen Insider, jemanden, der richtig drinsteckte und den coolen, hippen Teil der Wall Street ansprechen konnte, den wir brauchten. Wir brauchten Michael Lewis, den Autor von „Wall Street Poker". Marty kannte Lewis, der auch einiges für *The New Republic* geschrieben hatte. Also sprach er mit ihm und er schien sehr daran interessiert, Teil des Teams zu werden. Ich weiß noch, wie Marty und ich uns dann Ende Frühjahr 1996 in meinem Bauernhaus in Bucks County mit Michael Lewis, Ravi Desai, Andrew Drake und dem Filmkritiker aus Pennsylvania trafen, der auf unsere Anzeigen in den Universitätszeitungen geantwortet hatte. Da saßen wir also im Esszimmer unseres Bauernhauses mit Notizblöcken und schwarzen Berol-Füllern, mit denen wir skizzierten, worin unsere Mission bestand und wie sie aussehen würde. Wir wussten, dass es Zweifler geben würde, aber wir wussten auch, dass wir früh dran waren und dass wir die Chance hatten, vor den anderen etwas zu bewegen. Wir waren, wie man so schön sagt, als Erste am Zug und wollten diesen Vorteil auch nutzen.

Lewis wollte eine Beteiligung von fünf Prozent, aber er ließ sich ganz schön bitten. Marty und ich gingen mit ihm nach draußen, um zu reden. Während wir am Swimmingpool vorbei zu dem ungepflügten Maisfeld gingen, erklärte Marty Lewis, dass er fünf Prozent des Unternehmens im Austausch gegen einen vernünftigen Arbeitsaufwand bekommen könnte, vielleicht zweimal die Woche einen Beitrag über den Markt. Lewis sagte, er habe so seine Zweifel am Internet und an unserer Unternehmung, meinte jedoch, wir hätten alles zu seiner Zufriedenheit gelöst; er wäre nun bereit, ein „Dotcomer" zu werden, und würde sich darauf freuen, dazu beizutragen, dass aus dem Wagnis etwas Großartiges werde. Mit fünf Prozent saß er mit im Boot und war bereit, die Ärmel hochzukrempeln und im Cyberspace anzupacken. Als wir ihn hatten, so erzählte ich Marty später, dachte ich, dass wir die Welt im Sturm erobern könnten. Marty war genauso zuversichtlich, auch wenn er fand, dass fünf Prozent viel waren. „Nicht, wenn er regelmäßig schreibt", beruhigte ich ihn. An jenem Tag verließen wir das Bauernhaus voller Zuversicht bezüglich der Aussichten unseres Projekts, denn jetzt hatten wir den angesagtesten Wirtschaftsjournalisten überhaupt, und zwar für eine Unternehmensbeteiligung von fünf Prozent. Es stellte sich heraus, dass ich in jeder Hinsicht überaus voreilig gewesen war, vor allem hinsichtlich unseres Star-Reporters, von dem wir dachten, wir hätten ihn uns gerade per Handschlag gesichert.

Ich habe nach diesem Wochenende nie wieder mit Lewis gesprochen, ja, ihn nicht einmal mehr gesehen. Auf Anrufe reagierte er nicht. Später hat er immer abgestritten, irgendetwas mit dem Projekt zu tun zu haben, und er war ab da ein erklärter Gegner unserer Arbeit.

Höchst merkwürdig. Aber typisch Internet; da wurden Verträge abgeschlossen, nur um wieder gebrochen zu werden, und ein Handschlag bedeutete nichts anderes als die Übertragung der Keime von einem Menschen auf den anderen. Das war ein Vorzeichen der Probleme, die schon bald alle Aspekte unseres neuen Internetgeschäfts plagen sollten.

Aber eines hat Lewis trotzdem beigesteuert: einen Namen. Als wir so am Esstisch saßen und uns gegenseitig URLs zuwarfen, da schlug er vor, dass wir die Gesellschaft „TheStreet.com" nennen könnten. Das klang für uns alle auf Anhieb gut; es fasste das Wesentliche zusammen, worum es uns ging. Wir einigten uns darauf und wollten uns den Namen gleich am Montag sichern. Natürlich mussten wir ihn jemandem abkaufen, der ein ganzes Bündel von Straßenbegriffen gehortet hatte, „The Boulevard", „The Avenue", „The Street" und „The Road". Wir zahlten für „TheStreet" 5.000 US-Dollar und sagten, uns sei es egal, welche Straße, denn wir wollten nicht, dass der Besitzer wusste, dass wir mit TheStreet die Wall Street meinten, denn dann hätte er vielleicht den Preis hochgetrieben. Also gehörte der Name für die Unternehmung uns. Somit waren wir vor dem Sommer 1996 nun tatsächlich gestartet und in vollem Lauf unterwegs. Und auf jenem schicksalsschwangeren Treffen in Bucks County hatten wir als Ziel für den wirklichen Start im Internet den November festgelegt, ob es stürmt oder schneit, denn wir hatten große Angst, dass andere uns mit dem gleichen Konzept einholen würden.

Ravi und Andrew entschieden sofort, dass wir uns in der Gemeinschaft der Wagniskapitalgeber umtun müssten, sogar noch bevor wir einen voll ausgereiften Geschäftsplan hatten. Sie sagten mir, das müsse man tun, denn man könne nicht abschätzen, was dieses Abenteuer am Ende wirklich kosten würde. Ich stimmte bereitwillig zu und sie wollten, dass wir zusammen die obligatorische Reise nach Palo Alto in die Sand Hill Road unternähmen, wo alle prominenten Venture-Kapitalisten ihre Büros haben.

Es war eine totale Katastrophe. Niemand wollte uns sehen. Wir wanderten von einem Büro zum anderen und wurden einfach wortlos durchgewinkt. Die einzige nennenswerte Begegnung hatten wir bei Kleiner Perkins, einem der renommiertesten Venture-Capital-Büros. Ich hatte meine alten Beziehungen spielen lassen, die noch vom *Los Angeles Herald Examiner* herrührten, damit wir einen Termin mit Will Hearst bekamen, dem neuen Partner, der für Medien zuständig war. Hearst tat unsere Bemühungen ab, denn, so sagte er, wenn wir uns im Netz nicht mit Hardware engagieren würden, hätten wir keine Zukunft. Er warnte mich davor, noch mehr Geld für die Website auszugeben, denn sie würde irgendwann einfach unter den Tisch fallen. Über unseren Geschäftsplan, die Einnahmen aus Abokosten zu beziehen, lachte er und sagte, wir sollten mit unserer Zeit etwas Besseres anfangen.

Nach diesem Treffen flogen wir ziemlich still heim und fragten uns, ob wir überhaupt eine Ahnung hatten, was wir da taten oder warum wir es taten. Aber Ravi meinte, wir sollten uns keine Sorgen machen. Er habe noch ein paar Trümpfe im Ärmel, und wenn ich nur unseren Namen eine Zeit lang durch Fernsehauftritte im Rampenlicht halten würde (damals fing ich gerade an, regelmäßig mit Börseninformationen bei „Good Morning America" auf *CNBC* aufzutreten), würde uns das Venture-Kapital am Ende nur so nachgeschmissen werden. Ravi machte mir damit wieder Mut, aber ich glaube, Drake wusste bereits, dass dies eine Liga zu hoch für ihn war. Wir schworen uns, Martys und mein Geld härter und besser arbeiten zu lassen, damit wir jetzt kein Wagniskapital nötig haben würden, sondern erst in einem sehr viel späteren Stadium des Spiels. Ich erinnere mich daran, dass ich Ravi sagte, wie recht er doch habe und dass ich die arrogantesten Venture Capitalists, wenn sie uns später hinterherlaufen würden, bestrafen wollte; ich wollte sie schön ihre Ware anpreisen lassen und sie dann genauso abblitzen lassen, wie sie uns hatten abblitzen lassen. Rache ist süß, sagte ich mir. Und was soll's, ich hatte ein weiteres gutes Jahr und reichlich Geld zur Finanzierung des Unternehmens. Wie viel würde es mich wirklich kosten, bis wir endlich schwarze Zahlen schreiben konnten? Noch eine Million? Zwei Millionen vielleicht? Mit den Zahlen, die ich mit meinem Hedgefonds machte, wäre das kein Problem.

Ich war schon immer ein manischer Typ. Nicht manisch-depressiv, sondern einfach nur manisch. Aufgedreht. Bereit. Alle, die im Geschäft waren, wussten, dass ich jeden Morgen wie eine geladene Kanone war. In der Zentrale von Goldman Sachs in der Broad Street Nummer 85 kam ich früh immer als Erster, machte fröhlich das Licht im 28. Stock an und hasste es, wenn schon jemand vor mir da war. Als ich vier Jahre später Goldman verließ, um meinen eigenen Fonds zu eröffnen, war es nicht anders. In den ersten Jahren des Hedgefonds konnte ich nicht einmal warten, bis meine Frau um sieben Uhr ins Büro kam. Ich verließ unsere Wohnung in Brooklyn Heights 70 Minuten vor ihr. Ich hatte immer zu viel zu lesen und zu viel zu tun. Ich liebte es, in der Clark Street in die U-Bahn zu springen und um sechs Uhr früh da zu sein, damit ich allen gegenüber einen Vorsprung hatte. Auf diese Weise konnte ich die Zeitungen lesen und voll auf Touren sein, wenn die Leitungen das Nachrichtenfutter zu produzieren begannen, welches das Lebensblut des Traders ist. Damals begannen sie damit erst um sieben Uhr morgens, was aus heutiger Sicht erbärmlich erscheint; als ob es für das Trading einen zivilisierten Anfang und eine Schlusszeit um vier Uhr nachmittags gäbe! Damals, im Jahre 1994, wäre die Möglichkeit, rund um die Uhr zu traden, wie ein Science-Fiction-Plan erschienen, um Menschen wie mich umzubringen.

Als ich mit Karen und meinen zwei Töchtern in die Vorstadt Summit, New Jersey, zog, zog ich meine Ankunftszeit eine weitere Stunde vor, um dem Verkehr zuvorzukommen. Aufgrund meiner Schlafstörungen galt für mich: je früher, desto besser. Ich hatte noch nie viel Schlaf gebraucht und kam mit dem zurecht, was ich bekommen konnte. Auf dem College verbrachte ich regelmäßig zwei Tage am Stück wach, nur mit einem kleinen Nickerchen nach einer langen Nacht mit kolumbianischem Kaffee. Das ergab sich ganz von allein. Ich hasste es, die Fertigstellung einer *Crimson*-Ausgabe zu verpassen, und nichts gab mir mehr Befriedigung, als Vorlesungen zu besuchen, nachmittags zum *Crimson* zu gehen, ein paar Storys herauszuhauen, das Blatt zu redigieren und Korrektur zu lesen, zu layouten, in die Presse zu schieben und es dann auf dem Campus zu verteilen, sodass ich gerade rechtzeitig fertig wurde, um die nächsten Lehrveranstaltungen zu besuchen. Wenn ich dann wieder Schlaf brauchte, gaben mir die vier Stunden von fünf Uhr bis neun Uhr morgens die nötige Energie.

Kurz nachdem ich mit der Geldverwaltung begonnen hatte, kehrte ich zu dem gleichen Ablauf zurück, aber auf eine Art, die mir gar nicht gefiel. Ich konnte einfach nicht länger als bis drei Uhr schlafen. Egal, was ich tat, egal, wie spät ich zu Bett ging, egal, was ich zu mir nahm – Sominex, Cabernet, Bombay and Tonic –, es half nichts. Um drei Uhr früh saß ich hellwach im Bett und der Schweiß drang mir aus allen Poren. Meine Güte, ist es um diese Zeit dunkel! Und niemand da zum Reden. Und wenn ich dann wach war, konnte ich nichts anderes tun als dazuliegen, wie gelähmt von den schlechten Trades, die ich am Vortag getätigt hatte, und den Möglichkeiten für gute Trades am nächsten Tag. Ich rollte mich auf den Bauch, krallte meine Hand in das Kopfkissen und dachte an das verlorene Geld, wenn ich schlecht getradet hatte, oder auch an die Positionen, die sich gegen mich gewendet hatten, obwohl ich gut getradet hatte. Was hätte es denn gebracht, die guten Trades durchzugehen? Das brachte kein Geld.

Nach dem einstündigen Ritual vergeblicher Einschlafversuche gab ich um 4:20 Uhr auf und fand mich im Keller auf dem Laufband wieder. Eine trostlose Existenz.

Das Netz änderte das. Jetzt hatte ich etwas zu tun, wenn ich nicht schlafen konnte. Ich stand auf und las in Messageboards herum, besuchte die Internetseiten aller Zeitungen der Welt und plante das Erscheinungsbild sowie den Stil unserer Website. Von halb vier früh bis zum Morgengrauen arbeitete ich an Entwürfen für das, was TheStreet .com werden sollte, und dann ging ich bis vier Uhr nachmittags zu meiner täglichen Trading-Arbeit über. Danach arbeitete ich wieder online, machte eine kleine Pause für das Abendessen und stürzte mich dann wieder in eine E-Mail- und Planungsnacht.

Was hätte ich sonst tun sollen? Wie sonst hätte ich alles hinkriegen sollen? Wie sonst hätte ich lernen sollen, mit dem Computer umzugehen? Wie bei vielen Menschen meines Alters im Jahre 1990 hatte das bisher mein Assistent für mich erledigt. Als Trader musste ich 100 Prozent der Tageszeit dem Trading widmen, dem Geldverdienen. Der Stil, in dem ich das Geldmanagement betrieb, erforderte höchste Konzentration. Wenn man so dicht am Ticker tradet wie ich und nach Neuigkeiten Ausschau hält, die ich so schnell verarbeiten konnte wie niemand sonst, wie konnte ich da tagsüber darüber nachdenken, wie die Website aussehen sollte? Wie konnte ich irgendetwas anderes daran machen?

Bis 1995 wusste ich nicht einmal, wie man online geht. Aber von dem Moment an, in dem Marty und ich beschlossen hatten, weiterzumachen, war das Projekt plötzlich etwas, das ich unbedingt tun musste. Ich hatte das Gefühl, dass ich es unbedingt zu einem Erfolg machen musste. Nachdem ich so viele Jahre für so viele Organe geschrieben hatte und weniger dafür bekommen hatte, als ich abgeliefert hatte, musste ich unbedingt das tun, was ich der skeptischen Karen gegenüber als „diese Internetsache“ bezeichnete. Karen warnte mich, ich würde mich übernehmen. Es bekümmerte sie auch, dass Marty und ich wieder in diese wahnwitzige Gemütsverfassung verfallen waren, in der wir rund um die Uhr zusammenarbeiteten. Sie drängte mich außerdem, aufzupassen, was diese jungen Mitarbeiter taten. Sie traute ihnen nicht über den Weg. Sie brauche sich keine Sorgen zu machen, beruhigte ich sie, wir könnten TheStreet.com komplett von dem freien Platz am Ende des Flurs in meinem Büro in der Wall Street 100 aus betreiben. So könnte ich ein Auge auf das Geschehen haben und sichergehen, dass wir dafür das Geld nicht mit beiden Händen aus dem Fenster werfen würden und es das schlankeste Start-up sein würde, das man sich vorstellen kann.

Meine Frau und ich hatten immer eine sparsame Firma betrieben. Wir stellten niemanden ein, wenn wir nicht wussten, dass wir die Person aus eigener Tasche bezahlen konnten, falls wir ein schlechtes Jahr haben würden. Wir wollten keinen Platz verschwenden. In den ersten vier Jahren unserer Firma borgten wir uns Raum – wir mieteten nicht, sondern borgten – von verschiedenen Brokerhäusern, zum Beispiel von New York and Foreign Securities (inzwischen erloschen) und von SG Cowen, im Austausch gegen Gebühren. Als wir schließlich entschieden hatten, dass wir genug geschnorrt hatten, mietete uns Karen für mickrige 120 Dollar pro Quadratmeter in einer bankrotten Eigentumswohnanlage in Downtown Manhattan ein, neben einem Obdachlosenheim und direkt über einer Steakbude. Die Räumlichkeiten richtete sie mit Secondhand-Möbeln ein und versuchte, die Gesamtausgaben einschließlich der Barauslagen unter 2.000 Dollar pro Monat zu halten. Sie ließ es nicht einmal zu, dass das Unternehmen eine Kreditkarte besaß, weil sie fürchtete, wir würden sie missbrauchen. Ich beklagte mich, dass sich unsere wohlhabenden Klienten gekränkt fühlen könnten, wenn sie einmal vorbeikamen, aber sie beharrte darauf, dass ihnen gerade unsere Sparsamkeit gefallen müsste.

Weil sich wegen des Fettgestanks der Burger von Delmonico's Jeff Berkowitz, unser Researchdirektor, wiederholt beschwert hatte, er könne bei dem Geruch nicht denken, und nachdem einer unserer Angestellten nach einem längeren Arbeitstag auf dem Nachhauseweg auf der Straße zusammengeschlagen worden war, erklärte Karen sich schließlich damit einverstanden, dass wir uns verbesserten und unser Büro in die Räumlichkeiten einer bankrotten Singapurer Bank in der Wall Street 100 verlegten. Mich schockierte die noble Adresse, die sie ausgewählt hatte, aber dann haute mich der lächerliche Preis von 140 Dollar pro Quadratmeter vom Hocker, den sie ausgehandelt hatte; das war billiger als alles andere in der Umgebung – bis sie mir dann sagte, die Räume seien wegen eines Asbestproblems so preiswert. „Was soll's, das letzte Mal, als ich nachgesehen habe, waren weder du noch Jeff schwanger", sagte sie immer, wenn jemand die Entscheidung infrage stellte.

Ich hatte vor, das Webprojekt mit der gleichen Sparsamkeit zu betreiben, die den Hedgefonds beherrschte.

Und deshalb bekam ich zwei Wochen später einen Schock, als das Büro eingerichtet war und Drake und Desai es sich bequem gemacht hatten, denn sie hatten schon jetzt mehr Mitarbeiter für TheStreet.com eingestellt, als Cramer & Company hatte. Macht nichts, dachte ich mir, vielleicht wissen Drake und Desai etwas, das ich nicht weiß. Um ehrlich zu sein, hatte ich dem Unternehmen entgegen meinen Versicherungen gegenüber Karen nicht mehr genug Aufmerksamkeit gewidmet, nachdem wir die Leiter des Unternehmens erst einmal ausgewählt hatten, denn ich war jeden Tag vollauf mit dem Kauf und Verkauf von Aktien beschäftigt. Ich hatte mir beide kaum angesehen, als Marty sie mir vorgestellt hatte.

Aber jetzt sah ich sie gezwungenermaßen täglich, weil sie zur Arbeit in mein Büro kamen.

Drake war ein großer, gut aussehender weißer Junge – ich sagte immer, oh Mann, ist dieser Typ weiß – mit Schildpattbrille und einer Art zu sprechen, dass ich immer dachte, ich würde General George Marshall etwas sagen hören. Drake machte auf mich den Eindruck eines jener Christenmenschen, die gut und gern im Außenministerium sitzen könnten, wenn sie wollten. Nachdem wir ihn eingestellt hatten, konnte ich mich kaum noch an etwas erinnern, außer dass er einen völlig harmlosen Eindruck machte. Er trug klassisch geschnittene Anzüge, lächelte, hatte einen herabhängenden blonden Haarschopf und legte eine Selbstsicherheit an den Tag, um die ihn John F. Kennedy beneidet hätte. Drake sagte, er sehe die Zukunft des Internets. Er wisse, wo es hingehe und wie wir dorthin kämen. Seine Qualifikation bestand darin, dass er in seiner kurzen Beratertätigkeit mehrere größere Fortune-500-Unternehmen auf einen glorreichen Pfad geführt hatte. Das Netz sei seine starke Seite, meinte er, er lebe und atme es; und das war gut so, denn ich versuchte damals immer noch, das Telefonkabel meines Computers in die Dose zu stecken, ohne das Kabel des Telefons herauszuziehen. Er hatte eine ruhige und prätentiöse Ausstrahlung.

„Sehr sympathischer Typ", sagte Karen, als sie ihn kurz nach seiner Einstellung kennenlernte. „Hat keine Ahnung, worauf er sich einlässt."

Das war in Ordnung, denn ich interessierte mich weniger für die geschäftliche Seite als für die redaktionelle, und das war Desais Abteilung. Desai, der Mann, auf den wir wirklich setzten, war – wie man in der Law School gerne sagt – sui generis, eine Klasse für sich. Marty tat sich mit Drake zusammen und blieb dicht an der geschäftlichen Seite. Der Mann, dem ich meine Aufmerksamkeit schenkte, war Desai. Aber unsere erste Begegnung, nachdem Marty ihn angenommen hatte, war nicht gerade verheißungsvoll. Nach der Art, wie Drake den Burschen groß dargestellt hatte, erwartete ich eine Art indischen Henry Luce. Man hörte niemals Desais Namen nennen, ohne dass dahinter in Klammern das Wort „genial" oder „brillant" stand.

Er sagte, Desai wäre Dichter geworden, wenn er nicht so sehr hinter dem Geld her gewesen wäre. Das Geld lag ihm im Blut, sagte Drake; er sei die perfekte Verbindung aus Denker und Macher. Noch bevor ich ihn kennengelernt hatte, hatte ich von Drake gehört, dass er das gestaffelte Kartensystem von American Express praktisch erfunden habe – als er noch nicht einmal 25 war! Harvey Golub von American Express habe keinen Schritt unternommen, ohne mit diesem Menschen zu reden. Anscheinend liehen auch die Topleute des riesigen Discountbrokers

Schwab Desai ihr Ohr. Einer derjenigen, die ihn empfahlen, stand als strategischer Planer in der Hierarchie von Schwab ganz oben. Schwab und Express, die beiden größten und bedeutendsten Läden Amerikas, mochten diesen Burschen? Wie konnte es einen Menschen mit derartigen Referenzen geben?

Daher konzentrierte ich mich bei unserer ersten Begegnung kaum auf Desai. Und deshalb war ich auch nicht gewillt, die massiven Einstellungen infrage zu stellen, mit denen Desai von Anfang an begann. Rückblickend habe ich ihm nicht annähernd genug Aufmerksamkeit gewidmet.

Ich konnte es mir auch nicht erlauben, mich allzu sehr einzumischen. Mein Anwalt Bruce Birenboim warnte mich; wenn ich mir keinen Ärger mehr mit der Securities and Exchange Commission einhandeln wollte, dann durfte ich von dem Tagesgeschäft der Gesellschaft nichts wissen, sonst könnte die Börsenaufsicht denken, ich würde TheStreet.com einsetzen, um meine Aktien nach oben zu treiben, so wie sie schon einmal gedacht hatte, dass ich es mit *SmartMoney* getan hätte. Wir fragten sogar die SEC, welches Verhältnis sie zwischen mir und TheStreet.com wünschte. Die Antwort kam prompt: Man verlangte eine strenge Trennung, sodass ich den Betrieb nur nachträglich kritisieren konnte. Es durfte keinen regelmäßigen Kontakt zwischen den beiden Organisationen geben, sonst hätte mein gewinnbringender Hedgefonds ernste Schwierigkeiten bekommen. Ich war froh, dass ich überhaupt beteiligt sein durfte.

Meine Frau sah das bedingte Okay der Commission vollkommen anders. Sie sagte, das Unternehmen könnte in den falschen Händen, in den Händen von Menschen, die wir nicht kannten, zu einem veritablen Schwarzen Loch werden, das unsere hart verdienten Dollars verschluckt. Ich würde Schecks für Menschen ausstellen, über die ich nichts wusste, die sich meiner Kontrolle entzogen, die tun würden, was sie wollten. Sie würden nicht nur außerhalb meiner Einflussnahme stehen, sie könnten sogar unbemerkt Amok laufen. „Daraus könnte eine Betrugsfirma werden“, prophezeite sie. „Am Ende hassen und beschimpfen sie dich vielleicht. Am Ende schaden sie uns vielleicht. Und du kannst nicht hingehen und nachsehen, was sie mit dem Geld machen.“

Das sei Blödsinn, meinte ich. Es gab kein „Sie“ und „Wir“. Wir machten das gemeinsam. Ich sagte, die SEC wolle lediglich eine „Chinesische Mauer“ zwischen uns, was Artikel vor der Veröffentlichung betrifft. Alles andere könnte ich doch recht gut überwachen.

Es stellte sich heraus, dass Karen ins Schwarze getroffen hatte. Ravi, Andrew und Jamie Heller, der dritte Mitarbeiter der Firma, ein gelernter Anwalt, interpretierten die Maßgabe der SEC so, dass sie vollkommen unabhängig von mir sein müssten. Als sie beschlossen hatten, an das andere Ende der Stadt zu ziehen, um von meinem Büro getrennt zu sein, sagte ich scherzhaft zu Marty, sie wollten wohl keine Chinesische Mauer, sondern vielmehr einen Elektrozaun mit Selbstschussanlage, Suchscheinwerfern und mit Maschinengewehren tragenden Wachposten – und all das, um sich vor mir zu schützen.

„Unsinn“, sagte Marty, „wir könnten dort doch jederzeit hingehen, um nachzuschauen, wie die Dinge liefen. Wir könnten jede Bewegung von Ravi und Andrew verfolgen, und wir würden über den Betrieb alles erfahren, bis auf die Storys, die sie schreiben wollten.“

Im Herbst erklärten uns Drake und Desai, die Unternehmunsleitung nehme sie sehr in Anspruch und sie würden uns einmal im Monat im Regency kurz über alles informieren, was sie uns ihrer Meinung nach sagen konnten. Ich wollte mehr Informationen, aber es war klar, dass sie mir die nicht geben wollten. Heller, der zum Journalisten gewordene Anwalt, stellte, noch bevor eine einzige Ausgabe der Website erschienen war, klar, dass ich mit niemandem irgendwelchen Kontakt haben dürfte, abgesehen von der Geschäftsleitung. Vor einem Besuch brauchte ich einen Termin – eine Erlaubnis –, den ich nicht ohne Weiteres oder gar automatisch bekommen würde. Weder Drakes noch Desais Team durften nach dem Umzugstag noch mit mir sprechen. Sie betrachteten mich als jemanden, der nur das Projekt fördern sollte, sonst nichts. Das paranoide Bild, das meine Frau von der Unternehmung hatte, schien sich zu bewahrheiten.

Und was noch schlimmer war: Als wir zum ersten Mal wegen des Berichts ins Regency kamen, erfuhren wir, dass das Abenteuer bereits die ganzen 400.000 Dollar verschlungen hatte, die ich eingelegt hatte.

Ich brauchte mehr, viel mehr, und wenn wir vom Start wegkommen wollten, müssten wir nach Drakes Aussage bei jeder Besprechung im Regency eine Finanzspritze von 250.000 Dollar für das Unternehmen mitbringen. Marty erklärte in freundlichem Ton, da das Projekt derart teuer werde, könne er für mich nicht in dem Maße das Sicherheitsnetz sein, das er hatte sein wollen. Ich musste die Gesellschaft also weiter zusammen mit ihm finanzieren. Im Oktober 1996 waren all meine Beteuerungen meiner Frau gegenüber, angefangen vom schlimmsten Verlust, den wir erleiden könnten, bis hin zu der Kontrolle, die ich über das Geld haben würde, hinfällig. Unsere Monatstreffen waren absurd: Sie sagten uns, alles laufe nach Plan, wir übergaben meine Schecks und weder Marty noch ich hatten irgendeine Ahnung, was wir für unser Geld bekamen. Es war tatsächlich ein schwarzes Ausgabenloch, wie meine Frau schon befürchtet hatte.

7
Und noch einmal Dow Jones

Wenn Mitarbeiter des *Wall Street Journal* darüber sprechen, was ich mit TheStreet.com tun wollte, dann betrachten sie es immer als Rache, so als wären die Narben der *SmartMoney*-Untersuchung irgendwie nie verheilt. Sie glauben das, weil ich 1995, nachdem ich *SmartMoney* verlassen hatte und begann, für das Magazin *New York* die Kolumne „Bottom Line" zu schreiben, schon recht bald anfing, dagegen zu wettern, wie das Unternehmen Dow Jones betrieben wurde.

Anfang des Winters 1996, als wir gerade im Hershey Park Urlaub machten, erhielt ich einen außergewöhnlichen Anruf von Eric Breindel, gegen den ich beim *Crimson* kandidiert hatte. Nachdem ich Präsident geworden war, wurde Eric Redaktionsvorstand. Wir wurden gute Freunde und dabei blieb es auch. Er war einer meiner ersten Klienten bei Goldman Sachs gewesen und wir hatten ein gutes Verhältnis. Als Breindel mich anrief, war er Redakteur für das Editorial von Rupert Murdochs *New York Post*. Er wollte sich mit mir treffen, weil er sonst niemanden kannte, dem er trauen konnte.

Murdoch, der seit mehr als zehn Jahren Breindels engster Freund war, wollte jemanden haben, der Dow Jones aus dem Effeff kannte und von dem man erwarten konnte, dass er den Mund hielt. Das war typisch Murdoch. An dem schönen Sonntagmorgen, an dem Breindel anrief, war ich gerade ausgeritten. Das Hotel machte mich ausfindig und sagte mir, Breindel habe mir eine dringende Nachricht hinterlassen. Wir hatten uns schon seit Monaten nicht mehr gesprochen.

Als ich zurückrief, fragte er mich, ob ich denn die Fundamentaldaten von Dow Jones in Ordnung fände. Ich sagte ihm, dass ich das Unternehmen im Rahmen meiner Researchaktivitäten genau beobachtete. Ich wusste, dass Dow Jones, wenn es eine seiner Verlustabteilungen schließen würde, nämlich Telerate, einen Anleihen-Informationsdienst, dem gerade Bloomberg den Garaus machte, und seine Ressourcen in das Internet stecken würde, auf diesem Gebiet dominierend werden könnte.

„Genial", sagte Breindel, „kannst du mal vorbeikommen?"

Sicher konnte ich das. „Wann?"

„Heute. Heute Nachmittag. Rupert würde gerne mit dir sprechen."

Ich kannte Eric gut genug, um zu wissen, dass das kein Scherz war. Ich wiederholte noch einmal laut die Frage und meine Frau kam in das Zimmer gerannt: „Wage es nicht", zischte sie, „denk nicht einmal daran."

Ich erklärte Eric, dass das bis zum nächsten Tag warten müsste, nach Börsenschluss. „Schön", sagte er in einem Ton, der Missbilligung ausdrückte und klarstellte, dass ich auf jeden Fall da sein sollte, und zwar mit Informationen, denn Murdoch hatte Pläne.

Am nächsten Tag ging ich die Finanzdaten von Dow Jones durch. Das Unternehmen machte jedes Jahr Hunderte Millionen Verlust bei dem Versuch, diese Telerate-Abteilung zu retten. Wenn man Telerate schließen und auch nur ein Zehntel der frei werdenden Ressourcen nehmen würde, um Dow Jones zur Anlaufstelle für „Selbermacher" umzubauen, könnte daraus ein Internetunternehmen entstehen, größer als alle anderen.

Anfang 1997 hielten uns die Menschen immer noch für verrückt, weil wir es mit TheStreet.com mit Dow Jones und Reuters aufnehmen wollten (der Betrieb lief seit etwa zwei Monaten und brachte etwa ein Dutzend Storys am Tag). Mir war das ehrlich gesagt egal. Ich dachte über die Börse nach und darüber, dass sie zum Volkssport wurde. Wenn man eine Anlaufstelle für Informationen und für den Handel schaffen könnte, dann wäre sie mehr wert als jede andere Website einschließlich Amazon, das von einem glaubensbereiten Aktienmarkt bereits in Milliardenhöhe bewertet wurde. Ich war nicht sicher, ob wir das mit TheStreet.com schaffen würden, aber es wäre zumindest eine Ohrfeige für Dow Jones. Vergessen Sie nicht, das war noch, bevor Yahoo! Finance überhaupt existierte, vor der Explosion des Online-Tradings; die Menschen hatten gerade erst Amazon entdeckt und das Netz als einen Ort, an dem man alles Mögliche kaufen und verkaufen konnte – einschließlich Aktien.

Das wäre das Richtige für Murdoch, dachte ich mir.

Um 16:45 Uhr bat mich Breindel herein, damit ich den Mann selbst kennenlernte. Er stellte mich als die einzige Person vor, der er sein Geld anvertrauen würde. Murdoch schien beeindruckt, aber er kam, ohne Zeit zu verlieren, zur Sache: „Ich will Dow Jones kaufen, wie viel sollte ich dafür bezahlen?"

Ich murmelte etwas davon, dass es bei Dow Jones zwei Arten von Aktien gab, aber dann dachte ich mir, weißt du was, man heißt nicht Rupert Murdoch, wenn man sich diesen Quatsch nicht schon überlegt hat. Also sagte ich: „73." (Die Aktie wurde gerade in den unteren 40ern gehandelt.)

Murdoch gefiel meine Selbstsicherheit und er lächelte: „Warum 73?" Ich erklärte meinen Plan und schloss mit den Worten: „Wenn Sie Telerate zumachen würden und das Geld, das Sie verbrannt haben, ins Netz stecken würden, könnten Sie Dow Jones Interactive in einem Jahr an die Börse bringen und damit das ganze verfluchte Ding bezahlen."

Okay, sagte Murdoch. „Und wie machen wir das?" Er sah Breindel an und dieser sah mich an. Ich zog die Dow-Jones-Aktionärsliste aus der Tasche und kringelte die Namen der Menschen ein, von denen ich glaubte, er könnte sie vielleicht dazu bringen, ein Angebot von 73 US-Dollar pro Aktie zu akzeptieren. Es sei sinnlos, meinte ich, sich an die Anwälte zu wenden, die mit den Familientreuhändern zu tun hatten, denn die hätten keine Ahnung von dem, was das *Journal* plagte. Die seien bloß hochbezahlte Nachbeter. Er sollte Briefe an jedes einzelne Boardmitglied schreiben und ihnen darin das Gebot direkt übermitteln. Und er sollte ihnen sagen, er werde die Zeitung wie einen geheiligten Schatz bewahren. „Vor allem den Leitartikel", meinte Murdoch mit einem lauten Lachen und einem Nicken an Breindel. Er schien allerdings Bedenken zu haben, dass sich das Unternehmen, wenn er das *Journal* bedrängen würde, eher an die *Washington Post* oder an General Electric wenden würde, als sich von Murdoch übernehmen zu lassen. „Jack Welch will das *Journal* unbedingt haben, also sollten wir schnell handeln", sagte Murdoch. Dann fragte er mich nach den Zinsen – die würden sinken, antwortete ich –, sprang auf wie ein Kobold und geleitete mich nach draußen.

Drei Monate später war die Aktie um zehn Prozent gefallen, Breindel war erkrankt – nicht lange danach starb er an einem Leberleiden – und ich hörte nichts mehr von Murdoch. Als dann eines Tages 200.000 Dow-Jones-Aktien zum Verkauf standen und der beteiligte Broker uns sagte, es wäre ein großer Verkäufer am Markt, der die Aktie in kurzer Zeit zusammenhauen könnte, erwachte mein Interesse. Ein paar Tage und weitere fünf Prozent später, als die Aktie in der Mitte der 30er stand, schlug ich zu und kaufte mehrere Hunderttausend Aktien.

Die Aktie sackte sofort ab und so kaufte ich noch einmal 200.000 Stück. Es war und ist mein Stil, nachzukaufen, wenn eine gute Aktie fällt, und Dow Jones gehörte mit Sicherheit in diese Kategorie.

Sie verlor fast sofort einen weiteren Prozentpunkt und ich kaufte noch mehr, sodass sie nun meine größte Position war.

Glücklicherweise fand die Aktie einen Boden, als der Verkäufer – ein großer Investmentfonds – bei 33 US-Dollar mit dem Abstoßen aufhörte. Ich verdoppelte die Position meiner Firma und brachte uns auf eine Million Aktien. Ich hatte bei Dow Jones in eine riesige Kerbe gehauen und musste nun etwas unternehmen. Wenn schon Murdoch das Potenzial nicht sah, dann könnte ich dem Markt doch wenigstens zeigen, was passieren würde, wenn Dow Jones aufhören würde, unbekümmert Geld für Telerate auszugeben, anstatt sich auf das Internet zu konzentrieren.

Ich rief die Abteilung für Investor Relations bei Dow Jones an für einen Termin mit dem Management, um über die von mir gewünschten Änderungen zu sprechen. Stattdessen konnten wir an einem bereits anberaumten Analystentermin teilnehmen. Das Treffen, das in einem undefinierbaren Konferenzraum in der Dow-Jones-Zentrale stattfand, verlief zunächst routinemäßig – bis ich dann den Mund aufmachte und Peter Kann, den Chief Executive Officer, dem ich in der Zeit, als ich für *SmartMoney* arbeitete, schon mehrmals begegnet war, fragte, warum er nicht Telerate begraben und den Aktionären ein Vermögen sparen würde. Kann lächelte, dann lachte er und sagte, Dow Jones Markets – so der neue Name für die heimgesuchte Telerate-Abteilung – laufe recht gut.

Falsch, erwiderte ich. Es laufe fürchterlich schlecht und ich hielte es für lebenswichtig, dass das Unternehmen Dow Jones Markets schließt, damit eine große Last loswird und weitermacht – sonst würde die Gesellschaft von jemand anderem übernommen, der dies dann tun würde. Lächelnd erwiderte Kann, er werde darüber nachdenken. Der ungerührte Pulitzerpreisträger war auch ein vollkommen ungerührter Chief Executive Officer und hörte sich meinen Vorschlag völlig ungerührt an. Mit anderen Worten: Er wies mich charmant ab, so als wäre ich irgendein Schaumschläger, der versuchte, mit der Aktie ein paar Dollars zu verdienen (nun ja, ich glaube, wir alle spielten unsere Rollen ganz gut).

Da ich nun wusste, dass ich bei Kann keinen Stich machen konnte, versuchte ich, mich mit allen Mitgliedern des Boards in Verbindung zu setzen und sie wegen der immensen Verluste zu warnen, die Dow Jones Markets einbrachte, und dass diese Verluste die Aktie auf einen Kurs drücken würden, der sie für Dritte attraktiv machen würde.

Der geschäftsführende Anwalt der Treuhandgesellschaft schickte mir einen Dankesbrief. Ich hätte schwören können, dass es ein Formbrief war. Wie viele Aktien brauchte man, um die Aufmerksamkeit dieser Kerle zu bekommen?

Ich kaufte kurz nach dem entmutigenden Treffen mit Kann und dem Ablehnungsbrief des Treuhandanwalts noch einmal ein paar Hunderttausend Aktien und setzte darauf, dass ich bei der anstehenden Jahreshauptversammlung etwas bewirken könnte.

Jahreshauptversammlungen sind in diesem Lande ein ziemlicher Witz, ein schmerzhafter Schautag, den alle höheren Führungskräfte als komplette Zeitverschwendung fürchten. Die Versammlungen stehen auch den Kleinstaktionären offen und die Kleinstaktionäre halten den Besitz von Aktien für so etwas wie ein demokratisches Wahlrecht. Mit schöner Regelmäßigkeit kommen immer die gleichen Störenfriede zu den Versammlungen und stellen dumme Fragen, die überhaupt nichts mit dem Geschäft zu tun haben. Alle Angehörigen der Unternehmensleitung verwünschen sie und versuchen, sie blöd dastehen zu lassen, wenn sie ihre albernen Fragen stellen, aber die Quälerei nimmt trotzdem kein Ende.

Diesmal jedoch war die Aktionärsversammlung etwas anders zusammengesetzt. Sowohl meine Firma als auch Mutual Shares, die Firma von Michael Price, eines renommierten wertorientierten Investors, der gerade dabei geholfen hatte, Chase zur Fusion mit Chemical Bank zu zwingen, indem er öffentlich bekrittelte, dass Chase nicht genug dafür tat, Werte zu schaffen, hatten riesige Pflöcke in diese krank machende Gähnveranstaltung getrieben.

Die Medien hatten uns beide ausführlich wegen unserer Anteile interviewt – Price hatte, ohne dass ich davon wusste, parallel zu uns gekauft und eine noch größere Position als ich aufgebaut. Die Medien wollten hören, was wir über Dow Jones zu sagen hatten, auch wenn das Board das nicht wollte. In der überfüllten Aprilversammlung mussten wir uns zuerst die Nörgeleien der nervtötenden Aktionäre anhören und dann verlangten die Leute von Price und ich, angehört zu werden. Ich machte es kurz. Ich sagte, Dow Jones Markets sei ein Schwarzes Loch und wenn man es nicht schließen würde, würde es das Unternehmen Milliarden Dollar und seine Unabhängigkeit kosten. Wenn man Dow Jones Markets zumachen würde, erklärte ich, würde die Aktie in die 60er hinaufschießen und alle wären glücklich. Das Unternehmen sollte seinen Kronschatz bewahren, das *Wall Street Journal.*

Kann schaute mich an, wieder ungerührt, und meinte, er verstehe meinen Standpunkt, aber Dow Jones Markets würde bestehen bleiben. Er dankte mir für meinen Beitrag. Ein paar Minuten später sagte der

Vertreter von Price im Prinzip dasselbe wie ich. Er war der Ansicht, der Gewinn pro Aktie, die einzige Messlatte, welche die Wall Street interessiert, würde sich ohne diese Taugenichts-Abteilung dramatisch erhöhen. Noch mehr Ungerührtheit seitens des CEO.

Als ich ging, konnte ich nur den Kopf darüber schütteln, dass Aktionäre, die Anteile im Wert von Hunderten Millionen Dollar besaßen, so einfach mit dem Hinweis abgeschmettert werden konnten, sie lägen falsch bei einer Sache, die für das Unternehmensschicksal eindeutig eine Katastrophe war.

Aber ich wusste ja, Aktionärsdemokratie bedeutete nur, dass ich mit den Füßen abstimmen sollte, wenn mir die Handlungsweise des Managements nicht gefiel. Glücklicherweise hatte die Presse genug Aufhebens von unseren Positionen gemacht, sodass sich auch andere Institutionen zu der Aktie hingezogen fühlten und sie in den Wochen nach der Jahreshauptversammlung dramatisch angestiegen war, bis in die hohen 40er.

Leider erzählte das Management den Analysten der Wall Street beharrlich, dass weder Price noch ich wüssten, wovon zum Teufel wir überhaupt redeten.

Und intern drängte mich Jeff Berkowitz, mein Partner bei Cramer & Co., die Position abzubauen, weil das Management absolut unnachgiebig war: „Gib es auf, Jim, wir haben einen guten Gewinn", sagte er. „Wir sind Hedgefonds-Manager, keine aktiven Aktionäre."

„Nicht, bis ich nicht absolut sicher bin, dass das Management wirklich nicht auf mich hören würde", antwortete ich. Wenn es auf mich hören und die Abteilung schließen würde, wäre der bisherige Gewinn im Vergleich dazu Peanuts.

Ich war allerdings mit Jeff einer Meinung, dass wir zuerst an die Partner des Fonds denken mussten, und wollte nur noch einmal bei Dow Jones vorbeischauen, um zu sehen, ob unser Flehen hinter den Kulissen irgendetwas gebracht hatte. Ich rief Kann an, erreichte aber nur seinen Assistenten Dick Tofel, der in Harvard einer meiner Kommilitonen gewesen war und den wöchentlich erscheinenden *Independent* herausgegeben hatte. Entweder hegte er irgendeinen Groll gegen mich oder er mochte mich einfach nicht, jedenfalls war er bei dem *SmartMoney*-Tumult einer von denen gewesen, die ihr Bestes gegeben hatten, um die Tatsache zu verschleiern, dass ich einen Vertrag hatte, der es mir erlaubte, zu schreiben und zu handeln.

Tofel erklärte mir, bei Dow Jones nehme niemand meine Sichtweise ernst, weil Dow Jones Markets ein unentbehrliches Rädchen im Getriebe der Gesellschaft sei. Meine Mätzchen würden vielleicht für gute Schlagzeilen sorgen, aber intern hatten sie überhaupt keine Bedeutung. Wenn keine Chance bestünde, dass Dow Jones Markets geschlossen würde, würde ich vermutlich meine Aktien abstoßen, meinte ich daraufhin, und dass ich mich schwarzärgern würde, wenn ich nach meinem Verkauf zusehen müsste, wie die Abteilung geschlossen wird und die Aktie wie eine Rakete losgeht. Das würde nicht geschehen, versicherte er mir.

Einige Tage später boten wir die Aktien zum Verkauf an und mehrere Male nahmen uns große Käufer die Ware „vom Draht weg" ab, das heißt, sie ging weg wie warme Semmeln. Die Aktie stieg geradlinig durch die 40er, auch wenn wir pro Tag 100.000 Aktien losschlugen.

In nur wenigen Monaten machten wir einen Gewinn von mehreren Millionen Dollar, aber es nagte noch wochenlang an mir, dass die Aktie weggegangen war, ohne sich auch nur einen Strich zu bewegen. So etwas passiert nur, wenn ein großes positives Ereignis bevorsteht und jemand im Voraus davon weiß.

Kein Wunder. Ein paar Monate später tat Dow Jones genau das, was ich empfohlen hatte, es schloss Dow Jones Markets und ging steil nach oben.

Ich hatte mit dem Trade fünf Millionen US-Dollar für den Fonds verdient, aber wenn wir uns das Halten der Position nicht von Tofel hätten ausreden lassen, hätten wir einen Gewinn von 30 Millionen gemacht.

Das machte mich noch wütender als alles, was mir Dow Jones während der *SmartMoney*-Affäre hätte antun können. Aber so wie die Unternehmen ihre Aktionäre zu behandeln pflegen, konnte ich nichts anderes tun als staunen, wie es diese Menschen schafften, mich von der Aktie abzubringen und genau das zu tun, was nötig war, um sie ungefähr auf das Niveau zu bringen, zu dem ich Murdoch den Kauf des ganzen Unternehmens empfohlen hatte.

8
Desai

Nicht lange, nachdem Desai den Posten als Chefredakteur von TheStreet.com übernommen hatte, saß ich mit dem Mann beim Brainstorming, und zwar bei einem Essen im Annapurna, im indischen Teil von Midtown Manhattan. Er legte einen höchst präzisen Zeitablauf und eine Einstellungsstrategie vor und hatte einen genauen Zeitplan, wonach wir ab November 1996 startbereit sein würden.

Wir würden unser Geschäft, wie er sagte, auf vier Schlüsselblöcke aufbauen: Disney, denn deren Abteilung ABC, die kurz zuvor mit ABC.com angefangen hatte, brauchte gute Wirtschaftsnachrichten, die wir als Gegenleistung dafür liefern konnten, dass sie eventuell unsere Website beherbergen würden; Charles Schwab, der Interesse daran haben könnte, bei uns Abonnements zu kaufen, weil Ravi so viele Kontakte zu Topleuten in seiner Firma hatte; die riesige Investmentfondsgesellschaft Fidelity wollte mit von der Partie sein, versicherte er mir, wenn ich für das Finanzmagazin *Worth* schrieb, das zu der Zeit im Besitz von Fidelity war, und America Online, so vertraute er mir an, würde liebend gern für Meldungen aus einem echten Nachrichtenzentrum für seine schnell wachsende Finanzabteilung bezahlen. Jeder dieser Blöcke würde uns mit regelmäßigen Einnahmen versorgen und uns die Chance bieten, quasi über Nacht profitabel zu werden. Desai versicherte mir, dass alle diese Unternehmen Material von einer Internetgesellschaft haben wollten, die die Aufregung und das Lebensgefühl der Börse einfing.

Disney, Schwab, Fidelity, AOL. Gab es etwas Besseres? Konnte es vier bedeutendere Grundelemente für einen neuen Dienstleister im Finanzgeschäft geben? Ich war platt, was er in den paar wenigen Wochen alles vollbracht hatte. Ich erinnere mich noch – als ich von dem faszinierenden Essen heimkam, erzählte ich meiner Frau, dass wir dem Zeitplan deutlich voraus waren, auch wenn wir sehr viel Geld verbrauchten. Das war mein erster Einblick in das, was TheStreet.com vorhatte, nachdem es in die Rector Street 2 umgezogen war, und ich war wie elektrisiert nach dieser aktuellen Information, insbesondere weil Marty und ich jeweils 500.000 Dollar ausgegeben hatten, bevor es losging.

Natürlich war der Abend nicht frei von Spannungen gewesen. Ravi schien derart begeistert zu sein, dass er kaum sprechen konnte, ohne zu stottern, eine Sache, die mir schon bei unserer ersten Begegnung unangenehm aufgefallen war. Jetzt wurde mir klar, dass er ein schwerer Stotterer war. Als ich versuchte, durch die äußere Schale zu dringen, um mehr über diesen Zauberkünstler herauszubekommen, hüllte er alle Einzelheiten seines Privatlebens in Geheimnis. Aber er versprach mir, wenn wir erst einmal gestartet wären und alles laufen würde, wäre genug Zeit, um über solche Scherze zu reden. Und was hatte ich laut Desai zu tun? Ganz einfach, sagte er mit leichtem Stottern: „Sei ganz einfach für uns da."

Gut, aber wie sollte ich das anstellen und gleichzeitig meinen Hedgefonds betreiben, fragte ich ihn.

Ganz einfach, meinte er. Geh in jede Fernsehsendung, in die du hineinkommst, und sag, du bist von Cramer & Co. und von TheStreet.com.

Im nächsten Monat legte Ravi den Grundstein für alles, was er versprochen hatte. Er organisierte Termine mit Schwab, um den Prototyp der Website vorzustellen. Er führte Gespräche mit einer brandneuen Webhosting-Gesellschaft namens Starwave, die dem Seattler Milliardär Paul Allen und Disney gemeinsam gehörte. Starwave managte die Seite von *ESPN* und sollte auch ABCNews.com beherbergen. Wir würden die Businessabteilung von ABCNews.com werden, was uns sofort einen gewissen Zuspruch verschaffen würde. Mit Fidelitys *Worth* schloss er einen Handel ab, der uns, wie er mir sagte, den Investmentguru Peter Lynch als regelmäßigen Autor für TheStreet.com bringen würde, sobald wir die Cyber-Pressen anwerfen würden. Ich musste nur ein paar Beiträge für *Worth* schreiben. Wir hatten mehrere Besprechungen mit America Online, um herauszufinden, wie viel uns das Unternehmen für unsere Artikel bezahlen würde und ob es uns im Rahmen seiner Venture-Capital-Projekte „hochpäppeln" würde – das heißt, uns mit Kapital ausstatten und uns unser eigenes Geschäft betreiben ließe, von dem ihm ein Anteil gehören würde.

Während Desai mit all diesen schwierigen Beziehungen herumjonglierte, baute er auch noch eine Nachrichtenzentrale auf, die sich um einen Mann namens Dave Kansas gruppierte, der bisher Börsenkommentare für das *Wall Street Journal* schrieb. Kansas, der erst ein paar Jahre zuvor die Columbia Journalism School absolviert hatte, schien allerdings nicht allzu begierig auf diese Aufgabe zu sein, denn er versetzte mich bei seiner ersten Arbeitsbesprechung. Er habe verschlafen, sagte er mir später. Als er es schaffte, zum nächsten Termin mit einer halben Stunde Verspätung zu erscheinen, fürchtete ich schon, er wäre vielleicht nicht ganz der richtige Mann, an dem das ganze Unternehmen hängen würde, womöglich aber die ideale Ergänzung zu dem Siebenmeilendenken von Desai.

In dieser Zeit fungierte Drake als Verleger und brachte unsere Website vorläufig bei einer neuen, aufstrebenden New Yorker Hosting-Firma namens Reach unter, die absolute Zuverlässigkeit versprach. Er erklärte mir, dass wir einen Host brauchten, denn wir hatten inzwischen gelernt, dass unsere Seite zusammenbrechen würde, wenn viele Menschen auf einmal sie besuchen würden – es sei denn, wir hätten eine ausreichende Hosting-Kapazität mit vielen teuren Servern und Computerverbindungen zum Telefonnetz. Wir bräuchten Geld, meinte er, und zwar viel Geld, damit sich unser Name herumspreche und wir „Äuglein" bekämen, also Menschen, die unsere Seite anschauten oder – im

Webjargon – besuchten. Ich erinnere mich noch an den ersten Abend, an dem Drake die „Äuglein" erwähnte. „Wieso Äuglein?", wollte ich wissen. Wollten wir nicht Leser, zahlende Leser, damit wir Geld verdienten? Drake versicherte mir, das sei zwar wichtig, aber in diesem Spiel gehe es um Äuglein, und der einzige Weg, sie zu bekommen, sei eine massive und teure Direktmailing-Kampagne. Ich sagte ihm, dass Ravi Desai meines Erachtens den preiswertesten und effizientesten Weg gefunden hatte, Aufmerksamkeit zu erregen, und zwar durch groß angelegte strategische Allianzen mit Giganten wie ABC, Schwab, Fidelity und AOL. Und meine TV-Auftritte würden unseren Namen viel besser als Marke festigen. Nein, widersprach er, nur direktes Mailing, Hunderttausende US-Dollar für eine direkte Verschickungsaktion würden dazu führen, dass alle Welt von TheStreet.com erfährt. Das sei seine Entscheidung, sagte er, er sei der CEO, und wir würden direkt verschicken.

Am 16. November gingen wir mit unserer Hostingfirma Reach „live" und brachten in unserer Erstausgabe ungefähr ein halbes Dutzend Artikel. Reach versicherte uns, dass wir sieben Tage die Woche 24 Stunden online sein würden, aber das Bemerkenswerteste an unserer ersten Woche war nicht, dass wir irgendwelche Storys brachten – das taten wir nicht –, sondern dass wir öfter „down" als verfügbar waren. Das machte mich etwas nervös. Wir hatten über einen Zeitraum von fünf Monaten jeweils schon rund eine Million Dollar für Personal, Ausrüstung und Miete ausgegeben, und mit dem Näherrücken des Starts hatten sich die Ausgaben beschleunigt. Das Einzige, was wir vorweisen konnten, war eine Homepage, die aussah wie eine ausgeblichene Abschrift der amerikanischen Unabhängigkeitserklärung mit einem Bild von mir; anstelle von Fotografien der anderen Autoren hatten wir Bilder von Schreibmaschinen – nicht von Computern, sondern von Schreibmaschinen. Wenn man die URL eintippte, erhielt man „DNS", die Meldung für eine Seite, die nicht funktioniert. Wir waren wirklich BAV: bei Ankunft verstorben.

Nach einer Woche mit Zusammenbruch auf Zusammenbruch hörte ich auf, mich bei Drake zu beschweren, den die Rückschläge vollkommen zu überfordern schienen. Ich rief bei Reach an und brüllte die Leute dort an, weil die Seite nicht lief. Wir könnten so keine Geschäfte machen, drohte ich ihnen, und sie versicherten mir, sie würden alles in ihrer Macht Stehende tun.

Nicht lange, nachdem wir angefangen hatten, eröffnete Bill Griffeth, der unglaublich gütige Gastgeber von Power Lunch auf *CNBC*, die neue Rubrik „Coole Website der Woche" und stellte uns darin vor. Wir warnten Reach noch einmal speziell vor und dort versicherte man uns, alles wäre bereit. Natürlich brach die Seite genau in dem Moment zusammen, in dem Griffeth die URL auf dem Bildschirm einblendete, weil so viele Menschen auf einmal sie aufsuchen wollten. Ravi sagte mir, ich solle mir keine Sorgen machen, er werde selbst ins Fernsehen gehen und die Seite vorführen und wir würden die Probleme mit der Zuverlässigkeit in den Griff kriegen.

Nachdem wir Reach noch einmal über die bevorstehende gute Werbung Bescheid gegeben hatten, ging Ravi bei einem anderen Sender in eine andere Wirtschaftssendung. Da unsere Seite passwortgeschützt war, war es essenziell, dass Ravi demonstrierte, wie leicht man hineinkam und die Seite benutzen konnte. Aber als die rote Lampe im Studio aufleuchtete, ging alles schief, was nur schiefgehen konnte. Ravi konnte kaum etwas über die Seite sagen, weil er zu aufgeregt war und zu sehr stotterte. Er wollte vorführen, wie leicht die Seite zu benutzen sei, und hämmerte das Passwort schnell in die Tastatur, wobei er sich vertippte. Und dann vergaß er es! Also gelang es ihm nicht, zu demonstrieren, wie das funktionierte, und das war eine Katastrophe, denn wir waren kostenpflichtig, während im Web ansonsten alles gratis war. Aber das war gar nicht so schlimm, denn sobald die Seite im Fernsehen gezeigt wurde, brachten die Zuschauer sie durch Überlastung zum Abstürzen. Diesmal blieb sie fast für den Rest des Tages down.

Auf der Stelle, als Ravi noch in der Röhre war, organisierte ich eine Besprechung mit Desai, Drake und Reach, einen jener Termine, bei denen ich mich nicht beherrschen konnte und drohte, den ganzen Betrieb und insbesondere die Mitarbeiter von Reach mit Verwüstung zu überziehen. Als die Besprechung vorbei war, muss es aus meinen Ohren gedampft haben. Und ich merkte, wie peinlich berührt Drake war, weil ich so gewöhnlich war und meinen Ärger an diesen unglücklichen Providern ausgelassen hatte. Als wir draußen auf der Straße waren, wollte er wissen, warum ich denn so, so – so gemein sein musste. Gab es denn keine andere Möglichkeit, meinen Standpunkt klarzumachen, als auf die harte Tour? Ich schaute ihn an wie einen Irren. Da war ein Team, das potenzielle Publicity für uns im Wert von Millionen Dollar vernichtet hatte, und er sorgte sich um deren Gefühle? Ich erklärte ihm, wenn er nicht so langsam etwas härter werden würde, würde er den Job nicht mehr lange haben. Für jemanden mit so gesegneten Referenzen muss das ein böses Erwachen gewesen sein.

Ein paar Wochen lang funktionierte unsere Seite ohne Zwischenfälle. Und ohne Besucher. In dieser Zeit schauten vielleicht 100 Menschen pro Stunde unsere Seite an, und zwar größtenteils, weil ich Bekannte anrief und sie bat, einen Blick darauf zu werfen. In den ersten zwei Wochen versuchte ich es mit drei Artikeln pro Woche, sah aber schnell, dass man mit diesem Versorgungsniveau keinen „Zug" hineinbrachte. Als das Direktmailing winkte, begann ich bis zu dreimal täglich über den Markt zu schreiben.

In der letzten Novemberwoche fragte ich Drake, was wir denn außer der Mailingaktion noch taten, um ein paar Leser zusammenzutrommeln. Er hatte keine Ideen. Er hatte alle Hoffnungen auf das Mailing gesetzt, durch das wir User auftreiben würden, indem wir allen das gleiche, zeitlich begrenzte Passwort geben würden. Er sagte, das Mailing könnte jetzt jeden Tag stattfinden. Aber als die Dezembertage einer nach dem anderen vergingen, sah es so aus, als würden wir in die Feiertage geraten, was wirklich eine üble Zeit für solche Dinge ist. Schließlich traf unsere Mail in der Woche vor Weihnachten bei 500.000 Haushalten im ganzen Land ein; die Adresslisten hatte Drake speziell ausgewählt. Ich ließ außerdem meinen Neffen Cliff Mason ein paar Hundert Flugblätter in die Briefkästen um Mt. Kisco herum einwerfen. Dann warteten wir. Und warteten.

Und warteten. Jeden Tag rief ich Drake an und fragte nach den Resultaten. Jeden Tag sagte er, er erstelle Tabellen. Jeden Tag wollte ich Zahlen hören. Jeden Tag sagte er, sie seien noch nicht fertig. Schließlich, am

Ende meiner Weisheit, erklärte ich Drake Anfang Januar, ich würde zum ersten Mal persönlich ins Büro kommen, um mir die Reaktionen auf das kostspielige Direktmailing anzuschauen.

Das Resultat? Fünf Menschen abonnierten uns aufgrund des Direktmailings. Fünf Menschen! Und vier davon auf die Flugblätter hin, die mein Neffe eingeworfen hatte. Wir hatten soeben 100.000 Dollar pro Abonnent bezahlt. Ich wandte mich an Drake und warf ihn hinaus, ohne weiter über die „Ergebnisse" zu diskutieren. Dann wandte ich mich an Ravi und sagte, ich müsse zwar erst noch mit Marty sprechen, aber von jetzt an sei er Herausgeber und CEO, denn wir steckten in großen Schwierigkeiten und ich brauchte jemanden, dem ich trauen konnte.

Desai dankte mir und versicherte mir, er würde mich niemals im Stich lassen. Er machte dann damit weiter, dass er plante, unserem Service Provider zu kündigen und unserer „Auflage" dadurch einen Kavalierstart zu verpassen, dass wir klingende Namen wie Peter Lynch von Fidelity und den renommierten Wirtschaftsjournalisten der *New York Times* Floyd Norris auf unsere Seite bekamen.

Was brauchte er von mir, damit das geschehen konnte?, fragte ich ihn. Er sagte, er müsse ein paar hervorragende Mitarbeiter einstellen, die ich Drake empfohlen hätte, bezüglich derer Drake aber nichts unternommen habe. Und er brauche etwas, das zu sagen ihm höchst peinlich sei. Er sagte, er würde mir eine E-Mail schreiben, weil niemand etwas davon wissen sollte.

An jenem Abend kam ich heim und fand auf meinem Bildschirm den Plan für die „Operation Rockbreak" vor, einen streng geheimen Plan, um Marty Peretz vom Nachrichtenzentrum fernzuhalten. Desai sagte, Marty komme regelmäßig vorbei und lenke ihn ab. Er schrieb, Marty raube ihm wertvolle Zeit und sei keine große Hilfe. Desai wollte die Erlaubnis für eine Ablenkungstaktik, mithilfe derer er seine Arbeit ohne die intensive Überwachung von Marty erledigen konnte.

Meine erste Reaktion hätte sein müssen, dass ich auch Desai hinauswarf. Marty hatte viel bessere Chancen als ich, über das Projekt auf dem Laufenden zu bleiben. Er musste so viel wie möglich beteiligt sein. Und was noch wichtiger ist, er war mein langjähriger Freund. Und jetzt hatte ich da eine Mitteilung, die mich offen bat, meinen besten Freund für einen quasi Unbekannten namens Ravi Desai zu verraten, um mein und meines Freundes Unternehmen zu fördern.

Ich hatte das Gefühl, dass dieses Projekt so langsam ein Vermögen kostete und dass ich weit mehr tun musste als Marty, um die Sache über Wasser zu halten. Es ärgerte mich, dass Marty dies nicht zu sehen schien, und ich willigte in Ravis schändlichen Plan ein. Ich erklärte mich bereit, ihm dabei zu helfen, dass er ohne Überwachung durch Marty arbeiten konnte. Das war das Grausamste, das ich je einem Freund angetan habe, und ich weiß, dass ich es bis an mein Lebensende bereuen werde. Ich tat es, ohne nachzudenken. Mein Gott, ich kann es bis heute nicht glauben, dass ich diese E-Mail abgeschickt habe und mich mit jemandem, den ich überhaupt nicht kannte – seit Ravis Einstellung hatte ich erst ein paar Stunden mit ihm verbracht –, gegen meinen Best Man verschworen habe, den Mann, der mir den Anfang als Stock-Picker ermöglicht hatte. Ich hatte Marty an Ravi verkauft, um TheStreet.com vom Start wegzubringen. Von allen dummen, unnötigen und schlechten Kompromissen war dies der größte.

Nach zwei Monaten hatten wir erst rund 1.000 Abonnenten. Für die Investoren hätte dies ein großes Warnzeichen sein sollen. Unserer Kalkulation zufolge mussten wir bis zum Jahresende 25.000 Abonnenten haben, die 100 US-Dollar im Jahr bezahlten, sonst würden wir es nicht schaffen. Aber wir bekamen immer gerade nur so viel Publicity, dass wir das Gefühl hatten, wir wären noch im Spiel. Und wir hatten derart viel Geld in das Wagnis gesteckt, dass niemand den Stecker ziehen wollte. Es ist schon erstaunlich: Beim Hedgefonds würde ich einem Geschäftsmann mit derartigen Kalkulationen niemals trauen, aber ich glaubte weiter an Desai. Er hatte ein paar arbeitshungrige Mitarbeiter vom *Journal* abgeworben und ein paar gute Collegeabsolventen. Sie brachten ein paar Nachrichten auf die Seite, über die ich die Menschen tatsächlich reden hörte. Ich sparte mir das Urteil über diesen Burschen noch auf, weil er anscheinend so viele Kontakte hatte und so viele Dinge am Laufen hatte, die für uns zu Volltreffern werden konnten.

Also erfüllte ich weiterhin meinen Teil des Handels. Ich hatte versprochen, im Fernsehen allgegenwärtig zu sein, und so brachte ich mehrmals pro Woche einen 2:47 Minuten langen aktuellen Marktbericht bei „Good Morning America" und war regelmäßiger Gast bei einer Reihe von Wirtschaftssendungen auf *CNBC*, zum Beispiel bei „Squawk Box", der elektrischen Morgenshow, bei „Taking Stock" und bei „Bull Session". Ich gebe freimütig zu, dass ich bei jeder Sendung mitmachte, die mich nehmen wollte. Der Markt war im Jahre 1996 aufregend geworden. Privatpersonen machten sich das Netz zu eigen und tradeten, während gleichzeitig die traditionellen Marktteilnehmer erkannten, dass das Netz nicht verschwinden würde. Die Menschen brauchten jemanden, der mit Begeisterung über die Börse sprach, einen richtigen Live-Menschen, und ich passte ins Bild. Als Gegenleistung verlangte ich nur, dass unter meinem Namen eingeblendet wurde: www.TheStreet.com.

Aber Ravi setzte immer noch eins drauf. Jeden Tag berichtete er mir per E-Mail von einem neuen Triumph mit Fidelity und Disney und Schwab. Er sagte mir, dass die großen Portfoliomanager von Fidelity uns lasen und dass uns Michael Eisner von Disney als möglichen Übernahmekandidaten im Auge hatte, wenn wir unser Standvermögen beweisen würden. Jedes Mal, wenn ich sagte, ich sei an einem Treffen mit ein paar von diesen Leuten interessiert, protestierte er allerdings, dafür sei es noch zu früh. Indes, so sagte er, hätten auch seine Kontaktleute bei Microsoft ein waches Interesse an unserer langsam flügge werdenden Homepage. Ich war davon etwas schockiert, weil ich auf gutem Fuß mit Michael Kinsley stand, dem Herausgeber von Slate, das im Besitz von Microsoft war, und dort schien man überhaupt nicht das Bedürfnis zu haben, sich mit uns zusammenzutun. Desai sagte mir, ich solle mir keine Sorgen machen, alles würde sich herauskristallisieren, wenn erst einmal die in Vorbereitung befindliche Titelgeschichte im *Red Herring* erscheinen würde.

Red Herring? Wir sollten in den *Red Herring* kommen, die damals einflussreichste Publikation für junge Start-up-Unternehmen? Vielleicht konnte dieser Ravi ja wirklich Wunder wirken. Da hatten wir ein paar Millionen Dollar in die Luft geblasen, hatten nur ein paar Tausend

Leser, die alle bestochen oder von mir gekauft waren, und Desai hatte eine Titelstory in einer Zeitschrift herausgeschunden, die darüber bestimmte, was in der verkabelten Welt angesagt war.

Ein paar Tage, nachdem ich Desai nach Einzelheiten gefragt hatte, rief tatsächlich ein Fotografenteam an und sagte, sie wollten, dass Ravi und ich auf einem Baugerüst vor der New York Stock Exchange auf und ab hüpfen sollten, während wir rote Regenschirme hochhielten.

Der Zeitpunkt hätte nicht besser gewählt sein können. Wir standen, so sagte Desai, an der Schwelle der Unterzeichnung von Monsterverträgen mit Schwab über den massiven Vertrieb unseres Fonds und von Meldungen sowie meiner Kolumne und außerdem würden wir in wenigen Wochen die ersten Artikel von Peter Lynch und Floyd Norris bekommen. Obwohl wir nur wenige Abonnenten hatten, machten wir einen riesigen Wind. Zum ersten Mal kam mir der Gedanke, dass vielleicht – nur vielleicht – mein Hobby größer sein könnte als mein Job als Hedgefonds-Manager. War das genug? Könnte dieses TheStreet.com etwas werden, das das journalistische Establishment herausfordern würde? Es schien eine ganze Menge für uns zu sprechen.

Es war schwierig, mit dem quirligen Ravi Schritt zu halten. So ziemlich die einzige Gelegenheit, bei der er Zeit hatte, mir von all jenen aufregenden Projekten zu erzählen, waren die zwei Stunden, in denen die Fotos für den Red-Herring-Titel geschossen wurden. Wie immer war ich ängstlich um die Details besorgt und wollte wissen, was ich noch tun könnte, wen ich noch anrufen könnte. Wollte Eisner mich sprechen? Was war mit Paul Allen? Klappt jetzt dieser Deal mit Starwave als neuem Host? Will sich Schwab mit mir oder den Mitarbeitern zusammensetzen? Sollten wir Fidelity einen Besuch abstatten?

Desai sagte mir, ich würde mir zu viele Gedanken machen und dass seit dem Hinauswurf von Drake alles so gut gelaufen sei, dass er von mir nichts weiter brauche als Fernsehpräsenz und so viele Artikel wie möglich.

Er warnte mich allerdings, dass es da ein paar verstimmte Mitarbeiter gebe, richtige Spinner, denen er eins auf den Deckel geben musste. Ein paar würden wahrscheinlich zu mir kommen, um sich zu beschweren. Ich sollte keine Notiz davon nehmen, sagte er, denn sie stünden unserer Größe im Weg. Beiläufig dankte er mir auch dafür, dass ich Marty beschäftigt hatte, denn er tauchte jetzt nicht mehr im Büro von TheStreet.com in der Rector Street 2 auf und Desai hatte mehr Zeit zum Denken und Arbeiten.

Wie vorausgesagt, kündigten Ende Februar 1997 mehrere Angestellte ohne jegliche Erklärung, darunter auch eine Frau, die wir als Chief Operating Officer eingestellt hatten. Sie hatte weniger als zwei Wochen gearbeitet. Eine weitere Mitarbeiterin, eine Anzeigenverkäuferin, verschwand ebenfalls mehr oder weniger spurlos. Meine Frau, die die Betreffende kannte, drängte mich, herauszufinden, was da vor sich ging. Ich sagte ihr, sie solle sich keine Sorgen machen, Ravi habe alles unter Kontrolle. Sie erinnerte sich, dass sie mich nach dem Umzug von TheStreet.com anfangs gelegentlich zu Schulungen für junge Mitarbeiter eingeladen hatten. Sie sagte, ich sollte noch einmal so eine Veranstaltung ansetzen, um herauszufinden, ob da nicht etwas faul war. Am nächsten Tag sagte ich es Desai, aber er meinte, die Mitarbeiter seien zu beschäftigt. Als ich seine Sekretärin anrief, ob ich einmal vorbeischauen könnte, erfuhr ich, dass das nicht möglich sei, es sei denn, die Mitarbeiterin aus dem Compliance Office gebe grünes Licht, aber das würde sie nicht tun, denn sie würden gerade an großen Storys arbeiten, die den Markt beeinflussen könnten, und sie befürchteten, ich könnte sie sehen. Kein Kontakt mit der Redaktion, sagte sie. Desai hatte darauf bestanden, dass von allen E-Mails Kopien an ihn gingen, damit er verfolgen konnte, was die Mitarbeiter einander schrieben; Redakteure und Reporter sagten mir unbelauscht, dass sie nicht mehr mit mir kommunizieren dürften. Ich wusste, dass die Redaktion nichts mit mir zu tun haben wollte, weil mich die Mitarbeiterin aus dem Compliance Office als Darth Vader zu betrachten schien. Aber Desai hatte auch die geschäftliche Seite an sich gerissen. Sogar die Treffen im Regency waren weggefallen, auf denen uns erklärt worden war, was aus unseren allmonatlichen Schecks über 250.000 US-Dollar wurde.

Etwa um die gleiche Zeit drohte eine der Mitarbeiterinnen, eine Frau, an deren Einstellung ich mittels meiner Kontakte zu *SmartMoney* beteiligt gewesen war, bei ihrer Kündigung einen Anteil an der Firma bei mir einzuklagen; sie behauptete, ich sei bei der Überwachung der betrieblichen Vorgänge zu nachlässig gewesen. Ich wurde nervös. Ich sagte Desai, er müsse sich ein wenig Zeit für mich nehmen. Er wurde wütend und wenn er wütend wurde, machte sein Stottern eine Unterhaltung unerträglich. Er stellte klar, dass das Einzige, was uns daran hinderte, groß zu werden, meine Einmischung und meine Sorge um unzufriedene Mitarbeiter sei.

Karen schlug vor, wir sollten auf die nette Art versuchen, herauszufinden, was wirklich vorging. Mit dem Betrieb hatte sie überhaupt nichts zu tun, außer dass sie zusah, wie die Schecks unser gemeinsames Bankkonto verließen. Sie war verblüfft, wie viel Vertrauen ich in Desai setzte. Ich sagte, man müsse ganz einfach an ihn glauben, er sei einfach so klug, so schlau und so gut in allem, was er tat. Ich schlug vor, Ravi und seine Freundin, von der er mir kurz zuvor per E-Mail mitgeteilt hatte, dass er sie vielleicht heiraten würde, zum Essen in unser Haus in Summit einzuladen. Karen fand die Idee toll und Ravi nahm die Einladung an. Aber an dem Tag, als er und seine Verlobte hinaus zu uns kommen sollten, sagte er plötzlich ab und sagte, er fühle sich nicht gut.

Karen gab nicht nach und lud sie noch einmal ein. Er sagte wieder ab, mit der gleichen Entschuldigung. Sie versuchte es noch einmal an einem dritten Wochenende und diesmal kam Ravi, allerdings ohne Verlobte; sie sei nicht ganz auf der Höhe. Jedes Mal, wenn wir beim Essen über Geschäftliches reden wollten, lenkte Ravi das Gespräch auf die im Aufbau befindliche Kunstgalerie meiner Frau in SoHo. Sie hatte beschlossen, damit anzufangen, wenn Cece in die Schule kommen würde. Ravi hatte auf dem Gebiet der Kunst wie überall ein höchst beeindruckendes Wissen. Er weigerte sich, detaillierter über die Vorgänge zu sprechen, und wollte keine Überraschungen preisgeben, außer dass im März alle Puzzleteile zusammen sein würden, einschließlich einiger Überraschungs-Investoren, die eine Beteiligung an TheStreet.com wollten.

Als ich es ein letztes Mal versuchte, sagte er, er habe noch etwas Wichtigeres, das er endlich loswerden wolle. Ich sei für ihn wie ein Vater geworden, ich hätte erkannt, wie intelligent und fürsorglich er sei, und er wolle wissen, ob ich sein Best Man sein wolle, wenn er im Mai heiratete. Er sagte, das bedeute ihm viel, und er würde nur jemanden fragen, vor dem er schrecklichen Respekt habe. Ich war wie vor den Kopf gestoßen und fühlte mich geschmeichelt. Aber sicher, sagte ich erfreut.

Ich war nach dem Abendessen restlos begeistert, aber Karen war äußerst skeptisch. TheStreet.com hatte sie immer mehr verwirrt und verärgert und sie sagte, das nehme einen sehr großen Teil meiner Zeit, meiner Energie und meines Interesses in Anspruch, und zwar ohne greifbare Ergebnisse. Sie drängte mich, dass ich auf Ravi Druck ausübte, damit er einen Vertrag, irgendeinen der Dutzende von Verträgen, an denen er angeblich arbeitete, innerhalb der nächsten zehn Tage abschloss. Ich sagte ihr, Ravi stehe wahrscheinlich sehr unter Druck, weil er heirate, und sein Angebot, dass ich sein Best Man sein durfte, nahm mich noch mehr für ihn ein. Sie wandte ein, er habe seine Verlobte ja nicht einmal mitgebracht, sie bezweifle, ob er überhaupt heiraten würde. Ich solle lieber schauen, dass er ein Geschäft abschließt, das wir alle sehen können, denn ihrer Ansicht nach sei der Bursche nichts als ein Spaßvogel, der zufällig in Harvard studiert hat.

Am nächsten Tag dankte ich Ravi noch einmal für das Angebot, sein Best Man zu sein, aber ich fügte hinzu, dass Karen etwas Konkretes sehen wollte, damit wir daran glauben konnten, dass wir da irgendwann einmal herauskommen würden. Angesichts der Tatsache, dass sie und ich bis dahin mehr als anderthalb Millionen Dollar investiert und uns verpflichtet hatten, zum Anfang des zweiten Quartals Schecks in Höhe von weiteren 500.000 Dollar auszustellen, könne man ihr das auch nicht verdenken.

Er sagte mir, er arbeite an etwas Großem und Schnellem; dabei gehe es um eine Fax-Version von TheStreet.com für alle Ritz-Carlton-Hotelzimmer des Landes. Damit würden wir die *New York Times* als gefaxte Wirtschaftsnachrichten noch übertreffen und die Hotelkette sei gewillt, gut dafür zu bezahlen. Er müsse nur noch für ein paar Tage nach Boston fahren, um das Geschäft abzuschließen. Und wenn er schon einmal in Boston wäre, würde er auch das Vertriebsabkommen mit Fidelity festigen. Außerdem wolle uns der große Fondsvertrieb Scudder Stevens seinen Fondsinhabern anbieten, damit sie besser über die Märkte informiert wären. Auch diesen Deal wollte er abschließen.

Ein beschäftigter Mann, viele tolle Chancen. Dann lass dich nicht aufhalten, sagte ich. „Waidmannsheil!“

Am nächsten Tag informierte mich meine Assistentin Jeannie Cullen, nun, da Ravi weg sei, wollten zwei Mitarbeiter von TheStreet.com herüberkommen und mit mir sprechen, und zwar Dave Kansas, den wir vom *Journal* abgeworben hatten, und Brendan Amyot, ein junger Auflagenspezialist, den wir bei *Vibe* gefunden hatten, einer Musikzeitschrift von Time Warner.

Noch nie hatte jemand von TheStreet.com mit mir gesprochen. Ich fragte, worum es gehe, und sie antwortete mir, das könnten sie mir nicht sagen. Kurz nach Börsenschluss kamen zwei aschfahle Mittzwanziger in meinen Trading Room. Ich schob sie in mein bedrohliches Büro, das ich sonst nur benutzte, wenn ich jemandem kündigte, und schloss die Tür.

Beide sagten, dass ihnen das Reden sehr schwerfalle. Brendan sagte, er brauche von mir das Versprechen der Verschwiegenheit. Dave sagte, was er da tue, könne ihn seinen Job kosten.

Nur weiter, sagte ich, denn es entspricht nicht meiner Gewohnheit, auf eindeutig schlechte Nachrichten lange zu warten.

Dave sagte, Desai arbeite überhaupt nicht für TheStreet.com. Er komme morgens herein, lasse die Jalousien in seinem Büro herunter, bleibe eine Stunde und verschwinde dann wer weiß wohin; er sage dann immer, er fühle sich nicht gut. Brendan sagte, auch er sehe Desai nie, obwohl er ihm unmittelbar unterstellt sei. Brendan sagte, als er am Tag davor in Desais Büro gegangen sei, habe er nur einen Haufen leerer Wodkaflaschen Marke Stolichnaya gesehen.

Ich schaute sie mit vollkommener Verachtung an. Ich sagte ihnen, dass mich Ravi gewarnt hatte, wenn er nicht da wäre, würden ein paar von ihnen herüberkommen und schlecht über ihn reden; da wären sie nun und würden das Herzstück des Projekts hinter seinem Rücken verleumden.

Nein, sagte Dave. Alle Mitarbeiter wüssten Bescheid und wenn Desai aus dem Haus gehe, schickten sie ihm Reporter hinterher, um zu sehen, wohin er gehe. Er gehe immer ins McAnn's, das Gasthaus auf der anderen Straßenseite, und dort bleibe er bis lange nach Feierabend.

Unsinn, widersprach ich, der Mann macht Geschäfte, große Geschäfte. Ich sagte ihnen, dass er ein paar unglaublich produktive Reisen in den Westen unternommen habe, um unsere Kontakte im Silicon Valley zu festigen und mit Starwave auszuhandeln, dass es unser Host sein würde.

Keine dieser Reisen habe je stattgefunden, sagten sie. Sauftouren seien es gewesen, die er vielleicht nötig habe, weil er nur dann nicht stotterte, wenn er betrunken war. Brendan behauptete steif und fest, der einzige Grund, weswegen wir Starwave bekommen würden, sei, weil er selbst dort hingegangen sei und das erledigt habe. Desai, so sagte er, habe mit diesem Geschäft nicht wirklich etwas zu tun gehabt.

Aber, sagte ich, genau jetzt, wo sie ihn verleumdeten, unterzeichnete er doch einen großen Vertrag mit Ritz-Carlton über die Lieferung eines Faxproduktes. Brendan lachte. Es gebe kein Faxprodukt und keinen Vertrag. Und das Fidelity-Geschäft? Es gab angeblich keine Termine bei Fidelity. Peter Lynch würde nicht für uns schreiben. Er wisse noch nicht einmal, wer wir sind. *Worth* wollte, dass ich für sie schreiben sollte.

„Aber Schwab!", sagte ich. Ravi habe unfassbare Kontakte bei Schwab, in der Chefetage. Die haben mit uns etwas ganz Großes vor. Nun ja, sagte Brendan, die hätten eine Erhebung unter aktiven Tradern in Auftrag gegeben, und demnach würden viele unseren Service selbst dann nicht benutzen, wenn wir kostenlos wären. Nur acht Prozent der Trader sagten, sie würden uns benutzen, wenn sie dafür bezahlen müssten. Halbherzig warf ich noch Ravis enge Freundschaft mit dem Chefstrategen ins Feld und mir war klar, dass auch das vermutlich nicht stimmte. „Wir sind denen bei Schwab egal", sagte Brendan.

Ich sagte, ich hätte genug gehört, und sie könnten jetzt gehen. „Was ist mit dem Unternehmen?", wollte Brendan wissen.

„Welches Unternehmen?", sagte ich. „Welches Unternehmen?", fragte ich nochmals rhetorisch, als ich sie aus dem Büro geleitete.

Als ich an jenem Abend nach Hause kam, erzählte ich es Karen. Sie meinte, so ergebe alles einen Sinn: die plötzlichen Erkrankungen, die Heimlichtuerei, die Unfähigkeit, die Wahrheit zu sagen, die erlogenen großen Geschichten. Ravi war ein Alkoholiker und musste sofort gefeuert werden.

Ich sagte ihr, ich müsste zuerst ein paar Dinge überprüfen und dass es nicht so einfach sein konnte. Einen nach dem anderen rief ich alle an, die ich bei TheStreet.com kannte, und fragte sie auf den Kopf zu, ob Ravi auf der Arbeit trinke. Alle bejahten die Frage. Alle kannten seine Marke. Alle erzählten von den leeren Wodkaflaschen im Büro und dass er schon seit Monaten einfach nicht mehr arbeitete.

Dann rief ich das Ritz-Carlton in Boston an und wollte den Geschäftsführer sprechen, weil ich angeblich eine wichtige Auskunft über jemanden haben wollte, den ich eventuell einstellen wollte. Als ich den Manager am Telefon hatte, fragte ich ihn, ob er je von Ravi Desai oder von TheStreet.com gehört habe. Er fragte mich, ob es hier um Werbung gehe, denn er habe von beidem noch nie gehört. Ich erklärte ihm meine Situation, um sicherzustellen, dass ich mit der richtigen Person sprach. Er sagte, ein derartiges Produkt würde auf jeden Fall durch seine Hände gehen, und niemand mit dem Namen Desai habe je mit ihm oder einem seiner Mitarbeiter gesprochen.

Dann rief ich bei Schwab an und wollte mit den Mann reden, der mit dem TheStreet.com-Test betraut war. Ravi hatte uns geschworen, dass uns dieser Mann dem *Wall Street Journal* bei Weitem vorziehe. Er faxte mir die Ergebnisse der Studie unter den Aktienhändlern zu, die in der Tat sehr negativ für uns ausgefallen war, und meinte, es tue ihm leid, dass beide Seiten so viel Zeit damit verschwendet hätten. Er versuche schon seit Wochen, Ravi zu finden, meinte er, und ihm die schlechte Nachricht zu übermitteln, aber er könne ihn nicht finden.

Das konnte ich auch nicht. Einen Tag lang versuchte meine Assistentin, ihn mit stündlichen Anrufen und E-Mails zu erreichen; sie hinterließ jedes Mal die Nachricht, dass er zu mir kommen sollte.

Und 24 Stunden später tauchte er endlich in meinem Büro auf. Ich sprach ihn sofort darauf an. Er stammelte, das seien lauter Lügen, jeder wisse, dass er stottere und dass er gelegentlich einen Schluck oder zwei nehme, um das Stottern zu lindern; aber er habe hart gearbeitet, sehr hart, damit alles klappte.

Und jetzt, so sagte er, müsse er ins Flugzeug steigen, um einen Vertrag mit Starwave zu unterzeichnen. Starwave würde unser Partner werden, unsere kümmerliche Technik wäre dann weg, und wir würden weiterrollen auf die nächste Ebene. Ich antwortete ihm, dass ich nicht so recht wusste, was ich tun sollte, und vielleicht sollten wir jemand anders schicken. Er sagte, er habe alle anderen im Unternehmen darüber im Dunkeln gelassen, weil sie alle so unfähig seien.

Was konnten wir tun? Ich meinte zu ihm, er solle fliegen, aber nach seiner Rückkehr müssten wir ein paar Dinge ändern, ihm Hilfe und eine Therapie besorgen. Er brauche nichts weiter als Urlaub und ein bisschen Geld, erwiderte er. Er hatte das ganze Geld verbraucht, das wir ihm gegeben hatten, aber wenn er sich 100.000 Dollar leihen könnte, könnte er mit Sicherheit die Starwave-Verhandlungen abschließen; danach würde er sich freinehmen und sich behandeln lassen, mit einem Psychiater über seine Trunksucht sprechen (die er endlich eingestand) und vielleicht sogar eine Entziehungskur machen. Wenn er nicht fliegen könne, so sagte er, müsse er kündigen und wäre dann für nichts mehr verantwortlich, was geschehen würde. Ohne das Darlehen von 100.000 Dollar, machte er mir klar, müsste er bei Starwave anrufen und den Deal absagen. Brendan hatte mir zwar versichert, dass er die treibende Kraft hinter den Gesprächen mit Starwave gewesen sei, aber was, wenn Ravi einfach nur unter zu hohem Druck stand? Er hatte noch keine Minute Urlaub gehabt, dachte ich, und wenn er wollte, konnte er wirklich alles vermasseln. Er war immer noch CEO und Chefredakteur. Ich hatte keine andere Wahl, als ihm das Darlehen zu gewähren. Ich war so lange erpressbar, bis ich ihn als CEO absetzen und ersetzen konnte. Da ich so lange aus dem Unternehmen ausgeschlossen worden war, wusste ich nicht einmal, welche Geschäfte echt und welche vorgetäuscht waren. Ich gab ihm die hunderttausend. Ravi bestätigte, dass es mit Schwab, Fidelity und Scudder Schwierigkeiten gab, aber das könne er nach seinem Urlaub ausbügeln.

Drei Verhandlungstage später berichtete er, er habe das Starwave-Abkommen unterzeichnet und gehe jetzt in Urlaub. Ich hatte darauf bestanden, dass er Brendan mit auf die Starwave-Reise nahm, denn es war zweifehlhaft, ob Ravi in seinem Zustand im Amt bleiben konnte. Brendan bestätigte unabhängig von ihm, dass wir ein vorläufiges Abkommen mit Starwave hatten und dass nur noch ein Auskunftsgespräch über unser Unternehmen fehlte, das seiner Meinung nach kein Problem darstellen dürfte.

In der darauffolgenden Woche flog Ravi für eine Woche nach Jumby Bay auf Antigua – ich weiß das, weil ich ihn dort angerufen habe –, und ich machte ein örtliches Alkoholikerprogramm für ihn ausfindig. Außerdem machte ich mich daran, wieder die Kontrolle über die geschäftliche Seite des Unternehmens zu bekommen. Ich musste ein aktiverer Co-Vorsitzender werden, wenn ich alles durchkämmen und herausfinden wollte, wo wir wirklich standen. Ich informierte Marty über die schlechte Wendung der Ereignisse und er beteiligte sich aktiv an der Suche nach Beratung für Ravi und an der Umstellung auf eine neue Führungsmannschaft. Währenddessen engagierten wir einen Anwalt, um herauszufinden, was wir mit Desai machen konnten und was nicht, falls er nicht mit uns kooperieren würde. Sobald Ravi wieder zurück war, sagte ich ihm, dass er sich helfen lassen sollte. Er meinte, das würde er schon tun, aber ich sollte ihn besser in Ruhe lassen, denn er könne immer noch genug Schaden anrichten, wenn ich ihn drängen würde. Er könne den Starwave-Deal immer noch sabotieren und mir persönlich eine Menge Schwierigkeiten machen, sagte er, denn er habe einen Haufen Schmutz, mit dem er mich bewerfen könne.

Die ganze Zeit hatte mich der Kerl nicht ernst genommen und ich hatte es mir gefallen lassen, aber jetzt, da er mich persönlich bedrohte, war es auf der Stelle vorbei mit der Versöhnlichkeit. Ich sagte ihm, er sei nicht der erste und auch nicht der letzte Mensch, der mich bedrohte, aber ich würde dafür sorgen, dass er wegen Fehlverhaltens entlassen würde.

An diesem Abend rief er mich zu Hause an. Sonst rief er mich nie zu Hause an. Er sagte, er wolle sich mit mir versöhnen, er habe zu heftig reagiert, die Hochzeitspläne würden zügig voranschreiten und es würde die Gefühle seiner Verlobten wirklich verletzen, wenn ich nicht sein Best Man sein würde. Wenn ich dies jedoch nicht tun würde und versuchen würde, ihn zu beseitigen, werde er etwas tun, das in meinem Leben den Dritten Weltkrieg auslösen würde.

Ich sagte ihm, er habe nichts in der Hand. Er fragte mich, ob ich mich noch an die Mitteilungen erinnern könne, die wir unter dem Betreff „Operation Rockbreak" ausgetauscht hätten. Er habe den gesamten Schriftwechsel unserer Verschwörung gegen Marty ausgedruckt. Er sagte, er habe einen FedEx-Umschlag an Marty adressiert, und wenn ich nicht mitspielen würde, dann wäre er schon so gut wie abgeschickt. Das wäre es mir doch wahrscheinlich wert, mich wieder mit ihm zu vertragen, oder? Allerdings würden die Kosten für eine solche Wiedergutmachung im mittleren sechsstelligen Bereich liegen, vielleicht um die 600.000 US-Dollar.

Meine Freundschaft mit Marty sei stärker als das, erwiderte ich, ob er wohl verrückt sei, niemals würde ich mich so erpressen lassen. Er sagte, ich sollte das lieber noch einmal überdenken, denn die Dokumente gäben eine hochinteressante Lektüre ab. Er drohte, er würde außerdem Starwave anrufen und erzählen, mein Hedgefonds sei in den letzten Wochen bankrottgegangen, ich hätte kein Geld mehr und hätte auch Peretz mit hineingezogen. Er sagte mir, es wäre dann auch in der Zeitung zu lesen, dass weder mein Unternehmen noch TheStreet.com ihre Mitarbeiter bezahlen könnten.

Ich legte auf. Ich rief Marty an und erzählte ihm von dem Gespräch. Dann sagte ich ihm, er könne mit einer FedEx-Sendung einer Reihe von E-Mails rechnen, die im Eifer des Gefechts geschrieben worden seien und die kein gutes Licht werfen würden. Marty war verwirrt. Kein gutes Licht worauf? Ich kam ins Stottern. Das lief nicht besonders gut. Ich kannte Marty seit 20 Jahren und er war mein Best Man gewesen. Was in den E-Mails stand, daran könnte ich mich nicht mehr erinnern, meinte ich, aber Ravi hätte mich damals gebeten, ihm dabei zu helfen, damit er, Marty, zu sehr mit anderen TheStreet.com-Projekten beschäftigt wäre, als dass er Ravi überwachen konnte.

Schweigen.

Ich überlegte eine Sekunde. Wie schlimm konnten die Mitteilungen denn eigentlich sein? Ich gestand Marty, wie peinlich mir das war, entschuldigte mich und meinte, dass ich so etwas nie hätte tun dürfen. Als ich das sagte, saß ich mit meiner Frau in der Küche, und sie war völlig entgeistert.

Marty wollte Näheres von mir wissen, aber ich unterbrach ihn, ich müsse jetzt sofort mit Brendan sprechen und die Namen der wichtigsten Personen bei Starwave herausfinden, denen Ravi am Telefon erzählen könnte, dass ich pleite sei. Ich legte auf.

Zwei Stunden später hatte ich einige der Leute von Starwave erreicht. Ravi hatte sie tatsächlich angerufen. Sie waren an einer Zusammenarbeit mit uns nicht mehr interessiert; entweder müsste der Vertrag neu ausgehandelt werden oder er würde ins Wasser fallen.

Ich fragte sie, was ich tun sollte. Am nächsten Tag wollte ich ihnen eidesstattliche Erklärungen meiner Rechnungsprüfer, meine Performancenachweise, Steuerunterlagen und Bankauszüge schicken. Doch der Schaden war angerichtet. Das Geschäft blieb zwar bestehen, aber das Vertrauen war zerstört.

Niedergeschlagen ging ich nach oben, um mit meiner Frau über die Entwicklung des Projekts zu sprechen. Sie lag lesend im Bett. Als ich hereinkam, troff mir mitten im Winter der Schweiß von der Stirn, und mein Gesicht war vor Verlegenheit rot angelaufen. Ich erzählte ihr alles. Und ich sagte, jetzt wäre es Zeit, im Hinblick auf TheStreet.com das Handtuch zu werfen.

„Unsinn", sagte sie.

Ich sagte ihr, dass sie mit allem recht behalten hatte, dass es ein Betrugsunternehmen geworden war, dass man das nicht mehr beheben könne und ich es nie mehr unter Kontrolle bekommen würde. Sie widersprach mir nicht, aber sie sagte etwas, das mir sinnvoll erschien: „Wenn du jetzt zumachst, lässt du Ravi gewinnen, und ich glaube, dass du das dein Leben lang bereuen würdest. Und jetzt hör auf, den Kopf hängen zu lassen. Überleg dir lieber, wie du an der Börse mehr Geld verdienen kannst, um das Ding zu retten."

Sie hatte recht. Ich klappte meinen Computer auf und schickte eine allerletzte E-Mail an Ravi Desai. Ich schrieb, dass er in den vergangenen 24 Stunden viel getan habe, um meinen Ruf und das Unternehmen zu zerstören, an dessen Schaffung er mitgewirkt hatte, aber dass mich das nicht abschrecken würde. Ich schwor, ich würde Projekt fertigstellen und zum Erfolg führen, und sei es auch nur als letzte Rache für seine Verleumdung und Erpressung. Am nächsten Tag erschien der *Red Herring* mit dem Titel „Hits", auf dem es so aussah, als würden Ravi und ich direkt vom Himmel in die Wall Street herabsteigen. Ich hatte einiges zu erklären.

Ravi verschwand für ein paar Jahre und tauchte dann an der University of Washington wieder auf, wo er einen Lehrstuhl für Lyrik stiftete. Als er dann später seinen Zahlungsverpflichtungen nicht nachkam, kam seine bewegte Geschichte, in der auch Bigamie vorkam, in einem ausführlichen *Time*-Artikel ans Licht und er konnte keine Arbeitgeber mehr narren. Zumindest bis jetzt nicht.

9
Der Mann mit den zwei Karrieren

Wenn man an Internet-Branding denkt, dann denkt man an die ganzen Millionenverträge, bei denen eine Dotcom an America Online, an *NBC*, an Disney oder an eine Zeitung beziehungsweise Zeitschrift einen Stapel Aktien im Austausch gegen ein paar gut platzierte Anzeigen bezahlt. Das war von November 1999 bis März 2000 die Quintessenz des Internetkapitalismus, die Formel für den sofortigen Erfolg; die Unternehmen der alten Garde scharten sich um die neuen und diese neuen Unternehmen boten als Gegenleistung Besitzanteile.

Damals erlebten wir innerhalb kürzester Zeit derart viele solcher Deals, dass wir die Zeit fast vergaßen, in der man noch Schleichwerbung machen konnte, in der man Menschen auf seine Internetseite bringen konnte, ohne dass man nach dem Börsengang Aktien, Aufsichtsratssitze oder Bargeld hergeben musste.

Man konnte seinen Namen bekannt machen, indem man einfach überall war und darauf bestand, dass ein paar Zentimeter unter der Namenseinblendung die URL erschien. Nachdem ich festgestellt hatte, dass fast alle potenziellen Partnerschaften, auf die ich mit Desai gesetzt hatte, nur heiße Luft gewesen waren, wurde die mündliche oder schriftliche Erwähnung von TheStreet.com zur allumfassenden Strategie.

Es ist bekannt, dass es Menschen gibt, die eine Zeit lang scheinbar überall präsent sind. Normalerweise passiert das, weil sie aufgrund ihres Wissens oder ihrer Kenntnisse als Experten für ein bestimmtes Thema gelten können.

Im Jahre 1997, dem zweiten Jahr eines bemerkenswerten Aufstiegs der Technologie-Aktien, an denen Amerika einen Narren gefressen hatte, wurde ich dieser Medienexperte, den man engagieren konnte. Ich betrieb meine Firma damals seit zehn Jahren und hatte einen Ertrag von 22 Prozent erwirtschaftet – sieben Prozent mehr als der S&P 500, die Messlatte, die wir alle überspringen wollen. Diese Performance war meine Legitimation. Ich betrieb einen Hedgefonds, das heißt, so ein supergeheimes Ding zum Angeben, etwas Gefährliches; ich war ein Profi, der jeden Tag aufs Neue aus dem Stand den Markt erfolgreich übertreffen musste. Das und meine soliden Zahlen waren mein Qualitätssiegel. Ich redete lustig und leidenschaftlich über Aktien und ich dachte, der Markt sollte zur nationalen Freizeitbeschäftigung werden. Ich sprach gern über den Markt und alle hörten gern zu, vor allem wenn ich Aktien erwähnte, die jedermann mochte.

Genau in jener Zeit gewannen die Menschen dank Amazon den Eindruck, dass die heißesten Aktien diejenigen waren, die etwas mit dem Internet zu tun hatten. Bei jeder sich mir bietenden Gelegenheit sagte ich, man könne das Netz am besten nutzen, indem man online tradete, und wenn man im Internet ehrliche Informationen und Meinungen über Aktien suche, dann müsse man sich an TheStreet.com wenden. Wir hatten die Welle erwischt. Die Formel war einfach und die Medien hatten sie begriffen. Die Öffentlichkeit konnte online mehr über Aktien herausfinden, als ich jemals hatte herausfinden können. Die Aktien, die an der Börse am besten liefen, hatten mit dem Internet zu tun. Wenn man damals Jim Cramer in seine Sendung bekam, den wilden, aufgeregten Typen mit den braun gelockten Haarbüscheln wie Bozo der Clown, der den Mund ziemlich voll nahm und gebieterisch darüber sprach, wie man im Netz Geld verdienen könnte, dann hatte man die Stimmung optimal eingefangen.

Mein Tagesablauf war mörderisch. Ich stellte den Wecker auf 3:45 Uhr, sprang aus dem Bett, rasierte und duschte mich und ging um 4:15 Uhr online, um Nachrichten zu lesen. Dann versendete ich einen Artikel darüber, was meiner Meinung nach am Vormittag an den Märkten passieren würde. Um fünf saß ich mit meinem Chauffeur Kyle im Auto, um dem Verkehr im Holland Tunnel zuvorzukommen, und auf dem Weg in die Stadt schrieb ich einen zweiten Beitrag, diesmal einen informativen über Aktien oder Optionen. Ich schaute, dass ich immer um 5:30 Uhr in meinem Trading-Gefechtsturm in der Wall Street 100 war, von wo aus ich mit amerikanischen Aktien in Übersee handelte sowie mit Aktien aus Finnland, Schweden, Deutschland sowie gelegentlich auch aus Russland und der Türkei. Dann sprang ich wieder ins Auto und fuhr hinauf zu „Good Morning America", wo ich inzwischen Sonderberichterstatter für die Aktienmärkte war. Nach einer kurzen Plauderei über die Börse mit Charlie Gibson oder mit der Gastgeberin Lisa McRee fuhr ich in Kyles 1995er-Stretch-Cadillac Richtung Downtown und hackte wie ein Wilder einen weiteren Beitrag für TheStreet.com in den Computer. Um 8:30 Uhr war ich wieder im Büro zur Tagesbesprechung mit Jeff Berkowitz und um 9:15 Uhr stand unsere Tagesstrategie komplett mit empfohlenen Aktiensektoren – zu diesem Zeitpunkt noch nicht mit konkreten Aktien, denn wir hatten noch nichts gekauft – in meiner Morgenkolumne.

Zur Eröffnungsglocke um 9:30 Uhr rief ich laut: „There goes Swifty"! Das stammte noch aus der Zeit, als ich im Bostoner Wonderland auf Hunderennen wettete. Der Ansager fing jedes Rennen mit „There goes Swifty!" an; Swifty ist der mechanische Hase, hinter dem die Hunde herjagen, und mir gefiel der Vergleich so gut, dass ich keinen Handelstag ohne diesen Ausruf beginnen konnte. Trader sind äußerst abergläubisch und ich dachte inzwischen, wenn ich nicht „There goes Swifty" sagen würde, dann würde ich an diesem Tag Geld verlieren, so als läge der Schlüssel für die Performance des Tages in diesem Ritual. (Ich wünschte, es wäre bei mir nur „There goes Swifty" gewesen. Ich fing auch an zu glauben, dass ich mehr Gewinn mache, wenn ich durch die mittlere Drehtür gehe anstatt der rechten oder linken. Und wenn ich einen fantastischen Tag hatte, mit mehr als fünf Millionen Profit, dann schrieb ich den Gewinn teilweise meinem funkelnagelneuen Polohemd von Gap zu. Wenn ich irgendwann eine Zeit lang Pech hatte, holte ich wieder das grüne Hemd hervor, um die Pechsträhne zu brechen; ich trug es immer wieder, bis die Magie wieder wirkte, egal, wie dreckig und fleckig es war. Glücklicherweise sorgte meine Frau, die zwar nie abergläubisch war, aber um die Macht des Aberglaubens und der Hygiene wusste, dafür, dass es immer frisch gewaschen war, und zwar bis zu dem Tag, als ich mich zur Ruhe setzte; da verschwand es und tauchte nie wieder auf.)

Den ganzen Tag tradete ich und schrieb über das, was ich sah; je nachdem, wie aufregend der Handelstag war, steigerte sich die Häufigkeit der Artikel. Den ganzen Tag filterte meine Assistentin Jeannie Cullen meine Anrufe und entschied, welche Reporter durchgestellt wurden und welche nicht, je nachdem, ob sie grob oder freundlich waren. Im Gegenzug für die Erwähnung der URL lieferte ich einen O-Ton nach dem anderen, und bis zum Ende des Handelstages hatte sie mich für eine weitere Sendung gebucht, in der ich am Abend das Verhalten der Börse besprach. Immer wenn ich zu Charlie Rose konnte, sagte ich zu, bis es so weit kam, dass ich nach großen Auf- oder Abwärtsbewegungen der Börse schon wusste, dass Jeannie sagen würde, Charlie wolle mich haben. Wenn Charlie nicht anrief, fand ich ein- oder zweimal pro Woche den Weg in die „Bull Session", die Abendsendung von David Faber auf *CNBC*, in der die Ereignisse des Tages rekapituliert wurden. Wenn mich *CNBC* nicht wollte, brachte mich Jeannie bei *CNN* oder *PBS* unter, und wenn alles nichts half, gab es immer noch Canadian Broadcasting und irgendwelche nicht-englischsprachigen europäischen Sender, bei denen meine Gestik als Zeichen für die Marktbewegungen des Tages genügen musste.

Die endlosen Verkehrsstaus, die mein Fahrer nicht umgehen konnte, nutzte ich, um Beiträge für *Time*, *GQ* oder *Worth* zu schreiben, denn ich hatte mit allen dreien Verträge. Für *Time* schrieb ich einen einfachen Überblick über Bewegungen mit ein paar Aktientipps. Bei *GQ* ging es um eine sozusagen sportliche Berichterstattung über die damalige völlige Verrücktheit des Marktes und darum, zu erklären, wieso Coca-Cola und Pepsi, die beide um die 40 gehandelt wurden, nicht gleich waren, denn das Kurs-Gewinn-Verhältnis sprach für Coca-Cola. Mein Lob und meine Verärgerung über Ungerechtigkeiten sparte ich mir für *Worth* auf. Allerdings war die Sache mit dieser Zeitschrift, die damals Fidelity gehörte, nicht ganz ungetrübt, weil der erste Artikel, den *Worth* von mir haben wollte, eine Kritik der schlecht laufenden Fidelity-Fonds war. Eigentlich hätte daraus eine Titelstory werden sollen, aber am Ende kam nur eine Titelzeile heraus „Fidelity wieder auf die Reihe bringen". Die Oberen von Fidelity waren ziemlich sauer, weil ich in ihrem eigenen Magazin ihr Unternehmen kritisierte.

Ich beschrieb in dem Artikel, wie ein missratener Fidelity-Manager den für den Ruhestand gedachten Sparstrumpf meiner Mutter mit lateinamerikanischen Anleihen hatte hochgehen lassen. Ich empfahl, Fidelity solle ein paar meiner inzwischen pensionierten früheren Chefs von Goldman Sachs engagieren, zum Beispiel Bill Gruver, den pingeligen Soldaten, der die Ausbildungsabteilung leitete; so könne man den Managerstall einmal ausmisten.

„Ich weiß nicht, ob es etwas Dümmeres gibt als das, was du da gemacht hast", sagte Karen, als der Artikel erschien. „In deinem eigenen Magazin bringst du dich selbst, Großmutter und Fidelity in eine peinliche Lage", sagte sie oberlehrerhaft. Als ich ihr erwiderte, dass sich woanders sonst niemand so etwas zu schreiben traue, meinte sie, dann sei dieser Artikel die „krudeste Mischung aus Integrität und Dummheit", die sie in der Finanzwelt je gesehen habe. Rückblickend war es wirklich nicht gerade einer meiner klügsten Schachzüge.

An den Tagen, an denen ich nicht bei „Good Morning America" war, erschien ich in der „Squawk Box" auf *CNBC*, der lockeren Show von Mark Haines, die damals von 8:00 bis 10:00 Uhr ging (inzwischen wurde sie um eine Stunde verlängert). Ich gehörte zu der Sammlung von Geldmanagern und Mitgastgebern, die ihre Meinung äußerten oder Fragen an Chief Executive Officers und Analysten richteten. Ich war durch Maria Bartiromo zu *CNBC* gekommen, der Downtown-Korrespondentin, die immer auf der Suche nach einem Geldverwalter war, der vor der Kamera etwas über die Börse ablassen wollte. Den Weg in das Team hatte ich gefunden, kurz nachdem Maria ein Porträt von TheStreet.com als der aufstrebenden Seite zur Informationsbeschaffung gebracht hatte.

Wenn ich morgens nicht bei Squawk oder GMA (Good Morning America) war, zitierte ich die Leiter von TheStreet.com vom anderen Ende der Stadt in mein Büro, um die Ausgaben der Woche durchzugehen, denn meine monatlichen Schecks in Höhe von 250.000 Dollar reichten für die Ausgabegewohnheiten des Unternehmens kaum aus. Inzwischen gaben wir schon Geld aus, das meine Frau als Traderin verdient hatte, und deshalb verlangte sie diese Treffen, damit wir nach Ravis Weggang einen gewissen Einblick in die Vorgänge hatten.

Nach einem Überraschungsbesuch bei TheStreet.com hatte sie auf diesen Treffen bestanden. Wir hatten nicht um Erlaubnis gefragt, vorbeizukommen, auf der die Redaktion immer bestanden hatte, und daher war es eine Überraschung. Karen, die weder formell noch informell eine Rolle bei TheStreet.com spielte und dies auch nicht wollte, hielt die Besuchsregelung für völlig absurd. „Entweder vertrauen sie dir oder nicht, und nach allem, was du für diese lächerliche Angelegenheit schon durchgemacht hast, sollten sie lieber damit anfangen, dir zu vertrauen", sagte sie, als wir in die Rector Street 2 gingen. Auch ich war in letzter Zeit nicht mehr dort gewesen. Als sie zum ersten und letzten Mal die Räume des Unternehmens betrat, klappte ihr der Unterkiefer herunter. Sie hatte die Räumlichkeiten für unseren Hedgefonds organisiert, sie hatte nie auch nur ein einziges neues Möbelstück gekauft und immer darauf bestanden, dass wir zur Vermeidung von Ausgaben nicht einmal unsere Türen beschrifteten, und daher war sie vom Luxus dieses Büros schockiert.

„Die Schreibtische sind aus massiver Walnuss, was haben die gekostet?", fragte sie den nervösen Büroleiter, der uns im Eingangsbereich entgegenkam, noch bevor ich die beiden überhaupt miteinander bekannt machen konnte. Er war wie vor den Kopf gestoßen, als meine Frau jedes einzelne Möbel inspizierte und mir sagte, die größeren hätten bestimmt 50.000 Dollar das Stück gekostet.

„Nee“, sagte ich, „viel zu teuer.“ Aber der Manager zuckte zusammen und nickte. Er sagte, Karen habe recht, Desai habe für solche Annehmlichkeiten ganz schön viel ausgegeben und 50.000 pro Schreibtisch sei so etwa der Rahmen. Wutentbrannt stieg sie wieder in den Aufzug, ohne sich die Redaktion auch nur anzusehen. Für mich war das eine Erleichterung, denn die Verwaltungsleute waren ehrlich und naiv, aber in der Redaktion hätten sie einen Anfall bekommen, wenn wir unangekündigt erschienen wären. Zeitweise hatte es den Anschein, als sei es die vornehmste Aufgabe des Nachrichtenzentrums, seine Arbeit vor mir zu verheimlichen. Zwar hatte Desai damit angefangen, aber seine Nachfolger setzten das gewissenhaft fort.

Wenn ich nachmittags nicht gerade im Fernsehen war und die Marktlage erklärte, machte ich Werbespots für TheStreet.com, Anzeigen oder Fotos, die mit der Börse zu tun hatten. Die Börse war damals derart angesagt, dass man damit alles verkaufen konnte, zum Beispiel auch Schuhe. Rockport hatte mich gefragt, ob ich bei der Werbekampagne mitmachen würde, bei der unkonventionelle Träger ihrer Business-Schuhe gezeigt wurden. Eines Tages, als ich auf dem Weg zu Good Morning America zum Schuhgeschäft auf der anderen Straßenseite schaute, sah ich ein 1,90 m hohes Bild von mir mit den Schuhen, und direkt neben den Füßen stand klein „TheStreet.com“. „Ich stehe dazu, dass ich manchmal falschliege“, hieß es in dem Werbetext zwei Zentimeter über meiner Hüfte. Das war eine scherzhafte Anspielung auf meine Kolumne mit dem Titel „Wrong“ [„Falsch“] und auf die Tatsache, dass ich schriftlich oder live immer bereit war, zuzugeben, wenn ich eine Marktprognose in den Sand gesetzt hatte. Das war eine mörderische Werbung für die Website und die Anzeige erschien in allen landesweiten Zeitschriften. Ein Jahr später hätte ich Rockport für ein solches Branding vielleicht zehn Prozent meines Unternehmens vermachen müssen, aber in diesem Stadium spendeten sie noch Geld an die Bedürftigen, damit ich posierte.

Manchmal staunte ich über mich selbst, wie hartherzig und berechnend ich bei der Jagd nach Erfolg für TheStreet.com geworden war und wie sehr ich alles andere vernachlässigte. Ein paar Tage, bevor Ravi in sich zusammenfiel, am 20. März 1997, hatte ich Dreharbeiten für einen Werbespot. Es war eine einfache Kopie der alten Werbung von John Houseman für Smith Barney; ich fing an, auf die altmodische Weise über Aktien zu sprechen, und verwandelte mich dann ganz schnell in einen Dotcom-Typen; ich las ein paar unverschämte Passagen aus meinen Artikeln vor. Es war ein typischer Tag, ich ging kurz hinüber zu Squawk, dann wieder ins Büro und schließlich in die Spy Bar in Downtown, um den Werbespot aufzunehmen. Um 14:00 Uhr musste ich an drei Orten gleichzeitig sein, also jonglierte ich mit Motorola und Qualcomm herum – das eine für Cramer und das andere für TheStreet.com, während ich schnell einen Beitrag in meinen Laptop hämmerte, eine Frau mich schminkte und ein Mann mir die Krawatte um den Hals legte.

Während ich mich gerade für den Dreh des 30-Sekunden-Spots bereit machte, klingelt mein Geschäftshandy. Es ist Jeff. Er sagt, ich soll meine Frau zu Hause anrufen, es gibt ein Problem. Ich rufe an und erfahre, dass Emma, unsere Jüngste, damals zwei Jahre alt, krank ist und sofort ins örtliche Krankenhaus muss. Flüssigkeitsmangel, sagt Karen, während sie die kleine Emma einpackt. Ich würde dir gerne helfen, antworte ich, aber in der Spy Bar warten 30 Menschen auf mich, die alle ohne mich nichts tun können; und zwei Unternehmen flehen mich an, ihnen zu helfen, mit diversen Krisen zurechtzukommen. Okay, sagt sie, tu, was du tun musst, und ich lege auf.

Eine der Maskenbildnerinnen sieht, dass ich besorgt bin, und fragt: „Was ist los?“ Bis zu dem Anruf war ich eher heiter gewesen. „Ach nichts, bloß, dass meine Tochter eilig ins Krankenhaus gebracht wird.“ In der Maske sagte niemand etwas dazu. Und dann überkam es mich. Was tat ich da eigentlich? Wie weit war es mit mir gekommen, wenn ich nicht einmal mehr realisierte, dass unsere Tochter so krank war, dass sie ins Krankenhaus musste? Für die Werbung gibt es immer noch andere Gelegenheiten, aber in Familiendingen gilt jederzeit: jetzt oder nie. Ich nahm mein Motorola-Handy und tippte meine Privatnummer ein. Meine Frau meldete sich und ich sagte: „Oh Mann, was bin ich nur für ein Stück Scheiße geworden. Ich höre mit diesem Shooting jetzt sofort auf, koste es, was es wolle; ich springe ins Auto und bin sofort bei euch.“

Zwanzig Minuten später betrat ich das Overlook Hospital in Summit und hörte bis hinunter in Foyer, wie meine Tochter nach ihrem Papa weinte.

Ich rannte zu dem Zimmer und als sie mich sah, sagte sie: „Papa, diese Leute haben dieses Ding in meinen Arm gesteckt, und Papa, warum hast du sie nicht daran gehindert?"

Ich erklärte ihr, was eine Spritze ist und dass sie ihr Kraft geben würde.

Aber Papa, sagte sie, „warum bist du nicht früher gekommen?"

Ich atmete tief ein und sagte: „Weißt du, ich bin so schnell gekommen, wie ich konnte." Einen Moment lang fühlte ich mich nicht wie der getriebene und rücksichtslose Hansdampf, der um jeden Preis gewinnen will. Ich hatte nicht gelogen. Ich war so schnell gekommen, wie ich konnte.

Am nächsten Tag ging es ihr besser, sie hatte eine Coli-Vergiftung gehabt und wurde entlassen. Der Verlust von hunderttausend Dollar aufgrund des verpatzten Drehs war eines der wenigen Male, bei denen ich mich gut dabei fühlte, für dieses verfluchte Projekt Geld auszugeben.

Bei den Kritikern kam die Werbekampagne gut an und sie wurde in der *New York Times* lobend erwähnt, aber man konnte nicht gerade sagen, dass die Abonnentenzahlen gewaltig anstiegen. Wir vergaben jeden Tag etwa 100 Probeabos und fünf Prozent davon verwandelten wir in zahlende Abonnenten. Das war zwar kein großes Geschäft, aber auch nicht so, dass man gleich aufgeben musste. Zu diesem Zeitpunkt hatten wir endlich die Verhandlungen mit Starwave vollständig abgeschlossen und den Zwischenfall mit Ravi hinter uns gebracht – Starwave wurde unser Host und bekam einen Anteil von vier Prozent an dem Unternehmen. Aber kaum hatten wir diesen Handel abgeschlossen, da kaufte Disney Starwave auf und wollte wissen, was zum Teufel sie denn mit uns als Kunden anfangen sollten, denn Starwave sollte eigentlich Internetseiten für Disney bereitstellen. Glücklicherweise blieb die Börse so heiß, dass *ABC* unsere Zulieferungen für seine Seite brauchte. Vorläufig reichte dieser Synergieeffekt aus, damit Disney nicht den Stecker zog.

Nach einem mörderischen Sommer mit TV-Auftritt auf TV-Auftritt auf TV-Auftritt und mit Artikel auf Artikel auf Artikel hatten wir für unsere Bemühungen nur sehr wenig vorzuweisen. Die Abonnentenzahl nahm stetig im gleichen Tempo zu, aber die Ausgaben übertrafen die Einnahmen weiterhin über alle Maßen. Die Fernsehauftritte rund um die Uhr schadeten zwar nicht der Performance des Fonds, sorgten daheim aber für enormen Stress, denn nur selten kam ich vor acht Uhr abends heim nach Summit.

Ich merkte, dass die Dinge aus dem Ruder liefen, als mir die Nachbarskinder sagten, sie würden mich öfter sehen als meine eigenen Kinder, denn seit jenem Herbst machte sich Karen nicht mehr die Mühe, ständig auf mich aufzupassen.

Den ganzen Sommer über und bis in den Spätherbst 1997 stieg die Börse unaufhaltsam weiter, und die Medien luden mich weiterhin ein, damit ich diesen Höhenflug erklärte. Aber vor allem, wenn ich im Büro war, fand ich die durchgehende Erholungsbewegung hauptsächlich der Technologiewerte zunehmend entnervend. In meinen Artikeln verglich ich sie mit der Bratpfanne im Holland Tunnel Diner, wo Karen und ich nach einem anstrengenden Abend in der Stadt auf dem Weg in die Vorstadt gern ab und zu ein Eiersandwich mitnahmen. Die Pfanne, in die aus schmierigen Löffeln das 3-in-1-Öl hineingegeben wurde, war mit Sicherheit eine der heißesten des ganzen Universums. Sie konnte ein Ei innerhalb von 20 Sekunden perfekt braten – aber zehn Sekunden später wäre das Ei verkohlt. Genau in dem Moment, in dem der Markt explodierte (insbesondere die Technologie-Aktien), bildete sich in Asien, dem Zentrum der Nachfrage für so viele technische Geräte, ein Krater. In fernen Ländern, um die sich die meisten amerikanischen Aktienspekulanten kaum kümmerten, in Taiwan, Thailand, Malaysia, Korea und natürlich Japan brachen die Märkte Nacht für Nacht zusammen. Da ich vor dem Schlafengehen mit Brokern in Asien telefonierte und mir vor dem Weg zur Arbeit eine Zusammenfassung geben ließ, als die asiatischen Trader gerade nach Hause gingen, fand ich, dass unser überströmender Optimismus und der dortige katastrophale Zusammenbruch nicht zusammenpassten.

Im September und Oktober zogen Jeff und ich Tag für Tag mehr Geld aus der Börse. Jeden Tag schrieb ich, die Pfanne sei jetzt so heiß, dass einige anorganische Bestandteile verbrannt würden. Im Fernsehen warnte ich die Menschen, der Markt könne dem Tsunami aus Asien nicht entkommen und sie sollten verkaufen, und zwar aufgrund der Erkenntnis, dass wir eines Tages aufwachen würden und die Flutwelle unsere Märkte zermalmt hätte. Im September konnte man kaum etwas Bekloppteres sagen, aber ich konnte nicht anders, als genau das zu berichten, was ich tat: Ich verkaufte auf Teufel komm raus Intel, Cisco, Microsoft, EMC, IBM und viele andere meiner geliebten Techs. Jeden Tag schrieb ich, dass die endlosen Aufwärtsbewegungen immer gefährlicher würden. Bis Mitte Oktober hatten wir so gut wie nichts mehr, wobei wir ein ganz ordentliches Jahresergebnis von bisher 24 Prozent erzielt hatten (ich durfte meine Erträge nie zu Werbezwecken verwenden, denn der Staat hat es den Hedgefonds untersagt, um die Gunst der Öffentlichkeit zu buhlen, denn dann würden sie arglose und unbedarfte Anleger anlocken. Ich hatte meinen Fonds inzwischen für Neuanlagen geschlossen, damit mich der Staat nicht als wandelnden Werbeprospekt für Cramer & Co. betrachtete). Meine Jeremiaden gingen schon allen auf den Wecker, als dann eines Tages, am 27. Oktober 1997, der Markt genau das tat, was er eigentlich schon vor Monaten hätte tun müssen, als sich der Asien-Sturm ausbreitete: Er brach zusammen. Innerhalb eines einzigen albtraumhaften Handelstages verlor der Markt 500 Punkte. Das war erst das zweite Mal, dass er an einem Tag so viel abgeben musste; das erste Mal lag zehn Jahre zurück. Natürlich fiel der Markt diesmal von einem viel höheren Niveau herab, etwa 5.000 Punkte höher, aber die Verwüstung war greifbar, vor allem für die vielen Neuen, die gerade erst den Markt betreten hatten und die alles selbst machten.

Da wir eine fast hundertprozentige Bargeldposition hatten, konnte ich für TheStreet.com mehr oder weniger live und Schlag auf Schlag über die Zerstörung der Börse berichten. Als Barton Biggs, der höchst streitsüchtige Staatsmann von Morgan Stanley, der des Öfteren falschlag, nach einem 250-Punkte-Verlust des Dow Jones auf *CNBC* warnte, dies sei erst der Anfang eines viel größeren Crashs, verglich ich ihn online sofort mit jemandem, der Feuerzeugbenzin in einen wütenden Brand schüttet. Innerhalb einer Stunde krachte der Markt weitere 250

Punkte nach unten, weil die von Biggs geleitete Stampede die Notausgänge mit „Feuer!"-Rufen verstopfte, was für mich nach Brandstiftung roch.

Als sämtliche Jahrhundertmarken passiert waren, schrieb ich, die Pfanne kühle immer weiter ab und bald komme der wundersame Augenblick, in dem der asiatische Sumpf in die Aktien „eingepreist" sein würde und man wieder beruhigt einsteigen könne. Als der Markt um 15:30 Uhr 508 Punkte im Minus stand, genauso weit wie 1987, schrieb ich, jetzt sei es an der Zeit, mit dem Kaufen zu beginnen. Ich schrieb, dass ich es im Jahre 1987 versäumt hätte, bei minus 508 zu kaufen, und dass ich nicht noch einmal so dumm sein würde. Asien mochte zwar ein Problem sein, aber kein unüberwindliches, denn Europa und die Vereinigten Staaten blieben weiterhin stark und die Ausbreitung des Internets würde dazu führen, dass der Abstieg der Technologiewerte stecken bleiben würde. Ich wurde immer optimistischer, als sich der Markt auch in der letzten halben Stunde nicht stabilisierte, und rief mir die Worte meiner Frau ins Gedächtnis, der Trading-Göttin: „Aktien muss man kaufen, wenn man kann, nicht, wenn man muss."

Wir hatten so viel Geld auf der Seite liegen, über 300 Millionen US-Dollar, dass es gar nicht so einfach war, alles zu kaufen, was wir brauchten. „Aber keine Sorge", sagte ich unserem Trading Desk, und ich rief Kauforders, während ich Artikel tippte. „Morgen wird es noch schlimmer und wir bekommen bei Eröffnung noch bessere Preise."

Das Telefon sprang fast von der Gabel, weil es ständig von den Anrufen der Medien klingelte, und ich sagte Jeannie, sie solle niemanden durchstellen. Wenn sie etwas von mir wollten, sollten sie die Seite zitieren, „www.thestreet.com". Wenn sie wissen wollten, was ich tat und was ich sagen wollte, dann mussten sie die Website lesen.

CNBC, *CNN* und *CBS* wollten mich für den nächsten Morgen haben, aber ich war vertraglich gehalten, zuerst bei *ABC* zu erscheinen. Die Produzenten von *ABC* sagten mir, sie würden gern zu mir kommen und mich in Aktion filmen, aber der Aberglaube verbot einen solchen Überfall. Ein paar Monate davor war Frontline wegen eines Börsenspecials bei mir gewesen und unter einer Beleuchtung von 8.000 Watt war ich in

Panik geraten. Ich stieß Aktien im Wert von 70 Millionen Dollar in einem Verkaufs-Mahlstrom ab, nur um sie später zu einem höheren Kurs wieder zurückkaufen zu müssen, und zwar mitsamt anderen Aktien im Wert von 30 Millionen Dollar. Die Kamera hatte eingefangen, wie ich 200.000 Stück Dayton Hudson zu 27 US-Dollar verschleuderte und sie etwa eine Stunde später treudoof für 31 Dollar zurückkaufte. Dieses schwachsinnige Geschäft und der Verkauf von 500.000 Stücken American Stores zu Schlussverkaufspreisen – eine Woche später kam ein Übernahmeangebot neun Punkte über meinem Verkaufspreis – verleideten es mir für immer, mich live filmen zu lassen. Natürlich hatten die Produzenten keine Ahnung, warum ich sie nicht hereinließ, aber Berkowitz sagte, er würde gehen, wenn GMA den Handelsbeginn filmen würde.

Unbeirrt stürzten die Märkte über Nacht weiter ab, die Kurse an fast allen Handelsplätzen fielen noch tiefer. Ich musste buchstäblich von dem Moment an kaufen, als ich aus dem Bett stieg, und ich hatte keine Zeit für das endlose Einrichten von Kameras und für die Bitten, den Kauftipp für Merck und Boeing noch einmal zu wiederholen, weil man ihn akustisch nicht verstanden hatte. Man kann nicht Hunderte Millionen Dollar zweimal einsetzen, nur um es einem Tonmann recht zu machen.

Am nächsten Morgen beschloss Charlie Gibson, die gesamte GMA-Sendung auf die Eingangstreppe der Federal Hall zu verlegen, dem klassizistischen Bau aus dem 18. Jahrhundert, gleich bei der Börse um die Ecke. Für mich kein Problem, das war nur einen Block entfernt. Erst musste er einen Haufen ausländische Fernsehteams verscheuchen, die ebenfalls dort aufbauen wollten, und ich stolperte über sie, als ich die drei Straßen von meinem Büro zu dem mobilen Set hinüberging. Es war der erste kalte Tag des Jahres, das Thermometer zeigte etwa minus ein Grad, aber ich tropfte aus lauter Begeisterung vor Schweiß, obwohl ich nicht einmal einen Mantel trug. Ich erinnere mich noch an die Kälte, weil mich einige der Verjagten darum baten, dass sie wenigstens filmen durften, wie ich die Wall Street hinaufgehe, und dann noch einen O-Ton. Und so lief ich ein Dutzend Mal die drei Blöcke auf und ab, bevor ich zum Set kam.

Wie es für die Medien typisch ist, hatte GMA einen immerwährenden Bären ausgegraben, wie ich diese Menschen in meinen Artikeln gern nannte: Jim Grant, einen von der fleißigen Sorte, den Herausgeber von *Grant's Interest Rate Observer*, einem jener teuren Blätter, die im 14-tägigen Rhythmus den Weltuntergang prophezeiten. Als ich ankam, stand er Schulter an Schulter mit Gibson da. Ich erschauerte schon allein beim Anblick dieses Mannes, der vor Kurzem seine Wohnung in Brooklyn Heights verkauft und eine Wohnung in der Nähe gemietet hatte, weil er das Gefühl hatte, die Immobilienpreise in New York seien überhöht. Seit ich seine Schriften las, hatte er nichts anderes als Gold befürwortet. Ich wusste, dass sich die Medien auf Grant stürzen würden, denn er stand genauso im Scheinwerferlicht wie ich. Er bekam für seine professorale Düsternis jedes Mal sofortige Aufmerksamkeit, wenn es ein Absacker der Börse auf die Titelseite der *New York Times* schaffte. Ich hatte schon derart viele Sprüche dieser gelehrten Kassandra gehört und gelesen, dass ich es schon fast komisch fand, wie er jedes Mal sagen konnte, dieser oder jener Abstieg würde der K.o.-Schlag für die amerikanischen Aktien werden.

Charlie sprach zuerst mit ihm und er sagte, dies sei der Anfang vom Ende des am stärksten überbewerteten Marktes der Welt, nämlich des US-amerikanischen Aktienmarktes, und die Technologie-Aktien hätten gerade begonnen, abwärts zu trudeln. Er war überzeugt, man müsse jetzt aussteigen. Als Charlie ihn fragte, wo man das Geld unterbringen sollte, antwortete er, Korea sei der preiswerteste Markt der Welt; die Amerikaner sollten bei Handelsbeginn ihr Geld aus dem Markt ziehen und es an diesem dramatisch unterbewerteten Markt platzieren.

Du lieber Himmel, dachte ich mir, das muss doch die größte Kaufgelegenheit sein, von der ich je gehört habe, wenn schon Irrtum-Grant der amerikanischen Öffentlichkeit nahelegt, sie solle in Panik verfallen und ihr Geld in einem der instabilsten Märkte zwischen hier und Alpha Centauri anlegen. Ich durfte keine Zeit mehr verlieren. Während der nächsten Werbepause griff ich sofort nach meinem Handy, tippte die Büronummer und brüllte denjenigen an, der abhob, wer auch immer das war: „Ich will, dass ihr genau jetzt 100.000 Stück Intel, 100.000 Microsoft und

200.000 Cisco kauft, bevor die Börse aufmacht. Ruft alle Trading Desks an und treibt mir alle Verkäufer auf. Los, los, los. Keine Zeit verschwenden, nicht mit mir sprechen. Kauft, was ihr kriegen könnt."

Dann rief ich daheim an und gerade in dem Moment, als die Regie signalisierte, dass ich nur noch 15 Sekunden hatte, erreichte ich Karen; ich sagte ihr, dass wir heute einen einmaligen Beitrag zur Schulmontur unserer Kleinen leisten könnten und dass es mir egal sei, wie lange es dauere, zu Fidelity durchzukommen, wo wir unser Konto hatten, wir müssten auf jeden Fall die Eröffnungskurse bekommen.

Als ich das Telefon auflegte, gingen wir auf Sendung, und Charlie fragte mich, was ich da täte. Ich erwiderte, ich kaufe alles, was ich bekommen könne, und dass ich unbedingt meine Frau erreichen müsse, damit sie an diesem Morgen auch das College-Geld unserer Kinder investieren könne. Wieso ich mir denn da so sicher sei, wollte Charlie wissen. Ich sagte ihm, wenn ich hörte, dass Menschen in Panik verfielen, so wie es Biggs am Vorabend und Grant gerade eben getan hätten, müsse ich unbedingt in die Panik hineinkaufen, denn noch nie habe jemand einen Cent verdient, indem er in Panik ausbrach. Er müsse mich entschuldigen, erklärte ich ihm, weil ich noch so vieles kaufen müsse. Er bat mich, zuerst noch ein paar Fragen von Menschen in einem Speiselokal irgendwo in Amerika zu beantworten, die live zugeschaltet waren und die sich um das bevorstehende Gemetzel an der Wall Street sorgten.

Einer nach dem anderen erzählten diese Männer und Frauen, dass sie wegen der Probleme in Asien aussteigen wollten. Ich erklärte jedem einzelnen, dass dieser Kursverlust käuflich sei, dass man den Einbruch kaufen müsse. Als wir für einen weiteren Werbeblock weggeschaltet wurden, erledigte ich noch ein paar Käufe und ermunterte Gibson, dies ebenfalls zu tun.

Als mein Teil der Sendung vorbei war, raste ich die Straße hinunter in mein Büro, um sicherzugehen, dass meine Orders wirklich ausgeführt wurden.

GMA brauchte mich später in der Sendung noch einmal und ich sagte zu, aber nur für eine Minute, denn ich wollte den besten Kaufmoment nicht verpassen, nämlich die erste halbe Stunde. Inzwischen waren die

Medien zum nächsten großen Thema übergegangen und ich beantwortete Fragen vor einer Kamera in der Börse. Ich wiederholte noch einmal, ich würde damit rechnen, dass der Markt in der ersten halben Stunde rapide verfallen werde, weil die Untergangspropheten an jenem Tag überall seien. Wenn man aber TheStreet.com gelesen habe, dann wisse man, dass wir unser gesamtes verfügbares Bargeld in das investierten, was meiner Meinung nach ein klassischer Rebound zum Jahresende werden würde.

Tatsächlich eröffnete der Dow Jones an jenem Morgen äußerst übel und lief durch die 7.000 – Tage zuvor hatte er noch bei 9.000 gestanden –, bevor er dann um 6.700 zur Ruhe kam. Es herrschte Chaos, denn viele Aktien konnten gar nicht erst eröffnen oder wurden sofort nach Eröffnung von Verkaufsorders belagert.

In dieser ersten halben Stunde brachten wir 200 Millionen US-Dollar zum Arbeiten, indem wir nach jedem halben Prozentpunkt Verlust 25.000 Stücke unserer geliebten Technologiewerte kauften, mitten in die Schwäche hinein. Als es um zehn Uhr so langsam wieder aufwärtsging, sprang ich auf meinen Schreibtisch und rief allen im Büro zu, sie sollten einen Telefonhörer nehmen und irgendetwas kaufen: „Jeannie, greif dir 50.000 General Motors, Clarke, du nimmst ein paar Öl-Aktien, Mark, verdopple Dell, Microsoft und Cisco. Recht so, ihr könnt gar nicht genug kaufen. Alles, was in großen Blocks vorliegt, will ich haben. Macht euch keine Gedanken um Geld und keine Gedanken um die Margin. Ich will Aktien, und zwar jetzt. Wenn irgendjemand irgendetwas von einem großen amerikanischen Unternehmen hat, dann her damit."

Ich bekam 200.000 IBM mit einem halben Punkt und so viel Compaq, wie ich finden konnte, ohne mehr als einen dreiviertel Punkt mehr zu bezahlen als beim vorherigen Verkauf. Ich schnappte mir ein paar General Motors und Alcoa, bevor der Dow Jones wieder abheben würde. Bis 10:15 Uhr hatten wir rund 100 Millionen Dollar von Goldman Sachs geliehen, weil wir in dem Wirbel unseren Bargeldrahmen weit überschritten hatten. Während wir eine Aktie nach der anderen kauften, schoss ich „Berichte von der Front" an TheStreet.com ab, in denen ich die Käufe beschrieb und anmerkte, dass ich ein toter Mann sein würde, wenn der Dow Jones nicht deutlich über das aktuelle Niveau ansteigen würde, denn ich hatte sehr viel Geld geliehen (oder auf Margin gekauft, wie man sagt).

Aber er stieg tatsächlich, am Vormittag noch langsam, gegen Mittag jedoch war er in vollem Schwung nach oben, wobei viele Aktien innerhalb weniger Handelsstunden zehn bis fünfzehn Prozent zulegten. Um 14:00 Uhr konnte ich unsere Positionen so weit zurechtstutzen, dass ich mich wegen des geliehenen Geldes nicht mehr unwohl fühlte, und um 15:00 Uhr war ich absolut marginfrei. Frohlockend stellte ich unsere Verkäufe ins Internet und schrieb dazu, dass ich nichts verkaufen würde, wenn ich nicht müsste, aber dass ich mich mit der Margin äußerst unwohl fühlte, nachdem die große Aufwärtsbewegung vom Boden aus einmal vorbei war. Hastig organisierte ich ein paar Online-Chats bei verschiedenen Portalen über die Trades des Tages und schob schnell noch etwas in TheStreet.com, bevor der Moment endgültig vorbei war.

An jenem Tag fuhren wir etwa sechs Prozent ein – gute 16 Millionen Dollar, die uns deutlich über 30 Prozent brachten und uns die Aussicht auf ein 45-Prozent-Jahr gaben. Für den Rest des Jahres brummte der Markt weiterhin, denn unsere Märkte vergaßen Asien wieder – und das trotz der Tatsache, dass sich einige asiatische Märkte, insbesondere Grants Empfehlung Korea, bis zum Jahresende halbierten und noch einmal halbierten (keine Sorge, er wird immer noch jedes Mal gerufen, wenn die Märkte eins auf den Deckel kriegen. Das muss an der natürlichen Gelehrsamkeit liegen).

Die Performancezahlen wurden in meinen Augen allerdings von den Ausdrucken in den Schatten gestellt, die ich am nächsten Morgen von Starwave bekam; sie enthielten die Leserzahlen von TheStreet.com während des Börseneinbruchs. Dank der Präzision des Netzes konnte ich sofort feststellen, wie viele Leser wir hatten, wie viele Menschen während des Tages einmal vorbeigeschaut hatten und wie viele unseren Dienst neu abonniert hatten. Unsere Leserschaft hatte sich innerhalb eines Tages fast verdoppelt.

Endlich zahlten sich die ganzen Artikel, Features und Fernsehauftritte aus. Während sich viele andere Seiten während jenes Tages nicht die Mühe der Aktualisierung gemacht hatten, hatten wir ständig upgedatet. Die Zugriffszahlen stiegen in jener Woche auf das Doppelte.

Die Anzeigenkunden, von denen man mir gesagt hatte, sie seien nicht die Bohne am Internet interessiert, riefen mich an und fragten, wie sie Anzeigen schalten könnten.

Wir hatten noch nicht einmal eine Anzeigenabteilung, weil mir ein Analyst nach dem anderen, von Forester bis Jupiter, den führenden Prognostikern, gesagt hatte, im Web gebe es keine Anzeigenwerbung.

Der 26. und 27. Oktober waren der Golfkrieg von TheStreet.com. Die Redaktion hatte unter der Führung von Dave Kansas, des Ex-*Journal*-Reporters, Dutzende von Artikeln herausgebracht; ich hatte an diesem Tag 18-mal etwas geschickt, acht Beiträge mehr als sonst. Für viele aktienbesessene Amerikaner wurden wir die Seite, denn wir waren eindeutig gewesen, hatten den Nagel auf den Kopf getroffen und hatten uns so weit vorgewagt, zu sagen, dass man in dieser Marktlage kaufen konnte.

In jenen ungestümen Tagen reichte das aus, um uns hinauf in die Wagniskapital-Liga zu bringen. Als sich das Jahr dem Ende zuneigte, klopften so langsam dieselben Geldgeber bei uns an, die mich vor nicht allzu langer Zeit noch offen ausgelacht hatten. Nach diesem Einbruch waren wir auf den Radarschirmen der börsengierigen Öffentlichkeit und der Venture-Kapitalisten aufgetaucht. Sie begannen zu erkennen, dass weder Yahoo! noch Amazon oder America Online während des Ausverkaufs im Oktober auch nur mit der Wimper gezuckt hatten und als Marktführer in das Jahr 1998 gingen.

Das Ende des Jahres 1997 war eine goldene Zeit; Cramer & Co. schloss mit 45 Prozent ab und das war besser als die meisten Hedge- und Investmentfonds; TheStreet.com wurde endlich zur Anlaufstelle für aktienhungrige Anleger. Wir freuten uns darüber, Herb Greenberg, den besten investigativen Journalisten vom *San Francisco Chronicle*, für TheStreet.com an Land zu ziehen, was unsere Zugriffszahlen sofort weiter ansteigen ließ. Gegen Jahresende hatten wir 10.000 Abonnenten; das war zwar weit unter den angestrebten 25.000, aber immerhin die zweithöchste Abonnentenzahl im Netz nach dem *Wall Street Journal*. Bei Cramer & Co. entschloss ich mich, die Veränderungen in der Firma nach außen deutlich zu machen, indem ich den Namen meines Research-Direktors Jeff Berkowitz an der Tür des Büros anbringen ließ. Jeff war ein hervorragender Stock-Picker geworden und seine kluge Aktienauswahl nach dem Oktober-Tief hatte für einen Großteil unserer Gewinne gesorgt. Es war Zeit, dass er als der Mann anerkannt wurde, der das Unternehmen übernehmen würde, wenn ich mich je zurückziehen sollte. Wir hießen jetzt Cramer Berkowitz.

Auch das Geld floss in Strömen. Ich hatte allen Mitarbeitern schon immer große Bonuszahlungen gegeben und bis zu 40 Prozent des Firmengewinns flossen in die Gehälter. In jenem Jahr erhöhte ich auf 60 Prozent. Einige verdienten mehrere Millionen und jeder Angestellte, egal, wie niedrig er in der Hierarchie stand, bekam Sonderzahlungen von mindestens 200.000 Dollar. In jener Zeit war es sehr gut, zu Cramer Berkowitz oder zu TheStreet.com zu gehören.

Es gab allerdings einen riesigen Wermutstropfen: nämlich wie sich meine Beziehung zu Marty Peretz gestaltet hatte. Eigentlich hatte ich gedacht, nachdem Ravi von der Bildfläche verschwunden war, würde es wieder besser werden, aber ich war ein hoffnungsloser Optimist. Ich hatte Marty verletzt und auf der Weihnachtsfeier von TheStreet.com konnte er seine Gefühle nicht verbergen. Mit dem Weinglas in der Hand brachte ich einen Toast aus und erklärte, ich fühlte mich so, wie sich Henry Luce gefühlt haben muss, als er das Time-Life-Imperium aufbaute. Ich sagte, ich wisse zwar nicht, ob wir es letztendlich schaffen würden, aber wir hätten etwas Neues und Andersartiges gemacht und sollten stolz darauf sein.

Als ich fertig war, kam Marty an die Reihe. Er hatte an dem Abend kaum mit mir geredet und ich wusste nicht recht, was ich von ihm zu erwarten hatte, aber ich hatte das dumpfe Gefühl, dass die Fetzen fliegen würden. Mein Gefühl täuschte mich nicht. „Ich weiß, dass sich Jim mit Henry Luce vergleicht", sagte er und machte eine kleine Pause. „In einer Hinsicht hat er recht. Henry Luce war ein richtiger Bastard."

Alle im Raum waren wie betäubt. Die gesamte Belegschaft wusste, dass die Spannung ihren Höhepunkt erreicht hatte. Wir gingen beide nach Hause, ohne einander gute Nacht zu sagen – zum ersten Mal in den 16 Jahren, in denen Marty und ich eng befreundet waren.

10
Der Medien-Mann

Es gab eine Flut von Pressekommentaren, wie zum Beispiel die Titelgeschichte der „Money"-Sektion von *USA Today* nach dem Minicrash im Oktober 1997 mit der Überschrift „Der Rattenfänger der Wall Street". In dem Medium wurde ich auch als „der elektrisierendste Börsenexperte in den Medien" bezeichnet und ich versuchte, aus der Publicity Kapital zu schlagen. Ich wollte TheStreet.com aus der engen Marktnische herausholen und auf einen prominenteren Platz am Medienfirmament setzen.

Zumindest glaubte ich das. Karen war der Meinung, das sei entweder ein blödsinniger Versuch, eine Seite zu pushen, die sich jetzt selber über Wasser halten müsste, oder das Experiment eines Egomanen, sich selbst enorm zu vergrößern. Während ich die Strategie als „Allgegenwartsplan" bezeichnete, bezeichnete sie ihn als „Allmachtsplan". Jaja, so sagte sie, sie wisse, dass die Allgegenwärtigkeit für TheStreet.com nichts koste und dass sie eine immense Publicity bringe. Aber das könne grundsätzlich nur funktionieren, wenn ich mich selbst für „allmächtig" hielte, und selbstverständlich sei kein Mensch allmächtig. Ich tat ihre Klagen ab, weil ich dachte, sie wolle nur, dass ich mehr zu Hause wäre, aber insgeheim musste ich zugeben, dass sie den Nagel auf den Kopf getroffen hatte. Ich wusste nicht, ob ich es aus dem reinen Wunsch heraus tat, TheStreet.com zu einem Erfolg zu machen, oder wegen der Dynamik, die entsteht, wenn man gefragt ist, oder einfach nur, weil ich den Ruhm haben wollte, den ich erreichen konnte. Wie anstößig war es, das zu tun, was die Menschen hinter der Kamera wollten?

Zumal ich glaubte, ich könnte den Menschen zu Geld verhelfen? Was war falsch daran, aus der obskuren Welt der Geldverwaltung für Superreiche herauszutreten und etwas zu machen, das am Ende viel größer sein würde?

Unsinn, sagte Karen dazu. Meine Macht stammte aus dem Hedgefonds, das solle ich niemals vergessen. Meine Einstellung „für eine Kamera gehe ich meilenweit" führte zu einem Jahr, das ich später noch bedauern sollte.

Mir war es unbegreiflich, warum sie lauter solche negativen Sprüche abließ. Es war anstrengend, im Fernsehen zu sein und mehr zu schreiben, wie ich es 1997 getan hatte – und hatten wir nicht mit 45 Prozent Plus abgeschlossen und damit fast alle anderen Fonds übertroffen? Hatte ich nicht am 26./27. Oktober, live vor dem landesweiten Fernsehpublikum von Good Morning America, meine beste Prognose abgegeben?

Geduldig erklärte mir Karen, dass es der Fonds war, der uns die ganzen Rechnungen bezahlte, uns die schönen Ferien und das Landhaus ermöglichte, ganz zu schweigen von dem Chauffeur und den sonstigen Annehmlichkeiten, die es mit sich bringt, wenn man ein extrem profitables Unternehmen leitet. Sie sagte, mein Hobby halte mich von zu Hause fern und es verärgere meine Partner. Sie würden ihrem Zorn Luft machen, sobald die Zahlen zurückgehen würden. Es schaffe einen ganzen Raum voller Menschen, die mein Geld nehmen und mich mit teuflischer Verachtung strafen würden, und außerdem laufe ich bei jeder Erwähnung einer Aktie Gefahr, mit der Presseaufsicht oder den Regulierungsbehörden Schwierigkeiten zu bekommen. Ganz zu schweigen von der Angst und den Sorgen, die in meinem Körper und meinem Geist dadurch entstünden, dass ich 19 Stunden am Tag auf Hochtouren sei.

Das wollte ich alles nicht hören. Mein neuestes Spiel war „RealMoney“, eine halbstündige Fernsehsendung, die ich an *ABC* als Teil meiner Arbeit für Good Morning America verkaufen wollte. Mir schwebte eine Art Wall Street Week für die neue Anlegergeneration vor, in der auf eine Art und Weise über die heutige Börse gesprochen werden sollte, die die Kinder des Babybooms attraktiver fänden als die Welt, die ihnen Lou Rukeyser am Freitagabend präsentierte.

In einer Pause bei der öffentlichen Einweihung der neuen Website von ABCNews.com Mitte 1997 hatte ich Roone Arledge angesprochen, der von vielen ABC-Mitarbeitern immer noch verehrt wurde. Ich trug ihm die Idee einer „Wide World of Money“ vor, etwas, das den Geist des Aktienmarktes mit der Begeisterung des Sports zusammenbringen sollte.

Arledge schaute mich mit seinem großen roten Gesicht an und nickte. Er sagte, das wäre vielleicht etwas. Ich weiß nicht, ob er mich einmal in GMA gesehen hatte, aber irgendwie setzte sich in seinem Kopf der Gedanke fest, ich könnte so etwas sein wie John Madden, ein charismatischer Trainer, der alles von der Kabine aus erklärte. Die Idee hatte sich offenbar in seinem Kopf festgesetzt, denn nicht lange danach, auf einer Feier zum 75. Jubiläum von *Time*, sprach er mich an, als ich mich gerade mit Barbara Walters unterhielt. Er könne sich zwar nicht mehr an meinen Namen erinnern, meinte er, aber ich sei doch der John Madden der Wirtschaftsnachrichten. Ich wollte unbedingt mit ihm essen gehen und bekam einen Termin am nächsten Tag. Im Sender hatte ich einige interne Fürsprecher, die das Potenzial für eine Sendung sahen, ein breites Publikum zu erreichen; sie kamen ebenfalls zu dem Essen.

Es waren allerdings nicht alle mit von der Partie. Dave Westin zum Beispiel, der Chef von ABC News, hatte sich für meine Idee „Wide World of Money“ nie recht erwärmen können, wenn ich sie ihm auf dem Set von Good Morning America vortrug. Da die Einschaltquoten der Sendung rückläufig waren, war eine Tochtersendung einer ohnehin Not leidenden Sendung das Letzte, was er wollte. Aber *ABC* war ein großes Haus. Es war genug Raum für Pilotsendungen, die vielleicht abheben würden, und andere Angehörige der Organisation waren entschlossen, das zu ermöglichen.

Mein Essen mit Roone, so meine Hoffnung, wäre vielleicht die Gelegenheit, alle auf die Show einzuschwören, aber während Westin und ich über eine Stunde auf Roone warteten, sprachen wir viel mehr über die rechtlichen Verwicklungen, die damit einhergingen, wenn ein Aktienhändler im Fernsehen über Aktien sprach, als über die Aussichten der Sendung. Das machte ihm Sorgen. Und es langweilte ihn.

Und was noch schlimmer war: Als Roone endlich kam, konnte er sich an mich nur noch als John Madden erinnern. Ihm schien die Idee zu gefallen, vor allem, nachdem ich ihm Anekdoten darüber erzählt hatte, wie schlecht einige der größten amerikanischen Unternehmen geführt wurden. Aber aus der Chemie unseres Treffens zog ich den Schluss, dass es Westin sein würde, der die Entscheidung trifft, und nicht der leutselige Arledge. Ich verließ das Treffen entmutigt und dachte mir, wenn ich diese Sendung nicht bekommen würde, dann sollte ich wohl ausschließlich im Kabelfernsehen auftreten, denn ich konnte TheStreet.com kaum besser unterstützen als mit meinen zweiminütigen Beiträgen jeden zweiten Tag bei GMA. Die Einschaltquoten von GMA gingen zurück, während *CNBC* zusammen mit dem Aktienmarkt nach oben lief.

Aber wir bekamen trotzdem das Okay für eine Pilotsendung mit dem Titel „RealMoney“. Das war eine Idee meines Freundes Kurt Andersen, der ebenso wie seine Frau, Anne Kreamer, von dem Konzept sehr überzeugt waren. Anne kam vorbei und wollte aushelfen, aber die *ABC*-Bürokraten waren bedacht darauf, dass sie von jeglicher Beteiligung ausgeschlossen wurde.

Der Opener der Sendung war ein Stück Reality-TV, ich wurde gefilmt, wie ich aufstand und mich fertig machte, um auf die Arbeit zu gehen. Das Team kam morgens um 2:30 Uhr in mein Haus in Summit. Ich tat so, als würde ich aufstehen, schlenderte in das Badezimmer und brachte dann meine eigene Version von Roy Schneiders Nummer in „Hinter dem Rampenlicht“, mit meinen Manschettenknöpfen, auf denen „Buy“ und „Sell“ stand, und mit genau getimten Aftershave-Spritzern. Wir brauchten drei Stunden, um die Sequenz aufzunehmen, von der nichts verwendet wurde bis auf den Blick auf die Manschettenknöpfe, und selbst die erkannte man fast nicht. Allein für diese Szene wurden vermutlich ein paar Hunderttausend Dollar verschwendet. Eigentlich hätte sie keinen Cent kosten dürfen, denn ich war bereit, umsonst zu arbeiten, und wollte nur ein paar Grafiken, um zu zeigen, wo was los war, und ein Publikum, zu dem ich sprechen konnte.

Zwischen diesem Dreh und den Aufnahmen für die eigentliche Sendung bekam ich die Gelegenheit, die ich brauchte, um in das allgemeine Fernsehprogramm zu kommen – ich trat in Bill Mahers „Politically Incorrect" auf. Noch nie war ich im Fernsehen gewesen, ohne dass es etwas mit Aktien zu tun hatte, aber der Produzent meinte, ich sei genau der Richtige für die Sendung, denn alle Welt sprach über den Aktienmarkt und dessen Wiederbelebung nach dem Crash 1997.

Quasi ohne geschlafen zu haben, flog ich nach Börsenschluss zu den Dreharbeiten, denn ich wollte keinen Handelstag verpassen. Ich kam vollkommen fix und fertig an und wurde sofort in das Studio geleitet. Dort begegnete ich den anderen Gästen, Bobcat Goldthwait und Gloria Allred.

Sie hatten noch nie von mir gehört und ich nicht von ihnen. Allerdings erinnerte ich mich, dass ich in L.A. einmal versucht hatte, eine liberale Anwältin anzurufen, und tatsächlich war das ebendiese Frau Allred gewesen. Niemand stellte mich Maher vor; ich redete vielleicht ungefähr 45 Sekunden mit dem Produzenten und erklärte ihm, ich sei hier, um GMA zu unterstützen und ein wenig Presse für „RealMoney" und TheStreet.com zu bekommen.

Er sagte mir, Bill wisse über die Werbeabsichten Bescheid und werde sein Bestes tun, um mir zu helfen.

Das Nächste, woran ich mich erinnere, ist, dass wir vor Livepublikum saßen und Maher mich fragte, was zum Teufel ich denn hier zu suchen habe. Ich sagte ihm, ich sei der Börsenmensch von GMA, und er meinte „Na und?" Ich betreibe einen Hedgefonds, erklärte ich ihm. Er dachte, ich sei ein Broker oder so was, und wollte noch mal wissen, warum ich in seiner Sendung sei. Er ließ mich gar nicht erst antworten.

Ich sagte nichts. Es vergingen ein paar Minuten, dann brachte er die Sprache auf Monica Lewinsky und wandte sich an die beiden anderen Gäste, um mit ihnen über diese sensationelle Story zu sprechen, so, als wäre ich gar nicht da. Er sprach davon, wie schuldig Präsident Clinton offensichtlich war, und ich unterbrach ihn, um zu sagen, einer der irritierendsten Aspekte des Falles Lewinsky seien doch ihre Unzulänglichkeiten, abgesehen von dem Sex. „Wieso?", fragte Maher. Ich sagte, als sich das Unheil zusammenbraute, habe Clinton als Erstes versucht, ihr in New York einen PR-Job zu verschaffen, eigentlich die einfachste Sache der Welt, aber sie bekam keinen. Niemand lachte. „Was hätte er sonst tun sollen?", fragte Maher. Wenn sie wirklich ernsthaft an einer Vertuschung interessiert gewesen wären, schlug ich vor, hätten sie sie in eine Rand-Denkfabrik stecken sollen, dann hätten sie wenigstens so tun können, als wäre sie intelligent. Er starrte mich an und sagte, sie sei eine Idiotin und bekäme keinen Job bei Rand. Ich weiß, sagte ich, das ist ja der Witz. Spitz bemerkte er, dass ich ein ziemlicher Idiot sei, so etwas vorzuschlagen.

Bevor ich noch einmal erklären konnte, dass das nur ein Witz sein sollte, kam der Schnitt zur Werbung. Als die Kamera aus war, wandte sich Maher an mich und erklärte mir, er mache hier die Witze, nicht ich. Ich sei aufgrund eines Missverständnisses hier, ich solle meine Gedanken freundlicherweise für mich behalten und ihn nicht mehr unterbrechen.

Darauf sagte ich nichts mehr. Ich nehme an, mein puterrotes Gesicht sprach sowieso schon Bände, und ich hatte genug damit zu tun, nicht aus lauter Verlegenheit in Tränen auszubrechen.

Nach dem Ende der Show nahm er mich beiseite und entschuldigte sich dafür, dass er sich wie ein Arschloch verhalten habe – so nannte er sich selbst –, aber, so erklärte er, die Show laufe nicht besonders gut und es mache sich ganz gut, den Deppen von der Wall Street zu attackieren. Das Nächste, was ich noch weiß, ist, dass ich auf der Rückfahrt zum Flughafen verzweifelt meine Frau, meinen Vater, meine Schwester und alle, die ich kannte, anrief, um sie anzuflehen, auf keinen Fall „Politically Incorrect" anzuschauen, unter keinen Umständen.

Dann ging es im Nachtflug zurück und direkt zum Set für die Aufzeichnung von „RealMoney". Nachdem ich landesweit gedemütigt worden war, war ich kaum in der Stimmung, *ABC* zu helfen. Ich stritt mich mit den Leuten, die die Grafiken machten, fluchte über den Teleprompter und bemühte mich, in jeder Sekunde, in der die Kamera nicht lief, meinen Unmut zu äußern. Das machte den Albtraum komplett, und als die Sendung ausgestrahlt wurde – als halbstündiger Anhang zu „Good Morning America Sunday" –, konnte ich sagen, dass ich ein Stück richtig schlechtes Fernsehen gemacht hatte. Wer sich in dieser halben Stunde nicht gerade in meinem Wohnzimmer aufhielt, wusste gar nicht, dass „RealMoney" überhaupt gesendet wurde. Ich kenne niemanden, der es gesehen hat, einschließlich der Geschäftsleitung von *ABC* und Disney. Und wenn doch, dann haben sie es mir jedenfalls nicht gesagt. Das Schlimmste war, dass ich auf Anweisung des Regisseurs eine Weste trug. Schnöseliger Aktienhändler!

Zur gleichen Zeit, als auf *ABC* mein Licht landesweit herunterbrannte, erlebte mein Fonds das erste raue Quartal seit Jahren. Im ersten Quartal 1998 war mir nicht so recht klar, auf welche Aktien ich setzen sollte. Zum Jahresanfang hatte ich im großen Stil auf Technologie gesetzt, vor allem Ascend und Cascade, und im Finanzbereich auf Citicorp und Merrill. Ich hatte diese Aktien auf dem Weg nach unten gekauft, nur um dann panisch auszusteigen, als sie wieder zu steigen begannen, denn ich näherte mich der Schwelle von vier Prozent Verlust, auf die ich informell den Ausstieg und die Verwandlung in Bargeld festgelegt hatte, seit ich in der Anfangszeit in den Räumen von Steinhardt Partners fast meinen Fonds vernichtet hätte. Das war eine verfeinerte Version der Strategie „bei neun Prozent wieder einen klaren Kopf bekommen", die mir John Lattanzio ein Jahrzehnt zuvor empfohlen hatte. Diesmal führten meine Stopp-Verkäufe jedoch zu einem enttäuschenden ersten Quartal, das just in der Zeit endete, als die Bomben von Maher und RealMoney hochgingen.

Was die Sache noch schlimmer machte: *Fortune* rief mich an, man schreibe gerade einen Artikel darüber, dass meine Viertelstunde des Ruhms vorüber sei. In diese Zeit fiel auch der „Rücktritt" von Roone Arledge bei *ABC*. Nun musste ich mit David Westin verhandeln, der jedem im Sender erklärte, „Jim Cramer ist kein John Madden". Als die hohen Tiere bei *ABC* meine Anrufe wegen RealMoney nicht mehr beantworteten und sich das Produktionsteam auflöste, wusste ich, ich war an die Grenzen dessen gestoßen, was ich im konventionellen Fernsehen erreichen konnte. Kurz danach lehnte ich die Verlängerung meines Vertrages ab und stieg ausschließlich auf Kabelfernsehen um.

Mir war klar, nun war es an der Zeit, den Versuch aufzugeben, sowohl TheStreet.com als auch Cramer Berkowitz zu machen. Wenn ich mich zu sehr auf TheStreet.com konzentrierte, kostete mich das schließlich nur Geld. Nun war der Moment gekommen, das Hobby an die Venture-Kapitalisten abzugeben, die, wie schon gesagt, inzwischen an uns interessiert waren, denn damals waren die Onlinebroker die Lieblinge des Aktienmarkts. Und man zählte uns zu dieser brandheißen Truppe. Obwohl ich mir nach den erniedrigenden Versuchen der ersten Runde im Jahre 1996 geschworen hatte, dass ich diesen arroganten Masters of the Universe niemals die Kontrolle überlassen würde, nahm ich nun ihre Anrufe entgegen und traf mich mit ihren Schergen. Die meisten Besprechungen fanden während der Börsenzeiten statt, was bedeutete, dass nur für ziemlich ruppigen Small Talk Zeit war, wobei die Ruppigkeit von meiner Seite kam.

Ich machte eine ganze Reihe Leute von beiden Küsten durch, darunter auch ein paar, denen wir bei unserer unglücklichen Reise in den Westen 1996 begegnet waren, bis ich jemanden fand, der mit meinem Trader-Temperament zurechtkam und sich davon nicht aus der Fassung bringen ließ: Flatiron Partners, eine Venture-Gesellschaft aus New York City, die ein Tochterunternehmen von Chase Capital Partners war. Im Hinterzimmer der Wall Street 100 traf ich mich mit Jerry Colonna und Fred Wilson. Wie alle anderen Wagniskapitalisten auch fragten sie mich, was mit TheStreet.com in einer Baisse passieren würde. Ich antwortete ihnen, eine längere Baisse würde uns genauso auslöschen wie alles andere, aber das sei in den nächsten paar Jahren eher unwahrscheinlich. Sie blieben dabei. Sie wüssten ja, wo es rausgehe, meinte ich und verließ den Besprechungsraum. Dieses anmaßende Verhalten schien sie nicht zu stören. Vielmehr entschuldigten sie sich für ihre Fragen nach den Verhältnissen der Firma. Und Jeannie Cullen, die bei den Besprechungen immer dabei war, sagte mir, diese Leute waren im Gegensatz zu denen, die sonst kamen, auch zu anderen Personen als der meinigen freundlich und hätten die Büroangestellten respektvoll behandelt, nicht wie Kellner und Kellnerinnen, bei denen man hin und wieder ein Glas Perrier bestellt.

Gelassen machte ich mich wieder an die Arbeit und meinte, es könnte sein, dass wir ins Geschäft kommen. Ein paar Wochen später bekamen wir einen Vertrag über zehn Millionen Dollar im Austausch gegen ein dickes Aktienpaket zugeschickt, und dazu das Versprechen, dass eine professionelle Unternehmensleitung eingesetzt werden würde. Ich willigte gerne ein, beiseitezutreten und für das Unternehmen nur noch zu schreiben, während sich Flatiron die Übernahme der geschäftlichen Seite aussuchte. Die Wagniskapitalisten sollten sie gern in die Hand nehmen und ich könnte wieder meinen Hedgefonds betreiben.

Zumindest dachte ich das.

11
Cendant

Als die Profis erst einmal da waren, dachte ich, ich bräuchte keinen Cent mehr zu berappen, um TheStreet.com über Wasser zu halten. Ich hatte bisher vier Millionen Dollar in das Projekt investiert, von dem ich eigentlich gedacht hatte, es wäre mit 400.000 erledigt. Wenn wir den Handel nach dem Ende des ersten Quartals 1998 abgeschlossen haben würden, wäre es mit den lästigen Einlagen vorbei. Ich dachte zwar, dass wir jetzt mit TheStreet.com groß rauskommen würden, aber es ärgerte mich doch, dass ich so viel Geld aus meinem Hedgefonds herausziehen musste, nachdem wir so gut verdient hatten. Anfang 1998 waren wir mit Cramer Berkowitz in eine Pechsträhne ungeahnten Ausmaßes geraten. Auf einen Januar im Minus folgte ein Februar im Minus, und so etwas war uns noch nie zuvor passiert – zwei schlechte Monate Rücken an Rücken.

Anfang Februar mieteten wir ein paar Busse und fuhren alle, die uns beim Geldverdienen halfen, nach Atlantic City hinunter zu unserer Zehnjahresfeier, einem Vergnügungswochenende bei Harrah's, und ich sagte, ich würde auf das, was alle an den Tischen gewannen, einen Scheck in gleicher Höhe drauflegen und an das St. Jude Hospital in

Memphis spenden, das meine Frau schon sehr gern unterstützt hatte, als sie noch mit John Lattanzio, dem Cheftrader von Steinhardt Partners, getradet hatte.

Als hochherziger Gentleman leitete Lattanzio die Wall-Street-Abteilung der jährlichen Spendenaktion für das Krankenhaus. Wie vorauszusehen war, zockte eine Horde von Brokern kräftig an den Würfeltischen und beim Blackjack, was ich zwar gern übernahm – aber weil sich das Jahr so schlecht anließ, betrachtete ich das als schlechtes Omen, das aus der Überheblichkeit resultierte, die nach den zehn guten Jahren am Stück entstanden war. In der siebten Verlustwoche war mir das großartige Jahr, das wir hinter uns hatten, nur noch ein schwacher Trost. Eine meiner größten Schwächen und eine der größten Schwächen aller Trader ist die Unfähigkeit, sich selbst nach etwas anderem zu bewerten als dem letzten Trade; und alle unsere letzten Trades bei Cramer Berkowitz stanken zum Himmel. Ich brachte an jenem Abend einen Toast aus und versicherte, dass wir aus dem Trudeln auch wieder herauskommen würden, irgendwie, auf irgendeine Art, weil, nun ja, weil wir das bis jetzt immer geschafft hatten. Ich nehme an, der größte Teil der 120 Menschen, die wir nach Atlantic City geschleppt hatten – ein Dutzend Angestellte und die Broker, mit denen wir Geschäfte machten –, hatten keine Ahnung, wovon ich redete. Sie kannten uns nur als Gewinner und wollten nicht, dass bei unserem Zehnjährigen irgendjemand verdrießlich sein sollte, am allerwenigsten ich.

Wenn man zurückfällt und das nicht gewohnt ist, dann drängelt man. Ich hatte eine ganze Reihe von Manövern parat, die ich immer einsetzte, um solche Spiralen zu unterbrechen. Ich hatte schon versucht, mich hinter ein paar guten Positionen zu verschanzen und mich per Day-Trading zurück in die schwarzen Zahlen zu bringen; das heißt, dass man keine Position über Nacht stehen lässt, sozusagen auf null stellt, damit man keinem nächtlichen Risiko ausgesetzt ist. Und ich warf eine Jungfrau nach der anderen in den Vulkan. Das ist der Trader-Ausdruck dafür, dass man Lieblingspositionen nimmt und sie wegwirft, um die Götter zu besänftigen. Im Jahre 1995 hatte ich eine schlimme Pechsträhne gebrochen, indem ich Altera – damals meine größte Position – nahm und als letztes Opfer in den Vulkan warf. Das funktionierte und wir tradeten in den beiden Folgemonaten ganz gut im Plus. Im Jahre 1997 nahm ich Cascade, das lange ein Lieblingswert von mir gewesen war, und opferte es den Göttern, womit wir einen vierwöchigen Abstieg unterbrachen.

Aber 1998 funktionierte nicht einmal die Jungfrau im Vulkan. Ich hatte ein halbes Dutzend Jungfrauen in den Vulkan geworfen, von Xilinx bis hin zur guten alten Altera, aber vergebens. Wir beschlossen, unsere Anstrengungen auf ein paar Aktien zu konzentrieren, von denen wir wussten, dass sie geliebt wurden, von den Institutionen geliebt. Wir setzten darauf, dass sie gegen Ende des Quartals kommen würden, ihre Lieblinge umarmen und sie „nach oben tragen" würden, um ihre Performance aufzubessern. So ziemlich jeder in der Branche weiß, dass manche Fonds nur für das Ende des Quartals leben. Sie wissen, dass sie ihre Performance „tunen" können, wenn sie in den letzten Tagen eines Quartals große Mengen Aktien aufkaufen. Wenn man beispielsweise eine Million Aktien von National Gift Wrap zu 30 Dollar besaß, kaufte man vielleicht eine weitere halbe Million Aktien, und zwar so aggressiv, dass man mit Sicherheit den Markt bewegte und die Aktie womöglich auf 34 Dollar hinaufdrückte. So verbesserte man seine Performance um vier Millionen Dollar. Keine Aktie, auch die großen nicht, verkraftet ein blitzartiges Kaufbombardement, ohne sich wenigstens leicht nach oben zu bewegen, denn aufgrund eines aggressiven Käufers kann die Nachfrage das Angebot kurzfristig künstlich übertreffen. Ich weiß, das klingt nach unlauterem Handeln, aber wenn man als Fonds Geld für das Marketing beschaffen will, muss man innerhalb seiner Fondsgesellschaft eine Top-Performance vorweisen können. Dieser Wettbewerbsvorteil rechtfertigt solche Kniffe in den letzten Tagen des Quartals. Das Schlimmste, was einem dabei passieren kann, ist Folgendes: Man muss auch zum Beginn des neuen Quartals noch ein paar Aktien kaufen, damit niemand von den Bundesbehörden sagen kann, man habe seine Performance bewusst „heraufgesetzt" oder aufgebläht, denn dieser Vorwurf kann einen das Geschäft kosten.

Anfang 1998 mochten die institutionellen Anleger keine Aktie so sehr wie Cendant, das aus der Fusion von CUC International, einer Direktwerbegesellschaft, und des großen Hotel-Franchisegebers HFS (Hospitality Franchise Systems) hervorgegangen war, der die gleichen Initialen wie ihr Gründer führte, Henry F. Silverman.

Diese Gesellschaft, die alles unter einem Dach vereinte, von Century 21 über große Kundenklubs bis hin zu Software für Kindercomputer, wies ein „gigantisches" KGV auf, das heißt, die Institutionen zahlten viel Geld für die stets zweistelligen Gewinne. Im Jahre 1998 waren die Institutionen bereit, das 40-, 50- oder sogar 60-Fache des Gewinns zu bezahlen, wenn sie wussten, dass die Gewinne weiterhin wachsen würden. Niemand schob die Messlatte öfter nach oben, niemand flößte den Käufern mehr Vertrauen ein als Henry Silverman, vielleicht mit Ausnahme von Walter Forbes, dem patrizischen Gründervater von CUC International. Als die beiden Gesellschaften Ende 1997 ihre Fusion ankündigten, musste man sich anstellen, um die Aktie zu bekommen. Das Schlangestehen trieb den Kurs nach oben.

Jeff war verliebt in Henry Silverman, den vollendeten Aktienzauberer seiner Zeit. Er gab immer konservative Erwartungen aus, die er dann mit dramatisch höheren Gewinnen übertrumpfte. Er spielte auf der Wall Street wie auf einem Synthesizer; er konnte seine Aktie klingen lassen wie eine Wertaktie, wie einen Substanzwert oder wie eine Bewertungsaktie, je nachdem, wem er gerade voraus sein wollte.

Mir gefiel CUC International wegen der stetigen Gewinne und weil ich dachte, dass CU eine Chance hatte, das Internet zu erobern. CU stellte nichts her, sondern war eher ein gigantischer Rabattverein, eine Organisation, bei der die Mitglieder Artikel aller Art zu reduzierten Preisen kaufen konnten. Sie hatte allerdings einige Hersteller von technisch aktuellen Spielen gekauft und im Spätherbst 1997 eine Gruppe von uns nach Greenwich, Connecticut, eingeladen, um die neue Internetstrategie zu enthüllen. CU designte wunderschöne und sinnvolle Seiten, auf denen die Mitglieder zu reduzierten Preisen einkaufen konnten, und bezog daraus einen Einnahmestrom, um den es an der Wall Street so ziemlich jeder beneidete.

Was mich betrifft, so war ich in die CD-ROMs von Davidson verliebt. Die Schulklasse meiner ältesten Tochter hatte sich kurz davor an einem Pilotprogramm zum Verkauf von Davidson-Software-Disketten beteiligt und meine Frau hatte als Elternsprecherin Zahlen in der Hand, die besagten, dass wir mit den Davidson-Produkten von CUC die erfolgreichste Geldbeschaffung in der Geschichte der Schulklassenprogramme durchgeführt hatten. Ich rechnete mir aus, dass CU quasi Geld drucken würde, wenn diese Abteilung die Geldbeschaffung landesweit betreiben würde, denn die Gewinnmargen des Produkts waren immens, außerhalb der Diagramme, und vor allen Dingen erschienen sie nicht „in den Zahlen". Das bedeutete, dass kein Analyst von den Zahlen der Davidson-Software etwas erwartete, und das würde die Gewinne erhöhen.

Nachdem wir uns einen Tag lang Arien über Internetinitiativen angehört hatten, waren wir schließlich ausreichend heiß auf die Aktie, und in dem Bus, der uns nach Greenwich brachte, war genug Feuerkraft versammelt, um die Aktie bis zum Mond hinaufzuschießen. Jedes Mal, wenn ich solche Ausflüge zu Unternehmen mitmachte, versuchte ich, persönlich mit den Managern zu sprechen, um herauszufinden, ob sie wirklich so bullish gestimmt waren, wie sie vor der Öffentlichkeit taten. Auf dem Weg nach draußen meinte ich zu Forbes, ich sei von seiner Davidson-Initiative äußerst begeistert. Er sagte mir, Cosmo Corigliano würde sich sehr freuen, das zu hören, denn er war für diese Initiative verantwortlich. Gestikulierend schickte er mich hinüber zu Corigliano, dem CFO, weil er sehen wollte, wie dieser reagieren würde, wenn ich ihm von dem Ergebnis des Pilotprogramms an den Grundschulen in Summit erzählte. Ich ging dahin, wo Cosmo stand, auf der Seite des Konferenzraums, in dem Forbes seine Präsentation gehalten hatte.

„Cosmo", sagte ich, „sieht wohl so aus, als wäre dieses Davidson-Grundschulprogramm ein voller Erfolg." Er schaute mich an, als spräche ich eine unbekannte Sprache. „Wissen Sie", sagte ich, „das Pilotprogramm in Summit, Sie verkaufen dort Davidson-Software. Meine Frau leitet das Programm und es verkauft sich wie warme Semmeln. Und wie ich höre, taucht es nicht einmal in den Zahlen auf."

Er fragte mich, wovon zum Teufel ich da redete. Ich wiederholte noch einmal, was ich über das Schulspendenprogramm gesagt hatte, das sein Unternehmen betrieb.

Er sagte: „Ja, und was weiter?"

„Meine Frau meint, das Programm läuft großartig."

„So?", fragte er.

„Ich dachte bloß, das interessiert Sie vielleicht."

„Danke", antwortete er knapp und stolzierte davon. Wahrscheinlich hatte Cosmo gerade einen schlechten Tag, dachte ich, schließlich kannte ich ihn nicht besonders gut. Vielleicht missfiel ihm meine plumpe Vertraulichkeit. Oder er mochte mich einfach nicht. Wie auch immer. Aber irgendwie war das nicht gerade beruhigend.

Macht nichts, beruhigte ich mich, als es zu der Fusion kam, das macht es nur noch wahrscheinlicher, dass die vereinigte Cendant das Internet beherrscht. Man fusionierte mit den weberfahrenen Leuten von CU, mit dem Mann, der Bob Pittman von *MTV* abgeworben hat, eines von Silvermans großen Ruhmesblättern, und schon hatte man einen richtigen Volltreffer.

Nun standen wir da, am Ende eines Quartals im Reich der Toten, und wir besaßen 600.000 Cendant-Aktien. Das war unsere größte Position und die Aktie schwankte um die 37, in der Nähe des Jahreshochs. Im Rahmen der endlosen Versuche, den bösen Zauber der schlechten Tage zu brechen, hatte meine Frau für uns Zimmer 417 im St. James Club auf Antigua gebucht. Als wir vor Jahren in diesem Zimmer gewohnt hatten, hielten wir eine Limit-Position an Intel-Calls, das heißt, gemäß den SEC-Vorschriften durften wir nicht mehr besitzen, als wir hatten. Aus dem Nichts heraus erschien vor uns ein Mann im Smoking und stellte an der Stelle, an der ich zusammen mit meinen Kindern einen großen Tunnel gegraben hatte, am Strand vor Nummer 417, eine Kristallflasche ab. Er überreichte mir eine Karte, auf der stand: „Intel nach großem gerichtlichem Sieg über AMD 15 im Plus, entspanne und freue dich." Das war einer meiner vier größten Treffer aller Zeiten gewesen. Und jetzt hoffte meine Frau, sie könnte mir etwas Zuversicht einimpfen, indem sie wieder die gleichen Umstände schuf.

Ich sagte zu Jeff, wenn Cendant so laufe wie erwartet, wäre das eine großartige Chance, die Position aufzustocken. Am darauffolgenden Tag kam die Aktie unter den Hammer. Nach Börsenschluss gab das Unternehmen bekannt, dass sich Cosmo Corigliano gewisse Unregelmäßigkeiten in der Abrechnung habe zuschulden kommen lassen, nichts Großes, aber auf jeden Fall erwähnenswert. Als die Nachricht eintraf, war ich gerade unterwegs zum Flughafen. Jeff meinte, das höre sich zwar schlimm an, aber vielleicht sei das die Kaufgelegenheit, auf die wir gewartet hatten. Das hänge von der Telefonkonferenz am Ende des Tages ab.

Nachdem er sich die Telefonkonferenz angehört hatte, rief mich Jeff auf dem Handy an und versicherte mir, die Unregelmäßigkeiten seien wirklich bedeutungslos. Es gehe um die Buchung von Umsätzen und das liege schon einige Jahre zurück. Die Aktie hatte aufgrund einer Unregelmäßigkeit von ein paar Hundert Millionen Dollar aus der Zeit vor der Existenz von Cendant eine Milliarde an Wert verloren. Ich wiederholte, dies sei unsere Chance, und Jeff sammelte weitere 200.000 Stück Cendant ein, sodass unsere Position nun aus 800.000 Stücken bestand. Ich wies ihn an, er solle auf eine Million aufrunden, wenn sich die Aktie nicht erholte, und das tat er am nächsten Tag auch. Große Positionen waren uns nicht fremd, denn ein Jahr davor hatten wir eine Million Dow-Jones-Aktien gehabt. Jetzt hatten wir die größte Wachstumsstory und sie entstand aus vollkommen hirnrissigen Gründen! Was für ein fantastischer Augenblick! Wir rechneten uns aus, dass momentumorientierte Fondsmanager, die ihre Zahlen erfüllen wollten, die Aktie zum Quartalsende wieder auf das 52-Wochen-Hoch hinauftragen würden.

Aber stattdessen stieg die Aktie nicht wieder an. Ich sagte Jeff, ich wolle trotzdem nichts davon hören, ich sei ausgebrannt, ich hätte seit Monaten keinen richtigen Urlaub mehr gehabt und er solle das Schiff schaukeln; ich wollte nicht mehr angerufen werden. Dies sollte der Urlaub werden, den ich mir nie gegönnt hatte und in dem ich weder von Aktien noch von TheStreet.com etwas hören wollte. Seit 1986 hatte es nur einen einzigen Tag gegeben, an dem ich nichts mit der Börse zu tun hatte, und das auch nur, weil mein Partner bei Goldman mir nach dem Tod meiner Mutter einen Aufenthalt im Club Med gebucht hatte, damit ich einmal richtig ausspannen könnte. Jetzt, wo Jeff auch im Firmennamen als gleichberechtigter Partner erschien und die Venture-Kapitalisten kurz davorstanden, TheStreet.com endgültig zu übernehmen, dachte ich, das könnten die Flitterwochen werden, die meine Trader-Frau und ich uns nie gegönnt hatten, auch wenn wir die Mädchen mitnahmen.

Am nächsten Tag aalte ich mich in der Sonne und spielte, kümmerte mich nicht um die Last auf meinen Schultern und vergaß alles außer der Piña colada in meiner linken und der Sandschaufel in meiner rechten Hand. Ich blieb lange auf und spielte Blackjack, eines meiner Lieblingsspiele, und zum ersten Mal seit drei Jahren trank ich kräftig über den Durst. Deshalb haute es mich fast aus meinen Boxershorts, als das Telefon zu einer Uhrzeit klingelte, zu der es in New York wohl halb acht Uhr morgens sein musste.

Es war Jeff. „Wir haben ein paar Probleme, die wir besprechen müssen."

Lachend sagte ich: „Nimmst du es nicht vielleicht ein bisschen zu schwer?" Einen Augenblick lang sagte er nichts und dann fragte er mich, welches Problem ich zuerst hören wolle, das große oder das kleine. „Hobsons Wahl", sagte ich laut.

Jeff sagte nichts. Er scherzte nicht einmal. Sonst scherzte er andauernd und war immer überaus zuversichtlich. Er war sonst alles andere als still. Okay, sagte ich, beseitigen wir zuerst das leichtere.

„Wir können die Gehälter von TheStreet.com nicht bezahlen", platzte er heraus.

Ich schrie: „Das kann nicht sein, das kann einfach nicht sein." Wir hatten diese Knalltüte von einem Rechnungsprüfer von Reuters engagiert und dieser hatte mir einen Tag vor meiner Abreise versichert, dass wir sehr viel mehr auf der Bank hätten, als wir für den Vertragsabschluss mit Flatiron brauchten, der genau in jener Woche stattfinden sollte. Unglücklicherweise mussten wir vor dem Abschluss noch einmal die Gehälter bezahlen und der Controller hatte unseren Cashflow falsch beurteilt. „Was können wir dagegen tun?", fragte ich.

„Ich kann dir aushelfen, für eine Woche, damit du durchkommst", sagte er.

„Oh Mann“, sagte ich, „das ist einfach fürchterlich. Das ist unglaublich, schon wieder haben wir bei TheStreet keine !”§$%& finanzielle Verantwortlichkeit“, schrie ich so laut, dass meine inzwischen erwachte Frau die Außentür schloss, um die Kinder nicht zu erschrecken.

„Ich dachte, du wolltest mir zuerst das kleinere Problem mitteilen“, sagte ich.

Wieder Stille. „Wir haben eine Problemposition.“

„Na gut, wenn es nur eine Problemposition ist, dann kümmern wir uns drum.“ Ich wollte in diesem Urlaub wirklich Urlaub haben und keinen Arbeitsurlaub daraus machen, so wie es bei den letzten vier geschehen war.

„Es ist Cendant und es ist schlimm“, sagte er mit ersterbender Stimme.

„Wie schlimm?“, wollte ich wissen.

„Richtig schlimm“, sagte er.

Es reichte. „Sag es mir, Jeff, wie schlimm ist schlimm, wie schlimm kann schlimm denn sein?“

Schweigen.

„Dann sag mir die Zahl“, sagte ich. „Wie viel kostet es uns?“, sagte ich und fügte hinzu, vielleicht wäre es ja weniger teuer als dieses Telefongespräch.

„17 Millionen.“

Jetzt war es an mir, zu schweigen.

„Hast du gehört? 17 Millionen.“

Ich konnte immer noch nicht sprechen.

„17 Millionen, die Aktie hat noch nicht eröffnet, aber es sieht so aus, als würde sie sich halbieren, vielleicht noch mehr.“

Ich konnte immer noch nicht sprechen. Ich überschlug, dass wir für das Jahr jetzt schon elf Prozent im Minus standen. In meinem ganzen Leben hatte ich noch nie Verluste über den einstelligen Bereich hinausgemacht. Mir schwirrte der Kopf. Ich fühlte mich schwindelig und schwach und mein T-Shirt war so durchgeschwitzt, als hätte ich damit unter der Dusche gestanden.

„17 Millionen?“, fragte ich leidend.

„17 Millionen, wie ich hoffe. Das heißt, ich glaube, wir können es auf 17 Millionen begrenzen."

Da explodierte ich dann wirklich. „Du glaubst, wir können es §%&/ auf 17 &$%&§ Millionen begrenzen, ach ja? Und was für eine &/$%! Art von Schadensbegrenzung ist das?"

Jeff sagte, er habe es geschafft, 200.000 Aktien an einen arglosen Broker im Freiverkehr loszuwerden, bei minus zehn Punkten – wütend unterbrach ich ihn: „Du hast Aktien zehn Punkte darunter verkauft, zehn &%§$ Punkte?"

Zum ersten Mal war er jetzt wirklich beleidigt: „Hey Mann, die Aktie steht bei 15 Dollar, ich kann sie zehn Punkte tiefer zurückkaufen."

Geh und tu's, sagte ich, wir müssen diesen Dreck jetzt auf der Long-Seite traden, damit wir einen Teil wiedergutmachen. Ich hörte, wie Jeff schrie: „Kauf 200.000 Cendant."

Noch bevor er Luft holen konnte, sagte er: Wir haben 200.000 zu 13 gekauft. Wieso, fragte ich, konnten wir so schnell kaufen? „Die Aktie ist immer noch im freien Fall", meinte er.

„Kauf noch einmal 300.000", wies ich ihn an.

„Aber, aber du weißt doch nicht einmal, was faul ist", wandte er ein.

„Machen die Pleite?", fragte ich.

„Nein, ich glaube nicht", sagte Jeff.

„Dann kauf sie und zur Glocke hauen wir sie zurück", was heißen sollte, dass wir sie bei Handelseröffnung wiederverkaufen würden. „Und jetzt leg auf, überzeuge ein paar von diesen Clowns auf der Verkäuferseite davon, dass dieses Unternehmen weiterbestehen wird. Ruf mich dann kurz vor Handelsbeginn wieder an und dann traden wir das Ding den ganzen Tag lang hin und her, bis wir den Schaden auf etwas weniger als 17 Millionen begrenzt haben."

Wie erwartet, eröffnete die Aktie drei Punkte höher und legte dann noch einen Punkt zu. Wir schlugen alle 500.000 Aktien, die wir gekauft hatten, mit einem netten Gewinn los, aber damit hatten wir den Verlust noch nicht unter 15 Millionen gedrückt. Ich arbeitete an den Orders selbst von Antigua aus, und bis zur Mittagszeit hatte ich die Position auf 400.000 heruntergebracht. Bis dahin hatte ich auch die ganze Geschichte erfahren, dass CUC einen massiven Rechnungsbetrug vertuscht hatte und dass alles, was bei der beruhigenden Telefonkonferenz gesagt worden war, die uns dazu gebracht hatte, unsere Position auf eine Million Aktien zu bringen, schlichtweg gelogen war. Cosmo Corigliano hatte die ganze Aktion eingefädelt. Die Zahlen wichen nicht um Millionen ab, sondern um Milliarden.

Silverman hatte mit einem absoluten Schwindelunternehmen fusioniert, das keinerlei Profite hatte. Die Aktie hatte die Prügel verdient und was man ihr sonst noch antun konnte.

Bis zum Ende des Tages hatten wir von den 17 Millionen etwa fünf Millionen wieder zurückgeholt. Aber nach diesem Schlag standen wir trotzdem zehn Prozent im Minus, der schlimmste Rückschlag, den ich je erlitten hatte. Ich hielt die Telefonleitung die ganze Woche über offen und machte nur einmal eine Pause, als ich mit meiner Tochter Cece in einem gemieteten Hubschrauber über den Montserrat flog.

Der Pilot war ein Vietnamveteran, der meine Ängste zu verstehen schien, aber er sträubte sich gegen meinen Wunsch, Abbildungen von Silverman und Forbes in den Vulkan zu werfen, sodass ich mich damit begnügen musste, Dutzende von Zetteln mit dem Symbol von Cendant in das geschmolzene Innere des Vulkans zu werfen, wobei ich den Piloten bat, so nahe wie möglich hinzufliegen, damit kein Zweifel daran bestand, dass sie auch hineinfielen. Ich machte sogar Fotos von der zeremoniellen Wegwerfaktion und zeigte sie eine Woche später in Squawk Box.

Über die nächsten Monate stieg Cendant nach und nach wieder, wir verkauften unseren Rest, dann brach die Aktie noch tiefer ein als an jenem Schicksalstag und dort blieb sie dann. Sie quält sich immer noch unterhalb dieses Eröffnungskurses herum. Aber der Schaden an unserem Fonds war angerichtet. Jeder Momentumspekulant, jeder Gelegenheitsspekulant, jeder Dotcom-Spekulant hatte 1998 eine große Zeit, nur ich nicht. Und im Gegensatz zu allen anderen konnte man mein Leid jeden Tag in meiner eigenen Kolumne in TheStreet.com nachlesen.

12
Berkowitz

Als mir Jeff Berkowitz im April 1998 mit den Gehältern für TheStreet.com zu Hilfe kam, war das nicht das erste Mal, dass er mir aushalf, und es würde sicherlich auch nicht das letzte Mal sein. Wissen Sie, Berkowitz ist der Anti-Cramer, emotionslos, wenn die Emotionen so über mich kamen, wie der Teufel in „Der Exorzist" über Regan kommt.

Er konnte kühl und analytisch bleiben, wenn ich nach Rache schrie. Er überstand alle Prüfungen, die ihm meine Emotionalität auferlegte. Ohne mit der Wimper zu zucken, erledigte er seinen ersten Auftrag, der darin bestand, den Chief Executive Officer der Gartenpflege-Gesellschaft Scotts aufzutreiben, der meine Anrufe nicht beantwortete. Berko stellte ihn im Aufzug auf dem Heimweg von der Arbeit und bekam das Okay zum Kauf. Es störte ihn nicht, dass ich ihn als meinen Spezialisten für Ausrüstung und Transport vorstellte und ihm einen Analysten aufbürdete, der mir die Zeit stahl. Er zuckte auch dann nicht mit der Wimper, als er in seinen ersten Monaten sagte, ich sollte Compaq kaufen, und ich eine Flasche Poland Spring nach ihm warf, weil ich hintenherum (in unserer Branche gibt niemand Namen preis) erfahren hatte, dass uns Fidelity diese Aktien verkaufte. „Warum zum !&%%$ kaufen wir diesen %=$&, wenn FIDO ihn verkauft?“, fragte ich. „Weil die sich irren“, antwortete er einfach so. Als ich ihm sagte, ich würde ihn mit etwas Schwererem als einer Wasserflasche bewerfen, wenn er sich irrte, meinte Berko nur lächelnd: „Tu dir keinen Zwang an, ich irre mich nicht.“

Vertrauen ist etwas, das man in diesem Geschäft nur selten findet. Alle werden schwach, wenn man eine Aktie infrage stellt. Ich habe schon hinter den Kulissen mit Managern gesprochen, die im Fernsehen Aktien hochgelobt hatten, und ihnen gesagt: „Wussten Sie eigentlich, dass Herr Soundso das Unternehmen wahrscheinlich verlassen wird?“ Oder: „Die Halbleiterausrüstung in Korea verkauft sich schlecht.“ Ihnen schlief das Gesicht ein und das Vertrauen in die Aktie entschwand wie aus einer durchlöcherten Sirupflasche. Die meisten Menschen klappen zusammen, wenn man sie auf die Probe stellt.

Berko nicht. Er kaufte gern nach. Deshalb kündigte ich 1991 meinem Research-Direktor, ohne mit der Wimper zu zucken, als Berkos Sommerpraktikum beendet war. Deshalb bezahlte ich ihm als Sommerpraktikanten 400.000 Dollar, obwohl er nur 50.000 verlangt hatte.

Das stieg ihm allerdings niemals zu Kopf. Als Karen und ich ihm den Scheck über 400.000 Dollar überreichten, sagte sie zu mir: „Und jetzt lassen wir den braven Jungen von Wharton seine Mutter anrufen und ihr die gute Neuigkeit erzählen.“

„Verdammt richtig“, sagte er.

Ich weiß nicht, ob es an dem Jahr liegt, in dem er mit Dan Benton zusammengearbeitet hat, dem weltbesten Geldverwalter, der in der Tech-Abteilung von Goldman Analyst und Jeffs Vorgesetzter war. Ich weiß nicht, ob es an Wharton liegt oder an der Tatsache, dass er ein großartiger Teamplayer ist – auf der Highschool hatte er in der All-Long-Island Football-Mannschaft gespielt. Wie auch immer. Jedenfalls blieb der Mann am ersten Tag nach seinem zweistündigen Einstellungsgespräch den ganzen Tag da und er ist immer noch da, nachdem ich die Firma verlassen habe. Und so sollte es auch sein, denn Jeff kann besser Aktien auswählen als irgendjemand, dem ich je begegnet bin.

Ich glaube, zum ersten Mal merkte ich, dass er das Talent haben könnte, mich zu ersetzen, als ich ihn im ersten Sommer informierte, wir hätten Ärger mit Rubbermaid, einer Position, die ich seit meiner Zeit bei Goldman liebte, weil Rubbermaid mit innovativen Produkten den anderen Gesellschaften nach und nach den Platz in den Regalen wegnahm. Ich sagte Jeff, dass die Aktie etwas zickig war und dass er zu einer Managementkonferenz gehen sollte; so etwas findet öfter statt, die Unternehmensgrößen kommen nach New York, um ihre Geschichte zu erzählen. Ich wies ihn an, ein bisschen früher da sein und herausfinden, ob mit dem blöden Ding wirklich etwas faul war oder ob schlampige Verkäufe der Grund waren– das heißt, dass ein paar Fonds die Aktie ungeschickt verkauften und dadurch den Kurs drückten, weil sie nicht wussten, wie man richtig tradet.

Als Sommerpraktikant ging Jeff frühzeitig in den Club „21", wo die Rubbermaid-Konferenz stattfand, setzte sich an die Bar und trank mit dem Leiter des Unternehmens eine Cola Light. Er plauderte eine halbe Stunde mit dem Mann, dann rief er mich vom Handy aus an: „Stoß das ganze Zeug ab." Das könne ich nicht tun, antwortete ich, denn ich hätte die Aktie schon seit Ewigkeiten und sie komme immer wieder zurück. Er sagte, er habe keine Ahnung, wovon ich rede, das Unternehmen falle auseinander, es entgleise, der Motor brenne, ob ich bescheuert sei?

Ich stieß die gesamte Position ab, während ich Jeff noch am Hörer hatte, und sagte ihm, er solle wiederkommen. „Wie hast du das erfahren?", fragte ich.

„Der Typ konnte einfach nicht anders, er musste unbedingt loswerden, wie schlecht die Fundamentaldaten sind", sagte Berko. Ich weiß nicht, ob die Aktie im darauffolgenden Monat überhaupt einen Tag im Plus hatte. Jeff sparte uns ein Vermögen.

So war es immer mit Jeff, von Anfang an. Die Menschen unterhielten sich gern mit ihm. Eines Abends, als wir im Büro in der Beaver Street 56 über dem Delmonico's waren, klingelte unten jemand an der Tür (das Gebäude war ursprünglich ein Wohnhaus).

Ich fragte, wer da sei, und die Stimme sagte: „John, John Cunningham, ich will zu Jeff." Ich fragte Jeff, wer zum Teufel denn John Cunningham sei, weil ich grundsätzlich niemanden heraufließ. Gleich nebenan war nämlich ein Obdachlosenasyl und nach Feierabend wurden wir regelmäßig von Säufern belästigt.

„Lass ihn raufkommen", sagte Jeff, „er ist ein Freund."

Und kurz danach machte er mich mit John Cunningham bekannt, dem Chief Financial Officer von Whirlpool. Er hatte sich mit ihm angefreundet, weil ich gesagt hatte, wenn Whirlpool abrutschen würde, würde ich ihn feuern, um ihm eine Lektion zu erteilen.

Wenn man so aufbrausend wie ich ist, was Aktien und Menschen angeht, dann braucht man einen Jeff, der einen vor Ärger bewahrt. Wie das eine Mal 1997, als ich einen jungen Analysten erwürgen wollte, der mich viel Geld gekostet hatte, weil er Parametric gekauft hatte, ein bankrottes Softwareunternehmen. „Weißt du was, wirf ihn doch einfach raus, anstatt ihn umzubringen", meinte Jeff, nachdem er mich von dem armen Kerl weggezogen hatte. „Das ist billiger und du kommst nicht in die Zeitung." Er passte immer auf mich auf.

Wir hatten einen regelmäßigen Zustrom von Analysten, die uns Aktien anpriesen. Sie sagten, Iomega sei die größte Sache seit der Erfindung des fertig geschnittenen Brots – das war sie nicht – oder ANET sei die nächste Cisco – das war sie nie –, und Jeff sorgte immer dafür, dass mich der Analyst nicht so sehr für die Aktie begeisterte, dass ich vielleicht sogar etwas gekauft hätte. Manchmal, wenn er wusste, dass ein besonders überzeugender Analyst von der Westküste im Hause war und eine obskure Technikfirma pushte, die mit Sicherheit in sich zusammenfallen würde, sobald wir sie nur anrührten, informierte er mich bewusst nicht von der Anwesenheit des Analysten. Einmal, als ich rasend war, weil er mich von einer Besprechung mit einem jungen Kadetten von Goldman ferngehalten hatte, stopfte ich mir einen Goldman-Sachs-Schaumstoffball in den Mund und ging in das Besprechungszimmer. Für eine kurze Weile saß ich da, hörte zu und nickte schweigend. Und dann, als ich fand, dass der Analyst den Mund etwas zu voll nahm, machte ich den Mund auf, spuckte den speichelbeschmierten Ball ungefähr in Richtung des Analysten und entschuldigte mich. Ich wusste, dass Jeff nicht schockiert sein würde und alles würde erklären können. Allerdings gab er zu, dass der Ausbruch mit dem Schaumstoffball sein Überzeugungsgeschick auf eine ernste Probe gestellt hatte.

Ein anderes Mal sagte ich einem Mitarbeiter, der seit zwei Jahren bei uns war (ich hatte ihn auf Martys Geheiß aus seinem Job als Kellner in Nantucket geholt, er kannte ihn), er solle heimgehen, weil er vergessen hatte, einen Call auszuüben. Dadurch hatten wir eine Short-Position Philip Morris, die uns 40.000 Dollar kostete, denn wenn man eine Aktie shortet, muss man auch die Dividende bezahlen.

Als der Mann am nächsten Tag nicht erschien, fragte ich Jeff, ob ich ihn anrufen und zurückholen sollte. „Nein, du hast ihn doch genauso kalt gefeuert wie sonst." Ich wusste gar nicht, dass ich ihn gefeuert hatte, aber Jeff erklärte mir, wenn der Boss sagt „Hau verflucht noch mal ab und geh nach Hause!", dann bedeutet das überall sonst auf der Welt so viel wie: „Du bist gefeuert!" Er bat mich, ihn in Ruhe zu lassen, denn er habe keine Lust, erklären zu müssen, wieso ich der Meinung war, dass es eine legitime Tötungsart war, den Analysten so lange zu quälen, bis er starb oder das Geld zurückholte.

Jeff benutzte immer seinen gesunden Menschenverstand, um zu verhindern, dass uns einer meiner Geistesblitze einmal in die Luft fliegen ließ. Aber er konnte mich nicht vollkommen vor Schwierigkeiten bewahren. Wie zum Beispiel 1996, als ich nach einem fantastischen Kursanstieg zum Jahresende in der Sendung von Charlie Rose auftrat und erklärte, der Markt sei noch nicht am Ende. Und ich hatte Tim, der die Termine organisierte, vom Fleck weg als Analysten für Cramer Berkowitz engagiert.

„Kennt er sich aus?", fragte mich Jeff.

„Machte jedenfalls einen klugen Eindruck. Sagte mir, er kenne sich mit Aktien aus", erwiderte ich.

„Ja, aber hat er irgendeine Ahnung?" Das würden wir schon herausfinden, meinte.

Jeff schüttelte nur den Kopf. Jedenfalls, sagte ich zu Jeff, kann ich Tim doch nicht einfach anrufen und ihm erklären, dass ich ihn jetzt doch nicht einstelle. Er war so begeistert, dass er bei uns arbeiten darf. Dann malte mir Jeff aus, wie Tims Laufbahn bei uns aussehen würde: „Zuerst kommt Tim zu uns und macht ein Geschäft, das gut funktioniert, vielleicht hat er Glück oder jemand ist ihm etwas schuldig, jedenfalls landet er einen Treffer. Dann wirst du in Begleitung von Tim herumlaufen und ihn als deinen besten Freund oder neuen Jeff vorstellen. Dann gibst du ihm einen Berg von Kapital, mit dem er in einem Markt spekulieren soll, über den du nichts weißt. Und dann befördert er uns sozusagen regelmäßig ins Jenseits. Dann wirst du ihn jeden Tag in peinliche Situationen bringen, ihn vor aller Welt als Irren und Verlierer hinstellen und versuchen, ihn zum Weinen zu bringen, weil du es nicht ertragen kannst, Geld zu verlieren. Und dann bittest du mich, ihn hinauszuwerfen, denn wenn du es selbst tust, dann verstümmelst und demütigst du ihn ärger, als es Artikel acht erlaubt.

Dass Jeff wusste, was passieren würde, obwohl er erst vier Jahre bei mir war, stellte ihm ein gutes Zeugnis aus. Das Einzige, was von seiner Beschreibung abwich, war die Tatsache, dass Tim am Anfang zwei gute Trades machte und dadurch mehr Geld mit Grupos verlieren konnte, wie der Grupo Tribasa, einer bankrotten Straßenbaufirma, oder der Grupo Posadas, einer bankrotten Hotelkette. Die Entwicklung der Dinge entsprach so genau der Voraussage von Jeff, dass mich Jeff – kurz nachdem ich Tim als neuen Jeff präsentiert hatte und er begonnen hatte, Geld zu verlieren – bitten musste, nicht ständig auf Tim herumzuhacken, weil dessen Weinen ihn bei der Aktienauswahl störe. Noch in der gleichen Woche, in der er vorhergesagt hatte, dass er Tim würde feuern müssen, tat er es auch. Als diese Episode vorüber war, war ich damit einverstanden, dass ich nie wieder jemanden einstellen würde, ohne dass Jeff es zuerst genehmigt hatte.

Ich suchte mir die Aktien am liebsten aus, indem ich die aktuellen Kurse las, danach entschied, was falsch war, überverkauft oder überhöht, und dann kurz Erkundigungen einholte, um schnell zu entscheiden, was ich kaufte oder shortete. Jeff dagegen arbeitete nur mit dem Rolodex. Er freundete sich gern mit den Topmanagern an, und wenn eine Aktie fiel, konnte er anrufen und sagten: „Hallo, hier Jeff, da verkauft jemand 400.000 Newbridge, das macht eure Aktie kaputt. Liegt der Typ richtig oder nicht?“

Viele Manager riefen ihn dann zurück und bedankten sich für die Information. Wir konnten gutes Geld allein dadurch verdienen, dass wir den Managern die Verrenkungen erklärten, die ihre eigenen Aktien vollführten. Das wurde zu einem regelrechten Nebengeschäft; Jeff rief einen Manager an, wenn ein Analyst dessen Aktie herabgestuft hatte, erklärte ihm die genauen Hintergründe der Herabstufung und bekam dafür Munition, um andere Analysten, die ebenfalls an ein Downgrade dachten, bei der Stange zu halten. So lange er exakt berichtete, was die Manager sagten, hatten wir einen direkten Kanal von der Wall Street in die Main Street und konnten dabei einige schnelle Gewinne einfahren.

Das war die perfekte Ergänzung zu meinen Aktienkursen und sorgte für einige ganz große Treffer. Jeff stand mir auch bei meinen gelegentlichen Krächen mit der Presse bei. Ich kenne niemanden, der die Gefechtszentrale so hätte führen können wie Jeff damals, anlässlich der Dow-Jones-Untersuchung 1995. Wie schon erwähnt, zeichnete er den Verlauf aller 120 Aktien auf, über die ich geschrieben hatte, um schlüssig beweisen zu können, dass ich niemals absichtlich versucht hatte, aus meinen Artikeln Kapital zu schlagen. Er nahm mich endlos in die Mangel und so konnte ich, als sich Dow Jones 20 Aktien aussuchte und von mir erklärt haben wollte, was ich getan hatte, ohne Zuhilfenahme von Unterlagen antworten. Ich konnte mich an jedes Datum, jeden Trade, an jedes Achtel der Kaufs- und Verkaufspreise erinnern. Und er setzte sich für mich mit besonders besorgten Partnern auseinander. Ich hatte keine Geduld mit Menschen, die mein Urteilsvermögen anzweifelten. Jeff konnte erklären, dass ich beschäftigt war, er wurde nicht grob, und er konnte denjenigen Erklärungen bieten, denen unsere monatliche, tägliche oder gar stündliche Performance nicht Besänftigung genug war. Und was noch wichtiger ist, Jeffs ruhige Beurteilung meiner Aktienauswahl verhinderte einige schlechte Käufe, was an der Wall Street häufig der beste Weg zum Geld ist.

Im Zuge meiner endlosen TV-Auftritte freundete ich mich auch mit ein paar Unternehmenslenkern an, die bei verschiedenen Fernsehsendungen auftraten, denn dank Jeff hatte ich mich ausreichend vorbereitet, damit ich ihnen sinnvolle Fragen stellen konnte, die ihnen die Gelegenheit boten, alles zu erklären.

Das Problem dabei war natürlich, dass die Fundamentaldaten in Wirklichkeit nicht immer so großartig waren, wie sie diese Manager darstellten, und stellenweise wirkte auch meine persönliche Begeisterung für sie störend. Deshalb bestand ich immer darauf, dass die Obersten in unserem Büro vorbeischauten, um den „Jeff-Test" zu machen und zu sehen, ob sie an die Wirklichkeit heranreichten. Man kann sich kaum vorstellen, wie effektiv man mit diesem „Guter Bulle, böser Bulle"-Spiel Schwindeleien ausräuchern kann. Wie zum Beispiel Anfang 1997, als „Chainsaw" Al Dunlap den Elektrogerätehersteller Sunbeam übernommen hatte. Jeder mochte Chainsaw. Er hatte Scott Paper von allem befreit, das etwas wert war, und dann für teures Geld an die Hinterwäldler von Kimberly-Clark (eigentlich schade, das sind so nette Burschen) verkauft. Danach machte er sich an die Wiederbelebung von Sunbeam.

Als er hereinkam, mit seiner Marken-Sonnenbrille, die er auch drinnen nicht abnahm, umarmten wir uns und klatschten die erhobenen rechten Hände aneinander. Wir hätten uns gebrochene Knöchel eingehandelt, wenn Chainsaw gewusst hätte, was ich mit meiner geballten Faust machte. Jeff rollte schon mit den Augen. Er hatte einen vergleichbaren Enthusiasmus schon einmal erlebt, namentlich, als mich 1996 ein Analyst von Hambrecht & Quist auf dem Höhepunkt des Small-Cap-Fiebers abklatschte. Jeff wusste damals genau, was zu tun war – alles verkaufen, wovon noch nie jemand gehört hatte, dass es steigen würde. Und er wusste, was jetzt mit Chainsaw zu tun war.

Zusammen mit unseren Teams zogen wir uns in das hintere Besprechungszimmer zurück und Al schwärmte uns sofort von seinen neuen Produkten vor und wie viel sie Sunbeam einbringen würden. Mir gefielen all diese neuen technischen Spielereien und ich fragte meine Assistentin immer wieder, wo die Aktie stand – bei 45 und ein paar Zerquetschten –, nur für den Fall, dass wir unsere Position von 600.000 Aktien dieser großartigen Momentuminvestition vielleicht ausbauen wollten.

Nach jeder Produktwerbung sagte Jeff: „Das ist super, Al, aber wie läuft das erste Quartal denn so?" Al überhörte ihn geflissentlich, wandte sich an mich und erzählte mir von dem neuen Thermometer, das im Dunkeln leuchtete, die innere Temperatur eines Truthahns messen konnte oder wann das Popcorn aufgehört hatte zu poppen oder sonst irgendetwas in der Art.

„Aber wie sieht's denn mit dem ersten Quartal aus, Al, wie sind die Bruttomargen, wie sehen die Lagerbestände aus?"

Nach der dritten Unterbrechung drehte Al Jeff den Rücken zu und fragte mich: „Hey, was ist denn mit dem Typen los?" Ich meinte zu ihm, er solle unbesorgt sein. Jeff wies ich an, er könne gehen und „tun, was er zu tun habe".

Zu diesem Zeitpunkt verstanden Jeff und ich unsere Signale besser als ein Navajo-Code-Sprecher im Zweiten Weltkrieg. „Tun, was er zu tun habe" bedeutete, die Aktien bis auf das letzte Stück zu verkaufen, denn Al wollte nicht über die Zahlen sprechen, und das hieß, dass die Zahlen schlecht waren.

Während Als Sunbeam-Vorführung verkauften wir sämtliche Aktien und als wir damit fertig waren, shorteten wir die Aktie. Da sich der Kurs nach der Bekanntgabe der Zahlen für das erste – selbstverständlich höchst enttäuschende – Quartal halbierte, prägten wir quasi unser eigenes Geld und machten ein Vermögen.

Das Gleiche taten wir 1999, als wir den überschäumenden Rich McGinn von Lucent dahatten. Die Aktie war aus den 80ern in die 70er gerutscht und wir luden McGinn ein, um herauszufinden, ob das letzte Quartal, das uns enttäuschend schien, wirklich so schlecht war, wie wir dachten. Ich plauderte freundlich mit McGinn und sagte ihm, er sei mein liebster Gast, weil er die Situation immer im Griff habe und eine so große Präsenz zeige. Jeff hingegen quetschte ihn aus nach den Einzelheiten des Quartals. McGinn sagte, das Quartal hätte zwar besser sein können, aber während er mit seiner Mutter in Urlaub war, habe er festgestellt, dass irgendein Vertrag in Lateinamerika über Zigzillionen noch rechtzeitig unterzeichnet worden sei, um das Quartal zu retten.

Alarmglocken. Ein Vertrag reichte aus? Nur das hatte noch gefehlt? Ein nicht überprüfbarer Multimillionenvertrag in Lateinamerika? Ich brauchte eine Pause. Ich plauderte weiter mit ihm, während Jeff hinausschlüpfte und „tat, was er zu tun hatte"; natürlich verkaufte er sämtliche Lucent-Aktien. So entgingen wir dem Debakel, dem so viele andere zum Opfer fielen, aufgrund eines Gesprächs von Angesicht zu Angesicht. Niemand lügt einem direkt ins Gesicht, und wenn, dann merkt man das fürchterlich schnell.

Jeff leitete am Portfolio auch Erste-Hilfe-Maßnahmen ein, wenn er es für notwendig erachtete. Als mich Naveen Jain von InfoSpace, noch einer meiner Lieblings-Chefs, abklatschte und umarmte, als er hereinkam und seine Aktie bei 250 Dollar stand, hörte ich Jeff zu Todd Harrison, unserem fantastischen Cheftrader, sagen: „Junge, Junge! Dieses Treffen kostet uns bestimmt fünf Millionen. Lass Cramer keine Aktien kaufen, er ist viel zu aufgedreht."

Als das Liebesspiel vorbei war, hatte Jeff unsere gesamte Position abgestoßen – während der Direktor dachte, wir würden kaufen –, denn keiner von uns bekam auch nur einen einzigen Grund zu hören, weshalb die Aktie da stand, wo sie war. Der Auslöser? Jain prahlte, InfoSpace, seine drahtlose Dotcom, würde Microsoft in der Marktkapitalisierung übertreffen. „Eine Billion Dollar, wartet es nur ab", sagte Naveen. In diesem Moment stand Jeff auf und sagte, er wisse, was er zu tun habe. Nach weniger als einem Jahr wurde die 250-Dollar-Aktie für drei Dollar gehandelt. An keinem Tag wurde sie teurer verkauft als an dem Tag, als wir einander abklatschten und Jeff tat, was er zu tun hatte.

Manchmal konnte Jeff auch launisch sein und von seinem ausgeglichenen Charakter abweichen. In unseren letzten gemeinsamen Jahren hatte ich ihn so weit korrumpiert, dass er mit dem Telefon auf den Schreibtisch schlug, dass er einen Briefhalter an die Wand warf und Menschen genauso gefühlvoll hinauswarf, wie ich es regelmäßig tat. Und er konnte genauso „W und L" sein wie ich, nämlich willkürlich und launisch, wenn es darum ging, dass die Firma Geld verlor. Obwohl die Firma zu 100 Prozent mir (und Karen) gehörte, wollte ich, dass er nach dem Umzug das größte Büro bekommen sollte und dass sein Name als erster an der Tür stand. Ersteres gern, aber Letzteres auf keinen Fall, sagte er. Er habe noch nicht genug getan, um das zu verdienen, aber eines Tages wäre es so weit.

Seine Unerschütterlichkeit sollte uns in den Prüfungen sehr zustatten kommen, die wir im Herbst 1998 durchmachen sollten. Die gemütliche, sichere Welt von Cramer Berkowitz fiel in Stücke, und zwar direkt vor unseren umherschweifenden, unsteten Blicken.

13
Die Einstellung von Kevin English

Man kann so viele Fehler machen, wie man will, wenn man einen Chief Executive Officer auswählt. Beim Baseball hat man zwei Schläge frei, aber dann ist man draußen. Jetzt sollten wir erfahren, wie nachsichtig die Schiedsrichter des Business mit TheStreet.com verfahren würden. Der adrette Mr. Drake hatte nur sechs Monate überdauert und der delirierende Mr. Desai gar nur vier Monate, bevor sie hinausgeworfen wurden. Aber genauso wie die Homerun-Schlagmann in einer verkürzten Saison waren diese Herren jetzt nur noch Fußnoten in der Geschäftshistorie.

Nachdem Ende des Frühjahrs 1998 die Profis zu TheStreet.com gekommen waren, insbesondere Flatiron und die dazugehörige Investorenschar, eine Reihe von Venture-Kapitalisten, die sich nach dem Vertragsabschluss mit Flatiron um die Finanzierung kümmerten, sollten wir die wundersame Art erleben, wie eine Suchfirma einen CEO findet. Für solche Firmen hatte ich nur Verachtung übrig, nachdem ich in meiner Zeit bei Goldman Dutzende von Blindanrufen bekommen hatte.

Ich dachte mir, diese Menschen wurden nur deshalb so gut bezahlt, weil so viele andere Menschen von ihnen abhängig waren. Ich sagte mir immer, wenn man durch das Telefon feststellen könnte, mit welchem Gefühl es aufgelegt wurde, dann wären die Werber eine vom Aussterben bedrohte Art.

Unser Headhunter wusste, dass es Mitte 1998 eine erschreckende Aufgabe war, einen CEO für ein Dotcom-Unternehmen zu finden. Einige der Dotcoms, die an die Börse gegangen waren, waren inzwischen gescheitert, und Mitte 1998 war das IPO-Fenster mit lautem Knall zugeworfen worden. Ursache waren Probleme rund um den Erdball, die sich deutlich gezeigt hatten, nachdem Long-Term Capital Management, ein gigantischer Hedgefonds, Milliarden verloren und aufgrund des Dominoeffekts zahlreiche andere Unternehmen beschädigt hatte.

Für TheStreet.com bedeutete dies eine gewisse Unsicherheit und ich bezweifelte, dass wir in diesem Vakuum den idealen Steuermann finden würden. Ich hatte keine Ahnung, wie eine solche Suche vor sich ging, ich kannte das nur so, dass jemand eine Liste mit 30 Namen hat und diese Menschen anruft, egal ob sie an der Stellung interessiert sind oder nicht.

Deshalb überraschte es mich, auf der Kandidaten-Suchliste den Namen Jonathan Fram mit einem Kästchen daneben vorzufinden, in dem „interessiert" angekreuzt war. Ich hatte Fram ein Jahr davor kennengelernt, bei einem jener Besuche bei Michael Bloomberg, die jeder aus dem Business in gewissen Abständen absolviert. Ich war vorbeigekommen, um Mike kurz Hallo zu sagen, der uns in den 80er-Jahren – wir gehörten zu den frühen Kunden – das Bloomberg-Terminal auf dem Heimweg nach einer Sendung mit Charlie Rose vorbeigebracht hatte. Charlie hatte sich für seine Sendungen Räumlichkeiten von Bloomberg geliehen.

Bloomberg hatte die größte Informationsquelle geschaffen, die die Menschheit kennt, und er verbesserte sie Tag für Tag. Nachdem wir Starwave engagiert hatten, dachte ich, wir könnten ebenfalls ein paar ausgeklügelte Analysen zur Verfügung stellen, wie sie Bloomberg hatte, aber kaum hatten wir den Vertrag unterzeichnet, wurde Starwave schon von Disney übernommen. Disney hatte nicht das mindeste Interesse daran, eine Heimkonkurrenz zu Bloomberg anzubieten. Man bezahlte sehr viel Geld für ein Bloomberg-Terminal, aber es war jeden Cent wert. Ich kenne viele Trader, die lieber mit ihrem Bloomberg in Urlaub fahren würden als mit Frau und Kindern.

Mike hatte mir gesagt, ich sollte einen Termin mit ihm ausmachen; er wollte über Geschäfte reden. Er war ein großer Fan meiner Kolumne im *New York Observer* gewesen, die eigentlich nur aus meinen Artikeln zusammengewürfelt war, die die Woche über online erschienen waren. Ich sagte Ja und meldete die Besprechung für den nächsten Tag an.

Jonathan Fram hatte das Treffen organisiert. Er war Bloombergs Webmaster oder so etwas Ähnliches, denn bei Bloomberg gab es keine Titel – alle waren privat, außer Mike, der sich eher wie ein rauer Feldwebel und „einer der Jungs" verhielt denn wie der General, der er mit gutem Recht sein konnte, wenn man das Milliardenimperium betrachtete, das er aufgebaut hatte, indem er Dow Jones und Reuters an den Flanken umfasste. (Mikes Erfolgsgeheimnis? Er dachte wie wir und wusste, was wir brauchten, genauso wie seine Verkaufsleute, die ich alle vom Fleck weg eingestellt hätte, wenn sie gegangen wären, aber das taten sie nicht.)

Ich war Fram schon ein paar Monate vorher begegnet. Er hatte ein Frühstück für Mike und mich organisiert, das allerdings nicht so gut lief, denn er hatte vergessen, bei Delmonico's den Felchen-Salat von Kaplan's zu besorgen, den ich so liebte, und Bloomberg stutzte ihn deswegen in meinem Beisein zurecht. Das war mir ziemlich peinlich. Bei dem Treffen sagte Bloomberg, abgesehen von mir selbst sei meine Internetseite nichts wert. Er täte besser daran, mir 50 Millionen Dollar zu zahlen und sie zuzumachen, antwortete ich, sonst würden wir nach unserem Börsengang noch zum gefährlichen Konkurrenten werden. Er stimmte mir zu, wenn wir Geld hätten, könnten wir vielleicht mit Ach und Krach durchkommen, anstatt freiwillig aufzugeben, aber so oder so glaube er nicht, dass wir viel wert seien. Im Gegensatz zu allen anderen sagte er jedoch, der Markt sei blöde genug, dass wir Geld bekommen würden, und wir würden zuerst noch eine überbewertete Dotcom werden, bevor wir untergehen würden. Wenigstens erfasste er die Ironie, die darin lag, dass meine Seite an einem Tag wertlos und am nächsten

Tag ein Vermögen wert sein konnte, zumindest auf dem Papier. Die meisten Menschen hatten weniger Durchblick als Mike.

Und nun stand da auf der Liste der potenziellen CEOs Fram, der Mann, der die Fischbestellung vermasselt hatte. Ich wusste, wenn wir ihn bekommen würden, wären wir gemachte Leute, denn Bloomberg brachte seinen Mitarbeitern an einem Tag mehr über Finanzdienstleistungen bei als andere in mehreren Leben.

Es schien auch, als hätten wir wirklich Chancen, Fram zu bekommen, denn Marty Peretz war an der Suche beteiligt und er mochte ihn. Unser Verhältnis hatte sich von dem doppelten Schaden Rockbreak und Luce nicht wieder erholt. Eigentlich hatte es sich sogar stetig verschlechtert und mir kam schon zu Ohren, dass Marty meinen Fonds schlechtmachte. Meine Zahlen waren im zweiten Halbjahr 1998 zwar nicht gerade vorzeigbar, aber immerhin klar im Schwarzen, und ich hatte das Gefühl, dass Fram der Kompromiss sein könnte, hinter den wir uns beide klemmen könnten, um die Sache wieder zu kitten.

Kurz vor Beginn des Auswahlverfahrens hatte ich in einem Anfall von Gereiztheit ein paar von Martys Vermögenstrusts abgegeben, für die ich in den letzten zehn Jahren gearbeitet hatte. Das war eine vollkommen sinnlose Maßnahme. Diese Treuhandvermögen beanspruchten nicht viel Aufwand und die Menschen, denen sie gehörten, waren in Ordnung. Ich wollte nur irgendwie festhalten, wie unglücklich ich damit war, dass ich für TheStreet.com so hart arbeiten musste. Allerdings zerstörte mein Rücktritt jegliche Hoffnung auf Annäherung, bis Fram ins Spiel kam. Als Marty zu mir sagte, dass er Fram mochte, sagte ich, obwohl ich nicht dem Suchausschuss angehörte: „Wenn du ihn magst, Marty, dann will ich ihn haben." Wir hatten eine neue Chance, den Zwist beizulegen, den ich verursacht hatte.

Fram hatte radikale Änderungsvorschläge für TheStreet.com, die mir sehr gut gefielen. Er wollte die Seite fernsehähnlicher und sexy machen und er wollte eine Mischung aus preiswerten Massennachrichten sowie kostspieligeren eigenen Analysen anbieten. Außerdem wollte er das Verheizen beenden; er meinte, wenn ich mich nicht täglich mit TheStreet.com befassen würde, würde die Seite viel Geld verschwenden.

Seine Visionen und seine Professionalität schienen bei beiden Besprechungen durch.

Auch Marty erkannte, dass man mit Fram das Schiff vielleicht auf Kurs bringen konnte. Wenn sich der Aktienmarkt von dem Hedgefonds-Tumult im Spätsommer 1998 wieder erholen würde, könnten wir mit diesem Wagnis, das bisher jeder als schreckliche Dummheit betrachtet hatte, vielleicht wirklich Geld verdienen. Fram holte umfangreiche Erkundigungen über das Unternehmen ein. Er kam mehrmals her, brütete über sämtlichen Büchern und jedem Blatt Papier und lernte die Organisation in- und auswendig kennen. Es gab nichts, das wir ihm nicht gezeigt hätten. Nach dem zehnten Anruf, in dem er mich fragte, wie wir als Website arbeiteten, sagte ich zu Jeff scherzhaft, entweder treffe er die bestinformierte Entscheidung aller Zeiten oder aber er fungiere als fünfte Kolonne von Mike Bloomberg.

Als Fram dann einen Tag, nachdem wir ihm ein Angebot unterbreitet hatten, zusagte, waren sowohl Marty als auch ich begeistert. Ich wusste, wenn wir einen richtigen CEO hatten, konnte ich mich wieder auf den Fonds konzentrieren und wieder einmal ein gutes Jahr einfahren. Mit Fram als CEO würden Marty und ich uns nicht mehr ständig in den Haaren liegen, war ich überzeugt, und ich müsste mich nicht mehr über die viele Arbeit ärgern (ich hielt immer noch regelmäßige Besprechungen mit der Geschäftsleitung ab und bekam immer noch alle Abonnenten und Zugriffszahlen, die übrigens in jenem Sommer während des Sinkflugs der Börse gleich blieben).

Als mich Karen an jenem Sonntag informierte, ein Jon Fram sei am Telefon, machte mein Herz einen Bauchklatscher, landete dabei aber nicht im Pool, sondern auf dem Beton. Ich fragte, was er wollte. Das will er nicht sagen, antwortete sie.

„Was kann er bloß wollen?"

„Ich kann keine Gedanken lesen", meinte sie. „Geh einfach ans Telefon."

„Jim", sagte er, und ich unterbrach ihn:

„Was ist los, Jonathan?"

Nach einer kleinen Pause sagte er: „Ich kann den Job nicht annehmen."

„Du hast den Job schon angenommen."

„Okay, na ja, ich kann es Mike nicht sagen. Ich kann nicht kündigen, ich kann einfach nicht. Niemand kündigt bei Mike Bloomberg."

„Es wäre besser gewesen, wenn du dir das überlegt hättest, bevor du die Stelle angenommen hast. Was kann ich tun, damit du bleibst?"

Er sagte, da gäbe es nichts. Im Geiste wälzte ich wieder den üblen Gedanken, dass Fram nichts anderes war als ein Spion von Bloomberg. Ich hätte ihm das gerne vorgeworfen, aber was bedeutete es schon, ob man ein Kapitalverbrechen oder ein minderes Vergehen gegen ein gerade erst flügge gewordenes Dotcom-Unternehmen beging?

Angewidert legte ich auf. Fram rief Marty an und Marty rief mich kurz nach dem Telefonat an, um mich zu fragen, was wir tun sollten. Ich sagte, wir sollten zur zweiten Person auf der Liste übergehen, Kevin English, unserem Ersatzmann.

In jener Zeit wurden Hunderte von Dotcom-Gesellschaften gegründet, die alle versuchten, Chief Executive Officers zu finden. Wir hatten mit sechs Bewerbern gesprochen und als wir wussten, dass Fram den Job übernehmen würde, hatten wir höflicherweise allen bis auf einem, nämlich Kevin English, gesagt, dass wir unsere Wahl getroffen hätten und ihnen alles Gute wünschten. Alle nahmen innerhalb kurzer Zeit anderweitige Stellen an. Wir konnten keine zweite Suche starten. Bis September hatten wir die Investition, die Flatiron im April getätigt hatte, durchgebracht. Wir konnten keine „zweite Runde drehen", also eine weitere Finanzierung nehmen, bevor wir nicht einen Chief Executive Officer hatten. Ohne CEO würde uns niemand Geld geben. Es geht einfach nicht, dass ein Vollzeit-Hedgefonds-Manager in seiner Freizeit alles zusammenhält und dass man erwartet, die 25 Millionen Dollar zusammenzubekommen, die wir für die nächste Stufe brauchten. Aber da gab es noch ein großes Problem: Weder Marty noch ich hatten viel Zeit mit unserem Zweiten verbracht. Ich kannte ihn kaum, denn ich hatte ihn nur 25 Minuten lang kennengelernt. Ich war die ganze Zeit für Fram gewesen. Marty hatte English locker abgewiesen und sich voll auf Fram konzentriert. Aber jetzt steckten wir richtig fest. Wir hatten keine Zeit mehr und konnten nichts anderes tun, als die Person zu nehmen, die wir uns als Nummer 2 aufgehoben hatten.

Unsere Werbekampagnen, unter anderem auch „Cramer, du schlimmer, schlimmer Junge“, in der eine schöne verheiratete Frau zu sehen war, die um Mitternacht aus dem Bett sprang, um meine Artikel zu lesen, hatte so ziemlich alles Geld aufgebraucht, das wir beschafft hatten, und wir brauchten dringend eine weitere Finanzierungsrunde. Unser Hauptinvestor Flatiron Partners teilte uns mit, wir müssten English nehmen. Und Jeff Colonna, einer der Partner, sagte uns, seiner Meinung nach wäre English großartig. Da uns Colonna drängte und uns das Geld ausging, bekam ein Mann den Zuschlag, den keiner der beiden Firmengründer besonders mochte, der aber den Kapitalgebern sehr gut gefiel. English handelte mit den Venture-Kapitalisten einen fantastischen Vertrag aus, der ihm eine enorme Entlohnung sicherte, unabhängig davon, ober er erfolgreich war oder scheiterte. Das war eine Farce, aber weder Marty noch ich hatten das ausführlich überprüft, denn die VKler versicherten, das sei ein Standardvertrag. Sie versicherten uns, dass viele Dinge Standard seien, aber Junge, Junge, die Standards waren fürchterlich.

Also ging der Job im September an English und gleichzeitig hörten Marty und ich wieder auf, miteinander zu reden. Die innige Beziehung, die so viele Jahre so schön gewesen war, war eiskalt geworden, und ich hatte die Finger am Thermostat. Der Zeitpunkt hätte für mich und für Cramer Berkowitz nicht unglücklicher sein können.

14 Krise 1998: Teil 1

In diesem Hedgefonds-Spiel fasst man niemals fest Fuß, egal, wie viele Jahre man den Markt übertrifft. Es gibt keine Arbeitsplatzsicherheit, kein wirkliches Gefühl der Dauerhaftigkeit. Keine First National Bank of Cramer's Hedge Fund. Man kann in einem Jahr 60, 70 oder 80 Prozent im Plus sein und den Vogel abschießen, und dann muss man nach einem enttäuschenden Jahr das Unternehmen zumachen und dahin zurückgehen, wo man vorher gearbeitet hat – wenn die einen nehmen. In guten Jahren verdient man fast automatisch 10 bis 20 Millionen Dollar für sich selbst, wenn man so wie ich Anfang 1998 eine Summe von mehr als 300 Millionen Dollar in der Hand hat und weiß, was man tut. Das Rezept ist einfach: Man nimmt am Jahresende 20 Prozent der erzielten Gewinne, sowohl der realisierten als auch der unrealisierten. Man nimmt einfach den Profit von den beschränkt haftenden Partnern und schreibt ihn auf die unbeschränkt haftenden Gesellschafter um, „die Guten", wie ich uns im Büro immer nannte (Karen und ich besaßen 100 Prozent der unbeschränkten Gesellschaft, obwohl ich Jeff zum Namenspartner gemacht hatte. Er war Angestellter der unbeschränkt haftenden Gesellschaft).

Verwandelt man in einem bestimmten Jahr 300 Millionen in 400 Millionen, ist das ein beachtlicher Gewinn von 33 Prozent, den die Partner von einem erwarten, wenn man im Wettbewerb mithalten will; und dann streicht man am Jahresende 20 Prozent dieses Profits beziehungsweise 20 Millionen Dollar ein. Nachdem ich dann meine Mitarbeiterprämien bezahlt hatte – und ich zahlte 40 bis 60 Prozent unseres Gewinns, mehr als alle, die ich kannte –, hatte ich zehn Millionen Dollar persönliche Entlohnung. Dazu kam noch die Verwaltungsgebühr von einem Prozent – die ich ebenfalls an die Mitarbeiter auszahlte, aber man konnte damit einen schönen Schnitt machen, wenn man so wie Karen und ich 100 Prozent der Partnerschaft besaß, die den Fonds kontrolliert, oder wenn man einer der größten Anleger im eigenen Fonds ist (ich war 1998 der zweitgrößte). Man sieht, was für eine lukrative Angelegenheit die Verwaltung eines Hedgefonds sein kann. Von 1987 bis zum Anfang des Jahres 1998 hatte ich einen jährlichen Profit von 23 Prozent geschafft, also hatte ich viele Multimillionenjahre und kein schlechtes. Und das war eine verflixt gute Sache, denn ein Verlustjahr brachte enorme Belastungen mit sich.

Vergessen Sie nicht, man bekam nur dann einen Anteil des Gewinns, wenn man für die Menschen Geld verdiente – das eine Prozent Verwaltungsgebühr reicht nicht zum Leben, wenn man es mit seinen Angestellten teilen muss –, und seine Mitarbeiter musste man auf jeden Fall bezahlen, egal, was geschah. Wenn man fähige Leute auf der Gehaltsliste hatte, wollten diese viel Geld verdienen, oder ein heißerer Hedgefonds würde sie im Nu abwerben, und sie wären weg. Und dann muss man im Folgejahr erst einmal wieder auf null kommen – das Jahr beginnt nicht bei null, wenn man im Vorjahr Verlust gemacht hat, sondern da, wo man aufgehört hat –, bevor man wieder einen Anteil des Gewinns ausbezahlt bekommt. Ein schlechtes Jahr konnte einen in ein derart tiefes Loch werfen, dass man sich nie wieder herausarbeiten konnte. Deshalb geben die meisten Hedgefonds-Manager nach einem Jahr mit schweren Verlusten auf und machen den Fonds zu. Wir alle hatten diese Regel akzeptiert, als wir anfingen: Ein Schlagfehler und du bist draußen.

Als das Jahr 1998 anfing, hatte ich zehn gute Jahre hinter mir, zehn Jahre, in denen ich in jedem einzelnen Jahr die Indizes geschlagen hatte, und das meistens ziemlich deutlich, da dachte ich mir schon, dass ich für ein schlechtes Jahr fällig sein könnte. Ich hatte für so viele Menschen Millionen verdient und Hunderte von Millionen für das Unternehmen selbst. Die Mehrzahl meiner 89 Partner (die Partner genannt wurden, weil sie beschränkt hafteten, bis zur Höhe ihrer Investition in den Fonds, und nicht darüber hinaus) war seit mindestens zehn Jahren bei mir. Einige waren schon bei Goldman Sachs meine Klienten gewesen. Manche hatten über 25 Millionen Dollar bei mir und zehn von ihnen hatten zehn Millionen oder mehr bei mir liegen, wovon ich das meiste mit meinem Investitionsscharfsinn für sie verdient hatte.

Viele ließen das Kapital über die Jahre hinweg sich akkumulieren und bezahlten sogar die Steuern, die durch mein Trading entstanden, von anderem Geld, damit ihre Depots anwuchsen. Sie hatten sich an die beständigen, ununterbrochen mühsam erarbeiteten Gewinne gewöhnt, egal ob sich der Markt kräftig erholte oder sich massiv ausverkaufte. Sie kannten mein Arbeitsethos. Sie wussten, dass ich sie und ihr Geld in mein persönliches und verehrungswürdiges Pantheon stellte, auch wenn ich nicht ohne sie in der Stadt essen ging, wenn sie da waren, mit ihnen lange am Telefon plauderte oder mich als ihren Freund betrachtete, dem man Plätze an der 50-Yards-Linie besorgte, wenn die Giants spielten oder Eintrittskarten in der achten Reihe für die angesagtesten Stücke am Broadway. Ihnen war klar, dass ich die Verluste mehr spürte als jeder andere, dass ich sie jederzeit auf dem Rücken mit mir trug, wo immer ich auch war, und dass ich es nicht einmal ertragen konnte, einen einzigen Tag im Minus zu liegen, geschweige denn einen Monat oder ein Quartal lang. Ein Verlustjahr hätte für mich wirklich eine persönliche Katastrophe bedeutet. Anders als viele andere Hedgefonds-Manager behandelte ich ihr Geld als ihr Geld. Hedgefonds-Manager neigen dazu, das Geld, das ihnen gegeben wird, als ihr eigenes zu betrachten, bis es zurückgenommen wird. Ich hatte meine Partnerschaft anders organisiert. Das Geld gehörte einem selbst. Ja, ich hatte meinen Partnern die sogenannte „eingeschränkte Liquidität" gegeben, das heißt, ich öffnete den Fonds nur ein paarmal im Jahr, normalerweise zum Jahresanfang und im April, um Steuern zu zahlen. Das waren unsere einzigen planmäßigen Gelegenheiten für den Ein- und Ausstieg. Investmentfonds haben schon vom Prinzip her eine schlechtere Performance, weil sie immer für Einlagen und Auszahlungen offen sind. Dieses „Geld rein, Geld raus“ kann die Performance gerade zu den ungünstigsten Zeitpunkten zerschmettern.

Wer mit Geldanlagen einen Mordsgewinn erzielen will, muss genau dann investieren, wenn die Angst am größten ist. Aber die Klienten, die ihre eigenen Entscheidungen treffen, nehmen gerade dann ihr Geld zurück, weil sie die potenziellen Verluste schmerzen würden. Darum gereicht die beschränkte Liquidität allen Partnern zum Vorteil. Wenn jemand allerdings wegen einer persönlichen Notlage eine Öffnung verlangte, weil er das Geld wirklich brauchte, erfüllte ich diese Bitte immer. Da es allerdings unfair gewesen wäre, jemanden gegenüber den anderen bevorzugt zu behandeln, ließ ich bei den seltenen Gelegenheiten, zu denen ich den Fonds auf Anfrage öffnete, alle Partner Geld einlegen oder herausnehmen. Auch hier galt, dass es ja das Geld der Partner war und nicht meines. Ich schickte Mitteilungen, in denen stand, dass ich fünf Werktage lang für Einlagen oder Rücknahmen offen war, dass ich Bargeld schicken oder Bargeld annehmen würde – keine Aktien, niemals Aktien, denn man konnte einem Anleger schaden, wenn man ihm absteigende Aktien sandte statt Geld. Ich selbst nahm ebenfalls keine Aktien an, weil ich bei der Liquidierung Schaden leiden konnte – am Tag, nachdem sich das Fenster schloss. Selbstverständlich gab es kein echtes Fenster in meiner Firma, sondern nur das redensartliche.

Wir hatten eine Bürokraft, Pat Shevlin, die sich um die täglichen Bedürfnisse der Partner kümmerte. Sie bearbeitete von Hand die Einlagen und Rücknahmen und achtete darauf, dass man einen Beleg bekam, wenn man Geld überwiesen oder es eingezogen hatte. (Wenn es um größere Summen geht, überweisen die meisten Menschen das Geld, denn sie wollen nicht, dass die zwischenzeitlich entstehenden Zinsen an die Bank gehen, wie dies bei einem Scheck der Fall ist. Bei einer Überweisung kassiert man so lange Zinsen, bis der Austausch abgeschlossen ist. Wenn es darum geht, auf einen Schlag zehn Millionen Dollar zu schicken, ist es unverantwortlich, einen Scheck zu benutzen. Das Zinsaufkommen ist zu hoch, um es der Bank zu schenken. Eine Überweisung ist eine augenblickliche Transaktion, das Geld samt Zinsen gehört einem bis zur letzten Sekunde.)

Wir hatten keinerlei Geld in unserem Büro, sondern verwahrten es bei Goldman Sachs, unserem Clearing-Broker. Goldman Sachs war also unsere eigentliche Bank. Wenn nötig, konnten wir gegen unsere Vermögenswerte Geld bei Goldman leihen – bis zu 50 Prozent der dort verwahrten Wertpapiere. Goldman errechnete täglich unsere Performance und erstellte Laufzettel, auf denen zu sehen war, wie sich unser Fonds verhielt. Jeden Morgen erstellte Goldman einen Bericht, das sogenannte Margin-Blatt, in dem genau stand, wie viel wir schuldeten und wie viel wir hatten. Wir brauchten diese Dokumente, weil Goldman zwar unser Geld verrechnete, wir aber neben Goldman noch Dutzende von Brokern und anderen Firmen einsetzten, um unsere Trades auszuführen. Wir tätigten an einem Tag beispielsweise 200 Trades, wobei wir je 20 bis 30 Stück bei sieben oder acht verschiedenen Brokern ausführten. Diese mussten die Trades an das Backoffice von Goldman weiterleiten, wo sie dann mit unseren Anweisungen verrechnet wurden. Ich platzierte beispielsweise bei Merrill Lynch eine Kauforder über 100.000 IBM-Aktien. Merrill kaufte dann die Aktien für mich, schickte die Ausführung an das Clearing-Konto bei Goldman und wurde dann von Goldman bezahlt, wenn ich das Geschäft genehmigte. Obwohl wir also mit Dutzenden von Brokern arbeiteten, darunter auch welchen von Goldman, war letztendlich Goldman die Verwahrungsstätte unseres Geldes und der Sitz unseres Hauptkontos. Aber wenn ein Partner sein Geld brauchte, dann forderte er es trotzdem bei uns an. Wir erledigten die Einzahlungen und Auszahlungen und meldeten sie an Goldman. Glücklicherweise waren die Rücknahmen selten – und darauf bildete ich mir einiges ein –, denn niemand tat mehr dafür, das Geld der Menschen verantwortungsvoll zu mehren als ich. Warum also sollte man es zurückhaben wollen?

Ich bin für die Partner etwas Besonderes, dachte ich, jemand, der seit Jahren ihr Berater war, dem sie vertrauten. Als ihre Bank, in die man kommt und wieder geht, wann man will, betrachtete ich mich nie. Ich hielt mich für etwas Besseres.

Anders gesagt war ich im Jahre 1998 überheblich. Das Loblied meiner Größe konnte ich im Schlaf aufsagen: Noch nie ein Jahr im Minus. Bargeld beim Crash 1987. Geld verdient beim Minicrash 1989. 1990 und 1994 besser durchgestanden als die meisten; in diesen beiden Jahren wurden viele Fonds wegen der schrecklichen Performance aufgelöst. Im landesweiten Fernsehen trotz der asiatischen Krankheit viel Geld gemacht. Im Jahre 1998 dachte ich, ich hätte den Bogen raus, wie man Geld verdient. Ich wusste, wenn ich jeden Tag mit nichts anderem als meiner Schläue auf die Arbeit ging, meine Anrufe tätigte, meine Aktien anschaute, die Prozession der Aktienkurse, die über den Ticker lief, und wenn ich mich mit meinen Informationsquellen und Analysten kurzschloss, konnte ich in zwölf Stunden 400.000 Dollar machen. Ich konnte meine eigene Trendlinie überbieten. Jeder würde mich lieben, egal, was geschah, selbst wenn ich eine Ausfallzeit hatte, weil ich so verdammt gut gewesen war.

Was für ein Trottel ich doch war. Wir reden hier über Geld, nicht über Liebe oder eine Sportmannschaft. Geld ist flüchtig und flüssig. Es fließt immer zum heißesten Händchen, und aus kalten Händen läuft es so schnell, wie man bei einer langweiligen Fernsehsendung wegschaltet. Geld kennt keine Loyalität, auch nicht nach Jahren überragender Erträge. Und deshalb hinterlässt das Jahr 1998 bei mir selbst heute noch, vier Jahre nach dem Debakel, den bittersten Nachgeschmack.

In den Jahren, in denen ich Aktien für andere Menschen auswählte, hätte ich so ziemlich alles erlebt, dachte ich, aber 1998 war anders als andere Jahre. In den meisten Jahren gab es Muster, „handelbare" Muster, die die meiste Zeit funktionierten. Wenn die Zinsen nach unten gingen, kaufte man Finanzwerte. Wenn die Konjunktur stark war, hielt man sich an zyklische Branchen wie Aluminium, Kapitalgüter oder Stahl. Diese Muster brachten mir schon so lange Zeit so viel Geld ein, dass ich sie für mehr als nur Muster hielt; sie waren wie Kinofilme, die

die anderen zum ersten Mal sahen, deren Ende ich aber schon kannte. Wenn die Zinsen sanken, hatten die Filme ein glückliches, kein trauriges Ende, und wer long blieb, bekam riesige Erträge.

Aber 1998 nicht.

Bei Cramer Berkowitz lief 1998 von Anfang an nichts richtig. Wir konnten einfach den Rhythmus des Marktes nicht erfassen. Wir begannen das Jahr 1998 mit Bargeld und waren in den letzten Wochen des Jahres 1997 sehr ausgelassen, weil wir dem Markt so weit voraus waren. Außerdem hatten wir eine schöne Stange neuen Geldes eingenommen und damit unseren Gesamtwert auf 325 Millionen US-Dollar erhöht, denn unsere Performance war im Jahre 1997 so stark gewesen, dass wir viele Anfragen bekamen, in die Gesellschaft einzutreten. In jenem großzügigen vierten Quartal hatte ich für das Büro eine Tischtennisplatte und ein elektrisches Tischhockey-Spiel gekauft, das „The Star-Spangled Banner" spielte, bevor man gegen seinen Gegner antrat. Wir wollten uns die Zeit vertreiben und überhaupt nicht traden. Ich wollte, dass wir von den Gewinnen nichts mehr abgeben müssten, eine Gefahr, der sich viele Hedgefonds aussetzen, wenn sie sich eigentlich ein gutes Jahr hätten sichern können. Wir trugen stundenlange Tischtennis- und Tischhockeyturniere aus, wobei der stets kampfbereite Jeff in beiden Spielen ein Ass war. In den letzten fünf Tagen des Jahres 1997 stellten wir *CNBC* ab und schauten uns auf dem Videorekorder des Büros Actionfilme an, vor allem immer wieder „Crimson Tide", und zwar wegen Gene Hackman, der beim Trading Desk der mit Abstand beliebteste Schauspieler war. Daher waren wir, als das Jahr 1998 begann, ein wenig eingerostet, aber es juckte uns in den Fingern, wieder loszulegen.

Schon in den ersten Stunden des ersten Handelstages im neuen Jahr setzten wir unsere Hunderte von Millionen ein. Wir kauften immense Positionen an Finanzwerten. Unter anderem schaufelten wir Hunderttausende Aktien von Merrill Lynch, Citigroup und Morgan Stanley. Wir rafften die Aktien schnell auf einem Preis zusammen, anstatt beispielsweise auf dem Weg nach unten alle halbe Punkte 10.000 Stück zu kaufen und die Position über viele Tage hinweg einzusammeln, wie wir es getan hätten, wenn wir uns unserer Sache nicht so sicher gewesen wären. Und das war eine weitere Überheblichkeit: Wir hatten schon so lange immer richtiggelegen, dass wir dachten, wir würden die richtigen Niveaus instinktiv erkennen. Wir hielten uns für größer als den Markt und dachten, wir wüssten mehr als er. Wir bauten unsere Telekom-Positionen neu auf und erneuerten unsere klassischen Long-Positionen in den Lieblingswerten der wachstumsorientierten Wertpapiermanager: Microsoft, Cisco, Dell und Intel. Und wir taten das sozusagen „auswendig", wie ein Pianist, der keine Noten braucht.

Doch wir spielten nur falsche Töne. Vollkommen falsche Töne. Am vierten Tag des neuen Jahres standen wir vier Prozent im Minus. Das war der schlechteste Start, den wir je gehabt hatten, und für jemanden, der so abergläubisch ist wie ich, war das ein schlechtes Omen. Aber egal, wir waren immer noch blind und feierten immer noch die 65 Prozent des Vorjahres. Schon bald hatten wir einen Verlust von acht Prozent seit Jahresbeginn, weil unsere Positionen den ganzen Januar hindurch wie ein Wasserfall fielen und wir keine Ausweichmanöver durchführten, um die Verluste zu vermeiden. Die Kursverluste kamen zu flink und wir konnten nicht nachkorrigieren. Im Februar war das fantastische Jahr 1997 nur noch eine vergangene Saison.

Im März fingen wir das Trudeln ab. Wir kämpften uns durch aggressives Trading und dank einer freundlicheren und leichter zu durchschauenden Marktentwicklung zurück in die schwarzen Zahlen. Als wir die Bilanz unserer Firma gerade knapp über null gebracht hatten, hatten andere schon ein enorm gutes Jahr. Der kämpferische Manager, der ich war, empfand das als ebenso beleidigend wie den Verlust von Geld. Und dann, gerade als es so aussah, als könnten wir zu dem Führungstrupp aufschließen, stellte uns der verheerende Cendant-Verlust vollkommen bloß, der durch die Schwindeleien der Topmanager verursacht worden war.

Aber der Aktienmarkt brummte weiterhin, den ganzen Juni und Juli über, sodass wir noch einmal die Chance hatten, aufzuholen. Wenn man unbedingt muss und der Markt überhitzt ist, kann man einfach den offensichtlich explosivsten Aktien hinterherlaufen, und genau das taten wir. Bis zur Mitte des Sommers hatten wir die Indizes eingeholt –

ein heldenhaftes, aber kurzlebiges Comeback, denn wir hatten höchst riskante Call-Optionen gekauft, um das Momentum der volatilsten Werte auszunutzen. Das ist keine gute Art, zu Geld zu kommen, und das wusste ich auch (auf diese Weise machten Mitte und Ende der 90er-Jahre viele Hedgefonds Geld, und als sich die Technologiewerte im März 2001 nach unten wandten, mussten sie alles wieder zurückgeben und noch etwas drauflegen).

Aber wir gingen mit unserem Comeback schlampig um. Es war in jenem Sommer, dass ein Mitarbeiter am Trading Desk den Fehler beging, der uns innerhalb einer Nanosekunde 40.000 Dollar kostete; das war mein schwerster Fehler überhaupt, denn er hatte eine einfache Anweisung von mir nicht beachtet. Ich hatte ihn angewiesen, eine Short-Position in Philip Morris einzudecken, und so musste ich die Dividende bezahlen, die normalerweise das Unternehmen dem Aktionär schuldet. (Der Shortseller borgt sich die Aktie von einem Dritten, um sie dann „leer" zu verkaufen, und der Shortseller muss dieser Person die Dividende bezahlen, wenn er nicht zuerst seine Position eindeckt, das heißt, die Aktie zurückkauft. Das sollte man immer tun und ich hatte ihm ausdrücklich gesagt, er solle es tun.)

Dann kam der September und Cramer Berkowitz, als eine der solidesten Firmen der Wall Street bekannt, begann einen stillen Abstieg bis knapp vor dem Zusammenbruch. Noch nie war ich so nahe daran gewesen, den Geist aufzugeben.

Und natürlich wurde ich in dem Chaos des Abstiegs auch noch zum Spielball der Ironie. Gerade als wir begannen, im zweistelligen Bereich abwärts zu trudeln – zum allerersten Mal –, rief die Zeitschrift *Money* an. Man wolle eine Titelstory über Börsenmagier bringen, und ich sollte einer der Gurus sein, über die in Wort und Bild berichtet werden würde (Frank Lalli, meine alte Nemesis, war im Jahr davor aus verschiedenen Gründen entlassen worden, unter anderem aufgrund von zurückgehenden Leserzahlen). Die Eitelkeit – und die Rache für den Schlag, den mir *Money* drei Jahre zuvor versetzt hatte – hinderte mich daran zu sagen: „Ihr wollt mich nicht, ich weiß nicht, was ich tue, ich habe mich verirrt." Und so schaute ich aus den Kiosken heraus und erklärte, was mit den

Aktien und der Börse zu tun war, und das gerade, als ich so verwirrt war wie noch nie.

Aber das war nicht allein mein Fehler. Es lag nicht nur an meinem Dünkel. An den Märkten geschahen seltsame Dinge – Dinge, die ich noch nie erlebt hatte.

Im Sommer 1998 begannen sich Anleihen und Aktien anders zu verhalten als in all den Jahren, in denen ich Geld verwaltet hatte. Wenn die Anleihen nach oben gingen (aufgrund von sinkenden Zinsen), fingen die Aktien normalerweise fast automatisch an zu steigen. Das war die Gelegenheit für den „Billiggeld"-Trade, den ich schon zigtausendmal gemacht hatte, und es war immer richtig gewesen.

Diesmal aber funktionierte das nicht, weil noch andere Kräfte am Werk waren, die schwerer zu fassen waren. Alle paar Jahre gab es einen Markt, der die Experten unter den Hedgefonds magisch anzog, einen Markt, der allen unergründlich schien außer ein paar Hedgefonds, die immer dachten, sie wüssten es besser. In einem Jahr war das vielleicht Mexiko. Man saß mit anderen Hedgefonds-Managern oder mit Brokern, die die Konten der Hedgefonds verwalteten, beim Essen und hörte, die mexikanischen Telekoms seien heiß oder man müsse unbedingt die mexikanischen Banken kaufen. Normalerweise stieg man genau dann massiv ein, wenn die mexikanischen Banken neue aufgeblähte Aktien und Anleihen auf den Markt warfen. Das brachte ihnen große Summen und den Brokern, die sie empfohlen hatten, horrende Gebühren. Dann erreichten die mexikanischen „Blue Chips" den Höhepunkt und brachen zusammen. Der Letzte, der dann noch investiert war, musste schließlich seinen Vorgesetzten und Klienten erklären, wieso er idiotischerweise eine zweifelhafte Aktie gekauft hatte, die jeder einigermaßen vernünftige Mensch gemieden hätte. Ich hatte erlebt, dass eines Frühlings die brasilianischen Märkte „das einzig Wahre" sein sollten und dass wenige Monate nach der Vernichtung Brasiliens Argentinien „ganz groß im Kommen" war. Manchmal richtete sich der Ansturm auch auf Banken in Singapur, Bauunternehmen in Bangkok oder Kasino- beziehungsweise Hotelketten in Malaysia. Die entsprechenden Aktien schossen dann nach oben und wer frühzeitig einstieg, machte ein

Vermögen; wer aber zu spät kam, wurde komplett ausgenommen. Den Brokern gegenüber, die mich in diesen verlockenden Strudel einsaugen wollten, bezeichnete ich diesen Prozess immer als „einstündige Reinigung".

Im Frühjahr 1998 hatte sich das „schlaue Geld" irgendwie dazu überreden lassen, sich an einem Ort zu versammeln, der angesichts des Chaos, das in jenem Land herrschte, derart lächerlich und entlegen war, dass man kaum glauben konnte, irgendjemand, der treuhänderische Pflichten hat, würde ihn akzeptieren: in Russland. In jenem Sommer fühlten sich alle von Russland angezogen, vom Akademiker bis zum Revolverhelden. Alle glaubten, das Land habe sich in ein kapitalistisches Wirtschaftswunder verwandelt und sei nach den Vereinigten Staaten der zweitbeste Platz, um Geld zu scheffeln. Man ging mit ein paar anderen „Hedgys" abends aus und sie redeten über irgendeine russische Telefongesellschaft oder eine russische Bank so positiv, als ginge es um Verizon oder die Bank of America.

Mein türkisches Abenteuer ein paar Jahre zuvor, als ich von türkischen Whirlpools und türkischen Citigroups zermalmt worden war, hatte mich gegen solche Narreteien gewappnet. Ich dachte mir oft, dass die drei Millionen, die ich quasi über Nacht in Istanbul verloren hatte, ein billiges Lehrgeld für die Suche nach dem Markt waren, der die Vereinigten Staaten bei geringerem Risiko übertrifft: Dieser Markt existiert nicht. Und ich war nicht im Geringsten an Russland interessiert. Im Hedgefonds-Business kann sich eine Börsenkatastrophe jedoch schneller ausbreiten als die Blattern und einen ansonsten vollkommen gesunden Markt innerhalb von Wochen infizieren, wenn nicht sogar innerhalb von Tagen oder, wie in diesem Fall, innerhalb von Stunden.

Es hätte nichts ausgemacht, wenn sich in jenem Sommer jedermann unter der Sonne auf Russland gestürzt hätte, wenn nur ein Unternehmen es unterlassen hätte: Long-Term Capital Management aus Greenwich in Connecticut. Aber das Gegenteil war der Fall. Long-Term hatte es bis zum Jahre 1998 aufgrund seiner Geschäftstüchtigkeit geschafft, der größte Hedgefonds der Welt zu werden. Ich sage Geschäftstüchtigkeit, weil die Zahlen der Firma nie übermäßig gut waren. Aber die Betreiber wussten, wie man etwas verkauft. Sie waren von den besten Verkäufern der Wall Street ausgebildet worden: von Salomon Brothers, einer Firma, die einen meiner Erfahrung nach immer dazu bringen konnte, genau das Falsche für seine Partner zu tun. Sie hatten etwas, das ich nie kennenlernen würde: Gewissheit. Wenn einem Long-Term etwas anbot, dann erfolgte das auf eine Weise und in einem Ton, dass man denken musste, man könnte dadurch automatisch und risikolos Geld verdienen. Als ich bei Goldman war, hatte ich gelernt, wie man solche Angebotsgespräche führt, aber ich tat es nicht. Ich wusste einfach zu viel, und nur um eines Tricks willen, der mich als genialen Hedgefonds-Verkäufer auszeichnen würde, konnte ich nicht das „risikofrei"-Spiel treiben und behaupten, egal, was geschehe, es gebe kein Risiko, nur eine massive Belohnung.

Wenn man einen Fonds suchen müsste, der vom Prinzip her in der Art der Selbstdarstellung Long-Term diametral entgegengesetzt war, dann wäre das Cramer Berkowitz gewesen. Long-Term sagte einem, sie würden gemäß ihren „Modellen" genau die Rendite schaffen, die sie wollten. Sie könnten eine solide Rendite schaffen, wenn sie einfach ihre Modelle befolgten, wenn sie aber den Turbo einschalten, Hebel einsetzen und Kredit nehmen würden, dann könnten sie phänomenale Erträge erzeugen. Ich dachte mir immer, dass diese Menschen die Wahrheit eigentlich kannten: Wer zum Teufel weiß denn in diesem Spiel, was für einen Ertrag er erzielen wird? Glück sticht Geschick, das galt so häufig, dass man sich dem einfach beugen und zugeben musste, dass auch etwas schiefgehen konnte; wenn nicht, dann spiegelte man den Gelderwerb vor, man pries sozusagen einen Staubsauger an, der niemals kaputtging. Das Mysterium der Hedgefonds und die mangelnde Transparenz – glauben Sie mir, niemand, auch nicht der Manager, kennt je die Strategie und die Idee, die hinter jeder Aktion steht – machen sie schwer zu fassen und zu beschreiben. Man sieht nie in das Innere eines Hedgefonds. Tatsächlich hat man das Ziel, seine Handlungen geheim zu halten und darüber zu schweigen, weil man befürchtet, andere könnten einem Ideen stehlen. Und man will nicht, dass jemand sieht, wie nackt man wirklich ist, wie sehr man den Launen unkontrollierbarer Kräfte ausgeliefert ist. Viele tun so, als seien sie wie eine rückversicherte Versicherungsgesellschaft, so lange, bis dann ein Jahrhundertsturm losbricht und sie alles verlieren.

Wenn ich mich an Institutionen wandte, um Mittel zu beschaffen, etwas, das ich selten tat, und auch nur, wenn die Treuhänder selbst mich aufgrund von Mundpropaganda massiv dazu drängten – meistens bei College- oder Gehaltsfonds von Unternehmen –, redete ich weder von Quadranten (hohes Risiko, hohe Belohnung; hohes Risiko, niedrige Belohnung; niedriges Risiko, hohe Belohnung; niedriges Risiko, niedrige Belohnung – dieses Geschwafel, bei dem jedermann behauptet, er befinde sich in dem Quadranten „niedriges Risiko, hohe Belohnung", so blödsinnig das auch sein mag) noch von zu erwartenden Ertragsraten oder Performancelevels. Ich verwendete auch nicht den Begriff „marktneutral", denn das ist eine Art Agitprop und soll bedeuten, dass der Manager keinen Schaden erleidet, wenn der Markt nach oben oder unten geht. Völliger Unsinn, die sogenannten marktneutralen Manager gehen regelmäßig in die Luft. Ein Fonds korreliert immer mit irgendeinem Aspekt des Marktes und er geht unvermeidlich aus dem Leim, wenn dieser Aspekt des Marktes aus dem Leim geht. Vielmehr sprach ich darüber, dass ich hart arbeiten und mit ein bisschen Glück den Markt schlagen würde.

Viele Manager brüsten sich mit strengen Stopps nach unten, mit niet- und nagelfesten Regeln zum Verkauf „überbewerteter" Aktien – was zum Teufel das auch sein soll – oder ehernen Regeln im Hinblick auf Aktien mit hohen Kurs-Gewinn-Verhältnissen. Je sicherer, beharrlicher und selbstbewusster sich ein Manager gibt, desto schneller sollten die Warnlampen im Kopf des Klienten aufleuchten. Das einzig wahre Rezept ist die Ehrfurcht, die einem Aktien und Anleihen einflößen, und wer keine Demut besitzt, der ist der Erste, dem die Stunde schlägt. Die Großen geben zwar niemals zu, dass ihr wichtigstes Attribut „Glück" heißt, aber sie wissen es und vertrauen es den anderen an, wenn sie sicher vor den Ohren der Klienten im Hedgefonds-Vereinsheim sitzen.

Mir war klar, dass die Hedgefonds-Verkaufspräsentationen die wahren Risiken und Gefahren des Marktes übertünchen sollten. Wenn ich

„warb“, dann sprach ich davon, dass ich so lange im Büro saß, bis ich das Richtige fand, dass ich mich massiv vorbereitete und informierte, aber trotzdem vom Zufall aus der Bahn geworfen wurde. Ich beschrieb die erschreckende Unvollkommenheit der Märkte und die Fehlbarkeit meines Urteilsvermögens. Manchmal, wenn ich meine Präsentation während der Handelszeit abhielt und auf dem Bildschirm in dem Raum sah, dass eine meiner Aktien gefallen war, verließ ich die Verkaufsveranstaltung und eilte sofort in meinen Trading-Gefechtsstand. Ich war meinen tatsächlichen Partnern einfach zu viel schuldig, als dass ich neues Geld beschaffen würde, während sich meine eigenen Aktien gegen mich wandten.

Seltsamerweise gefiel den Institutionen die falsche Strenge der professoralen Mitarbeiter von Long-Term. Im Rückblick waren diese Experten ganz einfach ein Haufen glücksspielender Verkäufer, die ein paar Akademiker engagiert hatten, um das Projekt aufzupolieren und ihm den Anstrich der Sicherheit zu geben. Wir dagegen akzeptierten die Märkte so, wie sie sind, nämlich vollkommen unvorhersehbar, chaotisch und so strukturiert, dass man nicht mit großen Geldbeträgen arbeiten konnte, ohne die Vorgänge zu verzerren. Oder, im Insiderjargon, man kann nicht das Haus schlagen, wenn man selbst das Haus ist.

Long-Term war anderer Meinung. In jenem Sommer hatte die Firma dank ihrer genialen Verkaufsstrategie derart viel Geld unter Verwaltung und hielt in der ganzen Welt derart viele Positionen, dass ihre Verluste alle Welt beeinträchtigen konnten, ob nun einen ruhigen Pensionsfonds, der nur Anleihen hielt, oder meine eigene Firma, die keinen Kredit aufgenommen hatte. Das wäre nicht so schlimm gewesen, wenn sich das „Genie“ des Unternehmens auf die eigenen Positionen beschränkt hätte, aber wie so oft, wenn sich ein Unternehmen den Respekt der Wall Street erworben hatte, sprangen die Broker, welche die Orders des Unternehmens entgegennahmen, auf den gleichen Zug auf. Die Broker können einfach nicht anders. Sie reden alle darüber, was mit dem Geld der Großen passiert, und wenn es sich aufgrund von Darlehen der Broker verdoppelt und sich dann bei anderen, heimlich engagierten Brokern wieder und wieder verdoppelt, dann tätigen die Aktienhändler der

Brokerhäuser die gleichen Trades und sagen jedem zweiten Klienten, er solle das auch tun. Es ist unfassbar, wie oft ich gesagt bekam, ich solle einen bestimmten Wert kaufen, weil die Jungs von Long-Term ihn für einen Gewinner hielten. Ich konnte es auch nicht fassen, wie viele verantwortliche Menschen in bedeutenden Unternehmen ganz einfach alles nachäfften, ohne ihre Hausaufgaben zu machen, weil ein Nobelpreisträger von LTCM (Long-Term Capital Management) den Trade gut fand. Ein Nobelpreisträger? Was hat das mit dem richtigen Leben zu tun? Ich konnte nie nachvollziehen, wieso Long-Term Capital diese Nachahmung nicht verstanden hat. John Meriwether, der Leiter des Unternehmens, kam von Salomon Brothers und wusste, dass jeder über die Trades der anderen sprach. Aber die Akademiker haben keine Ahnung, wie die Wall Street wirklich funktioniert, und vielleicht dachten sie, sie könnten ihre Geschäfte tätigen, ohne dass ihnen jemand nacheifert. Aber ob es LTCM nun wusste oder nicht, mindestens ein halbes Dutzend Firmen machten alles nach, was diese Gesellschaft tat.

Long-Term Capital hielt große Positionen in Russland. Als die Trades nach hinten losgingen, wurden alle in Mitleidenschaft gezogen, bei manchen ging es um Hunderte von Millionen Dollar. Ich hatte nie gedacht, dass meine Firma dem Leid einer anderen Firma zum Opfer fallen könnte und nur ein weiterer Dominostein in der Reihe von Managern und Brokern sein könnte, die fielen, als sich das russische Kapital in Luft auflöste. Das hätte auch nicht passieren dürfen. Wir nutzten keine Leverage, wir liehen uns kein Geld bei den Spielcasinos (den Brokerhäusern, die Margin-Kredite oder Schuldscheine an Hedgefonds ausgaben, damit sie aggressiver agieren konnten; Investmentfonds taten das niemals). Und wir hatten in elf Jahren nur ein- oder zweimal die Margin genutzt. Leverage scheuten wir, weil sie zu gefährlich war. Sie konnte uns auslöschen, wenn sich der Markt gegen uns wandte.

Wir betrieben zwei verschiedene Portfolios, einerseits ein Trading-Portfolio, das Trading-Gewinne erzeugte – und das vielen Menschen aus meinen Schriften und Fernsehauftritten bekannt war –, und andererseits ein langfristig orientiertes Portfolio mit niedrig kapitalisierten Aktien, die langfristige Kapitalgewinne bringen sollten. Nach der Verwirrung um *SmartMoney* hatte ich nicht mehr öffentlich über diesen Teil des Fonds geredet. Ein Jahrzehnt lang hatte ich dieses Portfolio für den Kauf in Ungnade gefallener Aktien genutzt, von denen ich dachte, dass sie mit der Zeit wieder in Mode kommen würden. Dadurch hatten wir die optimale Mischung aus kurz- und langfristigen Kapitalgewinnen für beständiges quartalsweises Wachstum, so wie wir es uns auch von den börsennotierten Unternehmen wünschten, die wir besaßen.

Meine liebsten unterbewerteten Aktien waren Finanzwerte, insbesondere Spar- und Darlehenskassen, und ganz besonders kleine Sparkassen an entlegenen Orten, zum Beispiel Westerfeld, die zweitgrößte Bank Montanas (wo der Unabomber sein Konto hatte), Klamath First Federal, die drittgrößte Bank Oregons, Cape Cod Bank and Trust, der letzte unabhängige Finanzkonzern am Kap, und die Third Federal Savings of Doylestown, wo ich mein Privatkonto hatte. Wir kauften riesige Aktienpakete dieser langweiligen Institutionen und blieben manchmal jahrelang darauf sitzen, bis sie entweder aufgrund besserer Gewinne oder aufgrund von Übernahmeangeboten stiegen. Das waren illiquide Aktien, die man sozusagen „auf Bestellung" kaufen musste, damit man nicht zu schnell ein- oder ausstieg und dadurch schwere Verschiebungen in die eine oder andere Richtung hervorrief (die Bundesgesetze untersagten den Kauf von mehr als zehn Prozent einer Sparkasse). Wir hatten 1994 einen großen Brocken gekauft und kauften immer wieder nach, wenn wir neue Mittel hereinbekamen. Bis 1998 waren diese Positionen auf eine gigantische Größe angewachsen und stellten alle anderen in den Schatten, ganz einfach, weil wir bei jedem neuen Mittelzufluss nachkauften, um ihren Anteil am Hedgefonds konstant zu halten.

Den Sparkassen-Aktien geht es am besten, wenn die Zinskurve der Anleihen positiv ist, also die kurzfristigen Zinsen möglichst niedrig sind und die langfristigen wesentlich höher (die Kurve steigt nach rechts hin sanft an). Im Gegensatz zu diesem Idealfall war es der Ruin der Sparkassen-Aktien, wenn die Kurve umgekehrt verlief. Wenn die kurzfristigen Zinsen höher standen als die langfristigen, fiel die Linie auf der Zeitachse steil ab.

Wie zu erwarten, tritt diese umgekehrte Situation fast nie ein – ein Kreditgeber sollte normalerweise für das Risiko, ein Darlehen über 30 Jahre zu vergeben, einen höheren Ertrag bekommen als für ein Darlehen über 30 Tage. Schließlich können in dieser Zeit viel mehr Gefahren auftreten, einschließlich der Inflation, und die Kreditgeber wollen dafür entlohnt werden.

1998 war aber kein gewöhnliches Jahr. Im Sommer gab es eine negative Zinskurve, aber nicht aufgrund irgendwelcher Maßnahmen der Fed, wegen wirtschaftlicher Probleme oder erhöhter Inflation, sondern wegen der Zerstörung von Long-Term Capital. LTCM hatte Long-Positionen in allen erdenklichen Schuldpapieren dieser Welt eingenommen, von mexikanischen Put Bonds bis hin zu russischen Staatsanleihen, und als Sicherheitsmaßnahme oder „Hedge" hatte es US-Staatsanleihen geshortet. So wollte es die höheren Zinsen der anderen Länder ausnutzen, aber auch Maßnahmen gegen das Risiko treffen. Als dann Russland kenterte, nachdem der Staatskasse die Rubel ausgingen und der staatliche Schuldendienst eingestellt wurde, kurz nachdem das Land Kredite in Milliardenhöhe aufgenommen hatte, erkannten die Broker, die auf den LTCM-Zug aufgesprungen waren, dass die Leverage von LTCM zu hoch war und vielleicht in die falsche Richtung ging. Das bedeutete, das LTCM pleitegehen konnte. Wenn das passieren würde, dann müsste es die exotischen Anleihen verkaufen und die hausbackenen US-Bonds, die es im Gegenzug geshortet hatte, zurückkaufen, das heißt also, den Trade auflösen. Und dann müsste das Unternehmen das, was von dem Kapital übrig bleiben mochte, nach fürchterlichen Verlusten seinen beschränkt haftenden Gesellschaftern zurückgeben.

Nach den Gesetzen der Wall Street ist es so, dass hochrangige Trader von Unternehmen wie Merrill oder CSFB Verkaufspositionen auf das Konto ihrer Firma eingehen, indem sie so tun, als wären sie gute Kunden, die als kluge Investoren gelten – bis es in die Hose geht. Sobald diese Verkaufstrader Verluste in Höhe von Zigmillionen machen und ihre Vorgesetzten Wind davon bekommen, verlangen sie von ihnen, dass die Positionen aufgelöst oder buchstäblich aus den Büchern getilgt werden. Wenn man mexikanische Anleihen besaß und sie mit US-

Schatzanleihen gehedgt hatte, zwang einen die Firma, Letztere zurückzukaufen und Erstere zu verkaufen, bis man „glatt" war. Also lösten alle Broker, die LTCM nachgelaufen waren, ihre Positionen gleichzeitig auf, denn die Gefahr überdimensionaler Verluste wurde überall gleichzeitig erkannt.

Da LTCM gerade mithilfe dieser Broker seine massiven Portfolios aufgebaut hatte, waren den entsprechenden Firmen natürlich auch die Positionen von Long-Term bekannt, sie wussten, wie viel Kredit das Unternehmen genommen hatte und dass es mit jedem Tag Geld verlor.

An der Wall Street gibt es keine Loyalität. Wenn man Blut riecht, wird man zum Hai. Es gibt einfach zu viel frei laufende Beute. Also wandten sich diejenigen, die Long-Term verehrt hatten und alles getan hatten, was LTCM getan hatte, nun gegen LTCM und nahmen die exakt entgegengesetzte Position ein. Die großen Trader wussten, sie konnten sich auf die andere Seite stellen, also gegen Long-Term setzen, dann an die Medien durchsickern lassen, dass Long-Term Schwierigkeiten habe, um den Druck rapide zu verstärken und bei Long-Term die Bank zu sprengen. In jenem Sommer kannte ich keinen Hedgefonds, der nicht Long-Term abschoss und alle Positionen bis zum Anschlag durchdrückte, um LTCM zur Kapitulation zu zwingen.

„Abschießen" ist Hedgefonds-Jargon, und wenn man noch niemals abgeschossen wurde, hat man keine Vorstellung davon, was das bedeutet und wie einen das in den Wahnsinn treiben kann. Einfach gesagt ist es so, dass man, wenn man weiß, ein anderer Fonds steckt in Schwierigkeiten, ihm nicht hilft, sondern herauszufinden versucht, was er besitzt, und diese Aktien dann shortet, um sie nach unten zu drücken. Hat der Fonds irgendein Finanzinstrument geshortet, ob nun einen Währungsswap, einen Anleihenswap oder ein Derivat, eben irgendwelche Papiere, die keine solide Investition darstellen, zum Beispiel eine Aktie, dann kauft man dieses Instrument in großen Mengen, bis das abgeschossene Unternehmen ins Gras beißt. Sobald eine Institution – irgendeine Einrichtung, die große Kapitalmengen verwaltet – in das Handgemenge rivalisierender Hedgefonds gerät, ist es fast unmöglich, da lebend wieder herauszukommen.

Alle spielen dieses Spiel mit. Ein Investmentfonds ist in Schwierigkeiten? Finde heraus, was der Fonds hält, und halte dagegen, bis das Opfer es nicht mehr aushält und kapitulieren muss. Ein Hedgefonds ist in Schwierigkeiten? Lasst ihn Spießruten laufen und treibt ihn in den Bankrott. Wenn der große Medizinmann in Schwierigkeiten steckt, machen alle mit, von den größten Brokern bis zu den kleinsten Hedgefonds, weil die Profite so leicht zu erjagen sind. Man weiß, der Fonds muss am Ende seine Positionen auflösen und das Geld zurückzahlen, daher ist es leicht vorhersehbar, dass der Fonds alles verkaufen wird und dass der Verkauf alles im Preis drückt, was er besitzt. Wenn jemand zwei Millionen Aktien der relativ schwach gehandelten National Gift Wrap and Box Company besaß, die gerade mit 28 Dollar notierten, und ich wusste, dass dieser Jemand aufgrund schwacher Performance mit massiven Rücknahmen konfrontiert war, dann verkaufte ich National Gift short. Wenn dann die Position flüssiggemacht wurde, drückte der Aktienberg National Gift vielleicht auf 25 Dollar, und auf diesem Niveau konnte ich die Aktie zurückkaufen (den Short eindecken), wobei ich gutes Geld verdiente. Ich wusste, es wurde bar zurückgezahlt, nicht in Form von Aktien; also mussten diese National-Gift-Aktien verkauft werden, und ich würde auf jeden Fall die Gelegenheit zum Eindecken bekommen. Wenn dagegen jemand zwei Millionen Aktien von National Gift geshortet hatte, weil er auf ein Fallen der Aktie setzte, und wenn ich außerdem wusste, dass dieser Jemand den Laden dichtmachen musste, weil die Partner das Vertrauen verloren hatten, dann war es ja nicht möglich, die Shorts unter den Investmentpartnern zu verteilen, sondern sie mussten zurückgekauft und der Verlust in Kauf genommen werden. Ich konnte dann schneller sein, National Gift kaufen und dann gleich wieder in die Eindeckung hinein verkaufen. Das ist an der Wall Street ein Kinderspiel. Wenn ich 50.000 Stück National Gift kaufe, weil ich weiß, bald wird jemand eindecken, dann mache ich ohne großes Risiko vielleicht 100.000 Dollar Gewinn, wenn die Eindeckung zwei Punkte höher stattfindet. Der hektische Kauf bewegt dann den Markt.

Man spürte, dass die gesamte Wall Street langfristige US-Schatzanleihen kaufte und damit Long-Term Capital zwingen wollte, die Anleihen zum höchstmöglichen Preis zurückzukaufen. Long-Term musste die Anleihen unbedingt kaufen, um die Verluste zu begrenzen, die Rücknahmewünsche der Partner zu erfüllen und ordnungsgemäß zu schließen. Da Long-Term sein Unternehmen anderen zum Kauf angeboten hatte (im September musste es aufgekauft werden, wenn es überleben sollte), kannten viele die Positionen, die liquidiert werden mussten, deshalb war die Firma so leicht abzuschießen wie Kaninchen im Käfig.

Im Vorgriff darauf, dass Long-Term seine massive Short-Position würde eindecken müssen, hielten derart viele Fonds dagegen, dass sie mit ihren Käufen tatsächlich die Preise für langfristige Anleihen nach oben drückten – und somit die Zinsen auf langfristige Schulden (sowie die davon abgeleiteten Eigenheimzinsen) in absurde Tiefen drückten, die unter den kurzfristigen Zinsen lagen. Die Haie hatten eine negative Zinskurve erzeugt, um LTCM zur Kapitulation zu zwingen. Im August und September 1998 kümmerte ich mich nicht darum, was mit Long-Term Capital geschah. Ich hatte meine eigenen Probleme und wollte keine 30-jährigen Schatzanleihen anhäufen, es sei denn, es gäbe eine Verknappung. Es gab jedoch keine.

Allerdings kümmerte ich mich darum, was die Anleihenverknappung mit den Bilanzen all der kleinen Sparkassen machte, die fast die Hälfte der Aktienpositionen von Cramer Berkowitz ausmachten. Da die 30-jährigen US-Anleihen immer weiter nach oben gingen, weil die Fonds auf LT schossen, indem sie die Anleihen aufkauften, verloren die Sparkassen an jedem Tag Geld, an dem sie morgens das Licht einschalteten. Die Sparkassen leihen sich das Geld von den Einlegern zu Kurzfristzinsen und die waren nun höher als die langfristigen. Die 30-jährigen Anleihen legten in einem Tempo im Preis zu und gaben in einem Tempo Rendite ab, das es noch nie zuvor gegeben hatte. Die Sparkassen, die Teil der richtigen Welt waren, nicht der Welt der Hedgefonds, waren von dieser Bewegung kalt erwischt worden. Plötzlich verliehen sie ihr Geld zu weitaus niedrigeren Zinsen, als sie es sich selbst geliehen hatten, denn ihr Leitzins ist derjenige der 30-jährigen Anleihen. Diese Umkehrung bedeutete für alle Sparkassen in meinem Portfolio Kursverluste.

Jeder, der die Renditekurve zu deuten wusste, konnte voraussehen, dass die Sparkassen viel Geld verlieren würden. Also stießen alle ihre Aktien ab, bevor die Verluste in den Ergebnisberichten auftauchten.

„Alle" bedeutet alle, die das tun konnten. Meine Positionen waren aufgrund ihrer Größe nicht manövrierfähig. Ich konnte sie nicht beschneiden. Ich hatte einfach zu viel davon. Ein Verkauf meinerseits hätte die Aktien vernichtet. Ich musste hilflos zusehen und hoffen, dass sich die Inversion von allein wieder korrigieren würde und dass die Renditekurve wieder zu einer normaleren Form zurückfinden würde. Und was die Sache noch schlimmer machte: Andere Hedgefonds teilten meine Sichtweise dieser unterbewerteten Aktien. Im Gegensatz zu uns setzten sie allerdings häufig Hebel ein, um ihre Gewinne zu vergrößern. Als die langfristigen Anleihen Ende August/Anfang September Tag für Tag weiter stiegen, gaben andere Hedgefonds mit einer der meinen ähnlichen Strategie auf, weil sie Bargeld brauchten. Ihre Verkäufe drückten die Aktien der Sparkassen auf Niveaus, die unser Portfolio weiter beeinträchtigten. Jeden Tag, den wir zur Arbeit kamen, wurden unsere Westerfeds und unsere Cape Cods und unsere BayViews immer mehr zu Groschenaktien. Wenn man Millionen von Aktien besitzt, die nach und nach zu Pennystocks werden, fährt man mit der Zeit Millionenverluste ein.

Normalerweise wäre mir bei der Aussicht das Wasser im Munde zusammengelaufen, diese großen Aktienblöcke von Unternehmen zu kaufen, die ich kannte und die von den Hedgefonds abgestoßen wurden. Aber es war August. Wenn die herbstliche Berichtssaison beginnen würde – wenn also die Sparkassen ihre Ergebnisse bekannt geben würden –, dann würden ihre Aktien noch einmal unter den Hammer kommen, weil sich dann zeigen würde, wie sehr sie von den Tricks geschädigt worden waren, mit denen Long-Term Capital in den Bankrott getrieben wurde. Und an dem Punkt dachte ich mir, ich ergreife Maßnahmen und kaufe im Fallen. Das musste ich ohnehin tun, denn inzwischen stand ich mit all diesen Banken unter dem Wasserspiegel. Ich behielt mir grundsätzlich Ersatzkapital vor, Ersatzgeld, und zwar genau für solche Gelegenheiten, wenn die Aktien so sehr mit den Fundamentaldaten außer Tritt gerieten, dass ich damit das große Geld verdienen konnte. Daher war ich im August trotz der Abwärtsbewegungen und der – selbstverständlich nicht realisierten – Verluste in unserem transaktionsarmen Portfolio wegen dieser Positionen nicht übermäßig besorgt. Ich betrachtete die Kursrückgänge als kurzfristige Kaufgelegenheit und beschloss, alle Sparkassen auf das Limit von zehn Prozent aufzustocken, sobald die Luft rein war.

Aber die tägliche Abwertung der Aktien bedeutete trotzdem, dass sich unsere Performance, die ohnehin schon unterdurchschnittlich war und selbst in guten Phasen die Indizes nicht einholte, zum zweiten Mal in diesem Jahr tief in die roten Zahlen bewegte. Wir hatten gerade genug Positionen, die mit Long-Term Capital in Beziehung standen, das sich an dem Ungeheuer orientierte, an dessen Todesröcheln bereits zu hören war, dass es uns umbringen würde; das waren zum Beispiel Aktien von Brokerhäusern, die deshalb Millionenverluste machten, weil sie nicht schnell genug von der freundlichen Haltung gegenüber Long-Term Capital zu einer feindlichen umschwenkten, um ihr Quartal zu retten. Aufgrund unseres schlechten Tradings, unserer schwächelnden Sparkassen-Aktien und ein paar kleinerer Small-Cap-Desaster rutschten wir Ende August tief in die roten Zahlen, so spät im Jahr wie noch nie. An einigen Tagen jenes elenden Sommers liebäugelten wir mit der Marke von minus 20 Prozent, je nachdem, wie die Positionen unseres Small-Cap-Portfolios am Ende des Tages schlossen.

Es bahnte sich ein katastrophales drittes Quartal an, obwohl es keinen schlechten Trade gab, an dem man es hätte festmachen und sich darüber ärgern können. Es war einfach eine lange Folge von Verlierertagen.

Das war neues Terrain für mich, schlechtes Terrain, Treibsand, und mir gefiel das nicht. In fast allen anderen Jahren hatten wir um diese Zeit schon große Urlaubspläne geschmiedet, nahmen uns häufig frei, gingen sogar ins Kino, spielten Tischtennis oder Tischhockey, weil wir unsere Führungsposition nicht aufgrund schlechter Trades aufgeben wollten.

Wenn man an der Spitze steht, ist die Gefahr groß, dass man sich „übertradet", und man muss extreme Maßnahmen ergreifen, um das zu vermeiden. Aber diesmal sagte ich, wir müssten uns eingraben und mit harter Hand die Erosion aufhalten. Jeglicher Urlaub wurde gestrichen. Niemand fuhr irgendwohin. Wir werden das durchstehen, sagte ich. Wir hatten es immer durchgestanden. Da wir einen geschlossenen Fonds betrieben und keine Öffnung anberaumt war, wurde unser Kapital selbst dann nicht beschränkt, wenn unsere Performance negativ war. Wenn die Partner mit unserer Performance unzufrieden waren, konnten sie vor Jahresende nichts tun, und ich war zuversichtlich, dass wir bis dahin das Geld mehr als wiedergutgemacht haben würden. Das war zwar peinlich, sagte ich den Mitarbeitern im Büro, aber keine Katastrophe, denn viele Hedgefonds wurden von Long-Term Capital und einem Markt schwer gebeutelt, der sich selbst im Wege stand.

Und dann, eines Tages Anfang September, bekam ich einen Anruf von einem meiner größten Investoren, Eliot Spitzer, der sich gerade zum zweiten Mal für das Amt des Generalstaatsanwalts von New York zur Verfügung stellte. Als Eliot mit mir an der Harvard Law School studierte, hatte er gesehen, wie getrieben ich war und wie sehr ich den Aktienmarkt liebte. Als ich den Fonds aufbaute, war er schon früh als Partner eingestiegen, und ich hatte für ihn tonnenweise Geld verdient. Jetzt stand in den Zeitungen, dass Eliot vielleicht die Vorschriften über die Offenlegung der Wahlkampffinanzierung übertreten habe, weil er heimlich Geld von seiner Familie bekomme. Ich wusste, das war totaler Humbug, denn ich hatte für Eliot eine Wagenladung Geld verdient. Es gab nur eine Möglichkeit, diesen Vorwurf zu entkräften, und die war recht einfach: Eliot brauchte Geld aus dem Fonds. Ich musste für ihn den Fonds öffnen. Das war ein Notfall. Meine Regeln waren eindeutig: In einem Notfall musste ich alle Partner davon in Kenntnis setzen, dass ich den Fonds für Einlagen und Rücknahmen öffnete.

Bis zu Eliots Anfrage hatte mich noch nie jemand gebeten, den Fonds zu öffnen. Alle warteten gern die vorbestimmten Öffnungstermine ab. Tatsächlich hatte ich noch nie einen Anleger aus einem anderen Grund verloren als wegen meiner Nachlässigkeit oder meines Temperaments, zum Beispiel als ich einen gewissen Medienmogul hinauswarf, weil er mich während eines Ausflugs im Negev aufspürte, nur um mir vorzuwerfen, dass ich trotz einer vorübergehenden Marktschwäche Intel im Fonds hatte. Es passierte häufig, dass Menschen in den Fonds wollten, ich sie aber abwies, weil ich sie entweder nicht kannte oder nicht mochte. Aber den Fonds verlassen? Das gab es einfach nicht. Angesichts unserer zweistelligen Verluste und des von Long-Term Capital hervorgerufenen Chaos, das alle Hedgefonds schlecht dastehen ließ, auch diejenigen ohne Leverage, hätte Eliots Bitte für mich zu keinem ungünstigeren Zeitpunkt kommen können.

Als ich Karen an jenem Abend von Eliots Anfrage erzählte, meinte sie, ich müsste ihr nachkommen und den Fonds für alle öffnen. Aber sie sagte mir auch, ich solle mich auf massive Rücknahmen gefasst machen, denn ich stünde für dieses Jahr im Minus und es könnte sein, dass viele unserer Anleger auch in Long-Term Capital oder anderen Hedgefonds investiert waren, die Schaden erlitten hatten. Es könnte sein, dass ich ihre einzige Liquiditätsquelle war. Unsinn, antwortete ich. Nachdem ich Jahr für Jahr fast alle anderen übertroffen hatte, bräuchte ich mir keine Sorgen zu machen. Die meisten Menschen würden kein Geld herausnehmen, sagte ich. Sie würden die Mitteilung über die Öffnung, die es ihnen erlaubte, in den ersten fünf Geschäftstagen im Oktober ihr Geld abzuheben, einfach in den Papierkorb werfen.

Karen sagte, sie sei überrascht; sie habe gedacht, nachdem sie mir so viel über Baseball beigebracht hatte, könnte ich doch hinsichtlich meiner Performance und ihrer Auswirkungen nicht so naiv sein, insbesondere nach der Anti-Hedgefonds-Welle dieses Sommers.

„Die Menschen haben Angst“, sagte sie. „Sie verlieren auch an anderer Stelle viel Geld und deine Performance ist dieses Jahr sowieso beschissen“ – als halbe Inhaberin meines Fonds nahm sie bezüglich meiner Leistungen nie ein Blatt vor den Mund – „und dann vergiss nicht die Operation Rockbreak und den Marty-Faktor.“

Ich meinte zu Karen, sie solle sich keine Sorgen machen, TheStreet .com sei mein Hobby und nicht mein Beruf. Wenn es um das Geldverdienen gehe, dann wisse Marty, dass ich gut war, selbst wenn meine Performance in letzter Zeit zu wünschen übrig ließ. Unsere Beziehungen im Fonds waren unantastbar. Ich versicherte ihr, er würde niemals gehen, ganz egal, was wir für Meinungsverschiedenheiten hatten.

Karen sagte: „Mach dich lieber auf einen Ansturm gefasst."

Ich wollte ihr nicht glauben, aber das Schlimme an meiner Frau ist die Tatsache, dass sie sich niemals irrt, wenn es um Geschäftliches geht.

Auch als sich der September dem Ende zuneigte und die Fondsöffnung Anfang Oktober nahte, besserte sich unsere Performance kein bisschen. Mir klang Karens Warnung in den Ohren, ich solle mich auf einen Ansturm gefasst machen. Ich konnte mir nicht vorstellen, was es bedeutete, auf eine Flucht aus meinem Fonds gefasst zu sein.

Aber ich würde es bald herausfinden.

Nachdem Long-Term Capital im September endgültig zusammengebrochen war, dachte ich, an der Börse sei das Schlimmste vorüber, und ich begann, einen Großteil des auf die Seite gelegten Kapitals einzusetzen – Anfang September hatten wir 100 Millionen Dollar in bar, bei einer gesamten Anlagesumme von 325 Millionen. Mit einem großen Teil davon setzte ich auf einen Rebound. Und tatsächlich hüpfte der Markt im September ein Stückchen nach oben, etwa 400 Dow-Jones-Punkte, aber Cramer Berk verdiente daran nur wenig Geld, und wir gingen mit viel zu vielen Long-Positionen in den Oktober, wenn man bedachte, dass die bald wieder zurückschnellende Erholung schon stattgefunden hatte und wir demnächst mit den Rücknahmen der Partner anlässlich der Öffnung für Spitzer konfrontiert sein würden.

Am ersten Oktobertag gab der Dow Jones 200 Punkte ab, wobei die Hauptlast von den Finanzwerten getragen wurde, die unsere exponierteste Position darstellten. Innerhalb eines Tages sackten wir um 30 Millionen ab. Das war der schwerste Verlust, den wir je an einem Handelstag erlitten hatten, fast zehn Prozent. Er traf uns wie der Blitz. Nach diesem brutalen Handelstag standen wir auf das Jahr gesehen plötzlich 25 Prozent im Minus und lagen weit unter den Indizes, die nur eine Handvoll Punkte abgegeben hatten. Große und kleine Positionen kosteten uns an jenem elenden Tag des härtesten Tradingmonats im Jahr gleichermaßen das Leben. Ob Technologie, Small Cap oder Large Cap, ganz egal. Unsere größte Position, Hayes Modem – wir hatten Millionen von Aktien während des Abstiegs gekauft –, hatte sich halbiert; die Aktie war aufgrund von Bankrottgerüchten von vier auf zwei Dollar gefallen, ein massiver unrealisierter Verlust.

Eine Millionen-Aktien-Position in Fairchild, einem nie recht glücklichen Hersteller von Flugzeugschrauben, wurde um einen Punkt nach unten geprügelt. Wir hatten die Aktie den Sommer über von 26 Dollar aus bis in den unteren zweistelligen Bereich gehalten, und plötzlich brach sie in den einstelligen Bereich. Auch BayView, eine Sparkasse mit Sitz in San Francisco, von der wir neun Prozent besaßen, bescherte uns einen unrealisierten Verlust in Höhe von mehreren Millionen Dollar. Und im Trading holten wir ebenfalls nicht auf. Wir hielten Long-Positionen in Finanz- und Technologiewerten, die beide böse einbrachen, und wir shorteten Aktien aus dem Gesundheitswesen mit hohen KGVs, beispielsweise Cardinal Health und United Health, einen Arzneihersteller und eine HMO; beide erholten sich. Sie wurden als sicher empfunden und die Menschen bestürmten diese Aktien förmlich. Nicht eine einzige unserer mehr als 100 Positionen entwickelte sich in unserem Sinne, jede einzelne verlor Geld. Es war ein schrecklicher Tag, einfach fürchterlich, der schlechteste, den ich je erlebt hatte, und die ganze Arbeit, die wir uns den ganzen Sommer über gemacht hatten, um zu den Indizes aufzuschließen, wurde innerhalb eines Handelstages zunichtegemacht. Am Ende des Tages wollte ich meinen Schreibtisch nicht verlassen. Ich wollte nicht mit den Partnern sprechen, die wissen wollten, ob wir schweren Schaden genommen hatten. Die Verluste auf breiter Front trieben mich in den Wahnsinn und machten mich fertig. Ich baute in diesem Job einen ganz schönen Mist.

Es lag in der Luft, dass meine Investoren schwankten, ob sie die Öffnung ausnutzen oder bei einem Cramer bleiben sollten, der offenbar sein Händchen für das Geldverdienen verloren hatte. Falls irgendjemand Anfang Oktober noch unentschlossen gewesen sein sollte, dann schob ihn der erste Tag endgültig in das Rücknahmelager. Pat Shevlin, die keinen Spaß verstand und die ich von meinem Anwalt bei Paul Weiss abgeworben hatte, wollte mir nichts von dem Faxstapel sagen, der sich langsam bildete, weil die Partner im Rahmen der Spitzer-Öffnung ihr Geld zurückhaben wollten. Sie wollte meine Gefühle nicht verletzen und befürchtete, das würde mein Selbstvertrauen erschüttern. Sie hoffte, ich würde in den ersten Oktobertagen so viel Geld verdienen – man konnte bis zum siebten des Monats abheben, einem Mittwoch, und bekam sein Geld dann am Donnerstag, dem achten –, dass die Rücknahmen nichts ausmachen würden. So sehr glaubte sie an mich.

Insbesondere wollte sie mir von einem bestimmten Fax nichts sagen; es unterschied sich von den anderen wegen des Namens im Briefkopf und wegen der Summe, die zurückgenommen wurde. Sie hatte eine knappe Rücknahmemitteilung von Marty Peretz erhalten, mit der Bitte, jeden Cent zu überweisen, den er zur Gründung und zum Aufbau der Firma beigesteuert hatte. Er hatte sich entschieden, dies genauso kaltblütig zu machen, wie ich mich damals von der Treuhänderschaft zurückgezogen hatte, kein Anruf, kein persönliches Gespräch unter vier Augen, nur ein Blatt Papier, das das Ende der Beziehung bedeutete, die meinen Hedgefonds und meinen Karrierestart an der Wall Street ermöglicht hatte.

Aufgrund des Vertrauens meiner Partner hatte ich noch nie in einem fallenden Markt verkaufen müssen, um Geld für Rücknahmen zu beschaffen. Und ich dachte auch dieses Mal, dass ich das nicht tun müsste. Stets hatte ich Bargeld vorrätig gehabt, um am Boden zu kaufen. Das war mein Gütesiegel: Viel Geld zur Verfügung zu haben, das ich genau dann einsetzen konnte, wenn alle anderen in Panik verfielen. Ich sagte mir, diesmal würde es genauso sein, wenn sich der Markt erst einmal gereinigt hätte. Ich hätte zuversichtlicher nicht sein können, als ich dasaß und den Tag bewertete. Wie jeden Tag gab ich mir selbst Noten von A bis E, für alle 200 Trades, die wir an diesem Tag gemacht hatten, und erschrak darüber, wie viele Trades gescheitert waren.

Es gab weder As noch Bs und nur eine Handvoll Cs. Alles darunter waren Fehlschläge. Ich hatte in den Abschwung hineingekauft und der Markt war nicht zurückgeschnellt. Bis zum Ende des Tages hatte ich tonnenweise Bargeld eingesetzt – ich rechnete mir aus, dass uns noch 18 Millionen blieben –, ohne dass es irgendeinen Anstieg gegeben hätte.

Wir hatten schon immer in die Schwäche gekauft, aber an diesem Tag hatten wir hemmungslos in die Schwäche gekauft. Wir würden schon einen enormen Tagesanstieg brauchen, um die Bestände loszuwerden, die sich bis zur Schlussglocke nicht erholt hatten, von all den Ciscos, Telebrases, Telmexes, Caterpillars und den Dutzenden weiterer Aktien, von denen ich im Laufe des Tages 50.000 Stück gekauft und auf einen Kursanstieg gewartet hatte, der nicht kam.

Pat hatte allerdings Jeff über die Rücknahmen informiert, und als ich in meinem Gefechtsstand saß und die mehr als 30 Millionen Verlust durchging, weil ich nachvollziehen wollte, wie das passieren konnte, und versuchen wollte, diesem Tag einen Sinn abzugewinnen, stellte sich Jeff neben mein Bloomberg-System, das einen Aufkleber mit der Aufschrift „Mit Napalm tötet man mehr Fliegen als mit Honig" trug, und sagte, er müsse etwas Wichtiges mit mir besprechen. Ich hasste es eigentlich, wenn ich beim Rekapitulieren und Benoten gestört wurde; das war eine ernste Angelegenheit, die ich gern allein erledigte. Aber mein siebter Sinn sagte mir, was sein düsteres Gesicht und seine stille Art bedeuteten.

„Lass mich raten", sagte ich laut. „Was könnte noch schlimmer sein als dieser Tag? Wie wäre es mit einem Rücknahmebrief von Marty?"

Er nickte und sagte vor den anderen am Trading Desk nichts. Er schien nicht überrascht, dass ich es erriet; vielmehr irritierte es ihn, wie großzügig ich über die Folgen von Martys Rückzug hinwegging. Er war richtig aufgebracht, als ich sagte: „Hey, das ist doch kein Problem", denn wir hatten immer noch Bargeld, obwohl ich so viel eingesetzt hatte. Die 18 Millionen müssten eigentlich genügen und ich wusste, wenn es hart auf hart käme, könnten wir bei Goldman Geld leihen, um die Partner auszuzahlen, auch wenn mir diese Aussicht sehr widerstrebte. Ich war mir bewusst, dass alle Anwesenden unserer Unterhaltung lauschten. Nachdem wir den ganzen Tag von den Verlusten durchgeschüttelt worden waren, tat ich mein Bestes, um vor der Truppe möglichst zuversichtlich zu erscheinen.

Nein, sagte Jeff, da sei noch etwas anderes, das er mir sagen müsse. Gehen wir in dein Büro, meinte ich zu ihm, das große mit der acht mal vier Meter großen Glasscheibe zum Trading Room. Von seinem Platz aus konnte man ziemlich gut sehen und hören, was darin vor sich ging, schon damit man Orders platzieren konnte, die Jeff rief. Nein, widersprach Jeff, er wollte mit mir ins Hinterzimmer, ein Besprechungsraum, in dem sich einst die werdende Belegschaft von TheStreet.com gedrängt hatte. Das nutzten wir nur, um eheliche oder Gesundheitsprobleme zu besprechen; Dinge, die wirklich wichtig waren. Dort ging man hin, wenn einem zum Heulen zumute war und man nicht dabei gesehen werden wollte. Insofern nutzte man es eigentlich so gut wie nie.

Ich dachte mir, dass vielleicht bei Jeff zu Hause etwas nicht in Ordnung war. Er hatte immer noch den gleichen beherrschten Gesichtsausdruck, genau das Gegenteil meines eigenen, und das sprach Bände über die Lage im Büro. Er sagte kein Wort, bis wir außer Hörweite der Angestellten waren, 25 Meter den Gang hinunter und hinter verschlossener Tür.

„Es sieht nach 60 Millionen aus", sagte er.

„60 Millionen?" Ungläubig kniff ich die Augen zusammen. „Wie, sechzig Millionen? Was sieht nach 60 Millionen aus?" Ich hatte gerade ausgerechnet, dass wir 30 Millionen verloren hatten, was sollten also diese 60 Millionen? Ich wollte allein gelassen werden und einen Schlachtplan für den nächsten Tag entwerfen. Ich brauchte mir nicht anzuhören, dass wir 60 Millionen verloren hatten, da ich ja auf die Million genau wusste, dass wir 30 Millionen verloren hatten.

Und dann ließ er die Bombe platzen: Pat hatte Faxe bekommen, die sich auf Abhebungen von 60 Millionen Dollar summierten, und dabei war das erst der erste Geschäftstag, an dem der Fonds offen war. Es konnten noch viel mehr nachkommen. Wir hatten zugesagt, allen Rücknahmewünschen nachzukommen, die in den ersten fünf Werktagen des Oktobers eingingen, und dies war erst Tag eins!

„60 Millionen?", fragte ich. Das musste ein Fehler sein. „Wir haben ein schlechtes Jahr, aber kein so schlechtes Jahr."

Er nickte und sagte: „Es ist ein schlechtes Jahr."

Ich musste also fragen: „Ist es wirklich so schlimm?"

Er meinte, klar, es gebe Schlimmeres, aber wir müssten zugeben, dass wir zweistellig im Minus standen, und das bedeutete eindeutig „schlecht".

„Wir haben nur 18 Millionen in bar“, sagte ich.

„Ich weiß.“

„In dieser Situation müssen wir Bargeld beschaffen?“, fragte ich rhetorisch. „In diesem verrückten Markt müssen wir verkaufen, um die Rücknahmen einzulösen?“

Wer zum Teufel sich denn zurückziehe, wollte ich wissen. Er sei sich nicht ganz sicher, erwiderte er, aber es sehe so aus, als wären es alle, die Marty Peretz in den 18 Jahren unserer Partnerschaft zu uns gebracht hatte. Da dämmerte es mir, dass Karen wohl recht hatte; die Flucht war im Gange.

„Die Firma“, flüsterte ich. „Die Firma ist in Gefahr.“

Er bestätigte: „die Firma“, und seine Stimme erstarb.

In harten Zeiten muss man die Existenz der Firma sichern. Wir hatten uns um das Unternehmen nie Sorgen gemacht, den lebenden und atmenden Organismus Cramer Berkowitz, die Geldmaschine, die allein in den letzten paar Jahren einen Gewinn von 300 Millionen Dollar gebracht hatte. Sorgen machten wir uns vielleicht um unseren Schnitt, unsere Treffer, unseren Gewinn, unsere Bonuszahlungen, um Einstellungen und Kündigungen, aber wir hatten uns nie Sorgen darum gemacht, ob wir es schaffen würden. Das Überleben war selbstverständlich geworden. Aber jetzt, nach einem Handelstag und einem Stapel Rücknahmen, fürchteten wir um unsere Arbeitsplätze. Wir hatten in diesem Jahr schon 25 Prozent abgeben müssen und hatten nicht genug Geld in der Hand, um die benötigten 60 Millionen zu überweisen. Wir mussten entweder Aktien verkaufen, um Kapital zu beschaffen, oder aber einen Margin-Kredit gegen unsere fallenden Aktienpositionen aufnehmen, was der Gipfel der Skrupellosigkeit gewesen wäre. Und wir mussten eine dieser beiden Maßnahmen treffen, während der Ticker so schlimm aussah wie noch nie in meiner Laufbahn. Ich hatte noch nie Aktien zur Kapitalbeschaffung verkaufen müssen. Ich hatte noch nie einen Kredit aufgenommen, um Verluste auszugleichen. Das war etwas für Amateure. Als Profi hat man immer genug Kapital auf der Seite liegen. Ich tat so, als wäre ich nicht übermäßig besorgt.

„Wir werden morgen abspecken. Bis zum 8. haben wir Zeit, die zusätzlichen 42 Millionen aufzutreiben", sagte ich. Ich setzte noch hinzu, dass ich nicht die Absicht hätte, das Geld von unserem Clearing Broker zu leihen. Das war einfach zu gefährlich. Wir würden Aktien verkaufen und so Bargeld beschaffen. „Wir brauchen uns keine Sorgen zu machen", sagte ich, obwohl ich offensichtlich unglaublich besorgt war. Ich trug die Besorgnis wie eine Leuchtreklame vor mir her. Jeff ließ sich nicht täuschen.

„Wenn nicht noch mehr Rücknahmen eingehen", meinte er.

„Wenn nicht noch mehr Rücknahmen eingehen", bestätigte ich. Und wenn doch, würden wir uns morgen Abend wieder in diesem Raum treffen und eine Strategie planen.

Als ich an jenem Abend nach Hause kam, versuchte ich mich so normal wie möglich zu benehmen, so als wäre im Büro alles in Ordnung. Ich war aber ein derart schlechter Schauspieler, dass ich meine Unruhe mit jedem „Nichts, gar nichts" noch mehr verriet, das ich auf Karens Fragen entgegnete, was mich denn bedrücke. Genauso wie der Schluck Glenmorangie, den ich mir eingeflößt hatte, noch bevor ich den Mantel ablegte.

Als die Kinder im Bett waren und ich unserer jüngsten Tochter Emma eine halbherzige Version der „Drei kleinen Schweinchen" erzählt hatte, gingen wir selbst zum Schlafen ins Bett. Und erst dann, nachdem ich versucht hatte, ein paar Seiten zu lesen, konnte ich nicht mehr widerstehen. Ich musste Karen erzählen, was passierte, obwohl ich wusste, sie würde gnadenlos sein.

Und dann berichtete ich Karen, was geschehen war, ich erzählte ihr alles, den Betrag der Rücknahmen und den Abschied von Marty – alles, nur nicht, wie schlecht es uns wirklich ging.

„Du wusstest, dass das kommen würde", sagte sie sofort. „Als du dir Marty zum Feind gemacht hast, wusstest du, dass es so weit kommen würde, und zwar genau dann, wenn du am verwundbarsten sein würdest."

Ich sagte ihr, ich hätte nie wirklich gedacht, dass ich mir Marty zum Feind gemacht hätte. Es habe nur eine Meinungsverschiedenheit hinsichtlich TheStreet.com gegeben. Ich solle mir nichts vormachen, meinte sie, ich hätte den Bruch dadurch beschleunigt, dass ich ihm nicht in allem nachgegeben hätte. Und ich hätte mich bei ihm nie richtig wie ein Mann dafür entschuldigt, dass ich ihn für einen Alkoholiker verraten hatte, den ich kaum kannte und der nicht vertrauenswürdig war. Zu allem Überfluss hätte ich dann die Treuhänderschaft gekündigt und sei hinsichtlich einer Reihe von Finanzfragen schlichtweg unfreundlich gewesen.

Das stimmte alles, aber ich wollte noch nicht aufgeben. Ich sagte, ich würde alle Partner außer Marty anrufen, die ihr Geld verlangten, und ihnen das ausreden.

„Spar dir deinen Atem", sagte sie und fügte hinzu, meine Performance sei so unterdurchschnittlich, dass sie auch ohne Martys Einflussnahme Grund genug hätten auszusteigen. „Sie verlieren bei jedem Hedgefonds und man sagt ihnen, sie sollten aussteigen. Du wirst noch mehr Frustrationen erleben. Sorge dich um deine Performance und nicht um die Kündigungen."

Ich wusste, sie würde sich die Frage nicht verbeißen können. Ich wusste, ich kam aus diesem Gespräch ohne die entscheidende Frage nicht heraus, nicht bei dieser ehemaligen Hedgefonds-Traderin.

Sie enttäuschte mich nicht. Gerade als wir schlafen wollten, drehte sie sich zu mir um, wie sie es schon Dutzende Male getan hatte, seit wir verheiratet waren, und sagte: „Wie läuft eigentlich der Fonds? Wie schlecht ist denn die Performance?"

Nicht soo schlecht, sagte ich und schaute sie an.

„Wie weit seid ihr im Minus?"

Ich biss die Zähne zusammen und wandte die Augen ab. Wie von Zauberhand erschienen die verräterischen Rinnsale aus Schweiß auf meiner Stirn. Ob ich das irgendwann einmal im Griff haben würde?

„25 Prozent", sagte ich schwach, so, als könnte sie irgendwie Mitleid mit mir haben, wenn sie wusste, wie weh es mir tat, das auszusprechen.

„Und der Dow?"

„Oh, ein bisschen weniger."

„Wie viel weniger?"

„Ach, vielleicht die Hälfte." In Wirklichkeit war es nur etwa ein Viertel.

„Oh Mann, das ist schrecklich. Was passiert denn da?“

Anders als bei Jeff konnte ich nicht fragen: „Das ist doch gar nicht so schlecht, oder?“ Meine Frau spielte niemals solche Spielchen. Schrecklich hieß schrecklich, so wie „Du bist ein Idiot, du hast alles vermasselt“. „Hör mal“, erwiderte ich, jetzt in kochendem Schweiß gebadet, „wenn du meinst, du kannst es besser, warum machst du dann nicht mit? Ich kann deine Hilfe gebrauchen.“

Sie richtete sich im Bett auf, schaute mir gerade in die Augen und erwiderte, das würde sie tun. Ich war schockiert. Seit vier Jahren war sie nicht mehr auf der Arbeit gewesen und hatte seit fünf Jahren nicht mehr getradet. Am nächsten Tag, meinte sie, könnte sie noch nicht kommen, weil sie niemanden für die Kinder hätte, aber in der Woche darauf schon, ab Dienstag, dem sechsten, oder Mittwoch, dem siebten; dann würde sie schauen, ob sie irgendwie herauskriegen konnte, was wir falsch machten.

Am Dienstag war ich in Squawk und deshalb sagte ich, der Mittwoch wäre besser. Ihr Entschluss zu kommen, kam mir allzu sehr wie aus der Pistole geschossen und schien überhaupt nicht spontan zu sein. „Hat dir Jeff gesagt, ich würde durchdrehen?“, fragte ich. „Willst du deshalb kommen? Hat er dich angerufen und dir erzählt, wie schlimm es steht?“

„Nein, Jim“, sagte sie. „Du hast es getan. Jeden Tag, allein schon durch die Art, wie du durchs Haus läufst. Wie du nicht hörst, wenn jemand etwas sagt. Wie du dich um überhaupt nichts kümmerst. Wie du jeden Abend die gleiche Seite im Buch liest.“ Das stimmte, ich war ewig auf Seite 174 von Paul Carells „Verbrannte Erde: Der Deutsch-Russische Krieg 1943 bis 1944“; ich las immer noch über die dritte Schlacht um Charkow und hatte die erste und zweite schon lange vergessen.

Ich hätte mir genauso gut ein Lager aus Holzkohlen machen, Feuerzeugbenzin darauf kippen, ein Streichholz anzünden und dann versuchen können, es mit meinem Körper zu löschen – so schlecht schlief ich. Bevor ich mich’s versah, war es schon 3:15 Uhr, und als ich aufstand, um zur Arbeit zu gehen, wusste ich nicht, ob ich überhaupt geschlafen hatte.

15
Krise 1998: Teil 2

Natürlich, ich hatte Jeff versprochen, dass wir am nächsten Morgen, am Freitag, dem 2. Oktober, Geld beschaffen würden, sobald der Handel eröffnete. Ich wusste, dass wir die Rücknahmeforderungen erfüllen mussten, die sich in Pat Shevlins beengtem Büro stapelten, und dass wir mit dem Aktienverkauf nicht bis zum 8. Oktober warten konnten. Man musste an Pats Ecke vorbei, wenn man auf die kleine Toilette des achten Stocks in der Wall Street 100 hinter unseren Büroräumen gehen wollte. Es graute mir davor, am nächsten Morgen zur Toilette zu gehen, weil ich sie dann sehen könnte. Ich tat mein Bestes, um nicht hinzusehen, damit sie nicht weinte.

Allerdings hatte ich gar keine Zeit, aufs Klo zu gehen. Es flogen zu viele Rücknahmefaxe herum, als dass man den Ansturm hätte geheim halten können. An der Wall Street tratschten alle über wacklige Firmen. Aufgrund der Breite des Ausstiegs, der schieren Anzahl von Konten, die sich verabschiedeten, der Größe der Rücknahmen, der Menge von verschiedenen Banken, die daran beteiligt waren (jeder Partner übermittelt Anweisungen, wohin das Geld überwiesen werden soll, und informiert dann seine Bank, dass sie einen großen Überweisungsbetrag von dem

Konto von Cramer Berkowitz bei Goldman zu erwarten hat) und aufgrund der Ruhe, mit der die Partner uns verließen, wusste ich, dass durchsickern musste, wir hingen womöglich in den Seilen. Ich hatte das paranoide Gefühl, geschärft durch das Misstrauen, das man als skeptischer Fondsmanager braucht, dass die Menschen über nichts anderes redeten als darüber, dass Cramer am Rande der Geschäftsaufgabe stand. Ich fürchtete, wir könnten eine Art Long-Term Capital werden; die anderen wüssten, dass wir Geld brauchten, und sie würden unsere Positionen noch vor uns niederbügeln. Man kannte mich an der Wall Street und mochte mich nicht besonders, weil ich dazu neigte, meine Feinde im Fernsehen und auf TheStreet.com mit Bombenteppichen zu belegen.

Ich brauchte nicht lange zu warten, um zu sehen, wie weit sich das Wissen um unsere Schwierigkeiten schon verbreitet hatte. An diesem Morgen rief mich anderthalb Stunden vor Handelsbeginn David Faber an, der rührige Reporter von *CNBC*, mit dem ich mir in Squawk öfter Wortgefechte lieferte; anscheinend wollte er nur mit mir plaudern. Nachdem wir ein wenig darüber gescherzt hatten, wie fürchterlich sich die Börse entwickelte und dass sie jeden Tag weiter zu fallen schien, sagte er, er müsse mich etwas fragen, es sei eine heikle Sache. Ich stellte mir vor, dass er vielleicht bei mir arbeiten wollte, entweder im Fonds oder bei TheStreet.com. Wir standen auf gutem Fuß miteinander und er wusste, dass er meiner Meinung nach einer der besten Journalisten war, nicht nur im Fernsehen, sondern überhaupt. Ich wollte ihn schon immer haben.

„Schieß los", sagte ich. „Wir haben keine Geheimnisse."

David holte tief Atem und sagte dann: „Jimbo, wie ich höre, habt ihr Ärger."

Was für ein Idiot ich doch bin, dachte ich bei mir, auch nur daran zu denken, er könnte für den demnächst dahinscheidenden Cramer Berk arbeiten wollen! Ins Grab bringen wollte er uns! Ich wusste, dass wir tot waren, wenn David vor unserer Rücknahmefrist eine Story über uns bringen würde. In Gedanken sah ich den Reißer schon vor mir: „Jim Cramer, Co-Moderator von Squawk Box und Gründer von TheStreet .com muss vielleicht dichtmachen. Einzelheiten demnächst." Welcher

Partner würde nach so einem Bericht noch bleiben? Wir hatten noch ein paar Tage, bevor das Fenster sich schließen würde. Ich musste ihn hinhalten, aber belügen konnte ich ihn auch nicht. Er würde mich ermorden, und zwar doppelt! Aber wir würden nichts loswerden, wenn die Menschen wussten, dass wir eingehen könnten. Alle Gebote für die Aktien, die wir liquidieren wollten, würden dann verschwinden. Niemand würde uns herauslassen. Jetzt war ich schon so viele Jahre im Geschäft, hatte so hart gearbeitet, so viele Kopfschmerzen und so viel Stress ertragen – und jetzt sollte ich so enden wie Long-Term Capital? Jeder x-beliebige Hedgefonds würde sich gegen mich stellen, mich abschießen und versuchen, mich zur Geschäftsaufgabe zu zwingen? Viele unserer Positionen waren öffentlich bekannt, weil große Positionen regelmäßig an die SEC gemeldet werden mussten. Ich war ein offenes Buch, das man mit Leichtigkeit zerfleddern konnte. Aber wie viel wusste David überhaupt? Vielleicht wusste er gar nichts und fischte nur im Trüben. Vielleicht gehörte zu „Ärger" eine bestimmte Prozentzahl. Oh Mann, mein Gehirn surrte im maximalen Bewusstseinsstrom.

„Was meinst du denn, wie schlimm es uns erwischt hat?", fragte ich nach einer Pause von sechs Sekunden. In letzter Zeit hätten so viele Hedgefonds ins Gras gebissen, dass ich nicht einmal wüsste, was „Ärger" bedeute.

„Wie ich höre, steht ihr 40 Prozent im Minus."

Puh, sagte ich mir, uns geht es schrecklich, fürchterlich, elend, aber halleluja, 25 Prozent sind keine 40. „Nein, so viel haben wir nicht verloren, aber wir sind deutlich zweistellig", gab ich zu.

„Wollt ihr den Laden dichtmachen?", wollte er wissen.

„Nur wenn uns jemand umbringt oder jemand behauptet, wir hätten das vor", scherzte ich, obwohl ich jetzt jeden Moment mit einem solchen Schicksal rechnete. „Ich lasse mich nicht aus dem Geschäft drängen", sagte ich. „Ich habe keine Leverage. Ich gehe nicht unter wie die Genies von Long-Term Capital. Das lasse ich nicht zu."

David meinte, ihm sei klar, dass wir im Spiel bleiben wollten, aber Long-Term Capital habe das auch vorgehabt. Ich stimmte ihm zu, wandte jedoch ein, dass ich glaubte, wir würden es schaffen, weil wir uns kein Geld leihen müssten. Ich band ihm nicht auf die Nase, dass wir bei dem Tempo, in dem die Rücknahmen bei uns einliefen, entweder in vier Tagen einen Margin-Kredit von fast 70 Millionen Dollar gegen wacklige Sicherheiten würden aufnehmen müssen oder aber sämtliche Positionen hinausblasen, die uns der Markt abnehmen würde. Ich fragte ihn, ob es eine Story wert sei, dass wir Schaden gelitten hätten, obwohl wir keine Leverage hatten. Es sei die Hebelwirkung gewesen, die Long-Term das Leben gekostet habe. Er wandte ein, alle hätten zu leiden, aber wenn wir einen großen Kredit aufnehmen müssten und Kapital abgezogen würde, wäre das etwas anderes. Und wenn wir zusammenbrechen würden, gäbe das eine Riesenstory, die er dann als Erster haben wolle. Großartig, dachte ich bei mir, der Typ will die Exklusivrechte auf meinen Nachruf. Als würde mich das noch interessieren, wenn die Story wirklich erscheinen würde! An der Wall Street wäre ich erledigt, auch wenn David teilnahmsvoll wäre. Jeder mit einem Mundwerk wie dem meinen, der so ungeschickt strauchelte wie ich, wäre selbst für die dümmsten unter den Reportern ein gefundenes Fressen, zu denen Faber aber mit Sicherheit nicht zählte.

Er schlug vor, ich sollte meine schlechte Performance ansprechen, wenn ich Anfang der nächsten Woche in Squawk wäre. „Mach reinen Tisch“, so drückte er sich aus. Ich sagte ihm, ich würde darüber reden, so gut ich konnte, da ich ja im Fernsehen eigentlich nicht über meine Performance sprechen durfte, egal, ob sie gut oder schlecht war. Jetzt entpuppte sich diese Vorschrift als Segen. Wenn meine Zahlen sehr gut waren, ärgerte ich mich immer schwarz, dass ich nicht darüber reden durfte. Die Bundesgesetze untersagen es Hedgefonds-Managern, ihre Fonds Unberechtigten gegenüber öffentlich anzupreisen – ich hatte mir die Sicherheitsmarke von fünf Millionen US-Dollar an liquiden Mitteln gesetzt, und das schloss fast das gesamte Fernsehpublikum aus. Und jetzt arbeitete diese Werbebeschränkung aufgrund meiner schrecklichen Performance für mich; eine bizarre, unbeabsichtigt positive Nebenwirkung eines obskuren Teils der obskuren Wertpapiergesetzgebung.

„Vielleicht sollte ich mir noch Benzin über den Kopf gießen und es anzünden“, schlug ich vor und dankte ihm dafür, dass er mit der Geschichte meiner Pleite zumindest die Pleite abwarten wollte. Bevor er auflegte, ermahnte er mich noch: „Pass auf, Jimbo, TheStreet.com und dein Fonds hängen eng zusammen." Das war nicht zu leugnen. Wenn mein Fonds kentern würde, dann wäre das wahrscheinlich auch das Ende von TheStreet.com. Ich dachte mir, welche Ironie es doch war, dass der Ansturm auf meinen Fonds, der so unschuldig mit einer Rücknahme meines Freundes Eliot Spitzer begonnen hatte, sich mittels Schneeballeffekt zu einer Katastrophe unter Führung des Mitbegründers von TheStreet.com Marty Peretz ballte. War Marty etwa nicht klar, dass ich erledigt war, wenn ich den Abstieg nicht brechen konnte, und dass TheStreet.com nicht mehr besonders glaubwürdig wäre, wenn der Starschreiber seinen Hedgefonds verlieren würde? Finanziell gesehen hatte er bei TheStreet.com genauso viel zu verlieren wie ich, auch wenn er von Cramer Berkowitz sein Geld zurückbekommen würde. Selbstverständlich würde meine wohlverdiente Bestrafung heftig ausfallen. Ob das wohl in Martys Augen den finanziellen Verlust wieder wettmachen würde? Aber solche Gedankengänge waren selbst für mein Verständnis zu verquer.

Nach Fabers Anruf war ich vollkommen außer mir. Ich blickte mich im Zimmer um. All meine Anrufe nahm ich an meinem Platz entgegen, an dem hufeisenförmigen Schreibtisch, den Karen gestaltet hatte, damit wir einander alle gegenübersaßen. Ich war von Tradern umgeben, die nur einen halben oder ganzen Meter von mir entfernt saßen. Es gab keine Heimlichkeiten. Wusste Mark, wie schlecht es wirklich stand? Wusste es Clarke? Sal? Hatten sie das Gespräch mitgehört? Konnte ich ihnen vertrauen? War ihnen klar, wie prekär unsere Lage war? Jetzt ist es sowieso zu spät, dachte ich mir.

Die Presse wusste es jetzt. Faber konnte den anderen, die hinter der Sache her waren, höchstens einen oder zwei Tage voraus sein. Wenn es auch nur eine einzige negative Story vor Ablauf der Rücknahmefrist gab, die so nah war, schon am nächsten Donnerstag, dann würden wir ganz einfach aufgeben müssen, egal, wie tapfer wir uns auch gebärdeten. Vielleicht würde der nächste Reporter nicht so genau nach den Fakten fragen, weil sie ihn bei der großen Story über Cramers Niederlage stören würden.

Ich merkte jedoch, dass keiner am Desk dem Anruf große Aufmerksamkeit geschenkt hatte. Zumindest benahmen sich alle so. In jenem Sommer hatte es schon so viel Verzweiflung gegeben, dass diese neue Katastrophe einfach über ihre Köpfe hinwegfegte. Jeff war nicht am Trading Desk, er telefonierte in seinem Büro. Ich machte das Zeichen des Kehledurchschneidens, um ihn vom Telefon wegzubekommen – wir benutzten oft Handzeichen – und ließ seine Tür ins Schloss fallen.

„Das Gerücht ist da", sagte ich. „Sie wissen es. Wir haben großen Ärger."

„Wer weiß es?", fragte er.

„Faber."

Sein Kiefer klappte zwei Zoll nach unten und seine Augen quollen hinter dem Drahtgestell hervor. „Oh, scheiße", sagte er. „Wenn er eine Story bringt, sind wir tot. Wie viel weiß er?"

„Nicht genug", sagte ich. „Er kennt das Ausmaß des Schadens nicht. Er könnte höchstens sagen, dass es uns getroffen hat wie alle anderen auch."

„Hat er versprochen, keine Story zu bringen?"

Jeff, sagte ich, so läuft das nicht. Wenn er eine bringen will, dann bringt er eine. Und was noch wichtiger ist, sagte ich, wir müssen unseren Schlachtplan ändern. Wir können in diesen Markt nicht weiterverkaufen. „Mir ist es egal, wie viel Geld herauskommt. Wir können nicht unsere Aktien anbieten, die Aktien, für die wir bekannt sind. Wir können nicht riskieren, dass durch unseren Ausstieg die Aktien heruntergeprügelt werden." Genauso gut könnte man Blut in ein Gewässer schütten, in dem es von Haien nur so wimmelt. Innerhalb von Sekunden würden wir bei lebendigem Leibe aufgefressen werden. Wir mussten darauf bauen, dass die Aktien steigen, sonst würden wir uns das ganze Geld leihen müssen.

Ganz ruhig erinnerte mich Jeff daran, dass es Freitag war und dass das Geld allerspätestens am Donnerstag fällig sein würde. Wir könnten mit der Bargeldbeschaffung einfach nicht länger warten. Er sagte, selbst wenn wir viele Aktien verkaufen, viel Bargeld bekommen und dann bei Goldman Sachs um ein Darlehen anfragen würden, hätten wir womöglich nicht genug wirklich liquide Sicherheiten für den Kredit übrig. Vielleicht würde uns Goldman gegen schwach gehandelte Ware wie Westerfed oder Cape Cod Bank and Trust nicht den vollen Kreditrahmen gewähren. Vielleicht würde Goldman das als zu riskant erachten. Wir könnten an das Limit stoßen und nicht genug Kreditwürdigkeit haben. Es gab einen von der Federal Reserve festgelegten gesetzlichen Geldbetrag, den man gegen seine Aktien leihen konnte, und unsere illiquiden Aktien würden nicht als akzeptable Sicherheit gelten. Wenn wir das Bargeld nicht beschaffen und gegen unsere Aktien Kredit nehmen würden, dann wäre es gut möglich, so sagte er, dass unser Kreditrahmen für die Auszahlungen nicht ausreichen würde. Wenn wir stattdessen Aktien schicken würden, würden wir unseren Gesellschaftervertrag brechen, und das Geld würde von uns persönlich eingeklagt werden. Oder Goldman würde unseren Fonds wegen des überzogenen Kredits zumachen und liquidieren. Genauso wie Long-Term Capital. Und dabei hatten die Partner noch ein paar Tage Zeit, Geld abzuheben!

„Wir müssen heute verkaufen", ermahnte er noch einmal nachdrücklich, egal, welche Auswirkungen das auf unsere Performance haben würde.

Ich antwortete ihm, ich wisse, wie die Wall Street funktioniert, und er liege vollkommen falsch. Wenn unser Versuch bemerkt werden würde, irgendwelche von denjenigen Aktien zu verkaufen, für die wir bekannt waren, von denen wir offiziell mitgeteilt hatten, dass wir einen mehr als fünfprozentigen Anteil der umlaufenden Aktien besaßen, würden uns die anderen ins Grab bringen. Dann könnten wir die Firma genauso gut gleich dichtmachen. Sie würden uns bei lebendigem Leibe auffressen. Ich erklärte ihm, dass Broker zwar niemals die Namen von Klienten „preisgeben" dürfen, aber ein sterbender Kunde würde die Broker irgendwie dazu bringen, die Treppe hinunter zu einem nicht überwachten Münzfernsprecher zu gehen – alle Telefongespräche der Broker werden aufgezeichnet – und ihren Kumpanen zu sagen: „Cramer steigt aus, Fairchild shorten" oder „Cramer steigt aus, kauf ein paar Puts auf BayView." Das waren damals unsere beiden größten Positionen.

Ich sagte Jeff, ich würde mich nicht von Shorts bestehlen lassen, nicht nach den Prügeln, die wir eingesteckt hatten und nach dem massiven Abstieg der Börse trotz relativ guter Fundamentaldaten, insbesondere im Tech-Bereich. Selbst wenn wir nur noch ein paar Tage Zeit hatten, das Bargeld zur Erfüllung der Rücknahmeforderungen zu beschaffen und andernfalls den Margin-Vorschriften zum Opfer fallen und Gefahr laufen würden, als Firma geschlossen zu werden, müssten wir unsere Positionen verteidigen und nicht verkaufen, besonders die großen nicht. Ich sagte, wir müssten kaufen, nicht verkaufen. Wir müssten unser restliches Kapital investieren. Wir müssten unsere Positionen stützen und hoffen, dass sich der Markt in die richtige Richtung bewegt.

Vor Fabers Anruf hatte ich vorab angefragt, auf welchen Niveaus unsere Aktien ungefähr eröffnen würden, und hatte angedeutet, dass wir vielleicht im großen Stil verkaufen würden. Nachdem ich nun aber wusste, dass gewisse Menschen den Reportern zuflüsterten, wir würden bald Pleite machen, entschloss ich mich, zu kaufen anstatt zu verkaufen und den Kredit von Goldman nicht für die Auszahlung der Partner zu verwenden, sondern für weitere Aktienkäufe, um die Haie von der Fährte wegzulocken. Ich wandelte alle Orders in Käufe um. Sobald die Eröffnungsglocke ertönte, nahm ich die Orders selbst in die Hand – und entzog sie meinem Cheftrader. Ich begann, all unsere größeren Positionen nach oben zu bieten; auf jeder einzelnen lastete ein gigantischer Verkaufsdruck.

Dass Verkäufer da sind, weiß man, weil man seinen Broker nach „Eindruck vom Parkett" fragen kann, wenn die Aktie an der New York Stock Exchange gehandelt wird. Für jede größere Position, die ich überprüft hatte, gab es „die Welt" an Verkäufern, wie man im Traderjargon sagt, wenn Massen von Verkäufern auftreten. Ich bat meinen besten Broker, Max Levine von Hoenig – einer der vielen Firmen, bei denen ich Orders ausführen ließ –, zu überprüfen, ob ein Teil der Verkäufer shortete, also in der Hoffnung, dass die Aktien abstürzen würden, gegen diese spekulierte, um beim Rückkauf von dem Abstieg profitieren zu können. Max wollte ein bisschen herumtelefonieren. Ein paar Minuten später rief er zurück und sagte mir, es gäbe nicht viele Long-Verkäufer, aber ich sollte mir nicht zu viele Sorgen machen. Er war seit zehn Jahren mein Broker und war davor vier Jahre lang der Broker meiner Frau gewesen. Er war ein Freund, ein freundlicher, onkelhafter Broker, der wusste, wenn seine Klienten in der Klemme saßen.

„Nun sag schon, Max", sagte ich. „Ich kann damit umgehen. Was heißt das denn ‚nicht viele Long-Verkäufer'? Wie sieht's denn wirklich aus?"

„Alle short, Jimmy, tut mir leid. Zehntausende Aktien short geboten, jeweils einen Achtel- oder Viertelpunkt aufwärts bei den meisten deiner kleineren Aktien." Ich seufzte. Ich brauchte nichts zu sagen. „Sieht so aus, als würden sie alle gegen dich angehen", bestätigte Max. Da dachte ich, zumindest leide ich nicht an Verfolgungswahn. Sie wollen mich wirklich kaputtmachen. Ein Trost, was die Geisteskrankheit betrifft, aber Ärger an der Finanzfront. Ich wies Max an, wild und aggressiv zu bieten, um den Menschen zu zeigen, dass ich noch lebte und nicht untergehen würde. Er verstand sofort: Wir wollten uns nicht ergeben.

Ehrlich gesagt hätte ich von diesen schmerzhaften Aktien eigentlich nichts mehr kaufen wollen, wenn ich es hätte vermeiden können. Alle Sektoren des Aktienmarktes waren in den Wochen davor gnadenlos unter den Hammer gekommen und so langsam sah ich überall Schnäppchen. Der Nasdaq Composite war gerade um fast zehn Prozent gefallen. Die großen Bank-Aktien wurden fertiggemacht. Ich wollte eigentlich keine netten kleinen Sparkassen oder einen blödsinnigen Hersteller von Schrauben und Nieten für Flugzeuge kaufen. Aber wir hatten keine andere Wahl: Unseren Besitz verteidigen oder zugrunde gehen, auch wenn die Ware nicht mehr nach oben gehen würde. In den vorangegangenen Monaten hatten wir zugesehen, wie unsere zwei Millionen BayView-Aktien von 38 auf 15 Dollar pro Stück fielen. Mann, wie ich diese Clowns von BayView hasste. Ein Haufen schrecklicher Sparkassenangestellter und -manager. Ich hatte sie aus der Übernahme einer guten Bank geerbt, die ihren Sitz ebenfalls in Kalifornien hatte. Und wie ein Idiot hatte ich während des Niedergangs immer weiter gekauft. Jetzt, wo sich der Kurs im Bereich von Hutgrößen [natürlich in Zoll, Anm. d. Ü.] bewegte, mussten wir einsteigen und kaufen, unabhängig davon, was für eine Idiotenbande das war. Wir mussten aus der Notlage Vorteil ziehen, die unsere eigene Niederlage hervorrief.

Das Gleiche war es mit Fairchild, dem heruntergekommenen Hersteller von rostigen Schrauben. Wir hatten sechs Jahre damit gekämpft. Aufgebaut hatten wir die Position bei zwei Dollar, als meine Frau noch bei uns war, denn ihr gefiel der Chart. In den letzten Jahren waren wir damit bis in die 20er hinaufgesegelt, als der Luftfahrtboom die Nachfrage nach Befestigungen im Flugzeugbereich durch die Decke gehen ließ. Wie die Narren verkauften wir allerdings nichts, als die Aktie so hoch stand. Narren! Jetzt hatte sie innerhalb weniger Monate zwei Drittel ihres Wertes verloren, ein weiterer Nebeneffekt davon, dass die Finanzmechanismen wegen Long-Term weltweit aus dem Leim gingen. Wegen der Kreditnot bekamen die Fluggesellschaften von den Banken kein Geld für den Kauf neuer Flugzeuge. Noch mehr Aktien eines schlecht geführten Herstellers von Flugzeugschrauben zu kaufen, war wirklich das Letzte, was man jetzt wollte. Boeing fiel jeden Tag weiter ab. Wer brauchte da Aktien des größten Schraubenlieferanten für das Unternehmen? Boeing kriegt eine Erkältung und ich kriege Typhus.

Aber was sollte ich sonst tun? Wenn ich für Fairchild und die anderen Aktien, von denen jeder wusste, dass wir sie hatten, keine Gebote abgab, wenn ich zuließ, dass diese ganzen Shortseller davon profitierten, lief ich Gefahr, dass wir bald tot im Wasser treiben würden. Die Gerüchte würden dann nur noch lauter werden und das konnte ich nicht riskieren.

Und tatsächlich schaffte ich es, einige größere Positionen bis um 11:00 Uhr zu stabilisieren, denn ich kaufte Call-Optionen deutlich über dem Aktienkurs, um es den Bären schwer zu machen, die gegen uns hielten. Vielleicht dachten sich die Bären dann: Wenn Cramer Calls kauft, kurzlebige Instrumente, die sich nur lohnen, wenn es eine schnelle Aufwärtsbewegung gibt, dann weiß er vielleicht wirklich etwas kurzfristig Positives.

Der Bluff wirkte. Die gigantischen Verkäufer, die ihre Hand auf fast alle meine Positionen gelegt hatten, verzogen sich, nachdem ich die

Calls gekauft hatte. Sie stornierten ihre Verkaufsorders. Mein Angriff war sofort erfolgreich, auch wenn ich wusste, dass ich mit allen Call-Positionen Geld verlieren konnte. Aber wenn ich damit das Unternehmen gerettet hatte, war das eine sinnvolle Ausgabe. Jedoch machten sich die unsichtbaren Feinde dann über ein paar der kleineren Sparkassen her und drückten sie, bis ihnen das Wasser bis zum Hals stand. Ich konnte nichts dagegen tun, weil ich überall schon an die gesetzliche Grenze von 9,9 Prozent stieß. Ich saß wie eine Glucke auf einem halben Dutzend großer Positionen, die ich nicht aufstocken konnte, selbst wenn ich es wollte. Bis zum Ende des Handelstages reduzierte unsere Unfähigkeit, den Kursverlust dieser kleineren Sparkassen aufzuhalten, unseren Nettowert um weitere zehn Millionen Dollar.

Und dieser immense Verlust entstand uns, obwohl der Dow Jones um 152 Punkte stieg. Keine der niedergeprügelten Aktien korrelierte mit den hoch kapitalisierten Dow-Jones-Werten. Dass der Dow Jones an einem Tag nach oben sprang, an dem wir derart viel verloren, beschämte mich bis auf die Knochen. Es ist schon schlimm genug, viel Geld zu verlieren – und zehn Millionen waren für jeden Fonds ein sehr großer Betrag –, aber an einem Tag Geld zu verlieren, an dem sich die Indizes derart kräftig erholten, nun ja, das erschwerte unser Überleben ungemein. Wer nicht schon einmal zehn Millionen Verlust innerhalb von Stunden an einem Tag mit steigenden Indizes eingesteckt hat, der kann meinen Selbsthass nicht nachvollziehen. Ein paar freundlich gesinnte Partner riefen am Nachmittag an – ja, ein paar hielten wirklich noch zu uns – und fragten, ob wir ein wenig gutmachen konnten, als die Sonne des Dow Jones schien. Ich konnte die Anrufe nicht persönlich entgegennehmen, sondern überließ sie Jeff und Pat. Ich konnte nicht lügen.

Und wieder brütete ich am Ende des Tages systematisch darüber, was wir falsch gemacht hatten. Als ich nach hinten auf die Herrentoilette ging, lief ich Pat über den Weg. „Das erzähle ich dir lieber nicht“, sagte sie, als sie mich sah.

„Wie viel?“, fragte ich und las in ihren Gedanken wie in einem 100 Quadratmeter großen Neondisplay.

„Wieder 14 Millionen Rücknahmen." Alles von einem Klienten. Ich schaute mir den Namen an. Ich konnte es nicht glauben. Nein, nicht Larry. Konnte nicht sein. Ich hatte gedacht, ich hätte ihn voll auf meiner Seite. Über die Jahre hatte ich ihm ein Vermögen verdient. Ich musste ihn davon abbringen zu gehen.

Ich sagte Pat, dass sich diese Menschen am Boden aus dem Staub machten. Sie könnten nichts Falscheres tun. Zwar hätten sich die Kreditbedingungen im Lande verschlechtert, aber wenn die Federal Reserve, die im September einmal die Zinsen gesenkt hatte, jetzt aggressiv handeln würde, dann könnte die gesamte Börse nach oben drehen. Schuld an allem seien Russland und Long-Term Capital. Unsere Märkte seien gesund. Die Technologie boome. Der Markt sei in gerader Linie nach Süden gewandert und habe dabei seit dem Gipfel 20 Prozent abgegeben. Ich instruierte sie, den Partnern zu sagen, dass es lächerlich sei, jetzt zu verkaufen. In einer solchen Marktlage verkauft man nicht, erklärte ich, sondern man kauft. Sie sagte, genau das habe sie allen Partnern gesagt, die aussteigen wollten. Im Beruhigen hatte sie viel Übung. Eine stramme Stewardess konnte sich mit Pat bei drei Triebwerksausfällen in diesem Punkt sicher nicht messen. Aber alles umsonst.

Ich verlangte von ihr die Telefonnummer von Larry, der gerade 14 Millionen herauszog. Ich wollte ihn zur Vernunft bringen.

„Er ist fest entschlossen", sagte sie. „Ich würde es lassen."

„Ich muss es versuchen", widersprach ich. Sie sagte, sie wolle nicht, dass ich ihn anrufe. Das würde mich nur noch mehr deprimieren. Ich beharrte, ich müsste es versuchen. Ich war einfach kein so schlechter Fondsmanager. Ich wusste, wenn alle am Boden ausstiegen, dann würde auch ich am Boden aussteigen.

Schon nach wenigen Sekunden wurde mir klar, dass Pat wieder ihr mütterliches Bestes versucht hatte, mich vor der Verärgerung zu beschützen, die die Menschen mir gegenüber hegten, weil ich ihr Geld verloren hatte. Was für einen Fehler hatte ich begangen! Ich hatte mir notiert, was ich sagen wollte, denn ich war zu müde und zu gereizt, um mich dem spontanen Denken zu überlassen. Larrys Sekretärin schickte mich für vier Minuten in die Warteschleife, und dann hob er hart und brüsk ab: „Ja?“ Dieser Mensch wollte nichts von mir hören. Wir kannten uns seit zehn Jahren, ich hatte für ihn viele Millionen Dollar verdient, und jetzt kam ein „Ja?“, als wäre ich irgendein Broker aus Nirgendwo, der aufs Geratewohl anrief.

„Larry, ich wollte dir nur dafür danken, was für ein toller Partner du immer warst, und dich um eine zweite Chance bitten, eine Chance, dein Geld zurückzugewinnen.“

Larry redete nicht um den heißen Brei herum: „Nein. Nichts zu machen. Habe Pat gesagt, du brauchst mich nicht anzurufen. Wir wollen unser Geld jetzt. Du kannst es nicht mehr zurückholen. Mach dir doch nichts vor.“

Ich hatte mir fest vorgenommen, das Wort „aber“ nicht zu benutzen, weil Verlierer immer damit anfangen, dass sie ein stotterndes „aber, aber, aber“ von sich geben, das völlig verzweifelt klingt. Doch ich hörte mich jetzt selbst sagen: „Aber, aber, aber ich glaube fest daran, dass ich uns wieder in die schwarzen Zahlen bringe.“ Was für ein Verlierer ich doch bin, dachte ich schaudernd bei mir selbst.

„Niemand kommt von da unten wieder zurück, wo du jetzt bist, niemand“, sagte er. „Am Jahresende würden wir bloß noch weniger Geld haben. Wir wollen nicht, dass du noch mehr von unserem Geld verlierst.“ Danke, Mann!

Ich widersprach, ich sei keiner von denen, die aufgeben, und ich könnte das Geld systematisch zurückgewinnen. Er sagte mir, wenn ich wirklich so gut wäre, wie ich selbst dachte, wäre ich doch nicht so weit unten, und er könne sich daher nicht vorstellen, dass ich wieder zurückkommen würde. Sinnvoller sei es, aufzuhören, weil ich sonst am Jahresende meine Leute nicht mehr bezahlen könnte, denn wir würden nichts verdienen. Ich regte mich nicht auf, sondern meinte nur: „Junge, das ist ganz schön hart.“ Ich sagte ihm, ich hätte etwas Besseres verdient, ich hätte eine zweite Chance verdient.

„Nicht nach dieser Verliererperformance“, erwiderte er. „Und außerdem wollen alle anderen auch aussteigen, warum sollte gerade ich drinbleiben? Du hast wohl zu viel damit zu tun, im Fernsehen aufzutreten, um überhaupt mitzukriegen, was passiert.“

Autsch! Vor meinem geistigen Auge blitzte plötzlich eine Schlagzeile der *New York Post* auf: DAS SETZT DEM KÖNIG DER FINANZMEDIEN DIE KRONE AUF.

Das Gespräch war dann nach weniger als einer Minute beendet und ich kann mich nicht erinnern, dass einer von uns Tschüss gesagt hätte.

Die Arbeit eines ganzen Lebens wurde eingepackt, zugebunden, für wertlos erklärt und in eine stinkende Müllgrube geworfen. Die Arbeit meines Lebens. Ich betrachtete mein Juradiplom an der Wand. Oh nein, nicht dahin zurück! Ein paar Minuten lang saß ich da mit dem Telefonhörer in der Hand und wiederholte für mich, was Larry gesagt hatte: „Nicht nach dieser Verliererperformance. Alle anderen wollen auch aussteigen. Nicht nach dieser Verliererperformance." Das Fernsehen! Dieses Scheiß-Fernsehen! Ich kann mich nicht entsinnen, dass ich den Hörer aufgelegt hätte.

Jemanden, der seine Sicherheit einzig daraus bezog, dass er als Erster durchs Ziel ging, trafen diese Worte derart tief, dass ich mich genauso gut hätte umbringen können. In diesem Moment dachte ich mir, deshalb sind die Menschen 1929 gesprungen. Sie sprangen, weil sie springen mussten. Sie sprangen, weil sie viel Geld verloren hatten, weil sie Verlierer waren, die eine Verliererperformance ablieferten, und weil die anderen ihr Geld zurückhaben wollten. Sie konnten es ihnen nicht geben. Sie sprangen, weil das vernünftig war. Weil es richtig war. Weil es – ja, weil es ihre Ehre bewahrte. Weil es schneller ging, als sich zu verstecken oder unterzutauchen.

Als ich aus meinem Büro kam, empfing mich Jeff mit einem Optimismus, der nach diesem Gespräch vollkommen surreal wirkte. Irgendwie glaubte er, wie auch ich, dass ich immer noch genug Charme aufbringen könnte, um die Partner zurückzuhalten.

„Er sagte, leck mich am Arsch", meinte ich zu Jeff.

„Ich nehme an, er bleibt nicht", sagte er. Ich wusste nicht, ob das ein Scherz oder eine reine Feststellung war.

Jeff hatte die ganze Zeit über die Verluste und Abhebungen zusammengerechnet und sagte mir, wir müssten uns inzwischen 80 Millionen leihen, wenn wir das gesamte Geld überweisen wollten, die 74 Millionen für die scheidenden Partner. Er ging mir mit diesen Dingen auf die Nerven, er war wie der Big Ben der Margin und sagte mir ständig, dass die Uhr tickte. Direkt ins Gesicht.

Aber Jeff tat nur seine Arbeit. Es war richtig, dass er besorgt war, unser Broker könnte unseren Fonds zumachen, weil wir unseren Kredit überzogen hatten. Ich wusste, dass uns Goldman Sachs gegen unsere großen illiquiden Aktienpositionen niemals so viel leihen würde. Nachdem wir 88 Millionen Dollar verloren hatten, blieben uns weniger als 200 Millionen in wirklich liquiden Aktien, gegen die wir ein Darlehen aufnehmen konnten. Es war zu riskant, uns das Geld zu leihen. Und für uns war es zu riskant, es zu nehmen. Wir mussten eine Verkaufsmöglichkeit finden, um die Rücknahmen zu erfüllen. Bargeld bekommen. Aber wenn wir irgendetwas in größerem Umfang verkaufen würden, würden unsere restlichen Aktien sofort in sich zusammenfallen, weil jedermann sofort wüsste, dass wir aussteigen. Ich sah aus diesem Dilemma keinen Ausweg. Wir verkaufen und fallen in ein tiefes Loch. Wir verkaufen nicht und fallen in ein tiefes Loch.

Wir gingen wieder in das Hinterzimmer, außer Hörweite der Mitarbeiter. „Sollen wir aufgeben, Jeff?", fragte ich und vergrub mein Gesicht in den Händen. „Ich weiß nicht, wie wir aus dieser Zwickmühle noch rechtzeitig herauskommen sollen. Und selbst wenn, bekommt in diesem Jahr keiner sein Gehalt. Du weißt, dass ich euch nicht bezahlen kann, wenn wir kein Geld verdienen."

Jeff schien allein schon diese Frage zu verletzen. Ich hatte vor ihm noch nie eine so große Angst gezeigt. Er fühlte sich dabei unwohl. Unwohl mit dem, was das für die Firma bedeutete. Wir hatten nie einen Vertrag miteinander geschlossen. Es gab nur einen Handschlag, von dem wir seit einem halben Dutzend Jahren zehrten. Er sagte, er würde es respektieren, wenn ich dichtmachen wollte. Aber er halte es für überstürzt, nach ein paar schlechten Tagen alles aufzugeben. Jetzt sei es an der Zeit, die innere Kraft zu sammeln, meinte er, für die ich seiner Meinung nach berühmt war. Es sei an der Zeit, die Ärmel hochzukrempeln.

Er sagte, wir könnten viel aushalten. Uns blieben noch drei Monate. Wir könnten den Karren aus dem Dreck ziehen. Mich machte der

Schmerz krank. Vielleicht seien es nicht nur ein paar schlechte Tage, sagte ich. Vielleicht habe Larry recht. Vielleicht sei meine Zeit gekommen. Ich erklärte ihm, ich wolle mir das Wochenende Zeit nehmen und darüber nachdenken, was wir tun sollten. Vielleicht könnten wir das Geld nicht mehr zurückgewinnen.

Er sagte mir, ich müsste das Negative aus meinem Kopf herausbringen und so denken, wie ich es ihn gelehrt hätte – dass wir aus allem herauskommen könnten, solange wir härter arbeiteten als alle anderen. „Leichter gesagt als getan", sagte ich. Aber ich verstand, was er damit meinte. Wenn ich meinen Kopf nicht aus dieser stinkenden Endlosschleife befreien konnte, die mir immer wieder vorspielte, „Ich bin ein Idiot, ich bin ein Verlierer, ich verdiene nicht das Vertrauen anderer Menschen", wenn ich weiterhin beharrlich dachte, wir würden verlieren, dann würden wir auch verlieren.

Ich erzählte ihm, dass ich in dieser Woche, als ich eines Nachts wieder einmal nicht schlafen konnte, unten im Spielzimmer der Kinder gewesen sei. Und auf einem Stapel Malbücher lag eine Ausgabe von *National Geographic* mit einem Artikel über Ernest Shackleton, den Entdecker, der auf einer Expedition durch die Antarktis mehrere Rückschläge erlitt, der aber die Niederlage durch Optimismus in einen Sieg verwandelt hatte. Ich sagte ihm, ich würde vielleicht noch bei Borders vorbeigehen und das Buch „635 Tage im Eis" von Alfred Lansing kaufen, damit ich es über das Wochenende lesen könnte (wir hatten Amazon geshortet. Ich unterstützte aus Prinzip nichts, was wir geshortet hatten, bevor wir es nicht eingedeckt hatten und wieder long waren). Vielleicht würde mir Shackletons Tagebuch Kraft geben, sagte ich. Shackletons angeborener Optimismus hatte ihn und seine Mannschaft in schwierigen Situationen gerettet, die noch viel schlimmer waren als unsere jetzige.

Ich wünschte, ich könnte sagen, dass Shackletons große Reise eine sofortige Wirkung auf meine Performance gehabt hätte. Das hatte sie nicht, aber sie hob meine Moral an jenem endlosen Wochenende, als ich wartete, ob es im Fonds noch mehr Rücknahmen und noch mehr rote Zahlen geben würde.

„635 Tage im Eis“ verschlang ich an jenem Samstag und Sonntag zweimal, und am Montagmorgen, dem 5. Oktober, kehrte ich zurück, neu gestärkt für den Kampf und wild entschlossen, das sprichwörtliche Schiff wieder auf Kurs zu bringen. Karen hatte noch keinen Sitter engagiert, aber dafür ging ich schon um 4:00 Uhr ins Büro, um das Spiel des Tages zu planen. Ich liebte es, mich mit dem Bleistift in der Hand still hinzusetzen und die verschiedenen Kombinationen durchzuspielen, was geschehen würde, wenn sich jede Position auf eine bestimmte Weise verhalten würde. Das gab mir Trost. Als ich fertig war, betrachtete ich die große weiße Tafel, auf die wir immer die wichtigsten Zahlen des Tages sowie etwaige Erstemissionen schrieben, die wir verfolgten. Ich stand auf und nahm den dicken Filzstift in die Hand, mit dem wir normalerweise die relevanten Fakten aufschrieben. Oben auf die Tafel schrieb ich in großen Blockbuchstaben: „Optimismus ist wahrer sittlicher Mut.“ Das war eine der großartigen Bemerkungen von Shackleton. Als meine Truppen kamen, erzählte ich vor versammelter Mannschaft, wie Shackleton seine Expedition durch eine frostige Katastrophe nach der anderen geführt hatte, ohne auch nur einen Mann zu verlieren, und ich würde jetzt das Gleiche tun, ohne einen Mann oder einen Dollar zu verlieren.

Auf das Jahr gesehen stünden wir jetzt mit 90 Millionen Dollar im Minus, verkündete ich – diese Zahl kannten alle ziemlich genau, denn an der täglichen Berechnung waren ziemlich viele Menschen beteiligt –, aber wir würden uns wieder zurückkämpfen und alle würden ihre Bezahlung bekommen, auch wenn das bedeuten würde, dass ich sie aus eigener Tasche bezahlen müsste anstatt aus den Taschen der Partner. Ich wusste zwar nicht, wie ich das bewerkstelligen sollte, aber ich sagte es und meinte es auch so. Ich feuerte alle kräftig an.

Wir begaben uns wieder auf das Spielfeld, mit ein paar Sprüchen von Shackleton und meiner neuen Entschlossenheit gerüstet. Und prompt sackten wir bis zehn Uhr, also eine halbe Stunde nach Handelsbeginn, um weitere zehn Millionen ab. Der Nasdaq brach um vier Prozent und der Dow Jones um 50 Punkte ein, sodass wir damit wenigstens nicht allein waren. Aber wir hatten in zwei Tagen 20 Millionen verloren. Seit

Beginn des Monats Oktober waren fast 50 Millionen Dollar verschwunden und wir hatten erst Tag fünf! Geschwindigkeitsweltrekord im Geldverlieren.

Es war wieder ein grausamer Tag, an dem unsere Kernpositionen regelrecht abstürzten, weil jede einzelne von Shortsellern hinuntergedrückt wurde. Aber auch die Technologiewerte senkten die Nase. Das Kapital, das die Sparkassen nicht auffraßen, wurde von unseren Positionen in Microsoft, Dell, Intel und – am problematischsten – Cisco aufgefressen. Cisco, seit Langem unsere größte Tech-Position, rutschte sieben Punkte oder 14 Prozent ab, nachdem Chris Stix die Aktie herabgestuft hatte, ein höchst renommierter Netzwerkanalyst, der damals bei dem bekannten Broker SG Cowen arbeitete und zuvor noch nie ein schlechtes Wort für Cisco übriggehabt hatte. Er berief sich auf eine hauseigene Netzwerkstudie über die geschäftliche Nutzung. Rückblickend glaube ich, dass er die Aktie herabstufte, weil er keine Aktie empfehlen wollte, die jetzt scheute wie ein Verlierer. Cisco hatte sich während des Abschwungs besser gehalten als unsere Finanzpositionen, ging nun aber ebenfalls zugrunde. Unsere ganzen Großbanken und Broker verloren zwei bis drei Punkte. Am Ende des Tages war uns schwindelig. Wir verteidigten BayView und das Befestigungsunternehmen Fairchild, doch das war auch schon alles. Wir setzten sehr wenig Geld ein, weil wir die restlichen paar Millionen Bargeld nicht für etwas verschwenden wollten, das aussah wie ein weiterer Abstieg der Börse, den diesmal die Technologiewerte anführten.

Ein guter Zeitpunkt, um ins landesweite Fernsehen zu gehen und darüber zu sprechen, was man von der Marktlage hält, sagte ich an jenem Montagnachmittag um vier Uhr mit falscher Fröhlichkeit, denn am nächsten Morgen stand mein Auftritt bei Squawk Box an. Unser Jahresverlust belief sich inzwischen auf fast 100 Millionen Dollar – zwischen den Fotos von meiner Frau und meinen Kindern trage ich unter der Plastikschutzhülle meines Geldbeutels immer noch eine ramponierte Fotokopie unseres Marginblatts für diesen Tag bei mir, in der steht, wie viel man bis zu diesem Tag gewonnen oder verloren hat. Ich konnte mir nicht vorstellen, dass ich vor ein landesweites Publikum treten konnte, nachdem ich fast 100 Millionen im Minus stand – egal ob die Menschen das wussten oder nicht.

Die *CNBC*-Crew war mit der Show auf Tour gegangen und wir fuhren in meine Heimatstadt Philadelphia. Das hätte eigentlich eine triumphale Reise werden sollen. Als mir *CNBC* zum ersten Mal davon erzählt hatte, war ich restlos begeistert gewesen. Lokalmatador. *Money*-Titelbild. Traderkönig. Wieder daheim und obenauf!

Aber jetzt graute mir davor. Wir standen 31 Prozent im Minus, eine katastrophale Performance, auch wenn die Indizes in diesem Jahr ebenfalls ganz unten standen. Ich wollte zwar nicht verheimlichen, wie schlecht es bei mir lief, aber in meine Heimatstadt zu gehen und gute Miene zum bösen Spiel zu machen, das war zu viel für mich. Handelsbetrug. Pastrami King.

An jenem Morgen stand ich zitternd vor Kälte auf der anderen Straßenseite der Freiheitsglocke und wartete darauf, dass Squawk Box anfing. Währenddessen schaute ich mir auf einem mobilen Bildschirm live an, wie Alan Greenspan vor den Teilnehmern irgendeiner Wirtschaftskonferenz sprach. Greenspan hatte im September in seiner üblichen Vorsicht mit Zinssenkungen begonnen, aber diese Zinssenkung zeigt wenig Wirkung. Nachdem der Konkurs von Long-Term (die kontrollierte, geregelte Liquidierung) beendet war, schien Greenspan recht zuversichtlich zu sein und zu vergessen, was nach den Ereignissen bei LTCM an den Märkten passierte. Ich beobachtete Greenspan aus dem Augenwinkel und war schockiert, dass er über den Zustand der amerikanischen Wirtschaft Witze machte. Witze! Wie konnte er es wagen? Als ich vor die Kamera trat, fragte ich, ob er wohl nicht wisse, wie schlecht es allen gehe. Bei mir selbst dachte ich jedoch, ob er wohl nicht wusste, wie schlecht es mir ging. Ich sagte in die Kamera, er halte die Finanzkrise vielleicht für beendet, aber er übersehe die Kreditblockade in diesem Land und wie schnell uns das in die Rezession treiben könne. Er denke, es gäbe keine Probleme. Ich wollte wissen, auf welchen Markt er denn blickte. Was sagte er da bloß? Finanzkrise beendet? Der träumt wohl. Die Unternehmen, mit denen meine Firma sprach, machten schwindelerregende Verluste, weil die kurzfristigen Zinsen so viel höher waren als die langfristigen. Es gab keine Liquidität und das System litt unter einem wahren Kreditengpass, weil die Zinsen zwar sanken und sanken, aber niemand genug Kapital hatte, um Darlehen zu vergeben; und wer es doch tat, verlor damit Geld. Schnitt und Werbung. Mein Wortschwall musste wohl um die zehn Minuten gedauert haben. Ich nahm es offensichtlich persönlich, sogar noch persönlicher als sonst.

In der Pause merkte Mark Haines sofort, dass meine Erregung keineswegs gespielt war. Er wollte mich nicht genau fragen, wie schlecht es stand, aber er sagte, wir müssten darüber diskutieren. Ich stimmte zu. Als die Kameras und Mikrofone wieder eingeschaltet waren, fragte mich Haines, wie es meiner Firma in dieser harten Zeit gehe. „Lausig", antwortete ich. Ich sagte ihm und den Zuschauern im Land, dass dies das schlechteste Jahr meiner Laufbahn sei, dass es mich umbringe und dass es nach dem, was Greenspan sagte, nur noch schlimmer kommen könnte. Ich sagte, Greenspan habe den Boden unter den Füßen verloren und seine Langsamkeit könne die Anleger ein Vermögen kosten. Ich brauchte die Zinssenkung, sagte ich. Ich musste die Verluste zurückholen, die mir entstanden waren. Ich quasselte Unzusammenhängendes über meine Lage. Greenspan und ich. Als würde er sich um Cramers Fonds scheren.

Haines rettete mich mit der Frage, was die Menschen in dieser Marktlage tun sollten. „Durchhalten", antwortete ich, und sobald die Fed wieder von Zinssenkungen reden würde, aggressiv kaufen, denn die Fed habe es in der Hand, den Abschwung mittels Zinssenkungen aufzuhalten.

In einer späteren Werbeunterbrechung kam mein Vater, der ein paar Blocks entfernt wohnte und sich unter die Menge gemischt hatte, zu unserer provisorischen Bühne bei der Independence Hall. Noch bevor er Hallo sagen konnte, sagte ich ihm, dass ich unten war, ganz unten. Er sagte, alle seien unten. Ich sagte ihm, was die anderen täten, interessiere mich nicht, denn ich würde ertrinken. Ich erzählte ihm, dass mich die Menschen verließen wie die Ratten das sinkende Schiff. Er erwiderte tröstend, er sei herübergekommen, weil er stolz sei, mich zu sehen; und ich sollte mir klarmachen, dass ich aus mehr bestand als den letzten fünf Handelstagen. Ich erklärte ihm, man sei nur so gut wie sein letzter Trade und dass ich es verbockt hätte. Er drängte mich, positiv zu denken, einfach weiterzukämpfen, und er vertraue darauf, dass ich alles wieder zurückgewinnen würde.

Er hatte ein Foto von mir mitgebracht, das an der Springfield Highschool in Montgomery aufgenommen worden war, neun Meilen von dem Ort entfernt, wo wir gerade standen, und zeigte es den Squawk-Leuten. Entweder war ihm nicht klar, wie tief ich in der Tinte steckte, oder es war ihm egal, weil er mich unabhängig von meinen Finanzen liebte. In meinem aufgeregten Zustand konnte ich das unmöglich herausfinden. Er zeigte auch Mark das Foto, auf dem ich noch Haare hatte. Mark hielt das Foto in die Kamera und wir wechselten das Thema; jetzt war nicht mehr von meiner mangelnden Performance die Rede, sondern von meinen wenigen Haaren. Man muss schon ziemlich am Ende sein, wenn man erleichtert darüber ist, dass man wegen seiner Glatze veräppelt wird. Mir ging es wieder besser und ich merkte nur noch vereinzelt an, dass dies mein schlechtestes Jahr aller Zeiten war. Um zwei Minuten nach zehn machte ich mich in Richtung meines New Yorker Büros auf und verabschiedete mich kaum von dem Team und meinem Vater, der natürlich etwas Besseres verdient gehabt hätte. Die Börse begann schon wieder mit ihrer täglichen Spirale und ich musste zurück, um meine Positionen zu verteidigen.

Mein Auftritt bei Squawk war nicht gerade vertrauensfördernd. Als ich am frühen Nachmittag aus Philadelphia zurückkam, war ich nach meiner tollen Leistung nicht sonderlich erstaunt, dass weitere 20 Millionen abgerufen wurden. Wir hatten Dienstag, den sechsten, das war der vorletzte Tag zum Geldabheben.

Ich war todunglücklich und ich verfluchte mich selbst, weil ich so ein Angeber und Witzbold war. Ich war wütend auf mich. Unsere Pechsträhne setzte sich an diesem Dienstag fort; wir verloren 6,3 Millionen Dollar, als der Nasdaq Composite weitere vier Prozent abgab. Unsere Sparkassen wurden von Greenspans rosigen Kommentaren weiter geprügelt.

Wir hatten immer noch nicht viel verkauft, um Bargeld zu beschaffen. Wir zögerten es immer noch hinaus, aus Angst, unsere eigenen Verkäufe würden uns begraben. Wir hatten eine Kriegsneurose. Wir mussten jetzt schon 100 Millionen Dollar Kredit gegen eine liquide Anlagesumme von 200 Millionen aufnehmen, allein für die Rücknahmen. Wir hatten unseren Rahmen mehr als überschritten. Die Regulierer würden so etwas niemals gutheißen, denn das gesetzliche Limit lag bei 50 Prozent. Der Markt musste sich ganz einfach erholen, damit wir ein größeres Aktienkapital als Kreditsicherheit hatten. Wenn das nicht geschah, dann mussten wir einfach am 8. Oktober den ganzen Fonds liquidieren. Die Entscheidung lag nicht bei uns. Goldman, unser Clearing Broker, würde uns schließen. Man kann nicht mehr Geld überweisen, als man sich leihen kann, ohne dass einen die Regulierungsbehörden ausbremsen. Das hatte man mir immer gesagt, als ich 13 Jahre zuvor mit den Margin-Sachbearbeitern bei Goldman zusammenarbeitete.

Zu Hause redete ich an diesem Abend mit niemandem viel, ich sagte nur, wie viel wir verloren hatten und wie hoch die Rücknahmen waren. Über solche Sachen informierte ich meine Kinder, während sie mir erzählen wollten, wie schön es in der Schule gewesen war. Ich unternahm nicht einmal den Versuch, meine Aufregung zu verbergen. Die guten Erdkundenoten auf dem Kühlschrank übersah ich. Zum Glück waren die Kinder mir gegenüber genauso vergesslich wie ich ihnen gegenüber. Was für ein Verhältnis! Gott sei Dank waren sie erst sieben und vier Jahre alt.

Sie hätten das Bild vom Verliererpapa gar nicht verstanden. Ein Trader-Bauer, der auf dem Schachbrett geopfert wurde. Vor lauter Bauchschmerzen hörte ich kaum, wie Karen sagte, sie würde am nächsten Tag mit mir kommen. Sie habe endlich jemanden, der auf die Kinder aufpasst. Wir würden zusammen in die Stadt fahren, wie vor zehn Jahren, nur diesmal in einer Limousine mit Fahrer und nicht in einem Taxi; ich fühlte mich allerdings genauso arm wie damals.

Am nächsten Morgen, Mittwoch, dem siebten, fuhr Karen mit mir zu der christlicheren Zeit von sechs Uhr los, weil sie mir gesagt hatte, mit Sachen wie 3:45 Uhr wolle sie gar nicht erst anfangen. Es sei ihr wichtig, aber dann doch nicht so wichtig. Nach ein paar Minuten Geplänkel mit Menschen, die sie seit Jahren nicht mehr gesehen hatte, außer auf der

Weihnachtsfeier, ging sie zum Schreibtisch und beanspruchte dort ihren alten Platz, an dem sie so viele Jahre gesessen hatte – meinen Platz. So als hätte sie das Desk nie verlassen. Sie überprüfte die Niveaus – Unterstützung und Widerstand des S&P 500 und der Nasdaq sowie die 50- und 200-Tage-Linien beider Indizes, damit sie eine Grundlage hatte. Dann erledigte sie ihre Telefonate, sie klingelte ihre alten Broker an, als wäre sie nie weg gewesen. Wir haben Displays und Direktwahl, sodass sie nur auf GSCO (Goldman), HRZG (Herzog) oder LEHM (Lehman) zu drücken brauchte, um mit den Menschen zu reden, die für uns zuständig waren und unsere Geschäfte erledigten, als sie noch bei uns war. „Ich helfe nur Jim aus", erklärte sie allen. „Er ist ein wenig knapp an Arbeitskräften." Das war ein netter Euphemismus, der mir sehr gefiel.

Ein paar Minuten nach der Eröffnungsglocke – kein „There goes Swifty" mehr, zu angespannt für Scherze – erfuhr sie aus erster Hand, was ich ihr seit Tagen jeden Abend sagte, dass andere Hedgefonds die Schlinge immer enger um unseren Hals legten, indem sie all unsere Positionen schwächten.

„All deine Positionen ziehen Verkäufer an", sagte sie. Kein Spaß, sagte ich zu mir selbst. „Muss wohl diese blöde Internetseite sein." Sie ritt immer darauf herum. „Das müssen wohl Menschen sein, die du verärgert hast. Das muss wohl, nun ja, das sind wohl alle!" Eine treffende Beschreibung der Klemme, in die ich mich gebracht hatte.

„Was sollen wir tun?", fragte ich. Sie meinte, sie würde die Aktien verteidigen, sie notfalls nach oben drücken, aber wir müssten außerdem jedes einzelne Unternehmen anrufen, das uns ausblutete, und verlangen, dass sie Rückkäufe tätigten.

„Sag ihnen, sie sollen lieber ihre Aktien zurückkaufen, sonst begraben wir sie mit unserem Verkauf. Sag ihnen, du bringst ihre Aktien auf ein Niveau, auf dem sie Übernahmeangebote bekommen und ihren Job verlieren. Sag ihnen, wir würden das mit Freuden tun, weil sie so schlechte Manager sind." Oh Mann, dachte ich mir, und ich war der Meinung, ich würde ein hartes Spiel spielen! Sie hatte wirklich Courage. Und sie war entschlossen, Kapital einzusetzen, das uns nicht gehörte, um die Aktien zu verteidigen. Sie wollte noch am letzten Tag vor dem

Rücknahmetermin, der in etwa 24 Stunden war, die Margin voll ausnutzen (man musste das Geld per Fedwire schicken und am 8. Oktober schloss dieses Zahlungssystem um 13 Uhr).

„Na los, Jeff, machen wir uns an die Arbeit und rufen diese Nulpen an“, rief ich, wie in den alten Zeiten; dabei fürchtete ich die Wut meiner Frau mehr als alles, was diese Manager auf uns glücklose Aktionäre loslassen könnten. Wenigstens unternahmen wir endlich etwas. Mir kam es vor, als säßen wir schon ewig da und würden die Prügel über uns ergehen lassen. Jetzt teilten wir selbst aus, auch wenn es Menschen traf, denen das egal war. Es tat mir gut, nicht auf der Stelle zu treten.

Pflichtbewusst rief ich den Chief Financial Officer von BayView an, der widerwärtigen Sparkasse aus San Francisco, die in den letzten Monaten um 60 Prozent gefallen war – ich konnte es angesichts seiner schwachen Leistung kaum fassen, dass er so früh schon im Büro war – und sagte ihm, was für eine Schande seine Aktie sei. Dass sie seit unserem Kauf bei 30 US-Dollar auf 12,50 Dollar gefallen sei, und gerade in den letzten Wochen von 19 auf knapp über 10, das sei kriminell, ganz einfach kriminell, schrie ich ihn an. Er müsse Käufer für seine Aktie finden oder wir würden alle Aktien über den offenen Markt ausschütten; das würde sie in den mittleren einstelligen Bereich und wahrscheinlich in die Arme einer größeren Bank treiben, die sie einfach schlucken würde. Er antwortete, das gehe nicht so schnell und er könne uns nicht helfen. Er meinte, die Zinskurve bringe sein Unternehmen um und er habe gerüchteweise gehört, dass wir in Schwierigkeiten seien; andere glaubten, wir würden verkaufen, und daher hätten sie nicht vor, einzuschreiten und zu kaufen.

Ich sagte, wir würden ihn mit Verkaufsorders zuschütten. Er lenkte ein, er wolle versuchen, andere Käufer zu finden, aber seine Zuversicht war nicht gerade ansteckend. Das war zwar eine Pleite, aber nach dem Telefonat hatte ich Lust, weitere Schläge auszuteilen; ich wollte unbedingt bei anderen die gleiche Angst erzeugen, die genauso wie ich mitschuldig waren, dass ihre Aktien kommentarlos nach unten gingen.

Bei den anderen Sparkassen jedoch hatten wir mit Karens Vorschlag einen gewissen Erfolg. Wenn wir ein paar Tage warten würden, erklärten zwei Manager, könnten sie unsere Anteile am freien Markt aufkaufen. Sie bräuchten nur ein bisschen Zeit, die Rückkäufe zu organisieren. Wir hätten aber keine Zeit, antwortete ich. Sie schienen alle Verständnis zu haben. Keiner von ihnen mochte uns als Aktionär besonders gern, obwohl wir nie irgendwelchen Druck auf sie ausgeübt hatten. Sie mochten einfach keine New Yorker Hedgefonds als Aktionäre. Sie wollten Aktionäre vor Ort, Menschen, die in ihrer Stadt ihre Geschäfte erledigten, Menschen, die nicht wollten, dass ihre Banken mit einem schönen Aufschlag für die Aktionäre an andere Institute verkauft wurden. Wir waren ihnen zu schlau, zu verkaufswillig, wenn sich der Verkauf lohnte. Eine der Sparkassen, Westerfed, war begeistert zu hören, dass wir ausstiegen, und teilte uns mit, man werde sein Bestes tun, um unsere Anteile aufzukaufen. Schnell.

„Tun Sie, was Sie können", erwiderte ich und hielt ihnen noch einmal die Möglichkeit vor Augen, dass wir ihre Aktien auf ein Niveau bringen könnten, zu dem die Zions Bank oder die Bank of America ihren Arm ausstrecken und sie packen würden. Ich sah wieder einen Hoffnungsschimmer und hatte das Gefühl, dass wir uns nicht zurücklehnten, während andere uns zur Geschäftsaufgabe zwingen wollten.

Unglücklicherweise wussten all diese Führungskräfte, dass wir angeschlagen waren. Aber glücklicherweise waren ihre Aktien deutlich unter den Buchwert gepurzelt, was bedeutete, dass die Aktien unter den Bargeldpositionen gehandelt wurden und im historischen Vergleich preiswert waren. Falls die Fed beschließen würde, die Zinsen kräftig zu senken, würden diese Aktien durch die Decke gehen. Ich konnte mir eine Situation vorstellen, in der diese Aktien, die derzeit den Löwenanteil unserer Positionen stellten, der beste Ort an der ganzen Börse wären. Ich hasse zwar dieses Bild, weil es so nach Broker klingt, aber diese Sparkassen waren wie die sprichwörtlichen gespannten Federn.

Dem Management von Fairchild konnten wir mit unseren Bluffs allerdings keine Angst machen; meine Frau nannte diese Zwei-Millionen-Aktien-Position einen „dampfenden Scheißhaufen". Jeffrey Steiner, der CEO, der Fairchild wie sein privates Lehen betrieb, und noch dazu ein schlecht verwaltetes, hatte eine zweite Klasse von Aktien geschaffen, die ihm gehörten und die das Unternehmen unempfindlich gegen feindliche Angebote machten, egal, wie preiswert es auch wurde. Er war ein Störfaktor. Und wir konnten ihm nicht einmal sagen, was für ein Kasper er war. Wir brauchten ihn für die Stützung der Aktie. Fairchild war zum offiziellen Rückkauf berechtigt. Warum machte das Unternehmen keinen Gebrauch davon, fragten wir uns. Jeff und ich drängten Steiner, ein paar Aktien zu kaufen, und er sagte zu.

Und wieder stabilisierte sich eine Aktie auf den Vorschlag meiner Frau hin sozusagen vor unseren Augen. Ein paar Minuten nach den Telefonaten wurde die Aktie „unterhalb" nachgefragt, das heißt unter dem Marktpreis. Fairchild hatte vor ein paar Tagen noch bei 15 Dollar gestanden und stand jetzt schon bei neun – angesichts unserer großen Position ein immenser Verlust. Und jetzt sprang unsere Zwei-Millionen-Aktien-Position wieder in den zweistelligen Bereich zurück.

„Steigerst du den Kurs von Fairchild?", fragte ich Karen.

„Nein", sagte sie, „echte Käufer."

Nirwana! Das war unser erster Ausbruch aus der Spirale. Echte Käufer brauchten unser Kapital nicht. Wir konnten es für andere Positionen aufsparen, die von den Haien beschädigt worden waren, die uns zu Tode bissen.

Während wir telefonierten, hatte Karen 310.000 Dollar ertradet, die ersten Trading-Gewinne in diesem Monat. Das meiste Geld verdiente sie durch das Shorten von Internet-Aktien. Ihr Hass auf diese Werte war ein Überbleibsel aus der Zeit, als sie sich jeden Tag meine endlosen Geschichten über die Wunder des Netzes anhören musste. Alle alten Hasen hassten das Netz. Sie wussten, dass das eine Blase war, aber sie schossen nun schon seit zwei Jahren darauf, ohne dass sie platzte. Sie kaufte Shorts auf Excite und noch ein paar auf Amazon. Sie schaffte es auch, ein paar unserer hoch kapitalisierten Aktien in die Stärke hinein zu verkaufen, als Belohnung für die morgendliche Verteidigung unserer Kleinunternehmen. Um zwölf zog uns Karen vom Trading Desk weg und in Jeffs Büro. Sie legte sich auf die Couch und bat mich um eine Flasche Wasser sowie etwas Obst. Und dann noch Pommes frites von Hanover Deli, ihrem Lieblingsimbiss am Ende des Blocks. Aber ja, zum

Teufel, dachte ich. Und zum Spaß scherzte ich: Wie wäre es mit einer Fußmassage? Sie machte Gewinn und sollte bekommen, was sie verlangte.

Sie sagte, falls wir aus dem Sumpf wieder herauskommen sollten, in den wir uns selbst gebracht hatten, müssten wir einen engen Ring um einige wenige Positionen ziehen und dafür andere aufgeben, um das Bargeld für die Rücknahmen zu beschaffen. Aber sie ergänzte auch: „Wenn die Fed keine Lockerung ankündigt, weiß ich nicht, wie wir den Verkauf im Wert von 100 Millionen schaffen sollen." Wie hoch denn die Wahrscheinlichkeit einer Zinssenkung sei, wollte sie wissen, und ich antwortete, niedrig bis null, denn Greenspan hatte das am Vortag im landesweiten Fernsehen so gut wie ausgeschlossen. Ob er seine Meinung ändern könnte, fragte sie. Alles sei möglich, sagte ich, aber ohne diese Zinssenkung wären wir bald Geschichte. Aber sie gab noch nicht auf, auch sie meinte, sie sei nicht sehr glücklich damit, dass ich ihr nicht mitgeteilt hatte, wie weit wir unter den Indizes lagen. „Du baust gerade einen ganz schönen Mist, aber ich glaube an dich auf die einzige Weise, die ich kenne", sagte sie und winkte mit einem Scheck über 154.000 US-Dollar. Das war das Geld, das sie noch aus der Zeit vor der Ehe auf einem Schwab-Konto gemeinsam mit ihrer Mutter liegen hatte. Das war alles, was sie außer dem Fonds hatte, aber sie meinte, es sei wichtig, Flagge zu zeigen. „Besser als einen Splitter im Auge zu haben", sagte sie. Das sagte sie ständig. Alles war besser als einen Splitter im Auge zu haben. Das war die einzige Einlage, die wir bei dieser Fondsöffnung bekamen. Ich musste die Tränen zurückhalten; ich konnte mir nicht vorstellen, dass sie nach dem Schaden, den ich angerichtet hatte, noch ein gemeinsames Konto mit mir haben wollte.

Dann ging Karen zurück zum Schreibtisch und tradete weiter, bis Handelsschluss um 16:00 Uhr. Geschickt spekulierte sie mal short, mal long, mal long, mal short mit America Online. Sie kaufte immer, wenn die Aktie einbrach, und verkaufte, wenn sie eine Spitze bildete, und so fuhr sie noch ein paar Hunderttausender ein. Bei diesem Trading arbeitete sie mit unserem Freund Max zusammen; zwischendurch erwähnte sie immer wieder, wie gut es bei uns laufe, weil sie hoffte, er würde anderen Depotinhabern weitererzählen, dass wir am Leben und wohlauf waren und überhaupt nicht daran dachten, aus dem Spiel auszusteigen. Der Dow Jones rührte sich an jenem Tag kaum von der Stelle und der Nasdaq Composite verlor zwei Prozent. Da wir aufgrund von Karens weisem Ratschlag unsere Positionen gegen weitere Überfälle verteidigten und Karen so gut tradete, verloren wir an diesem Handelstag „nur" drei Millionen Dollar. Das war armselig, aber das war in diesem Monat der erste Tag, an dem wir uns besser gehalten hatten als der Nasdaq Composite. Man muss nehmen, was man bekommt, sagte ich mir. Ich fühlte mich tatsächlich ein bisschen besser; nach den Schlägen, die wir eingesteckt hatten, empfand ich die drei Millionen Verlust als Gewinn.

Am Ende dieses Mittwochs, des 7. Oktober, standen wir für das Jahr etwas mehr als 107 Millionen im Minus. Uns blieben noch 21 Stunden, bis wir das Geld schicken mussten, das Rücknahmefenster schloss sich also nun. Es waren Rücknahmen in Höhe von 100 Millionen und Einlagen in Höhe von 154.000 Dollar eingegangen. Wir hatten Aktien im Wert von weniger als 120 Millionen Dollar, gegen die wir einen Kredit aufnehmen konnten, exklusive der Rücknahmen. Am nächsten Tag wären wir nur noch ein kleiner Fonds mit einem Bruchteil unserer vorherigen Größe. Wir würden Aktien im Wert von mindestens 40 Millionen oder gar 50 Millionen Dollar verkaufen müssen, wenn uns Goldman nicht wegen Verletzung der Margin-Regeln schließen sollte, denn viele unserer Aktien würden als Margin-Sicherheit nicht akzeptiert werden. Daran führte kein Weg vorbei.

Jeff und ich waren völlig bestürzt. Der Markt sah fürchterlich aus. Wir waren erschreckende 35 Prozent unten. Mit den Verkäufen des nächsten Tages würden wir unsere Performance weiter verschlechtern, auf vielleicht 40 Prozent. Aus dieser Tiefe war noch nie jemand zurückgekommen. Und dabei gingen wir noch davon aus, dass Goldman uns den maximalen Kredit gewähren würde, was allerdings angesichts des bunten Aktienhaufens immer unwahrscheinlicher wurde, der uns als Kreditsicherheit geblieben war. Karen dagegen war entweder vollkommen unbeeindruckt oder sie war die Katharine Hepburn des Tradings und brachte eine bemerkenswerte schauspielerische Leistung. „Wir kommen morgen wieder“, sagte sie. „Wir erledigen das.“ Sie wollte kurz nach der Schlussglocke mit mir heimgehen und dann ins Kino. Ich müsste noch einmal das Portfolio durchgehen, wandte ich ein, und die Handelseröffnung in Japan abwarten, denn vielleicht würde aus Übersee ein Boden winken.

Wie in den alten Tagen redeten wir nicht mehr über den Markt, als wir zu Hause waren. Den ließ ich im Büro, auch wenn er diesmal schlimm aussah. Und das war ein gutes Gefühl.

Kurz nach 21:00 Uhr rief ich meine Broker in Asien an. Ich weiß nicht, wieso ich dachte, da könnte es eine Bresche geben. Dort sah es schlecht aus. Alles schwer im Minus. Und jetzt beteiligte sich auch noch der Dollar an der Zerstörung. Karen bot mir eine Xanax an. Ich nahm sie und ging schlafen.

Wir wachten an einem verregneten, elenden Donnerstagmorgen auf, Zahltag. Oder genauer gesagt, ich wachte auf. Karen konnte ich nicht wach bekommen. Es war 2:45 Uhr. Ich scherzte, dass nach dem heutigen Tag wenigstens keine Rücknahmewünsche mehr eingehen würden, aber ich war nicht sicher, ob sie mich überhaupt hörte. In jenen dunklen Tagen sprach ich oft mit mir selbst und hoffte, sie würde aufwachen und mich angesichts der Dämonen der schlechten Performance irgendwie beruhigen. Sie schlug die Augen gerade lange genug auf, um mir zu sagen, ich sollte ohne sie losfahren. Sie würde noch ein paar Mützen voll Schlaf nachholen. „Die werden wir brauchen“, gähnte sie, drehte sich um und zog sich ein Kissen über den Kopf.

Als Hedgefonds-Manager sollte man sich nie darum kümmern, in welche Richtung sich der Markt bewegt. Man muss unabhängig von der Bewegungsrichtung immer Geld verdienen. Man muss immer Geld verdienen, egal, was passiert. Man darf sich nicht dem Markt ausliefern.

Das gilt jetzt nicht mehr, zumindest nicht für Cramer, dachte ich, während mich Kyle durch den Holland Tunnel fuhr. „Wir sind diesem Markt völlig hilflos ausgeliefert“, murmelte ich vor mich hin und schlug den Kopf gegen die Scheibe des Mercedes. Kyle wollte wissen, ob alles in Ordnung sei. „Ja“, meinte ich, „das wird ein großer Tag.“

„Ich glaube an Mr. Cramer“, sagte er.

Ich wünschte, das täte ich auch. „Warte drei Stunden und hole dann Miss Karen ab."

Kyle wollte wissen, ob sie zum Einkaufen in die Stadt gehe.

„Ja, sie kauft ein bisschen was." In den letzten paar Jahren war Karen nur zum Einkaufen in die Stadt gekommen. Ich hatte das Gefühl, wenn heute nicht alles gut ginge, dann wären ihre Shoppingtage gezählt. Jeder Cent, den wir hatten, steckte in unserem Fonds. Buchstäblich jeder Cent.

„Okay", sagte er. „Ich bin sicher, Miss Karen wird sich einen schönen Tag machen." Und er fuhr von der Wall Street 100 in die stockfinstere Nacht davon.

Es war 3:45 Uhr, Zeit zu schauen, wie schlimm die Dinge an dem Tag waren, der mein letzter Tag im Geschäft sein könnte, wenn der Markt tief im Minus schließen würde. Eine absolute Geisel. Wie ein blutiger Amateur. Ein armseliger blutiger Amateur. Long erwischt, als ich hätte voll short sein sollen. An eine Stange gebunden, Raben picken mir die Augen und die Eingeweide heraus. Ja, so etwas geht einem tatsächlich durch den Kopf, wenn man zu dieser Stunde allein in einem leeren Aufzug in ein dunkles, unheilschwangeres achtes Stockwerk hinauffährt und auf nichts anderes achtgibt als seine Fußspitzen.

16
Krise 1998: Die Rückkehr der Trading-Göttin

Nach den Schlusswerten der großen Indizes zu urteilen, war der 8. Oktober ein eher unspektakulärer Tag. Der Dow Jones gab neun Punkte ab, um die 0,1 Prozent, und schloss mit 7.731,91. Der Nasdaq erging es ein bisschen schlechter, sie verlor drei Prozent oder 43 Punkte. Die 30-jährigen Anleihen fielen um rund anderthalb Punkte, was die Rendite auf exakt fünf Prozent brachte. Der US-Dollar wurde gestoppt und musste von den Gewinnen des Jahres ein großes Stück wieder abgeben.

Aber hinter diesen Zahlen versteckte sich einer der wichtigsten Tage des letzten Investment-Jahrzehnts, denn am 8. Oktober endete die Baisse des Jahres 1998, der üble, verhasste, grausame Abstieg, der die Aktien deutlich unter ihre Zwei- und Dreijahreshochs drückte und einige Indizes bis zu 40 Prozent unter ihre Hochs zog. Am 8. Oktober, einem tristen, eiskalten und verregneten Donnerstag, der dermaßen aus dem Gleis war, dass sogar der Dow Jones zu Handelsbeginn nicht notierte (an diesem Tag wechselte Travelers zur Citigroup und sorgte für eine irritierende Verzögerung, sodass die Menschen erst eine halbe Stunde nach Handelsbeginn die richtigen Indexzahlen bekamen), erreichte der Aktienmarkt den Boden.

Und zwar um 18 Minuten nach zwölf.

Ich muss es wissen, denn ich war der Auslöser. Um 12:18 Uhr gab ich auf. Ich hielt es nicht mehr aus. Ich gab im richtigen Leben meinen Fonds auf und in der virtuellen Welt, auf meiner Website TheStreet .com, wo ich einen Artikel mit der Überschrift „Jetzt aussteigen" veröffentlichte. Und die Unterspülung meiner Stützpfeiler, die dieser Artikel ausdrückte, markierte den Tiefpunkt des bösartigsten Bärenmarktes im vergangenen Jahrhundert.

Ich war nicht mit der Absicht zu kapitulieren in diesen Tag gegangen. Die Rückkehr meiner Frau ans Trading Desk nach vier Jahren hatte meinen Mut gehoben, und sie hatte für uns die ersten Trading-Gewinne seit Wochen und Wochen und Wochen erzielt. Der Vortag war der erste Tag seit vielen Monaten gewesen, an dem wir den Nasdaq Composite übertrafen. Ich kam an jenem Donnerstag mit dem Gedanken ins Büro, dass wir cool bleiben würden, obwohl wir vor der entsetzlichen Kombination von 100 Millionen Verlust und 100 Millionen Auszahlungen standen, die meinen 325-Millionen-Hedgefonds, den ich nun schon seit zehn Jahren erfolgreich betrieb, auf einen kümmerlichen 100-Millionen-Fonds reduziert hatten, der 35 Prozent im Minus stand und Gefahr lief unterzugehen, wenn er nicht Millionen und Abermillionen an Bargeld beschaffen konnte.

Als ich an jenem Tag auf die Arbeit kam, war ich einer der letzten Bullen. Ich dachte, der Markt sei nun so tief gesunken, dass er einfach in der Nähe des Bodens sein musste. Ich dachte, auch wenn wir noch nicht viel verkauft hatten, könnten wir es trotzdem irgendwie schaffen, ohne zu verkaufen oder zu kapitulieren. Ich dachte, wir könnten den Jahrhundertsturm durchstehen, der so viele Hedgefonds erledigt hatte, und zwar, ohne vom Aktienmarkt zu fliehen und in den Abgrund hinein zu verkaufen, in den üblen und elenden, sich umdrehenden Magen des Marktes hinein. Ich dachte mir, genauso wie Shackleton würden wir zwar vielleicht nicht den Südpol erreichen, aber wir würden unversehrt und ohne schlecht dazustehen da herauskommen, und es stünde tatsächlich eine Bodenbildung bevor. Der Boden musste kommen. Er musste einfach.

Ich irrte mich. Um eine Minute. Und um eine Meile. Dies ist die Geschichte, wie sich der Boden aus meiner eigenen Panik und meinem anschwellenden persönlichen Schmerz heraus bildete.

Der Tag fing gar nicht so schlecht an, aber das Schlechte vom Vortag hörte nicht auf. Als ich morgens um Viertel vor vier ankam, mein Bloomberg und mein ILX hochfuhr und meine europäischen Trading-Kanäle anwählte, sah ich, dass der Boden unter dem Nikkei weggebrochen war; der japanische Leitindex hatte 799,55 Punkte beziehungsweise 5,8 Prozent verloren und damit die vielversprechenden sechs Prozent Gewinn der vorangegangenen Nacht zunichtegemacht. Unsere Märkte bewegten sich schon seit Wochen nach unten, aber die Möglichkeit, dass Japan, das schon lange in der Rezession versank, nun endlich sein Haus in Ordnung bringen könnte, bot einigen Fonds Hoffnung, die auf dieses Land ein Auge geworfen hatten, weil es zur Beendigung der internationalen Finanzkrise beitragen könnte, die mehr als ein Jahr davor im winzigen Thailand begonnen hatte und dann ganz Asien, Lateinamerika, Russland und durch den Untergang von Long-Term Capital auch dieses Land erfasst hatte. Ich hatte begonnen, Geld in Japan anzulegen. Eine kleine Position der Tokioter Mitsubishi Bank, die ich Ende des vorangegangenen Monats aufgebaut hatte, um an der am besten funktionierenden Börse der Welt zu investieren, war nun noch kleiner als am Vorabend. Ich machte mir nicht einmal die Mühe, einen Schlusskurs zu bekommen. Ich wusste, er würde deutlich niedriger liegen. Sayonara, Kapital! Der japanische Markt erholte sich nicht mehr von dem Abstieg und dümpelt heute noch tiefer als zum damaligen Ausverkauf. Wenn mich an diesem Tag irgendeine andere Börse der Welt retten würde – was ich verzweifelt nötig gehabt hätte –, dann würde das nicht in Japan anfangen.

Deutschland hatte über Nacht 4,5 Prozent abgegeben und damit ausgelöscht, was von den einst monumentalen Jahresgewinnen noch blieb. Ich hatte auch Deutschland als Ursprung eines Umschwungs ins Auge gefasst. Aber nein, nicht heute.

Der richtige Schlag ins Gesicht jedoch kam aus Großbritannien. Der Footsie – der FTSE – tauchte um 196 Punkte oder 4,1 Prozent ab und unterschritt die scheinbar undurchdringliche Barriere von 5.000 Punkten, obwohl die Bank of England am gleichen Morgen die Zinsen gesenkt hatte. Zu wenig und zu spät, das war die Antwort des Marktes. Ich hatte meiner Frau gesagt, dass ich dachte, die Briten könnten vielleicht die Zinsen senken, und unsere Sorgen würden vielleicht auch dorthin verfließen. Großbritannien war einer der letzten Pfeiler meiner bullishen Einstellung gewesen. Zinssenkungen sind mein Ein und Alles. Wenn die Zinsen gesenkt werden, verkaufe ich nicht, sondern ich kaufe; am Telefon sagte ich ihr, wenn sie um halb neun ins Büro komme, würde sie wahrscheinlich von einer Kurserholung begrüßt werden, welche die Zinssenkung im Vereinigten Königreich hervorgerufen hatte. Wir hatten die Zinssenkung bekommen, aber die Verkäufe beschleunigten sich weiterhin. Das gehörte nicht zu meinem Plan.

Sobald ich meine Maschinen an jenem verregneten und deprimierenden Morgen hochgefahren hatte, erzählte mir der S&P Futures die ganze Geschichte: 24 Prozent Minus, ein enormer Abfall gegenüber dem Vorabend. Das war das Limit, wie man an den Rohstoffmärkten sagt; der Rückgang reichte so weit, wie es die Gesetze zuließen, bevor der Index, auf den sich die Futures bezogen, den Handel eröffnete. Das war das Tiefste, was ich je gesehen hatte, eine Gletscherspalte, die einen erzittern ließ, wenn man hineinblickte und nach dem Grund suchte. Und das war noch nicht das Schlimmste. Der US-Dollar, der noch eine Woche davor die stärkste Währung der Welt gewesen war, war plötzlich ins Schleudern geraten, und sein Wert verflüchtigte sich so schnell, als wäre er auf eine Mine getreten. Vor dem Abstieg des Dollars marschierten die Anleihen unbeirrbar in Richtung vier Prozent, aber jetzt versetzten sie den Tradern einen Peitschenschlag und bewegten sich mit Vollgas auf die 5-Prozent-Marke zu. Da mich 16 Jahre Aktienhandel darauf konditioniert hatten, dass Rückgänge von Anleihen und Devisen schlechte Nachrichten für den Aktienmarkt waren, erschien mir diese Umkehrung für unser Portfolio geradezu tödlich. Der Dollar, die Anleihen, die Aktien, alle bewegten sich in die falsche Richtung, und zwar mit Warpgeschwindigkeit. „Kann da irgendjemand von euch mitspielen?“, fragte ich in das leere Trading-Büro hinein. Ich fand es unglaublich, dass wir in diesem Umfeld unseren scheidenden Partnern ihr Geld ausbezahlen mussten. Ich konnte einfach nicht den Gedanken fassen, dass wir an diesem Tag ein Plus erwirtschaften würden, sodass wir unsere Verkäufe in Ruhe anstatt im Chaos erledigen könnten.

Der Kontrarianer in mir hätte die Lage gern so beurteilt, dass die Situation letztendlich schon so hässlich war, dass man sich eigentlich aufraffen und kaufen musste, dass der Markt so niedrig eröffnen würde, dass die Preise irgendwann eine Art Gleichgewicht erreichen würden. Aber so ziemlich jeder, auch wenn er eine eiserne Konstitution hatte, würde von den Gesprächen der Broker um die Wall Street herum in Stücke gehauen werden. Und nach den Schlägen, die ich erlitten hatte, waren meine Bauchschmerzen an jenem Morgen wohl noch schlimmer als die der anderen. Ich hatte mich selbst über mehrere Tage in meiner Ansicht gestählt, dass die Bären sich alle irrten und der Markt wieder nach oben springen musste. Wieder und wieder hatte ich geschrieben, wir stünden kurz vor einer Bodenbildung und diejenigen, die jetzt aussteigen würden, würde man später als Feiglinge, Narren und Schauspieler bezeichnen, wenn der Markt mit Gebrüll zurückkommen würde. Ich polierte dem Bullen jeden Tag die Hörner. Aber als ich es an jenem grauen Morgen überall rot leuchten sah, geriet ich ins Wanken und wurde dieses Gefühl nicht mehr los. Nicht, wenn diese Auszahlungsfrist lauerte.

Als meine Trader und Assistenten nach und nach kamen, hörte ich von ihnen eine schlechte Nachricht über den Markt nach der anderen. Zuerst bezeichnete das große Brokerhaus Prudential den Markt als prinzipiell instabil und sagte voraus, er werde noch weit tiefer sinken. Ralph Acampora, der Cheftechniker der Firma, hatte Anfang des Sommers seinen Ruf als scharfsinniger Marktprognostiker gefestigt, als er den Tod des Bullen proklamierte und erwartete, die Börse werde so um die 2.000 Punkte verlieren. Jetzt hatten wir sein Kursziel erreicht. Kurzzeitig war ich begeistert, als mich Sal fragte, ob ich Ralphs neuesten Kommentar hören wolle. Ich dachte mir, das könnte er endlich sein, der erste Mensch, der sich dem heftigen Angriff der Verkäufer entgegenstellte. Seine Hände waren sauber. Er konnte sagen, dass der Markt sein

Verlustziel erreicht hatte und nun mit einem Paukenschlag zurückkommen könnte. Halb und halb erwartete ich das von ihm. Das wäre ein Meisterstück gewesen. Und es hätte mich angesichts meiner Zahlungsfrist ohne allzu viel Blutvergießen retten können.

Aber nein, in jenem Jahr klappte wirklich rein gar nichts einfach so. In der Hitze des Gefechts kann man Kursziele schon einmal anpassen und an jenem Morgen, nachdem er einen Blick auf die Futures und die Bewegungen in Übersee geworfen hatte, war es für Acampora Zeit, sein Ziel nach unten zu korrigieren. Acampora, dereinst ein rasender Bulle, versuchte an diesem Morgen in dem brutalen Bärenmarkt 1998, den großen Bären zu markieren. Er meldete seinen Verkäufern, dass sein Ziel für den Dow Jones, das bei 7.000 gelegen hatte, jetzt nur noch 6.735 Punkte betrug. Wer wie ich dachte, wir könnten von Acamporas Boden aus wieder hinaufklettern, dem wurde dieser Boden plötzlich unter den Füßen weggezogen. Und das von jemandem, der seine hochkarätige Glaubwürdigkeit vor diesem Ausverkauf durch eine jahrelange bullishe Haltung erworben hatte. Wenn die Futures vor seiner Prognose nicht schon so weit gefallen wären, wie es gesetzlich erlaubt war, wären sie spätestens nach dieser Prognose spürbar abgesackt. Wer weiß, wo der Markt in Wahrheit stand.

Auch Abby Joseph Cohen von Goldman Sachs sprach. Als Rich, mein Broker bei Goldman, anrief, um mir mitzuteilen, dass Abby bei Goldman auf den Lautsprecher kommen würde, schlug mein Herz schneller und ein Grinsen bahnte sich den Weg durch mein unauslöschliches Stirnrunzeln. „Aha“, raunte ich Jeff zu, den ich an jenem Morgen noch gar nicht richtig gewürdigt hatte, weil er an meine These glaubte, dass es nach oben gehen könnte, „Abby setzt gleich dem Abstieg ein Ende, sie hält ihn mitten in der Bewegung auf.“

In diesem Geschäft kann man sich innerhalb von Sekunden zum Affen machen! Mein Lächeln verwandelte sich in Verärgerung, und als Rich sagte, „Nichts Gutes, Jim“, warf ich das Telefon gegen den Personal Computer.

Cohen war den ganzen schmerzlichen Sommer über bullish geblieben und nicht eine Sekunde von ihrer These vom Supertanker Amerika abgewichen, der die restliche Welt durch die Finanzkrise schleppen würde. Jedes Mal, wenn sie sprach, ließ sie die Futures wenden oder brach die hässlichen Verkaufswellen, indem sie erklärte, wir befänden uns in einem tollen Bullenmarkt. Sie war eine bullishe Seelenverwandte, ihretwegen fühlte ich mich wohl dabei, den Bullen bei den Hörnern zu packen, während die anderen in die Höhlen der Kodiakbären flohen. Anders als Acampora ist Cohen keine Technikerin. Die Grundlage ihrer Arbeit ist das Gewinnpotenzial des Marktes als Ganzes. Solange sie überzeugt war, die Unternehmensgewinne würden großzügig ausfallen, blieb sie bei ihrer bullishen Haltung.

An diesem speziellen Morgen, als ich Abbys bullishste Supertanker-prognose brauchte, korrigierte sie ihre Einschätzung der Unternehmensgewinne. Sie korrigierte sie nach unten. Sie senkte ihre S&P-Prognose für das kommende Jahr gerade weit genug, um einen weiteren Erdrutsch auszulösen. Da sich der Markt angewöhnt hatte, die ungepflegte lockenköpfige Spezialistin selbst als doppelwandigen Supertanker zu betrachten, schüttelte die Änderung all jene durch, die Cohen schon früher durch unruhige Gewässer gelotst hatte. Die Warnung schien zu besagen, dass das größte aller Schiffe, die U.S. Market, genauso durch den Finanzsturm verwundbar war wie ein leckes Ruderboot. Kein Supertanker, sondern eher ein Cunard-Schiff, das auf einen Eisberg zufuhr.

An den Trading Desks der Welt hallten die Rufe wider: „Cohen geht von Bord“. Es spielte keine Rolle, dass sie keinen Rückgang der Aktienkurse, sondern nur einen Rückgang der Unternehmensgewinne voraussagte. Das erschien nur als Vorspiel zu dem bedeutendsten Hausse-Baisse-Umschwung, seit die einst dauerbullishe Elaine Garzarelli von ihrem Lehman-Thron herab am Vorabend des eintägigen 508-Punkte-Verlustes 1987 den Crash ausgeschrien hatte. Man muss schon da sein, bevor ein Guru umstellt, nicht erst danach. Die Futures konnten zwar nicht mehr tiefer gehandelt werden, aber ich erfuhr von Brokern, dass sie Ware im Angebot hätten, die fünf oder sechs Punkte unter dem Aktienpreis zur gestrigen Schlussglocke lägen. Wäre ich in einer anderen Geistesverfassung gewesen, hätte ich bemerkt, dass es zu derartigen Kapitulationen nur in wichtigen Augenblicken der Aktienhistorie kommt. Aber so verfluchte ich mich nur selbst dafür, dass ich mich den Verkäufern bald würde anschließen müssen, weil wir meinen scheidenden Partnern 106 Millionen Dollar überweisen mussten. Ich suchte nach einem Weg, mit Würde zu kapitulieren, so ähnlich wie wenn man mit einem rohen Ei beworfen wurde und es irgendwie so arrangieren wollte, dass es nicht allzu verschmiert aussah, sondern mehr wie ein Spiegelei.

Für den Fall, dass irgendjemand noch nicht erkannt hatte, dass der Stern der großen Finanzinstitute sank, wählte Citigroup diesen Tag für die Bekanntgabe eines erschreckenden Verlustes, der noch schlimmer war, als in der Gewinnwarnung während des Quartals angekündigt. Die neu geschaffene Institution offenbarte, dass sie aufgrund weltweiter Arbitrage-Geschäfte ähnlich derer von Long-Term Capital 300 Millionen Verlust angehäuft hatte und dass dies den Topmanagern bekannt gewesen war. An der Wall Street kursierte nun das Gerücht, dass der isolierte Kollaps von Long-Term Capital vielleicht gar nicht so isoliert war, wie wir gedacht hatten. Wer musste wohl noch bezahlen? Wenn Sandy Weill etwas einstecken musste, dann musste noch jemand anders Schaden leiden, und zwar noch schwereren Schaden als Sandy. Er ist gut! Wer würde noch seinen Leverage-Wahnsinn offenbaren? Seit Monaten schlugen wir uns mit den Finanzwerten herum. Glücklicherweise hatte meine Frau am Vortag Citigroup geshortet, als Hedge gegen alle anderen Banken und Sparkassen, die wir besaßen. Leider ging es dabei nur um 50.000 Aktien. Kein großer Schutz, wenn man 15 Millionen Aktien von weniger gut geführten Finanzkonzernen besaß.

Wer noch auf dem Technologiesektor nach Hoffnung gesucht hatte, der sich bis zu diesem Tag etwas besser als der restliche Markt gehalten hatte – abgesehen von Cisco, das nach der zwei Tage zuvor erfolgten Herabstufung durch Cowen immer noch trudelte –, sah seine Hoffnungen schnell zerschlagen. Die *Washington Post* berichtete, das Justizministerium habe noch ehrgeizigere Pläne, als nur die Internetpläne von Microsoft in die Schranken zu weisen. Die Aktie, die während des ganzen Tumults fest geblieben war, notierte von Anfang an zwei bis drei Punkte niedriger. An jenem Morgen hatten wir 100.000 Microsoft-

Aktien und 750 Microsoft-Calls. Supertanker Microsoft. Das war unsere größte Position außerhalb des Finanzwesens. Allein wegen dieser Position fielen wir in ein Loch von 500 Tausendern. Nach dem Artikel wurde die Aktie sechs Punkte preiswerter angeboten. Man konnte Millionen von Aktien kaufen, aber es gab keine Abnehmer.

Auch wer auf das Internet gesetzt hatte, konnte nicht auf eine Erholung zählen. Yahoo!, das damals noch eine reine Suchmaschine war, hatte gerade am Abend davor die Gewinnschätzungen um beachtliche sechs Punkte übertroffen. Das war das erste reine Internetunternehmen mit echten Gewinnen. Ich als Internetbürger fand das staunenswert, eine Leistung, die mich umhaute. Ich dachte mir, ein profitables Yahoo! könnte jedem Verkäuferansturm trotzen. Von wegen, die Aktie ging ein Dutzend Punkte nach unten! Sie dümpelte um die 100 US-Dollar herum, nachdem sie am Vortag noch einen Punkt unter 125 gestanden hatte. Das Urteil, das die Wall Street sprach, war eindeutig: Positive Überraschungen interessieren nicht, wenn der Reaktorkern schmilzt.

Noch mehr negative Nachrichten gefällig? Merrill wählte diesen Tag für die Herabstufung der Fluggesellschaften, obwohl diese in jenem Jahr seit ihrem Hoch aufgrund der Besorgnis um einen konjunkturellen Rückgang schon 40 Prozent eingebüßt hatten. Diese Gruppe, die schon seit Wochen unter Druck stand, schien nun reif für einen weiteren Einbruch. Auch die Mobiltelefon-Aktien, noch so ein Liebling der Hausse seit 1990, wurden an jenem Morgen von Merrills Empfehlungsliste gestrichen. Die Gesellschaft stufte Ericsson und Nokia herab, wobei letzteres Unternehmen in Finnland schon acht Prozent verloren hatte. Merrill verkündete, Nokia, das Leitunternehmen der Branche, erleide Umsatzeinbußen. Wie bitte? Ich brachte den Merrill-Broker dazu, dass er das Telefon an den Lautsprecher hielt. Ich konnte kaum glauben, was ich da hörte. Ich liebte diese Aktien. Diesen Unternehmen ging es fantastisch. Woher hatte der Analyst diese Information?

Der Airline-Kugel konnten wir gerade noch ausweichen, aber die Herabstufung von Nokia traf uns wie ein Dum-Dum-Geschoss direkt in die Schläfe. Wir hielten 59.000 Stück Nokia. „Wieso haben wir Nokia?", fragte Jeff, als er um 5:45 Uhr hereinstolperte, noch bevor er guten Morgen sagte.

„Wir hatten Nokia“, antwortete ich, „denn seit gestern qualmen die Umsätze. Wir haben gerade dieses Update bekommen.“

Jeff blickte mich finster an: „Laut Merrill stimmt das nicht.“

Ich sagte: „Das ist mir neu.“

Jeff erinnerte mich daran, dass wir um 13:00 Uhr einen großen Teil unseres Fonds wegschicken müssten und dies kein Zeitpunkt zum Kaufen sei. Kaufen verboten.

Als nach und nach die Meldungen der Broker eingingen, wurde es schlimmer und schlimmer. J. P. Morgan brachte völlig unvorhergesehen die Meldung, dass wir aufgrund der Kreditknappheit im Jahre 1999 eine leichte Rezession bekommen würden. Bis zu jenem Morgen hatten die Menschen mit einer soliden Konjunktur gerechnet und jetzt war von Rezession die Rede. „Müssen die gerade heute von Rezession reden?“, fragte ich Jeff.

„Keine bessere Zeit als jetzt“, konterte er trocken.

Seit Jahren, seit Bill Clinton meinen ehemaligen Chef, Bob Rubin, nach Washington geholt hatte, warteten wir auf gute Nachrichten für die Wirtschaft aus der Hauptstadt. Aber am 8. Oktober stimmte das Repräsentantenhaus zum dritten Mal in seiner Geschichte über ein Amtsenthebungsverfahren ab und die Demokraten, die merkten, dass sich die Dinge sehr zum Schlechten gewandt hatten, schienen entschlossen zu sein, der Forderung der Republikaner nach einem vollständigen Verfahren nachzukommen. Den ganzen Morgen über hielten Politiker beider Parteien Reden, in denen sie darauf hinwiesen, niemand stehe über dem Gesetz, auch nicht der Präsident. Den ganzen Morgen, jedes Mal, wenn es so aussah, als würden sich die Märkte erholen, erschien ein Republikaner in der Röhre und sprach von schweren Zeiten für die Republik.

Mitten in diesem düsteren Kessel schneite um 8:30 Uhr meine Frau herein, mit ein paar Katalogen von Martha by Mail, ein bisschen frischem Obst und einem völlig überflüssigen – wie ich in meiner paranoiden Art dachte – spöttischen Lächeln. „He Kumpel, siehst bedrückt aus“, sagte sie zu mir. Ich entgegnete, es sehe so aus, als wäre über Nacht die Welt eingestürzt, und dass wir schon wieder Millionen verloren.

Sie zuckte die Achseln. „Und? Schauen wir mal." Angesichts der Futures, der Herabstufungen und der mangelnden Hilfe aus Washington fand ich das ziemlich keck. Sie kümmerte sich nicht darum. Sie machte es sich auf meinem Stuhl bequem und ich nahm mir eine Cola Light. Ich dachte mir, dann stehe ich heute eben herum. An dem Tag, an dem ich es nicht mehr aushalte, nehmen sie mir auch noch meinen Stuhl weg. Die Götter hatten es wirklich auf mich abgesehen.

Karen fragte nach dem Kurs von Yahoo! Ich sagte: „zwölf im Minus".

„Juhu, da haben wir Puts!", freute sie sich.

Ich wandte ein: „Die Puts haben einen Strike von 50 und die Aktie steht immer noch bei 100." Meine Frau hasste es, zurechtgewiesen zu werden, erst recht in Anwesenheit der vier Menschen, die wir nach ihrem Weggang eingestellt hatten, um sie zu ersetzen.

„Wer war denn so blöd und hat damit gerechnet, dass die Aktie auf 50 fällt?" Ich wollte ihr erklären, dass wir die Position gekauft hatten, als Yahoo! bei 60 stand, und dass es uns ganz einfach davongelaufen war. Aber ich wollte den Tag nicht mit einem Streit beginnen und gab zu, dass ich ein Idiot war, als ich das tat. Sie verdrehte die Augen, was der Ersatz war für: „Du bist ein Wichtel, und ich kann kaum glauben, dass ich jemanden geheiratet habe, der so dumm ist."

Sobald sie bereit war, setzten wir uns in Jeffs Büro zusammen und entwarfen einen Schlachtplan, während Karen wie in alten Zeiten die Portfolioliste las. Ich wusste, dass wir etwas verkaufen mussten, aber Karen, die mit den Margin-Vorschriften der Fed etwas lockerer umging, meinte, wir sollten abwarten, bis wir das Weiße in den Augen des Marktes sähen, und wir sollten erst in allerletzter Sekunde verkaufen, wenn wir es unbedingt mussten.

„Der Markt wird schwer im Minus eröffnen und wir müssen kaufen", sagte sie.

„Aber was ist mit all den schlechten Nachrichten?", fragte ich, als wir die morgendlichen Brokermeldungen durchgingen.

„Die können nicht stimmen", antwortete sie. „Traust du etwa plötzlich Ich-mache-dich-arm-Ralph? Was ist los mit dir? Was sagt der Oszillator?"

Als Traderin war meine Frau in den Oszillator von Standard & Poor's verliebt, der das Verhältnis von Verkäufen zu Käufen misst. Als ich ihr erklärte, der Oszillator sei so negativ wie seit dem Crash 1987 nicht mehr, erwiderte sie: „Den haben wir vergeigt, weil wir nicht genug Geld eingesetzt haben. Diesen Fehler dürfen wir nicht noch einmal machen. Das ist meine Meinung."

Ich erinnerte sie daran, dass wir ziemlich voll investiert waren und dass wir dann bis um 13:00 Uhr, wenn das Geld hinausgehen sollte, überinvestiert wären. Das schien sie überhaupt nicht zu irritieren. „Was ist denn mit America Online", fragte sie, als sie meinen Gefechtsstand in Beschlag nahm. „Max sagt, das sieht nach minus acht aus. Ich will es zum Traden kaufen."

Sie solle sich keinen Zwang antun, antwortete ich; sie schwenkte sofort vom Plauderton um und fragte nach Trading-Levels. Jeff und ich waren von ihrer sonnigen Sichtweise der ernsten Lage wie vor den Kopf gestoßen. Ihr Optimismus erstaunte uns. Wir konnten sie nicht herunterbringen, trotz aller Versuche, ihr klarzumachen, wie schlecht die Dinge für uns standen. Sie überhörte es einfach.

Zu der Zeit, als alle Dow-Jones-Werte eröffnet hatten, also etwa um 9:50 Uhr, stand der Markt schon etwa 100 Punkte im Minus, einschließlich des kombinierten tieferen Kurses von Citi und Traveler. Aber diesmal hatte der Abstieg einen deutlich anderen Anstrich als in den letzten schrecklichen Tagen für die Bullen. In all den Tagen hatte sich die Verkaufstätigkeit auf die Finanz-, Industrie- und Technologiewerte konzentriert. Diesmal bekamen nun auch die Pharmawerte eins auf den Deckel, die bisher eine Oase gewesen waren. Wir besaßen tonnenweise Pfizer und Schering-Plough, aber wir hatten 210.000 Lilly-Shorts dagegengesetzt. Karen wollte bei Handelsbeginn alle Lillys eindecken und noch mehr Fizzy und Plug kaufen, wie wir sie nannten. Ich erinnerte sie daran, dass wir im Falle eines Markteinbruchs schwer betroffen sein würden, und stellte klar, dass wir ihre robuste Sicht der Bewegung nicht teilten.

Technologie, Pharma, was man will, alles bezog den ganzen Morgen über Schläge. Manchmal wird nach derart schlimmen Markteröffnungen der Handel unterbrochen, was auf die Handelsvorschriften zurückgeht, die nach dem Crash 1987 verhängt wurden, damit die Trader kurz durchatmen und dann in den Ruinen auf Schnäppchenjagd gehen können. An diesem Tag jedoch nicht. Nicht nur, dass der Markt weiter torkelte, nachdem er 100 Punkte im Minus eröffnet hatte, er verlor zudem jede Viertelstunde weitere 25 Punkte. „Hässsselich" nannte es meine Frau – Jeff und ich hatten schon vor vielen Wochen gelernt, wie unschön dieser Markt sein konnte. Sie schien es zu genießen, das Wort so auszusprechen und bei ihrem Ehemann und dessen Partner damit Angst hervorzurufen.

Die Verlierer überwogen die Gewinner mit einem überwältigenden Verhältnis von 9:1, das es praktisch noch nie gegeben hatte. General Electric gab fünf Punkte ab, obwohl es gerade ein schönes Quartalsergebnis gemeldet hatte. Weil aus dem Justizministerium Gerüchte über ein Antitrust-Verfahren drangen, eröffneten alle Kreditkartengesellschaften schwächer, einige mit 12 bis 15 Punkten im Minus. Unsere wenigen Kaufanläufe wurden sofort mit Berichten beantwortet, wir kauften die Aktien also noch einen halben Punkt unter dem angestrebten Preis. Die Menschen stiegen so schnell aus, dass sie ihre Aktien noch billiger hergeben wollten, als die Käufer sie bezahlen wollten! Jede halbe Stunde brachte noch tiefere Kurse, mehr und mehr Put-Käufe und immer weniger Käufer. Der schaurige Verlust umfasste alle Sektoren. Bis kurz vor zwölf war der Dow Jones um 200 Punkte gefallen und hatte wahres Bärenterritorium erreicht. Indes zeigte der Abstieg trotz der mäßigenden Vorschriften keine Unterbrechungen. Der Index durchschnitt sie wie Butter. Sobald eine Aktie den Kopf reckte, wurde er abgehackt. Alles zog Verkäufer an. Karen schien die Feuersbrunst immer mehr zu vergessen, während die Flammen von Bildschirm zu Bildschirm sprangen. Sie kaufte 30.000 America Online zu 85 Dollar, 5 Dollar unter dem letzten Preis. Als die Bestätigung zurückkam, stand die Aktie schon bei 82 Dollar, 8 im Minus. Und schon kaufte sie weitere 25.000. Sie fragte gar nicht erst; sie sagte, sie habe keine Zeit, die Aktien würden zu schnell fallen.

Sie wollte Gap kaufen, Lilly, Seagate und Ford. „Die kommen alle, das ist genial, wir müssen sie kaufen, wenn wir können, nicht wenn wir müssen. Du weißt, so haben wir's gelernt. Das dürfen wir jetzt nicht vergessen."

Ich dachte, ich sterbe. Wir sollten eigentlich verkaufen und sie setzte immer noch mehr Kapital ein. „Solche Kaufgelegenheiten bekommt man nur einmal im Leben“, sagte sie immer wieder.

Ich fragte mich, ob sie wohl etwas wusste, das ich nicht wusste. Nun, wenigstens gingen wir in hellen Flammen zugrunde, und nicht wimmernd. Seit Monaten sprach ich davon, dass dieser Markt irgendwo den Boden finden müsste, aber diese Kursverluste, diese Meldungen, dieser Verkaufsdruck, der Zusammenbruch des Dollar, die Wendung in Japan und Deutschland, keine Erholung in Großbritannien, der Rückgang der Pharmawerte, dass Abby Jo negativ wurde, dass Acampora aufgab, das Impeachment, die gottverdammten Rücknahmen, keine Hilfe von der Fed – all das entfaltete sich vor meinen Augen. Und meine Frau sitzt da und will kaufen, tut so, als wäre alles in Ordnung, tut so, als wäre dies ein ganz normaler Tag und als lauerten überall Schnäppchen.

Ich nahm Jeff beiseite und entschuldigte mich, dass wir nicht früh genug verkauften, dass wir zu bullish waren, zu lange und zu hoffnungsvoll. Der Gegensatz zwischen meiner Frau, die in den Abstieg hinein kaufte und dabei immer mehr wertvolles Kapital einsetzte, das wir nicht hatten, und meiner eigenen Meinung, dass unsere Firma, alles, wofür wir arbeiteten, gleich in Rauch aufgehen würde, war einfach zu viel für mich. Mein Herz pochte so laut, dass ich mich kaum sprechen hörte; ich hatte Hals- und Kopfschmerzen. Pochen, pochen, pochen, dass der Markt am Ende ist, dass wir in einem Markt kaufen, der gerade zusammenbricht, anstatt zu verkaufen, wie alle anderen rasend zu verkaufen. Wir stehen kurz davor, ausgelöscht zu werden, von einem Markt verdampft zu werden, der bei 260 Minuspunkten nicht anhält und der nicht anhalten wird, bevor er 1.000 Punkte unten steht. Vielleicht noch heute. Nirgends gab es Käufer. Nur in unserem Laden! Wir hatten kein Geld, aber eine verrückte Frau, die ungenehmigte Trades ausführte und die zufällig meine Ehefrau war.

Und sie kaufte immer noch. Immer noch saß sie da und platzierte Kauforders für Aktien mit sieben Punkten minus, neun Punkten minus. Schwab, 50.000. Mellon, 50.000. Hewlett-Packard, 85.000. Und wieder sagt sie mit heiterer Stimme, dass sie sie verschenkten. Was sieht sie bloß? So fragte ich mich im Stillen. Draußen tobt der Holocaust, alle geben auf, alle werfen das Handtuch, aber sie kauft 35.000 Stück Household vier im Minus und 10.000 General Electric alle halbe Punkte. „Wenn du so weitermachst, hast du bald mehr General Electric als Jack Welch", witzelte ich, als sie die Skala für die 10.000er-Tranchen jeden halben Punkt auf 60 setzte. Die Aktie wurde gerade zu 70,5 gehandelt, 4,5 tiefer.

„Das hoffe ich", sagte sie. „Das werden großartige Käufe, vor allem die unter 70. Hinterher werden wir es kaum fassen können, wie preiswert wir die Aktien bekommen haben." Ich konnte nur an eines denken: Wovon sollten wir die Broker bezahlen? Wie sollten wir die Aktien von General Electric bezahlen, ohne zugrunde zu gehen? Wie sollte ich das je erklären?

Ich wünschte, ich könnte sagen, ihr Optimismus sei ansteckend gewesen. Aber er war mehr wie eine ansteckende Krankheit, die in mein Heiligtum der Angst eingedrungen war. Diese Angst wuchs stündlich, als die Indizes ihre Jahrestiefs passierten und der Nasdaq Composite drohte, tiefer als 100 Punkte zu fallen. Einzig die Regulierungsvorschriften bewahrten die Aktien davor, vollends in den Keller zu fallen, und wir kauften und kauften und kauften, als gäbe es bei Macy's nur einen Tag lang Sonderpreise.

Um zwölf Uhr, als der Dow Jones nach einer weiteren Kauforgie mehr als 270 Punkte im Minus stand, hatte ich genug davon. „Lass mal das Desk", sagte ich. „Wir müssen reden."

Karen verdrehte wieder die Augen. Sie hatte gerade bei Lands' End ein paar Schlafanzüge für die Kinder bestellt, denn sie wollte abwarten, ob es bis 300 Punkte gehen würde, ihr nächstes Kaufniveau. Sie machte eine Pause. „Worüber denn reden?", wollte sie wissen. „Dieser Markt hat etwas Großes vor und wir müssen uns bereit machen."

„Ah, das ist ein wahres Wort", sagte ich unhörbar. Als ich uns in Jeffs Büro versammelt hatte, konnte sie nicht an sich halten und zeigte auf den *CNBC*-Ticker in Jeffs Büro: „Schaut euch das an. Time Warner minus sechs." Sie wunderte sich, dass ihr das entgangen war. „Dell minus sieben, jetzt acht, jetzt neun!“ Sobald unsere Besprechung beendet wäre, wollte sie sofort wieder hinausgehen und Dell kaufen. „Jeff, was ist mit Dell? Oh, Baby, die kommt wirklich runter. Sollten wir dieses kranke Hündchen nicht kaufen?“

Unbeeindruckt von ihrem Enthusiasmus bat ich Jeff um seine Einschätzung. Jeff ist ein ausgesprochener Fundamentalist und er sagte, die Geschäftstätigkeit gehe wegen der Verluste an der Börse eindeutig zurück. Der Überlaufeffekt der Finanzmärkte, so sagte er, verursache einen Ausgaberückgang und es könnte sein, dass alle Gewinnschätzungen, von Fluggesellschaften bis Computerfirmen, zu hoch seien. Die Kreditkartenverkäufe würden zurückgehen und die Ausgaben für Technologie sinken.

Während ich Jeff zuhörte, blickte ich mit halbem Auge auf den Ticker und hörte mit halbem Ohr, was der Mittagsmoderator Bill Griffeth zu sagen hatte. „Zwei stramme Bullen werden bearish.“ „Erschreckende Verluste.“ „Panikverkäufe.“ Dann eine Story über schwere Verluste der Investmentfonds, eine über das Clinton-Impeachment und dann wieder eine Story über das Blutvergießen auf dem Börsenparkett, über die Kreditkartenverluste. Rezession 1999 und immer noch kein Greenspan, der uns rettete.

Und in genau dem Moment, als der Dow Jones bei minus 211 stand und der Nasdaq Composite Index 91 Punkte abgegeben hatte, unterbrach *CNBC*: Der Prudential-Stratege Greg Smith verringerte seinen Aktienanteil von 60 auf 55 Prozent.

„Das war's.“ Ich legte meine Hände auf den Kopf. „Smith verwaltet das große Geld. Die ganzen Pru-Broker rufen jetzt ihre Klienten an und legen ihnen nahe, ihre Aktien zu verkaufen. Ich weiß nicht, wie lange ich das noch ertrage. Wir sind viel zu bullish. Wir müssen aussteigen.“

Meine Frau sah mich an, als käme ich von einem anderen Stern.

„Besteht irgendeine Chance, dass uns Greenspan rettet, weil der Markt schon so überverkauft ist, dass er dann wenden könnte?“ Sie betonte, dies sei in der ganzen Zeit, seit sie nicht mehr da war, die extremste Verkaufswelle, die sie je erlebt habe.

Ich erwiderte, das erinnere mich an die Verkaufswelle vor dem Crash 1987, als sie mir gesagt habe, ich solle aussteigen. Man erinnere sich: Karen hatte mir geraten, ich solle verkaufen, ich hielt während des Crashs eine Bargeldposition und rettete dadurch meine Firma.

Sie sagte, sie sei der vollkommen entgegengesetzten Auffassung. Die jetzige Bewegung sei genau wie der Crash, meinte sie. „Der Crash ist in vollem Gange, genau jetzt, mach doch die Augen auf. Die Ticks stehen bei 1.700", damit meinte sie einen Indikator, der eine historisch extreme Verkaufstätigkeit anzeigte. „Nur 300 Aktien sind gestiegen, 2.700 sind gefallen. Das ist extrem. Das ist die Definition einer Bodenbildung. Das ist der Crash", schrie sie und versuchte jetzt nicht mehr, mich aufzumuntern, sondern nur noch die sich anbahnende Katastrophe aufzuhalten. „Du musst im Crash kaufen. Du hast 1987 nicht gekauft; du musst jetzt kaufen." Ich dachte daran, wie recht sie damals gehabt hatte. Aber sie war so lange weg gewesen und hatte sich um die beiden Kinder gekümmert, sie zur Schule gebracht, war Elternsprecherin. Seit Monaten hatte sie kein *Journal* gelesen. Sie weiß nicht, was vorgeht. Andererseits ist da ihr Instinkt, ihr unfehlbarer Instinkt. Ich weiß nicht, ich bin so durcheinander, so verängstigt. Die Auszahlungen. Der Verkauf. Der Druck, der Druck. Ich wünschte, jemand könnte den Druck von mir nehmen. Wie bringe ich meinen Kopf dazu, dass es darin nicht mehr pocht? Woher weiß sie, was sie tut? Wie soll ich erklären, dass ich auf sie gehört habe, wenn wir am Ende des Tages 1.000 Punkte im Minus stehen?

Sie wiederholte, Greenspan verfolge die Entwicklung bestimmt und denke mit Sicherheit über eine weitere Zinssenkung nach. Im Hintergrund berichtete der *CNBC*-Reporter Allan Chernoff vom Parkett aus: „Jede einzelne Komponente auf negativem Territorium, der Transportsektor 158 Punkte im Minus ... schwerer Schaden ... ein Milliarden-Aktien-Tag ... beschleunigter Ausverkauf, schon wieder Panikverkäufe." Der Dow Jones war in den wenigen Minuten, seit wir das Desk verlassen hatten, um weitere 22 Punkte abgesackt. Es war 15 Minuten nach zwölf.

„Kar, jede Sekunde zählt, dieser Abstieg bringt uns um. Und dann auch noch die ganzen zugekauften Aktien ..."

„Sag mir eins“, unterbrach sie mich, „wenn Greenspan einschreiten würde oder du denken würdest, er würde aggressiv einschreiten, würdest du dann kaufen?“

Ich sagte: „Natürlich. Die Schwäche liegt nur in den Kapitalmärkten, nicht in der Realwirtschaft. Aber am Dienstag behauptete er, es gebe keine Krise.“ Wir hatten nur noch eine Stunde, bis wir die Aktien wegen der Rücknahmen verkaufen mussten. Wir hatten nun wochenlang abgewartet, ohne zu verkaufen, wir hatten viel zu viele Aktien, viel zu viele, und wir hatten nur gekauft!

„Alles sagt mir, dass wir alles kaufen sollten“, wiederholte sie noch einmal aufgebracht. Jetzt fiel der Dow Jones vor meinen Augen um weitere 20 Punkte, zweifellos aufgrund der Verkäufe im Zusammenhang mit Prudential. Auf dem Ticker sah ich, dass GE auf 70 stand. Wegen der blödsinnigen Skala meiner Frau hatten wir vielleicht noch mehr davon gekauft.

„Nein, nein, nein“, ich warf mein Notizbuch hin und schlug auf den marmornen Kaffeetisch in Jeffs Büro. „Wir müssen aussteigen, wir müssen jetzt aussteigen.“ Meine Stimme zitterte. Es machte mich krank, dass wir aufgeben mussten, nachdem wir die ganze Zeit über bullish gewesen waren, während des ganzen Abstiegs von 1.000 Punkten. „Das war's“, sagte ich. „Ich halte es nicht mehr aus. Wir verkaufen. Ich mache deine Käufe rückgängig und steige aus. Dieser Markt &$/*!, und zwar §"/&*.“

Der Dow Jones stand 262 Punkte im Minus und der Nasdaq 103.

Ich stürmte aus der Besprechung, setzte mich auf meinen Platz am Schreibtisch, schob die Kataloge beiseite und begann, die Aktien abzustoßen, die meine Frau gekauft hatte. Ich löschte die GE-Skala, stieß von zehn Aktien je 5.000 Stück ab und wies meine Broker an, sie sollten zwei Minuten warten und das Gleiche wiederholen und wiederholen und wiederholen, bis wir alles verkauft hätten, was wir verkauft hatten, und noch ein bisschen mehr. Ich bat meine Trader, herauszufinden, wo ich eine Million BayView und 500.000 Aktien von ein paar anderen Sparkassen loswerden könnte. Ich war geschlagen. Und ich schrieb einen kleinen, aber höchst wichtigen Artikel für TheStreet.com. Es sei Zeit, auszusteigen, schrieb ich, und dass der Crash da sei. Große Verluste würden uns bevorstehen. Darin standen noch einmal die Argumente, die ich in Jeffs Büro vorgebracht hatte, allerdings ohne die Einwände meiner Frau. Als ich ihn abschickte, schaute ich auf und sah einen Spot, in dem Peter Lynch und Lily Tomlin sagten: „Ohne Research kaufen, was heiß ist, das ist kein Investing, sondern Glücksspiel." „Ach, was ihr nicht sagt", dachte ich mir. Es war 12:29 Uhr.

Nach dem Spot kam wieder Bill Griffeth ins Bild und sprach darüber, Ron Insana, der Abendmoderator von *CNBC*, habe eine Story über Lyle Gramley, einen ehemaligen Fed-Mitarbeiter, der gegenüber ein paar Schwab-Klienten erwähnt hatte, Greenspan könnte vielleicht – was zwischen den Fed-Versammlungen selten geschah – eine Telefonkonferenz halten. Ich sah den Markt 20 Punkte nach oben gehen, einen deutlichen Anstieg. Vielleicht die Rettung von der Fed, schoss mir durch den Kopf. Unmöglich. Nicht nach dem, was Greenspan in den Tagen davor gesagt hatte. Nicht nach dem, was ich gerade gesagt hatte. Nicht nach dem Artikel, den ich zu TheStreet.com geschickt hatte.

Um 12:34 Uhr erschien ein selten lächelnder Ron Insana – seit Monaten hatte es kaum einen Grund zum Lächeln gegeben – und meinte, es bestehe die Möglichkeit, dass die Fed „relativ schnell" handele, weil „die Vermögensvernichtung so beachtlich" sei. Und dann wiederholte er, die Fed wolle nicht die Versammlung am 19. November abwarten, denn sie wisse, dass die Märkte unter den Hammer kämen, und würde die nötige Liquidität bereitstellen, um den Niedergang aufzuhalten. Er sagte, das sei zwar außergewöhnlich, aber er habe den ganzen Morgen herumtelefoniert, und er glaube daran. Da alle im Büro Ron als Bären betrachteten, erschien sein Bericht nur umso glaubwürdiger.

Plötzlich schoss der Dow Jones von seinem Tief nach oben und holte sich 30, dann 40 und 50 Punkte zurück, während Ron über eine Telefonkonferenz und eine Zinssenkung „vielleicht sogar um einen halben Punkt" sprach. Ein halber Punkt! Das wäre enorm. Das wäre beispiellos. Das würde alles ändern. Jetzt stand der Dow Jones keine 200 Punkte mehr im Minus. 12:38 Uhr und der Nasdaq Composite richtete sich auf, stand 100 im Minus, dann weniger als 90. In genau diesem Moment erschien meine Story, die den Lesern riet, sie sollten aussteigen. Meine Frau lauschte dem Fernseher genauso gespannt wie ich. Sie schaute auf den Computerbildschirm und zeigte ihr Entsetzen, als die Ausstiegsstory genau zur selben Zeit auf TheStreet.com erschien, als Ron Insana die Neuigkeiten brachte, die verhindern würden, dass der Boden noch tiefer sank. „Wo sind die Einwände?", fragte sie. „Wo steht, dass der Markt sich erholt, wenn die Fed die Zinsen senkt?" Ich zuckte die Achseln. Ich hatte sie weggelassen. Ich wollte nicht halbseiden erscheinen. Als ich den Beitrag schrieb, dachte ich, das Ende der Welt sei gekommen. Hätte ich mir eine Brezel geholt oder ein Eis, wäre ich an die frische Luft oder auf die Toilette gegangen, dann hätte ich den Artikel gar nicht erst geschrieben. Und warum sage ich da drin „aussteigen"?, fragte Karen. „Ich habe nichts von Aussteigen gesagt. Ich wollte einsteigen", sagte sie. „Und wenn Insana recht hat? Diesen Artikel wird man dir nie vergessen!", schrie mich Karen an. „Ich hasse dieses bescheuerte TheStreet.com. Das macht deine ganze Flexibilität kaputt. Kaputt!"

Was habe ich getan, dachte ich. Ich sehe immer vor mir, wie Alec Guinness auf den Zünder fällt und die Brücke am Kwai in die Luft sprengt. Ich hatte meine bullishe Brücke ausgerechnet dann gesprengt, als sie mich dorthin bringen konnte, wo ich hinmusste. Was hatte ich getan?

„Ich hab's versaut", sagte ich leise zu ihr, während sie sich über meine Schulter beugte. Und dann rief ich wütend: „Ich hab's versaut!" Ich wiederholte es zehnmal. So wie wenn die Giants die Meisterschaft gewinnen. „Ich hab's versaut!"

„Nein, hast du nicht", erwiderte meine Frau ruhig. „Das hast du nicht. Du hast überhaupt nichts versaut. Storniere die Verkaufsorders. Der Markt hat aufgehört zu fallen."

Aber die Leser, antwortete ich, sie werden für immer denken, ich bin ein Idiot. Ich kann nicht so mir nichts, dir nichts meine Meinung ändern.

„Du bist kein Guru", sagte sie. „Du bist ein Mensch, ein großer, fehlbarer Mensch, und du hast es versaut, aber du weißt es wenigstens. Wir haben 50 Punkte vom Dow Jones verpasst, das ist alles. Natürlich hast du es versaut. Alle versauen es. Gib den Fehler einfach zu und ändere es. Du bist kein Guru", wiederholte sie.

Es sei zu spät, sagte ich, die korrigierte Fassung des Artikels würde frühestens in einer halben Stunde erscheinen.

„Vergiss doch den Artikel. Rette den Fonds. Nimm die Verkaufsorders raus", beharrte sie. „Hör einfach auf mich. Der Abstieg ist vorbei. Vielleicht endgültig."

„Aber was ist mit der Margin, mit dem Geld? Wir haben nur noch ein paar Minuten Zeit für die Überweisungen. Wenn wir nichts verkaufen, haben wir über Nacht zu viel Kredit", jammerte ich. „Wir kriegen richtigen Ärger mit Goldman." Ob Karen die Margin-Regeln kannte?

Eine Sekunde lang schaute sie mich an, wie eine Mutter ihr Kind anschauen mochte, das fürchtete, vom Schuldirektor für etwas ausgeschimpft zu werden, mit dem man eigentlich ungestraft davonkommt. „Wolltest du nicht die volle Margin haben? Am Boden zu 200 Prozent investiert sein? Wolltest du nicht schon immer am Boden von der Fed wegen der Margin ermahnt werden? Das wird jetzt passieren und du wirst stolz darauf sein. Das ist ein Ehrenzeichen. Du hast jetzt die Chance, das zu tun, was du nach dem Crash 1987 hättest tun sollen. Lass es einfach laufen. Lass es laufen." Und dann sagte sie noch, dass Goldman aufgrund der immensen Umsätze und der Verwirrung des heutigen Tages vielleicht Wochen brauchen würde, herauszufinden, wie viel Margin wir wirklich gehabt hatten. „Du kannst gegen die Sparkassen einen Kredit aufnehmen, wenn sie steigen. Und nach den Meldungen von der Fed werden sie steigen. Bis dahin sind wir schon lange auf dem Weg in die schwarzen Zahlen, sodass es sowieso egal ist. Jedenfalls sind wir bei Steinhardt immer damit nach oben gegangen, wir haben uns viel mehr geliehen, als wir eigentlich sollten. Sie lassen einen in Ruhe, wenn man Gebühren einbringt und verspricht, es nie wieder zu tun."

Ich fragte sie nach den Banken und Sparkassen. Sollten wir sie jetzt verkaufen, wo aufgrund der erwarteten Not-Zinssenkung so langsam Gebote eingingen? Sollten wir nicht die Chance nutzen und in den momentanen Anstieg hinein verkaufen?

„Diese lausigen kleinen Sparkassen machen doch genau das, was du willst." Sie hakte die Namen auf der Positionsliste ab. „Die erholen sich bei jeder unerwarteten Lockerung durch die Fed. Du wirst sehen, bald steht BayView bei 20 Dollar, und noch vor ein paar Minuten hättest du nur acht Steine dafür bekommen.“ Dann gab sie mir ihre Kursziele für die anderen Banken und Sparkassen. „Du verkaufst nicht ein Stück. Du hast heute schon einmal nicht auf mich gehört, tu das nicht noch mal.“

Ich sah, dass sie nach Hause aufbrechen wollte, wahrscheinlich wollte sie da sein, wenn unsere Älteste aus der ersten Klasse heimkam. Es war erst 13:00 Uhr, ein halber Handelstag lag noch vor uns, und wer sagte denn, dass die Erholung anhalten würde, die ein paar Minuten nach meiner Aufgabe begonnen hatte?

„Wieso bist du so sicher, dass das der Boden ist?“ Ich versuchte zu erraten, was sie sah; auf den acht Monitoren, die auf dem Desk standen, schaute ich zu, wie die Märkte stiegen. „Was macht dich so sicher? Woher weißt du, dass dieser Boden halten wird? Wie kannst du jetzt nur gehen? Woher weißt du, dass du recht behältst?“

„Ganz einfach.“ Sie beugte sich zu mir herunter und flüsterte mir ins Ohr, sodass die anderen im Raum es nicht hörten: „Weil auf dem Boden auch die coolsten und hartgesottensten Profis zu zucken beginnen. Auf dem Boden werfen selbst die letzten Bullen das Handtuch. Auf dem Boden findet die endgültige Kapitulation statt.“ Sie wartete, bis mir dämmerte, von wem sie sprach. „Auf dem Boden, Jimmy, hast du kapituliert. Auf dem Boden hast du aufgegeben. Deshalb weiß ich, dass das der Boden war. Das ist in Ordnung. Steinhardt“ – ihr früherer Chef – „kapitulierte 1987 am Boden. Das kommt selbst bei den Besten vor.“

In der letzten halben Stunde, nachdem Insana gesprochen hatte, hatte tatsächlich eine Aktie nach der anderen den Boden erreicht. Microsoft minus 6, Cisco minus 3, IBM minus 4, Seagate minus 4, Dell minus 9, Intel minus 4, alle waren auf dem Rückweg in die schwarzen Zahlen. Die Broker kreischten. Alle Finanzwerte waren leicht gestiegen und holten sich dann mehrere Punkte. Nach dem Zwischenruf der Fed hatte sich die Welt von Rot in Grün verwandelt. Wer Puts hatte und während des Verfalls Geld gescheffelt hatte, suchte jetzt Käufer. Sie wollten die Shorts eindecken, die ihnen in den letzten sechs Wochen Zillionen eingebracht hatten. Es gab jedoch keine Angebote. Überhaupt keine. Der Verkauf ist aus, brüllte mein Trader. „Nur noch Käufer.“ Das Laufband ließ nicht den geringsten Zweifel zu; das Wettrennen hatte begonnen. Den Rest der nächsten Stunde ging es fast ohne Unterbrechung aufwärts. Jetzt gerieten endlich auch die Shortseller in Panik. Selbst die Aktien, die wir verkaufen mussten, wurden plötzlich nicht mehr angeboten. Die Shorts waren verschwunden wie Vampire im hellen Tageslicht.

„Sollen wir kaufen?", fragte ich vollkommen verwirrt. Meine Frau erinnerte mich daran, dass wir schon auf dem Weg nach unten gekauft hatten, als die Preise noch viel günstiger waren. Würde es einen Rücksetzer geben?

„Keinen nennenswerten jedenfalls", erwiderte sie. „Wir können sowieso nichts mehr tun." Das stimmte, wir hatten bis zum Anschlag geborgt. Bis über den Anschlag.

„Glaubst du, es wird irgendwann wieder zurückgehen? Vielleicht in ein paar Tagen? Wochen?" Sie machte sich nicht die Mühe zu antworten, packte einfach ihre Sachen, schmiss einen Katalog von Lands' End hin, aus dem sie auf dem Höhepunkt des Abschwungs etwas bestellt hatte, und nahm sich den Katalog von Martha by Mail, den ich weggeschubst hatte, als ich in Panik ausbrach und begann, in diesem Mahlstrom zu verkaufen.

Sie schrieb Anweisungen auf, wann wir die Positionen abstoßen sollten, die sie am Vormittag gekauft hatte. Diese Positionen würden in ein oder zwei Stunden Millionen mehr wert sein, als sie dafür bezahlt hatte. America Online, Gap, Seagate und der Streitpunkt General Electric. Jetzt war klar, dass es besser gewesen war, zu kaufen. Sie blickten sich nicht einmal um. „Ein Rücksetzer?", fragte sie rhetorisch. „Nein. Unwahrscheinlich. Nicht nach dieser Verkaufsorgie." Sie stopfte ein paar Kataloge in ihre Coach-Tasche, stand auf, fuhr noch einmal über meinen Schreibtisch, kritzelte etwas auf einen selbstklebenden Notizzettel, den sie mit der Hand bedeckte, und ging Richtung Ausgang.

Und mit einem Winken in die Runde verabschiedete sie sich. Nicht einmal ein „bis dann". Kam seither nicht wieder. Wird nie wiederkommen. Keine Zugabe von Karen.

Von da an erholte sich der Markt für den Rest des Jahres in einem der größten Comebacks der Geschichte. Wir gewannen in fast ununterbrochener Linie 120 Millionen zurück, kamen einen Monat danach aus der

Margin heraus und wiederum einen Monat später in die schwarzen Zahlen. Wir verkauften BayView zu 20 Dollar und schlugen auch die restlichen Sparkassen zu sehr viel höheren Preisen los, nachdem die Fed die Zinsen gesenkt und noch einmal gesenkt hatte und damit gerade bei den Finanzwerten, in denen wir steckten, eine wahnsinnige Hausse auslöste. Der Nasdaq Composite erreichte 5.000 Punkte, der Dow Jones 12.000, alles von dem Boden um 12:18 Uhr aus, als ich die Kataloge beiseitegestoßen und versucht hatte, die bullishe Arbeit meiner Frau zunichtezumachen, als Bulle, der sich in einen Bären verwandelt hatte.

Wir schlossen das Jahr trotzdem enttäuschend ab, weil wir die Indizes trotz allem nicht mehr einholten, aber immer noch besser als die 38 Prozent Verlust, auf denen wir am 8. Oktober zeitweise gesessen hatten, dem Tag, an dem wir eigentlich hätten Pleite machen müssen. Wir verzichteten auf einige Millionen an Verwaltungsgebühren, weil wir nur ein paar Prozent geschafft hatten und darauf nicht gerade stolz waren – aber wir waren stolz darauf, dass wir das Schiff gewendet hatten. Die Krise war so früh im Monat aufgetreten, dass nur die ganz Genauen sie bemerkten, die auf jede Minute schauten. Wer im Fonds geblieben war, vermehrte sein Geld innerhalb der nächsten zwei Jahre von diesem Boden aus um 200 Prozent. Süß. Viele der scheidenden Partner wollten wiederkommen, nachdem wir das nächste Jahr mit 60 Prozent abschlossen, aber wir ließen sie nicht. Noch süßer. Auch wenn der Fonds wieder in den schwarzen Zahlen und gesund war, der Schmerz der dunklen Tage war noch nicht ausgetrieben. Goldman bemerkte nicht, dass wir uns mehr als 30 Millionen zu viel geliehen hatten und dass wir am Boden die Margin voll ausgeschöpft hatten, so wie man es sich wünscht, so wie es jeder gute Hedgefonds-Manager gern hätte. Die Leser von TheStreet.com jedoch verziehen mir meinen Panikausbruch nicht, auch nicht, als ich am nächsten Tag umschwenkte. Laut Karen war es ein Zeichen von Stärke, dass ich kapitulieren und dann so schnell wieder auf die Long-Seite wechseln konnte. Das Schlimmste, was man tun kann, ist, auch nur eine Minute an einer Verliererposition zu kleben, wenn man weiß, dass sich die Fakten geändert haben und man falschliegt. Die Flexibilität ist es, die den guten Trader vom schlechten unterscheidet.

Die Leser aber behielten mich als den Mann in Erinnerung, der am Boden kapituliert hat, der den Boden definiert hat.

Ach ja, und was ist mit dem Klebezettel, den meine Frau an meinen Computer heftete, als sie ging, um unsere Tochter nach der Schule zu Hause zu empfangen? „Es ist gut, wenn man gut ist, aber noch besser ist es, Glück zu haben."

Wenn es denn nur Glück gewesen wäre, dann hätte ich wenigstens eine Chance, der letzten Performance der Frau nachzueifern, die man immer noch die Trading-Göttin nennt.

17
Im Inneren des IPO: Teil 1

Die Ironie der Situation sprang mir jedes Mal wie ein Laubfrosch ins Gesicht, wenn ich darüber nachdachte: Wie konnte ein so enorm profitables Unternehmen wie mein Hedgefonds, der noch nie Verlust gemacht hatte, sondern mehr als 300 Millionen Gewinn, am Rande der Insolvenz stehen, während TheStreet.com, das hässliche achtstellige Verluste bescherte und dessen Einnahmen kaum der Rede wert waren, plötzlich von allen Investmentbanken und Wagniskapitalgesellschaften des Landes umworben wurde? Konnten sich die Kapitalmärkte so sehr irren? Konnten meine Partner im Hedgefonds derart nachtragend sein? Ja und ja.

Während Cramer Berkowitz in den letzten Monaten des Jahres 1998 aufgrund eines starken Aktienmarktes, den die Panik der Federal Reserve angeheizt hatte, in die schwarzen Zahlen zurückkehrte, wurde TheStreet.com, das sich noch im Venture-Stadium befand, als Privatunternehmen synchron zum IPO-Markt gehandelt, und dieser Markt der Neuemissionen hätte nicht heißer sein können, selbst wenn er sich auf der Sonnenoberfläche befunden hätte. Normalerweise waren die Investmentbanken gern zu Börsengängen bereit, die das ganze Geld aufnahmen, das die Fed durch Zinssenkungen schuf, aufgrund deren sich die Banken über Nacht zügellos Geld leihen konnten, was sie dann auch taten. Aber den ganzen Sommer 1998 über, als alle, die im Business waren, wie gelähmt dastanden, weil obskure Abteilungen durch Arbitragegeschäfte oder den Handel mit festverzinslichen Wertpapieren die gesamten Gewinne und das gesamte Kapital vernichteten, das die großen Brokerhäuser hatten, kümmerte sich niemand darum, genug neue Papiere zu schaffen, die die Nachfrage der Öffentlichkeit befriedigen konnten.

Die Beschäftigungsquote nahm zu und es gab viel Geld aus 401 (k)-Altersvorsorgeplänen, deshalb brauchte die Öffentlichkeit Aktien, in die sie investieren konnte. Die Fed senkte die Zinsen, um das Brokersystem vor dem Sog von Long-Term Capital zu retten, und die Öffentlichkeit, die keine Rettung brauchte, stand plötzlich mit Geld in der Hand da, das sie anlegen wollte, und der Aktienmarkt wurde zum Volkssport Nummer 1. Einfach gesagt waren nicht genug börsennotierte Aktien verfügbar, insbesondere von Dotcoms, um all das Geld aufzunehmen, das ein Zuhause suchte. Die Nachfrage überstieg das Angebot gewaltig, dabei wollte die Federal Reserve eigentlich nur die Kreditknappheit im Lande brechen. Im November 1998 lief so viel Geld um, die Fed druckte es und senkte die Zinsen so schnell, dass es sogar in den privaten Aktienmarkt eindrang und selbst Unternehmen im Anfangsstadium wie TheStreet.com Auftrieb gab, das jetzt zwar im dritten Jahr war, aber keine nennenswerten Ergebnisse vorzuweisen hatte. Außerdem fehlte der Organisation ein formelles Board of Directors, ein Chief Financial Officer und natürlich ein Chief Executive Officer (ironischerweise wurde Kevin English am 8. Oktober zum CEO ernannt, dem Tag, an dem ich fast pleiteging).

Nach drei Jahren waren die Leiter der Gesellschaft immer noch mir, Marty und den VKlern von Flatiron, Fred Wilson und Jerry Colonna, unterstellt, und keiner war so richtig zuständig. Früher war es so gewesen, dass sich Privatunternehmen Stück für Stück auf den Markt für Börsengänge zubewegten. Sie arbeiteten sich über mehrere Jahre in die Profitabilität vor, mit klaren Strukturen und klaren Wegen zur Profitabilität. Jetzt aber, im Herbst 1998, suchten die Investmentbanker nach neugeborenen Unternehmen, die sie schon Monate nach Aufnahme des Betriebs an die Börse brachten. In diesem Umfeld erschien TheStreet.com geradezu als überfällig. Die privaten Finanzierungsrunden, zwischen denen normalerweise Jahre lagen, begannen jetzt schon, als die vorangegangenen kaum abgeschlossen waren, und zwar mit einer ungeheuer hohen Prämie im Vergleich zu den vorherigen. Für TheStreet.com bedeutete das, dass die erste Runde im April, bei der das Unternehmen mit 30 Millionen Dollar bewertet wurde, angesichts der nächsten Runde wie ein Scherz aussah, als wir dann endlich damit anfangen konnten.

Die Broker waren noch nie so kalt erwischt worden. Die Baisse endete mit blitzartiger Geschwindigkeit – die Nasdaq, wo die meisten dieser neuen Unternehmen angesiedelt waren, begann ihren historischen Aufstieg von 1.500 auf 5.000 Punkte, und die Unternehmen, die neue Aktien machen, hatten einfach nicht genug auf Lager. Der einzige Deal, der in diesem Sommer zu verbuchen war, war ein mickriger Laden, der, wie ich aus meiner Dotcom-Tüte wusste, kein nennenswertes Geschäft machte: theglobe.com. Ich war einmal irrtümlicherweise zu theglobe.com gegangen, weil ich natürlich dachte, das sei *The Boston Globe* und ich würde dort etwas über die Red Sox finden. Aber es stellte sich heraus, dass das eine Kommunikationsseite war, eine Gemeinschaft, in der man sich zum Chatten versammeln konnte. Als mich der Underwriter Bear Stearns fragte, ob ich davon Aktien wollte, ließ ich es sein, weil ich es besser wusste. Es gab keine Möglichkeit, Chats zu Geld zu machen. Den Anzeigenkunden waren die Zugriffe zu wenig. Erstaunlicherweise senkte theglobe.com in der dritten Oktoberwoche die angebotene Aktienanzahl und den Kurs – Schritte, die die Ware normalerweise attraktiv machen –, scheiterte mit seinem Börsengang aber trotzdem. Eine Woche später zog die Gesellschaft ihr Angebot zurück. Ich nehme an, da ging es um schlechte Ware, die aus reiner Verzweiflung auf den Markt gedrückt werden sollte.

Für mein eigenes Wohl war ich viel zu schlau. Die Aktie eröffnete 90 Punkte höher, als sie eigentlich hätte stehen sollen. Das war der größte Tagessprung, den man je gesehen hatte. Zuerst dachte ich, das wäre frisiert. Ich wusste, dass Wayne Huizenga in das verdammte Ding investiert hatte, und ich dachte mir, vielleicht hat er die Neuemission aufgekauft, um ein wenig die Trommel zu rühren. Jeder würde über den Sprung sprechen, die Leute würden etwas von theglobe.com hören, und schon hätte man eine gigantische Werbung für den Namen. „Da steckt ein Genie dahinter, ein richtig teuflisches Werbegenie", sagte ich zu Jeff, der wissen wollte, warum ich die Person, die für Zeichnungen zuständig war, nicht gefeuert hätte, weil sie nicht darauf bestanden hatte, dass wir ein paar Aktien von theglobe.com nahmen.

Jeder Hedgefonds, der viel tradet, hat eine bestimmte Person, die auf IPO-Versammlungen geht. Häufig steht diese Person in der Unternehmenshierarchie ziemlich weit unten. Meine Frau betraute meistens attraktive junge Damen mit dieser Aufgabe. Diese trugen sich dann in die Besucherliste ein und achteten darauf, dass sie gesehen wurden, wie sie den Rednern wie gebannt zuhörten. Dann kamen sie zurück und erzählten uns, ob viele Menschen da waren und ob der Tisch, an dem sie saßen, begeistert war. Wenn ja, dann riefen wir unsere Broker an und sagten, dass unserem Vertreter die Story sehr, sehr gut, ja sehr gut gefallen habe und dass wir so viel davon zeichnen wollten wie möglich, in der Hoffnung, das sei wirklich ein heißes Ding. Natürlich schnippten wir die Aktie dann weg – wir nahmen sie zum Emissionskurs in Empfang, für 30 Sekunden, und dann schlugen wir sie zu dem viel, viel höheren Eröffnungskurs wieder los, denn erstens bekamen wir ohnehin nie genügend Stück, als dass sie zu einer Kernposition werden könnten, und zweitens war die Aktie bis zur Eröffnung normalerweise hoffnungslos überbewertet oder sie war ein richtiger Mist, den sowieso niemand haben wollte. Das sogenannte „Flipping" war ein gutes Geschäft, wenn die Emissionen heiß waren. Manche Hedgefonds lebten ausschließlich davon. Für uns war es nur eine Möglichkeit, Gewinn zu machen.

Bei theglobe.com war das jedoch anders. Niemand hatte sich für den Werbefeldzug interessiert. Niemand wollte etwas von den zwei Collegestudenten hören, die noch nie einen Cent verdient hatten und genauso gut die Aktien einer Rasenmäher- oder Fensterreinigungsfirma hätten verkaufen können, die sie gegründet hätten, wenn sie nicht frühzeitig das Netz entdeckt hätten. Die Institutionen scherten sich herzlich wenig darum.

Wir dachten, es läge am Huizenga-Faktor und ließen es sein.

Unsere Einschätzung war aber falsch, denn theglobe.com war eine Transformation, ein unfassbares Zusammentreffen mehrerer Faktoren: Die Fed wollte die Aktienkurse heben, die Öffentlichkeit hatte Geld übrig, das Internet war ein brandneuer Verkaufskanal und es herrschte der Glaube, das Internet würde eine ganz neue Wirtschaft einleiten, die sogenannte „New Economy". In den ein oder zwei Jahren davor waren zwar schon einige Dotcoms an die Börse gegangen, unter anderem Yahoo!, Excite, Amazon und natürlich America Online, aber dieses theglobe.com signalisierte, dass das Internet-Investing in ein neues Stadium der Atemlosigkeit und Überhitzung eintrat. Jeff Berkowitz und ich stellten das ein paar Wochen später – Anfang Januar – fest, als CBS MarketWatch, auch so ein Geschäft, um das sich an der Wall Street niemand zu kümmern schien, genauso hoch gehandelt wurde wie theglobe.com. Ein heißer Deal allein konnte noch Manipulation bedeuten, aber zwei bedeuteten einen Trend, den man nutzen musste. MarketWatch, unser Konkurrent Nummer 1, bot 2,75 Millionen Aktien zu 17 Dollar das Stück an und am ersten Tag stieg die Aktie auf 130 Dollar! Das war ein unglaublicher 100-Punkte-Sprung. Das war eine Form von Wahnsinn, die ich verstand – ich war selbst in dieser Branche tätig –, und wir kauften einen riesigen Sack voll dieser Aktien, womit wir einerseits unseren Fonds bereicherten, andererseits aber auch der Konkurrenz Geld gaben – wenn auch nur sehr vorübergehend, nämlich 47 Minuten lang. So lange hielten wir die Aktie.

Bei TheStreet.com hatten wir gerade erst im Sommer über eine Fusion mit MarketWatch nachgedacht und ich hatte mit meinem Freund Larry Kramer gesprochen, dem Chefredakteur und CEO des Unternehmens. Ich wusste, dass er zwar keine Einnahmen aus Abonnements hatte, aber dafür hatte Larry immense Werbeeinkünfte, und er hatte mit America Online und Yahoo!, den beiden Seiten mit den höchsten Zugriffszahlen im Internet, geniale Placement-Verträge abgeschlossen.

Aber ich war immer noch wie vor den Kopf gestoßen – Larry übrigens auch, wie er mir später anvertraute – von dem Empfang, den der Markt CBS MarketWatch (MKTW) bereitete. Keiner von uns hätte gedacht, dass die Aktie jenseits von 100 eröffnen würde. Niemand, auch nicht die übertriebensten Bullen, hatten gedacht, dass eine solche Nachfrage bestand, denn wieder einmal hatten die Institutionen wenig Interesse gezeigt, als die Gesellschaft ihre institutionelle Werbungstour absolvierte.

Im Hedgefonds-Büro erlebten wir an dem Tag des CBS MarketWatch-Deals wieder einmal einen bedrückenden Handelstag, an dem wir versuchten, uns zurück in die Respektabilität zu hangeln, falls es so etwas überhaupt gibt. Aber meine Ohren und mein Gehirn wurden aufmerksam, als ich die Voranzeigen für MKTW hörte. Bei einem IPO bekommt man von dem Wertpapiermakler, dem Vertreter des Brokerhauses, von dem man die Aktien erhält, vorab Angaben, zu welchem Kurs die Aktie wahrscheinlich eröffnet. Die erste Angabe für CBS MarketWatch, das formal mit 19 Dollar bewertet wurde, lag in den 20ern. Das war angesichts der recht geringen Aktienanzahl, die geboten wurde, und angesichts der Tatsache, dass das Unternehmen seinen Namen im Netz verbreitet hatte – das war die beste Möglichkeit, um Käufer zu werben, die bei ihren neuen elektronischen Brokern gern ein paar IPO-Aktien abnahmen –, nicht besonders viel. Aber um zehn Uhr wurde der mögliche Eröffnungskurs schon auf 40 Dollar erhöht. Die Underwriter dachten allerdings, wenn die 40 erreicht wären, würde das Angebot wieder steigen und die Aktie kräftig nach unten drücken.

Jede Institution, die diese Aktie bekommen hatte, würde sich über eine Verdopplung sehr freuen und ich dachte, als Nächstes würden wir zu hören bekommen, dass die Aktie nun doch wieder in den 30ern angesiedelt wäre.

Als das nicht geschah und die Ankündigung auf 50 bis 60 ging, deutete Jeff mit dem Kopf in Richtung seines Büros und zeigte damit an, dass er mit mir sprechen wollte. „Denkst du das Gleiche wie ich?“, fragte er und lächelte dabei so breit, wie er angesichts der kränklichen Performance von Cramer Berkowitz nur lächeln konnte.

„Das versuche ich zu vermeiden“, sagte ich, „denn wer weiß, was TheStreet.com wert wäre, wenn MarketWatch wirklich so hoch eröffnet.“ Wir unterdrückten unsere Wankelmütigkeit, bis die Ankündigung bei 100 lag, und dann vervielfachten wir einfach die Anzahl unserer Aktien (Jeff hatte von mir eine Wagenladung dieser Aktien dafür bekommen, dass er mir im Frühjahr bei den Gehältern ausgeholfen hatte, als wir auf den Abschluss des Flatiron-Geschäfts gewartet hatten) und lachten uns eins, so wie Walter Huston gelacht hätte, wenn er das Gold am Ende von „Der Schatz der Sierra Madre" nicht verloren, sondern behalten hätte. Wir konnten einfach nicht an uns halten. Wie zum Teufel konnte MarketWatch, das wie TheStreet.com bergeweise Kapital verlor, eine Milliarde wert sein? Wie konnte der Markt so dumm sein? Und würde er lange genug so dumm bleiben, dass ich TheStreet.com an die Börse bringen könnte?

Von diesem Tag an, als CBS MarketWatch mit 117 Dollar eröffnete, weiter stetig stieg und dann in die Nähe von 100 zurückfiel, waren plötzlich alle die besten Freunde von TheStreet.com, von den Investmentbankern und Analysten der Wall Street bis hin zu den konventionellen Medien. Vor dem MarketWatch-Deal waren wir nur eine von Hunderten Dotcoms gewesen, die hofften, eines Tages des öffentlichen Interesses wert zu sein. Nach dem MarketWatch-Deal waren wir eine brandheiße Ware und reif für die öffentliche Bratpfanne, obwohl wir immer noch versuchten, das Projekt wie ein richtiges Unternehmen aussehen zu lassen. Die *New York Times* beispielsweise, die bis dato nicht einmal von unserer Existenz Notiz genommen hatte, obwohl ihr digitaler Experte Martin Nisenholtz mit mir in Wyndmoor in Pennsylvania aufgewachsen war und mein Kassenwart gewesen war, als ich zum Schülerratspräsidenten der Springfield Highschool in Montgomery County gewählt wurde, klopfte jetzt bei uns an und redete davon, Kapital in uns zu investieren. Und sie wollte einen Sitz im Board haben! Dabei hatten wir noch gar kein Board. Etwa zur gleichen Zeit klopfte Rupert Murdochs Fox-Abteilung bei uns an und wollte unbedingt mit uns an einer Fernsehsendung mit dem Titel „TheStreet.com" für das Fox News Network arbeiten, wenn sie dafür ein paar Anteile an unserer Gesellschaft bekommen würde.

Aber alle Bemühungen, auf den fahrenden Unternehmenszug aufzuspringen, verblassten im Vergleich zu dem Feuereifer, mit dem die Venture-Kapitalisten und Investmentbanken versuchten, als Erste in das Projekt hineinzukommen, das nun für einen brandheißen Börsengang prädestiniert zu sein schien. Sobald wir uns für Kevin English entschieden hatten, begann er mit der Kapitalbeschaffung für die zweite Finanzierungsrunde, die das Vorspiel zu dem letztendlichen Börsengang sein sollte. Die Venture-Kapitalisten, die mich 1996 und 1997 nicht einmal in ihr Büro gelassen hatten, verlangten nun, in einer Finanzierungsrunde an Bord gelassen zu werden, die am Ende TheStreet.com viermal so hoch bewertete wie noch im April 1998. Man kann sich kaum vorstellen, herablassender behandelt zu werden, als es mir mit meiner Idee zu TheStreet.com mit den gleichen Menschen widerfahren war, die jetzt um Anteile bettelten, weil sie einen bevorstehenden heißen Börsengang rochen.

Die Banker und Analystenschergen fast aller Unternehmen der Wall Street umringten uns schon, um die letzte Eintrittskarte, nämlich den IPO auszustellen, obwohl die entscheidende zweite Finanzierungsrunde noch nicht abgeschlossen war, mit der Kevin English angefangen hatte. Die meisten von ihnen wussten nicht einmal, was wir waren, was wir machten, ob wir Einnahmen oder gar Profit erzielten, aber sie wollten unsere besten Freunde sein. Manche waren mehr als schamlos. Ein Analyst eines der größten Häuser der Wall Street besuchte uns und wollte mir seine Einschätzung des Internets mitteilen, damit Cramer Berkowitz ein bisschen Geld verdienen könnte. Er wusste so gut wie nichts darüber, was damals wirklich vor sich ging. Wir nickten angesichts seines mangelnden Wissens höflich und warteten nur darauf, dass wir ihn endlich hinausgeleiten könnten. Da fragte er mich, ob er über etwas Persönliches sprechen dürfe. Meine Augenbrauen gehen instinktiv hoch, wenn ich „etwas Persönliches" höre, denn glauben Sie mir, in der Welt der Hedgefonds gibt es absolut nichts Persönliches; alles ist Geschäft.

Sicher, nickte ich. „Was haben Sie auf dem Herzen?"

Nun, sagte er, er habe da einen Vorschlag. „Geben Sie mir ein paar Aktien von TheStreet.com und ich kann Ihnen wirklich helfen", sagte er. Ich sagte ihm, ich würde zwar für TheStreet.com schreiben und sei ein großer Aktionär, aber ich hätte bezüglich des Zeichnungsverfahrens nichts zu sagen. „Ich weiß, ich weiß", sagte er. „Geben Sie mir einfach privat ein paar Aktien und dann können gute Dinge passieren."

Du lieber Himmel, dachte ich, das ist Bestechung erster Klasse, der ist noch schlimmer als die anderen Ratten in diesem Geschäft. „Keine Chance!", sagte ich. Das war ein derart eindeutiges Angebot, dass ich hinterher zu Jeff nachdenklich sagte, vielleicht sei er von einem meiner Feinde geschickt worden und habe eine Wanze getragen, mit der sie mich in die Falle locken wollten. Jeff war sonst immer sehr nachsichtig, auch mit meinen paranoidesten Fantasien, aber diese war zu viel.

„Nö, das war bloß ein korruptes Arschloch", sagte Jeff.

Die Emissionsvorschriften sind derart streng, dass man ab dem Zeitpunkt, an dem man offiziell einen Börsengang anstrebt – was wir ab der Einstellung von Kevin English taten –, nicht mehr über das Unternehmen sprechen darf. Gemäß obskuren Klauseln des Securities Act von 1933, der verfasst wurde, bevor allgemeines Interesse am Aktienmarkt herrschte und entsprechende Informationen sehr schnell zugänglich waren, muss man schweigen. Der Staat hat ein Interesse an dieser Schutzfunktion: Er will nicht, dass man sein Unternehmen während des Verfahrens über den grünen Klee lobt, weil sonst naive Menschen die Aktie maßlos überschätzen könnten. Deshalb wird man einfach mundtot gemacht und darf keine Fragen über das Unternehmen beantworten, seien sie nun berechtigt oder unberechtigt.

Theoretisch ergibt dieser vorbeugende Ansatz sogar einen gewissen Sinn. Man kann vorher nicht wissen, wer übertreibt und wer sich an die schriftlich niedergelegten Fakten hält. Deshalb unterbindet man jegliche öffentliche Rede darüber; wenn jemand patzt und sich öffentlich äußert, kann der Staat das Geschäft verschieben, was es im Extremfall platzen lassen kann.

In der Praxis ist das Schweigegebot ein Albtraum. Gerade in dem Moment, in dem jedermann etwas über die Aktie erfahren will, um über einen eventuellen Kauf zu entscheiden, muss man allen Fragen ausweichen und darf nicht einmal die einfachsten beantworten. Die Presse glaubt dann natürlich, man wolle etwas verbergen, denn bei der Presse kennt niemand die Schweigeklauseln irgendeines Gesetzes, das vor sieben Jahrzehnten verabschiedet wurde.

Jeden Tag rief irgendein Reporter bei mir an und wollte wissen, wann TheStreet.com an die Börse käme. Ich habe zu Reportern schon immer ein lockeres Verhältnis, aber jetzt wich ich ihren Fragen plötzlich aus und hatte zu viel Angst, auch nur über den allgemeinen Hintergrund zu sprechen, denn es könnte ja sein, dass jemand die Vorschriften nicht kennt und mich wörtlich zitiert.

Aber indessen spricht man über nichts anderes als darüber, wie und wann man an die Börse geht, und mit wem. Wenn man das nicht tut, ist man verrückt, denn wenn einen die Banker belagern, die einem Geld geben wollen, sagt man nicht: „Wartet mal, wir sind noch nicht bereit, wir verlieren viel Geld, warten wir erst einmal ab." Man kann nicht sagen: „Nein, danke, es ist uns lieber, wenn uns bei dem Versuch, profitabel zu werden, das Geld ausgeht." Und dem Venture-Kapitalisten, dem man gerade einen großen Teil des Unternehmens verkauft und einen Sitz im Board gegeben hat, kann man nicht sagen: „He, Leute, im Moment wäre es nicht sehr klug, an die Börse zu gehen." Alle Insider und Außenstehenden wollen, dass man an die Börse geht. Es gibt niemanden, zu dem man Nein sagen kann. Man würde die treuhänderischen Verpflichtungen gegenüber den Investoren verletzen, wenn man nicht an die Börse ginge.

Den ganzen Winter 1998/99 über, während wir die zweite Kapitalrunde mit einer Bewertung von rund 100 Millionen Dollar abschlossen – sie steigerte sich drei Wochen lang jede Woche um zehn Millionen –, drängte uns die *New York Times*, gegen einen Teil unseres Unternehmens eine noch höher bewertete Investition abzuschließen. Die *Times* wollte ein Geschäft mit uns abschließen, wie es für die damaligen Dotcoms typisch war. Sie wollte herausfinden, wie die Dotcom-Welt funktioniert – anscheinend sollten wir ihr das beibringen – und gleichzeitig an einer gemeinsamen Redaktion beteiligt sein, die sowohl NewYorkTimes.com (so hieß das damals) als auch TheStreet.com versorgen sollte. Dafür wollte sie uns 15 Millionen Dollar geben, drei Millionen davon in bar und den Rest als Anzeigenkredit, der zurückgezahlt werden sollte; das war einerseits ein nettes Geschäft für die *Times* (sie gab uns Geld, das sie wieder zurückhaben wollte), aber andererseits bekamen wir dafür ihr Imprimatur. Wir schlossen dieses Geschäft im Februar 1999 in einer Transaktion ab, die unseren Wert auf elf US-Dollar pro Aktie beziehungsweise 250 Millionen Dollar brachte. All das, obwohl wir immer noch ein Vermögen verloren, keinen richtigen Plan zur Profitabilität und noch nicht einmal ein offizielles Board of Directors hatten. Es herrschte Sturm- und Drang-Zeit im Februar 1999, man konnte seinen Wert jeden Tag um Millionen Dollar steigern, ohne dass man selbst einen Grund für diese Wertsteigerung sah. Und all das nur, weil es für die internetbesessene Öffentlichkeit nicht genügend Aktien gab. In jenem Februar, in den wenigen kurzen Wochen, in denen sich die Medien auf den bevorstehenden Börsengang von TheStreet.com stürzten, verwandelte ich mich vom Rattenfänger des Kapitalismus, einer Person, die die Menschen sogar nach meinem harten Jahr noch als Marktkenner respektierten, zum größten Schreiberling und Scharlatan, der seit einer Generation durch die Wall Street gelaufen war. Zum ersten Mal konnte ich, der ich ein echter Kämpfer war und mich von niemandem mit konventionellen Waffen angreifen ließ, ohne mit taktischen Nuklearwaffen zurückzuschlagen, nicht zum Gegenschlag ausholen. Ich durfte nichts sagen, weil wir den gesetzlichen Anforderungen entsprechend „still" waren. Ironischerweise beschloss der Wirtschaftsteil der *New York Times* genau einen Tag, nachdem die *Times* einen Vertrag mit uns unterzeichnet hatte, der meinen 3,5 Millionen Anteilen an TheStreet.com einen Wert von mindestens 50 Millionen Dollar verlieh, einen Artikel über die schwache Performance von Cramer Berkowitz im Jahre 1998 zu bringen.

Jemand hatte der *Times* meine Performancemitteilung vom Jahresende gegeben, in der ich zugab, wie peinlich es mir war, dass ich nur zwei Prozent gewonnen hatte, während der S&P 500 29 Prozent zugelegt hatte. Der Artikel zitierte den kompletten Brief, abgesehen von der Tatsache, dass ich mich dafür entschieden hatte, auf die Gebühren von 1,2 Millionen Dollar zu verzichten, weil ich der Meinung war, ich hätte für diese schwache Performance keine Bezahlung verdient. Der Artikel stellte mich als vollkommenen Idioten dar, dessen Schriften man lieber nicht lesen sollte, auch wenn die *Times* als Unternehmen in uns investierte, weil sie entgegengesetzter Meinung war.

Gleichzeitig suchte sich *Vanity Fair* diesen Moment aus, um mich nach allen Regeln der Kunst zu verreißen. Der demütigende Artikel beschrieb mich als unterdurchschnittlichen Fondsmanager – wieder unter Berufung auf 1998 –, als zweitklassigen Journalisten und natürlich als Geisteskranken erster Güte. Es wundert mich immer noch, dass sie mir auf dem Foto, das sie am Anfang des Artikels abdruckten, nicht einen Stempel mit dem Wort „Schreiberling" auf die Stirn gedrückt haben.

Die Motivation der *Times* konnte ich noch verstehen. Es gibt keine bessere Story als einen von einem abgehauenen Partner zugespielten Brief, der mich in ein peinliches Licht rückte, während mich die geschäftliche Seite der Zeitung durch ihre Investitionen zum Millionär machte. Ich hätte diesen Artikel auch geschrieben, wissend, dass die Zielscheibe aufgrund des Schweigegebots der SEC diesmal völlig wehrlos war.

Das Porträt in *Vanity Fair* dagegen stammte aus dem mittlerweile ausgebrochenen offenen Krieg mit Marty Peretz. Nachdem er sich aus meinem Fonds zurückgezogen hatte und es uns nicht gelungen war, Jonathan Fram als CEO für TheStreet.com zu bekommen, hatten wir mehr oder weniger aufgehört, miteinander zu sprechen. Inzwischen war es schon so schlimm, dass Marty und ich, die wir einst unzertrennlich gewesen waren, darauf achteten, zu unterschiedlichen Zeiten auf die Weihnachtsfeier von TheStreet.com zu kommen. Ich hatte in meiner Laufbahn viele Verrisse geschrieben – und in meiner Zeit als hauptberuflicher Journalist war es für viele Herausgeber ganz natürlich, dass sie mich für solche Aufgaben heranzogen –, aber ich fand es erstaunlich, wie scharf und wirkungsvoll ein Hochglanzmagazin wie *Vanity Fair* die Axt mit 8.000 Wörtern zu führen wusste. So ziemlich alle Aspekte meines Lebens außer meiner Frau wurden unter Feuer genommen. Ich wusste schon vor Erscheinen des Artikels, dass mir das Messer an die Gurgel gesetzt werden sollte, denn als mich im Vorfeld des Artikels die Bildredakteurin von *Vanity Fair* anrief, fragte ich sie, ob sie für die Bilder posieren würde, wenn es in dem Artikel um sie ginge. Sie drückte ihr Erstaunen aus und sagte „natürlich nicht", weil der Artikel alles andere als schmeichelhaft sei. Ich ließ sie bei Bekannten nach Bildern von mir suchen. Ich war nicht kooperativ und saß für gar nichts Modell, nicht einmal für eines jener exquisiten Stücke von Annie Leibovitz. Ich weiß nicht, was schlimmer war, die an den Haaren herbeigezogene falsche Geschichte über die Armut meiner Familie mit freundlicher Genehmigung von Nick Leman (mein Vater hatte Arbeit, wir wuchsen nicht auf einem Wohnwagenplatz auf, sondern gehörten mindestens zur respektablen Mittelklasse) oder die anonymen Zitate von Menschen „von der Street", was für ein Schreiberling ich doch sei und was für ein übler Investor ich geworden sei.

Eigentlich dachte ich, die Kombination aus *Times* und *Vanity Fair* müsste den Appetit der Medien auf meinen Skalp gestillt haben, aber dann bezeichnete mich Alan Abelson in *Barron's* als „dreifache Bedrohung", nämlich für das Wohlergehen meiner Anleger, für meine Leser und für die potenziellen Investoren von TheStreet.com.

Die *New York Times*, *Vanity Fair* und *Barron's*, alle drei wählten mich gleichzeitig als Zielscheibe. Ich war erschöpft. Am meisten von den drei Artikeln verletzte mich der von Abelson, denn er war so verdammt persönlich und handelte davon, was für ein schlechter Investor ich sei, obwohl ich doch für meine Partner in den letzten zwölf Jahren so viel Geld verdient hatte. Das war ein genauso bösartiger und direkter Angriff wie damals, als mich Lalli nach dem *SmartMoney*-Debakel in *Money* mit Dreck beworfen hatte. Als mich Karen an einem kalten Samstagmorgen im Februar dabei erwischte, wie ich den Kopf hängen ließ, während ich in unserem Landhaus in Bucks County versuchte, mit den Mädchen zu spielen, gab sie mir Saures: „Wenn du dich nicht über ihn lustig gemacht hättest, als er bei 1.100 Punkten im Dow Jones bearish wurde, oder wenn du seinen Stil nicht in dieser ‚Roundtable'-Parodie lächerlich gemacht hättest [vor einem Jahr hatte ich Abelson parodiert], dann hättest du das Recht, dich zu ärgern. Aber Schwamm drüber. Du hast ihn dazu eingeladen und er hat geantwortet." Sie sagte, es hätte sie eher überrascht, wenn er nicht auf mich geschossen hätte.

Im März 1999 griffen *Fortune* und der *Boston Globe* den Zwist zwischen Marty und mir auf, nachdem *Vanity Fair* ihn in die Öffentlichkeit getragen hatte, und sie verschwendeten noch mehr Druckerschwärze auf unseren Disput. Die Luft war so dick, dass die Securities and Exchange Commission nach der Einreichung unseres Prospekts für den Börsengang im April das Verfahren wegen einer Untersuchung unterbrach, wie sehr Marty und ich uns hassten und ob dies den Betrieb von TheStreet.com stören könnte.

So wütend jeder von uns auch auf den anderen sein mochte – als es so weit kam, dass dies das Projekt zerstören könnte, von dem der ganze Krieg herrührte, besaßen wir beide genug Vernunft, zu beschließen, dass wir nie wieder über diesen Kampf sprechen würden. In einer angespannten Sitzung, der ersten Boardsitzung der Gesellschaft, verkündete Kevin English, dass der Deal scheitern könnte, wenn Marty und ich uns nicht zusammenraufen würden. Wir waren wohl wütend aufeinander gewesen, aber jetzt war es schon zu spät, als dass wir das Projekt nicht durchziehen würden. Wir kamen auf der Stelle überein, dass wir die Angelegenheit regeln würden.

Das war das Vorspiel zu der Entente, die wir seither geschlossen haben, und das tat sehr gut. Ich war so überglücklich, dass ich öffentlich zugeben konnte, ein schlechter Partner und ein schlechter Freund gewesen zu sein; das tat ich beim Essen im Côte Basque nach der Boardsitzung, wo Marty und ich uns öffentlich umarmten. Ironischerweise nahm mich Marty an jenem Abend beiseite und fragte mich, ob ich genauso entsetzt darüber sei wie er, wie verschwenderisch, dumm und abgehoben English mit TheStreet.com umgehe. Er frage sich, was zum Teufel wir denn im Côte Basque zu suchen hätten, nachdem wir noch keinen Cent verdient hatten und ein Vermögen verloren. Ich stimmte zu und meinte, wir hätten uns etwas vom Chinesen ins Büro liefern lassen sollen. Wir lachten zusammen, wie wir es seit einem Jahr nicht mehr getan hatten. Und wir schworen uns beide, dass wir Englishs exzessiven Ausgaben bald nach dem Börsengang ein Ende setzen würden.

Nachdem wir übereingekommen waren, den Streit beizulegen – ein Versprechen, aus dem am Ende wieder eine Freundschaft erwuchs –, gab es nichts mehr, was dem Börsengang von TheStreet.com im Mai 1999 entgegenstand, außer der Tatsache, dass sich die Erstemissionen nun plötzlich stauten. Mitte des Frühjahrs ging ein Unternehmen nach dem anderen an die Börse, welches das Suffix „.com“ im Namen trug, und immer verdreifachte sich der Emissionskurs, egal, wie glänzend oder – was wahrscheinlicher war – düster die Aussichten waren.

Denjenigen unter uns, deren Geschäft der Aktienkauf ist, waren die inneren Mechanismen des Emissionsvorgangs ein vollkommenes Mysterium geblieben. Während all der Jahre, in denen ich mit Aktien gehandelt hatte, waren die Emissionen insgeheim von der Konsortialabteilung in enger Zusammenarbeit mit den größten und bedeutendsten Konten der Wall Street kontrolliert worden. Die Konsortialabteilung ist eine bemerkenswerte Einrichtung aller bedeutenden Brokerhäuser. Sie koordiniert die tatsächliche Aufteilung der Aktien unter den besten Kunden, wenn der Deal gefällt, oder unter allen Kunden, wenn er missfällt und verkauft werden muss. Die Konsortialabteilung ist die Verkörperung des Prinzips von Zuckerbrot und Peitsche. Sie wollen einen ultraheißen Deal, von dem Sie wissen, dass er einen immensen Preis erzielen wird? Dann müssen Sie zuerst einen stinkenden Müllhaufen von Unternehmen nehmen, für den die Firma eine gesalzene Rechnung schreibt (also viel Geld einnimmt), weil irgendein schlappes Unternehmen das Geld wirklich braucht, um im Geschäft zu bleiben. Man kann sich das ungefähr so vorstellen: Eine Konsortialabteilung kontrolliert die Verteilung von Broadway-Eintrittskarten. Sie wollen eine Karte, die schwer zu bekommen ist? Dann müssen Sie erst ein paar richtige Gähnvorstellungen aussitzen. Die Konsortialabteilung ist auch die Schleuse, die die Abteilung Unternehmensfinanzen passieren muss, bevor sie an die Broker herankommt, welche die Aktie letztendlich verkaufen. Sie sagt der Abteilung, ob und wie viel Nachfrage zu verschiedenen Preisniveaus besteht und wie sich die Emission später halten wird – wie weit sie letztendlich steigen wird –, wenn alle Aktien gehandelt werden.

Das Management eines Unternehmens geht ja nur einmal an die Börse und deshalb wussten die meisten Leiter dieser Dotcoms überhaupt nicht, wie das Verfahren und die Preisgestaltung funktionierten. Für die Preisgestaltung verließen wir uns auf die Profis, die von bestimmten Verhältnissen ausgingen, zum Beispiel Kurs zu Gewinn, falls es Gewinn gab, oder Kurs zu Umsatz, falls es keinen Gewinn gab. Dann bewerteten diese Profis das Unternehmen anhand von vergleichbaren Unternehmen oder Unternehmen, die ihm am meisten ähnelten; sie bestimmten, in welchem Verhältnis der Preis der Gesellschaft zu dem Preis der vergleichbaren Aktiengesellschaften stehen sollte. Wenn beispielsweise eine Zeitung an die Börse gehen würde, die erst seit einer beschränkten Zeit arbeitet und erst seit Kurzem Gewinn macht, dann würde sie niedriger, vielleicht sogar sehr viel niedriger bewertet werden als etwa Gannett oder die Tribune Company.

Eine Einzelhandelsgesellschaft, die in den Filialen, die jeweils seit mehr als 52 Wochen geöffnet waren, über fünf Jahre ein Umsatzwachstum von zehn Prozent erzielt hätte, würde so bewertet werden wie Unternehmen mit vergleichbarem Umsatzwachstum.

Für die Dotcoms gab es allerdings keine ehrlichen Vergleichswerte außer eben anderen Dotcoms. Wenn man TheStreet.com, das zwar 15 Millionen Dollar Umsatz erzielte, aber tiefrote Zahlen schrieb und weit von jeglichem Profit entfernt war, mit Gannett oder Tribune verglichen hätte, wäre das einfach blödsinnig gewesen. Wir wären dann weniger als nichts wert gewesen.

Allerdings gab es mit CBS MarketWatch ein Unternehmen, das in seiner Art TheStreet.com ähnlich war und seine Aussichten ebenfalls auf Werbeeinnahmen gründete (auch wenn TheStreet.com zusätzlich Einnahmen aus Abonnements zuflossen). Und CBS MarketWatch wurde für eine Milliarde Dollar gehandelt, wen kümmerte da die Bewertung von Gannett? TheStreet.com wurde mit MarketWatch verglichen und der Markt hatte beschlossen, dass MarketWatch mehr als anderthalb Milliarden Dollar wert sei. Diese wirtschaftliche Berechnung stand hinter dem Ansturm auf den Börsengang von TheStreet .com.

Die Emissionshäuser kannten diese Rechnung, als sie um unser Geschäft wetteiferten. Sie boten alle ähnliche Vergleiche und sagten, am besten sei uns damit gedient, wenn sie 5,5 Millionen Aktien verkaufen und pro verkaufter Aktie 1,33 Dollar kassieren würden. Der Kampf drehte sich nur noch darum, wer das beste Imprimatur hatte, und er führte zu der ersten offenen Reiberei, die ich mit unserem neuen Chief

Executive Officer Kevin English hatte. Der CEO sagte mir, da sein Bruder Manager bei Morgan Stanley sei, müssten wir zu Morgan Stanley gehen. Und außerdem müssten wir auch wegen Mary Meeker zu Morgan Stanley gehen. Sie hatte damals von der Presse den Titel „Queen of the Internet" oder etwas ähnlich Dummes bekommen, die endlich festgestellt hatte, dass man im Netz tonnenweise Anzeigen absetzen konnte. English sagte, Frau Meeker habe ihm eine positive Besprechung versprochen, und er wolle es sich mit ihr nicht verscherzen. Sie sei zu mächtig.

Ich sagte ihm, ich sei ihm für den Vorschlag dankbar, aber er sei erst vor ein paar Monaten in das Unternehmen gekommen und ich sei der Meinung, dass wir das Geschäft Goldman Sachs schuldeten, die mir den Start ermöglicht hatten. Ich sagte, dass mich Goldman auf einigen seiner gigantischen Technikforen habe reden lassen und dass die Researchabteilung des Hauses TheStreet.com schon unterstützt habe, als man dem Projekt noch eine Chance von 1:1.000 einräumte. Ich meinte zu English, ich wolle nicht, dass dies vor das Board komme, aber wenn das geschähe, würde ich mich für Goldman starkmachen. Es kam vor das Board, ich brachte meine Argumente und Goldman bekam den Zuschlag. Das war der erste von Dutzenden Konflikten mit dem neuen CEO, bei denen Marty immer auf meiner Seite und nicht auf dessen Seite stand. Angesichts der Tatsache, dass Marty und ich zusammen 25 Prozent der künftig börsennotierten Aktien besaßen, war mit uns nicht zu spaßen.

Nachdem wir uns für Goldman entschieden hatten, musste Goldman entscheiden, wann wir an die Börse gehen konnten. Goldman hatte sich als Emissionshaus für Dotcoms hervorgetan und hatte derart viele am Start, dass wir um einen Platz rangeln mussten und fast gleichzeitig mit eToys und Barnes&Noble.com an die Börse gingen.

Seit etwa sechs Monaten explodierten die Dotcoms, sobald die Aktien in die Börse gerutscht kamen, wohingegen sonstige IPOs eher schleppend liefen. Niemand erwartete, dass dies von Dauer sein würde. Niemandem war klar, dass dieser überhitzte Markt noch ein volles weiteres Jahr halten würde. Alle rechneten sich aus, dass irgendwann ein

Deal kommen würde, der das Geld der Öffentlichkeit aufsaugen und platt auf die Nase fallen würde. Das würde dann alle anderen anstehenden IPOs zunichtemachen.

Als ich mit Jeff Berkowitz zusammensaß, unkte ich, dass dieser wackelige Raketenflug gar nicht so lange gut gehen konnte, bis wir einstiegen und hochgeschossen wurden.

Während wir die Tage zählten, bis für die Erstemission – noch vor dem Werbefeldzug – ein Preis festgelegt werden sollte, verlangten Marty und ich, dass mich English zu den Besprechungen zulassen sollte, damit ich verstand, wie der Preis zustande kam. Ich wollte wissen, wieso alle Aktien, die damals auf den Markt gebracht wurden, so falsch gepreist wurden, so abweichend von dem, was die Öffentlichkeit tatsächlich dafür zu zahlen bereit war. Ich musste wissen, wieso eine derartige Disparität zwischen dem Wert des Unternehmens bestand, auf den sich die Banker einigten – und den das Unternehmen am Ende auch bekam –, und dem Preis, mit dem das Unternehmen am ersten Handelstag eröffnete. Lag es daran, dass die Zahl der angebotenen Aktien zu gering war? Geschah das mit Absicht, um dem Unternehmen einen Namen zu machen? Ich wusste, dass der anfängliche Sprung für Schlagzeilen und viele Fernsehberichte sorgen würde, aber schon für die mittelfristigen Aussichten eines Unternehmens war er bedeutungslos. Wenn überhaupt, dann konnte ein unhaltbar hoher Eröffnungskurs höchstens zahlreiche Aktionäre verärgern, wenn nicht sofort, dann später, wenn der Preis nicht oben blieb. Schon im Mai 1999 war zu beobachten, dass ältere Deals nachließen, wahrscheinlich, weil das Kapital in die neueren, attraktiveren Emissionen abfloss. Ich wollte nicht, dass uns das auch passierte. Ich wusste, dass das Emissionshaus an unserem Börsengang mehr als 7,3 Millionen Dollar (möglicherweise auch 8,3 Millionen) verdienen würde; ich wollte wissen, was es dafür auf den Tisch legte.

Es stellte sich heraus, dass man für die Preisgestaltung einer Dotcom-Aktie die Strenge eines Barnum und die Showqualitäten eines Bialystock braucht. Ich konnte es kaum glauben, wie albern und irrational die ganze Angelegenheit war.

Das erste Treffen fand am Telefon statt; wir hörten dem Leiter des Konsortiums zu, der über die Rechtfertigung der Bewertung aufgrund der Parameter anderer Mediengeschäfte sprach. Also verbogen die Banker ein paar Zahlen und extrapolierten das Onlinetrading auf ein scheinbar endgültiges Wachstum unter Berücksichtigung der derzeit bullishen Marktsituation. Dann brachten sie diese Zahlen mit dem Wachstum der Onlinewerbung gemäß den Unternehmensprognosen zusammen. Daraus ergab sich eine grobe Schätzung der Einnahmen in den kommenden Jahren, auf die wir dann einen Faktor anwenden konnten. Wir brauchten dafür eigentlich so etwas wie eine Analyse, sonst war dieses Verfahren ein kompletter Scherz – und wenn man über Millionen von Dollar für ein Unternehmen und sein Emissionshaus spricht, sind Scherze nicht angebracht. Wir taten auch wirklich unser Bestes und überlegten uns, was schiefgehen konnte, was wir dann ebenfalls in die Projektion einfließen ließen. In einer Telefonkonferenz an einem Sonntagmorgen kauten wir diese ganzen Zahlen über Onlinewachstum (wir rechneten mit einer Versechsfachung der Onlinedepots bis 2002) noch einmal durch und versuchten zu entscheiden, wie wir die 25 Millionen Aktien bewerten sollten, die bald umlaufen würden. Wir hatten zwar keine historischen betriebswirtschaftlichen Daten, aber wir hatten einen Anteilseigner von acht Prozent unseres Unternehmens – die *New York Times* –, der für 1,3 Millionen Aktien 15 Millionen Dollar bezahlt hatte.

Das war eine willkommene Bezugsgröße und für die Banker war sie eine viel bessere und festere als die eigentlich naheliegende, nämlich der Milliardenwert von MarketWatch (der jetzt keine anderthalb Milliarden mehr betrug, aber trotzdem noch beträchtlich war). Als das Gespräch beendet war, das von Goldman geführt worden war und zu dem wir als Klienten nur wenig beigetragen hatten, hatten wir uns auf einen Anfangspreis zwischen neun und elf Dollar geeinigt, wobei der höhere Preis passenderweise ziemlich genau mit dem von der *New York Times* übereinstimmte. Hier also kein Mehrwert.

Bei dieser nüchternen und vernünftigen Analyse gab es nur ein Problem: Sie berücksichtigte überhaupt nicht, was die Öffentlichkeit für die

Ware bezahlen wollte. Das ist so, als würde man einen van Gogh versteigern und das Erstgebot auf zwei Millionen Dollar festlegen. Das wäre viel Geld, aber man wüsste auch, dass ein solches Gebot gemessen am Preis, den die Käufer zahlen würden, nicht relevant ist.

Rückblickend war das nur eine Scharade, die das Emissionshaus für den Fall schützen sollte, dass wir verklagt würden, weil wir die Finanzen nicht korrekt offengelegt hätten. Hätte ich dieser Welt angehört, hätte ich wahrscheinlich das Gleiche getan. Aber dieses Verfahren trug zu der erschreckenden Absurdität der Neuemissionen im Jahre 1999 bei.

Und bei dem Gedanken, dass Goldman für dieses Gespräch über ein Geschäft, das schon verkauft wurde, bevor es überhaupt eines wurde, sieben Millionen bekommen würde, drehte sich mir der Magen um.

Aber was bisher mit unserer Preisgestaltung passiert war, war ja noch der vernünftige Teil! Nun, da wir uns auf neun bis elf Dollar geeinigt hatten, wurde es von Tag zu Tag verrückter.

18 Im Inneren des IPO: Teil zwei

Niemand gab zu, dass die Bewertung mit neun bis elf Dollar, zu der Goldman im April gekommen war, kurz bevor die Werbetour zur Vermarktung des Unternehmens begann, einerseits unrealistisch und andererseits unserem Unternehmen gegenüber ein völliger Betrug war. Wenn die *New York Times* gerade elf Dollar dafür bezahlt hatte, warum zum Teufel boten wir sie dann der Öffentlichkeit für den gleichen Preis an? Der öffentliche Preis sollte eigentlich viel höher sein als der Insiderpreis, das sollte das Grundprinzip der Preisgestaltung sein. Der private Wert eines Nachrichtenunternehmens, bevor es von der *New York Times* unterstützt wird, kann unmöglich der gleiche sein wie der öffentliche Wert nach dieser Unterstützung. Der Wert des Imprimaturs der *New York Times* kann nicht gleich null sein, außer wenn man glaubt, es lohne sich nicht, geschäftlich mit der *Times* verbunden zu sein. Aber im Gegenteil, dadurch wurden wir auf der Landkarte des Journalismus erst sichtbar. Wenn man jedoch als frischgebackener Absolvent der Business School für Goldman das Geschäft mit uns abwickeln musste, klammerte man sich an jeden Maßstab, der sinnvoll erschien. Und wenn man in der Hierarchie von Goldman ganz oben stand und befürchtete, eines Tages verklagt zu werden, weil man eine Neuemission zu hoch bewertet hatte, warum sollte man dann nicht seine Wette absichern, indem man sich nach dem Preis richtete, den die *Times* bezahlt hatte?

So ausgefuchst ich auch als Trader sein mochte, hatte ich bis zu dieser ersten Preisbestimmung keine Ahnung, wie ein IPO-Verfahren funktioniert. Noch nie war öffentlich darüber gesprochen oder geschrieben worden. Das ist auch bis heute noch nicht geschehen. Die zuständigen Personen geben keine Informationen darüber heraus und die beteiligten Unternehmensmanager tun es nur ein einziges Mal, sodass sie ihren Deal nicht mit anderen vergleichen können. Ein IPO-Verfahren hat einige Ähnlichkeit mit dem Verlust der Jungfräulichkeit: Es passiert nur einmal. Man muss es für gut halten, aber was den Spaß betrifft, wird es gnadenlos überschätzt. Man hat einfach nichts, wonach man die Banker beurteilen kann. Alles, was sie sagen, gilt als Evangelium, unabhängig davon, ob sie sich unbarmherzig oder kulant verhalten.

Aber ich wusste, unser Börsengang würde nicht mit elf Dollar bewertet werden, komme, was wolle. Wir hätten zum Beispiel am nächsten Tag die 20 Prozent des Unternehmens, das wir anboten, für elf Dollar verkaufen können, wenn wir das gewollt hätten. Bis jetzt war die Übung bestenfalls reine Fantasie.

Wir hätten den Preis festlegen können, nachdem wir uns in New York ein paar Tage lang mit ein paar Menschen zusammengesetzt hätten und vielleicht Liveübertragungen im Internet für Europa, Kalifornien und Denver oder so gemacht hätten, so heiß, wie der Markt war. Aber so lief das nicht ab. Wir taten alles andere als das. Im Rahmen der Vermarktung der Erstemission setzte Goldman die oberste Führungsebene von TheStreet.com in ein Flugzeug, das in einem Dutzend Städte rund um den Erdball landete, einschließlich Paris und London. Obwohl alle zuversichtlich waren, dass wir für die Gesellschaft weitaus mehr als elf Dollar bekommen würden, war es unabdingbar, dass wir gerade dann mit der großen, teuren, zeitfressenden und völlig nutzlosen Werbetour begannen, als das Management für den Geschäftsbetrieb am dringendsten gebraucht worden wäre.

Auf der Europatour bezeichnete sich das Management im Prinzip als digitales *Wall Street Journal*, und zwar sehr zu meinem Leidwesen, denn es gab bereits ein digitales *Wall Street Journal*. Danach war gerüchteweise zu hören, dass TSCM – so das unkluge Symbol, das wir ausbaldowert hatten – jetzt mit 11 bis 13 Dollar bewertet werden sollte.

Das war noch so eine schmerzende Fantasievorstellung. Als das Management in Europa war, informierte mich die Bank informell, dass wir den Preis letztendlich auf 19 Dollar festlegen würden, weil das sehr gut klinge. Die Klienten liebten Erstemissionen in den oberen „Zehnern". Das sei psychologisch betrachtet der beste Preis (man denke an die uralte Masche, 19,99 statt 20 zu schreiben, dann sieht man, wie schwachsinnig dieses Denken ist), aber man musste eben bei 11 bis 13 einen Boxenstopp einlegen, um dorthin zu gelangen.

Während sich das Management durch die Lande schleppte und mit den größeren Investmentfonds die viel gerühmten Vieraugengespräche führte, bei denen angeblich immer Informationen durchsickerten, die nicht im Prospekt stehen – was aber nie passiert, weil alle so verdammt gut gedrillt sind –, kletterte der Preis auf 13 bis 15 Dollar. All das war informell, es gab nichts Schriftliches, aber es ging in die richtige Richtung.

Treffen im Mittleren Westen, Vieraugengespräche in Chicago und Denver, wobei letztere Stadt eine Hochburg der Wachstumsfonds ist, die derartige Deals lieben, verschoben den Preisbereich auf 15 bis 17 Dollar.

Und genauso wie bei fast jeder Erstemission, die damals in die Börse hineinrutschte, erzeugte die gut besuchte und heiß geliebte New Yorker Werbeveranstaltung eine derart große Nachfrage, dass das Emissionshaus „gezwungen" war, auf 17 bis 19 zu erhöhen. Ich ließ die Roadshow in New York trotz der Einladung von English ausfallen. Der CEO erzählte mir in jener Zeit viel davon, wie das Unternehmen laufe – nicht, dass er das wirklich gewusst hätte, denn durch das IPO-Verfahren verlor er den Kontakt zum eigentlichen Betrieb. Stattdessen schickte ich die Person, die auch sonst immer solche Werbeveranstaltungen für uns besuchte, weil ich mich vorsichtshalber von einem Verfahren distanzieren wollte, von dem die Medien ohnehin dachten, ich würde es kontrollieren. Unabhängig von dem, was ich tat oder was English tat, blieben die

Medien hartnäckig bei ihrer Auffassung, ich würdeTheStreet.com mit links kontrollieren. Aber nichts traf weniger zu. Ich kämpfte hart darum, ein wenig Kontrolle darüber zu behalten, was bei TheStreet.com vor sich ging, und ich verlor.

Aber was geschah wirklich während dieser weltweiten Verkaufstour, die das Management drei entscheidende Wochen lang abzog, sodass in der Firma nichts passierte? Was bewirkte die große Show? Drei Dinge: Erstens wurde keinerlei Nachfrage seitens Institutionen geschaffen. Alle Institutionen spielten das gleiche Spiel wie Cramer Berkowitz, sie schickten Menschen zum gemeinsamen Essen und baten um Einzelgespräche, weil MarketWatch ein brandheißes Geschäft gewesen war und weil sie wussten, dass es bei TheStreet.com ähnlich heiß hergehen würde. Sie wollten alle die Aktien „wegschnippen" und bei Goldman, wo diese Vorgänge genauer überwacht werden als irgendwo sonst, wusste man das.

Zweitens reiste eine sehr teure Schauspieltruppe völlig grundlos um die Welt und erzählte in jeder Stadt das Gleiche. Die Anregungen der Investoren waren wertlos; alles, was sie von uns wollten, war die Abschaffung des Abonnement-Modells und somit ein kostenloses Angebot. Nach der Reise befürwortete das Management diese Idee, aber wenn wir das getan hätten, hätten wir schon ein Jahr zuvor Pleite gemacht und den Betrieb geschlossen. Eine einfache Präsentation im Internet hätte den gleichen Zweck erfüllt, hätte allen viel Zeit und Geld gespart und hätte uns davor bewahrt, noch einmal die blödsinnige Idee des kostenlosen Angebotes durchzukauen und die einzige Einnahmequelle aufzugeben, die wir überhaupt hatten.

Und drittens achtete das Management in diesem kritischen Stadium der Unternehmensentwicklung überhaupt nicht mehr auf das wirkliche Geschehen; eigentlich hätte es jetzt Verträge aushandeln und eine Infrastruktur aufbauen müssen, mit der man die Leserflut bewältigen könnte. Niemand in dem Unternehmen wusste, was in der Rector Street Nummer 2 passierte, denn alle Wichtigen flogen um die Welt, um die Werbetrommel für eine Sache zu rühren, die keine Werbetrommel brauchte. Angesichts dieser Übung hatte ich das Gefühl, dass das, was ich in Harvard in einer Lehrveranstaltung über Marxismus gelernt hatte – alle Kandidaten für das Staatsexamen belegten Hunderte von Stunden in Veranstaltungen über dieses dahingeschiedene System – vielleicht richtig war. Vielleicht zerstörte sich der Kapitalismus durch seine Gier und seine Dummheit selbst.

Aber trotzdem, ob Sie es glauben oder nicht, der absurdeste Teil des Verfahrens lag noch nicht hinter uns, sondern vor uns: das tatsächliche Anbieten der Aktie an der Börse.

Nach der Werbetour wird immer gezögert, weil die SEC eventuell noch einmal eine Verschiebung verlangt, einen sogenannten „Hold-up". Nicht dass irgendjemand wüsste, was sich die Gartenzwerge von der SEC dabei denken. Aber was immer in Washington nach der Werbekampagne und vor der endgültigen Preisfestsetzung auch passiert, es spielt auf jeden Fall ausschließlich den Investmentbankern in die Hände.

Gerade wenn man zu denken beginnt, „Wofür zum Teufel werden diese Burschen eigentlich bezahlt?", halten sie einem die Hand, während einen die SEC warten lässt, und dann denkt man: „Nun ja, vielleicht haben sie es ja doch irgendwie verdient." Sie haben dieses Verfahren schon öfter durchgemacht. Sie wissen, wenn etwas schiefläuft. Glauben Sie mir, in diesem Moment hatten wir wirklich solche Bedenken. Der IPO war für uns eine große Sache, aber ich dachte nicht, dass er jemandem auf dem Gewissen lastete, der schon länger als zwei Jahre bei Goldman arbeitete. Zu jener Zeit war so viel los, dass wir es durch die Bank mit jüngeren Assistenten zu tun hatten. Eine Zeit lang dachte ich, Goldman habe uns am Anfang mit jüngeren Angestellten zugeschüttet, um dann gegen Ende für die sieben Millionen Gebühren mit den höheren Chargen zu kommen. Wo holte Goldman diese ganzen Anfänger her? Das fragte ich mich die ganze Zeit. Aber sie waren die dienstältesten Mitarbeiter, mit denen wir zu tun hatten. Und sie machten sich nicht einmal die Mühe, irgendetwas über unser Geschäft zu erfahren.

Schließlich kam die zweite Maiwoche, in der wir bei Goldman offiziell im Terminkalender standen. Am 11. Mai, dem Morgen des Börsenganges, erschien im *Wall Street Journal* der unentbehrliche Artikel, von dem ich wusste, dass er zusammengebraut worden war.

Ich rechnete damit, dass er Neues über meinen Streit mit Marty enthüllen würde – nicht etwa, dass es da etwas gegeben hätte –, etwas, das das Geschäft im letzten Moment platzen lassen würde.

Erstaunlicherweise war der Artikel trotz des vielen bösen Blutes, das es zwischen uns eigentlich gab, bemerkenswert positiv. „In dieser Marktlage zehn Punkte wert", sagte Jeff lässig, nachdem die Kolumne „Heard on the Street" über uns erschienen war. Dann kam der Vormittagsscherz auf *CNBC*. Irgendein Reporter, der damals für die Dotcom-Blase zuständig war und danach wieder zurück auf die Harvard Law School gegangen ist, erzählte, wie reich mich das machen würde. Ich hätte ihn umbringen können.

Und dann wurde offiziell verkündet, dass das Geschäft „erfolgt" war – auch wenn ich immer noch nicht weiß, wie das von der SEC da oben herunterkommt –, und wir bekamen den „endgültigen" Preis von 19 Dollar pro Aktie. Ja, leider nur 19 Dollar. Genauso wie wir gewusst und gedacht hatten, genauso pünktlich; und zynischer, erdichteter und vorhersehbarer als das Ergebnis einer Wahl von Kim Il Sung in Nordkorea.

Bei Goldman versicherte man uns, die Aktie sei „deutlich überzeichnet", was zu einer anderen Zeit bedeutet hätte, dass sich alle großen Institutionen große Aktienmengen reserviert hätten. Aber in der damaligen Marktlage hatte das wenig zu sagen, denn die Aktie mochte zu 19 Dollar deutlich überzeichnet sein, aber man wusste nicht, was passieren würde, wenn sie denn endlich eröffnete; die kurzfristige Vorgeschichte ließ es unvermeidlich erscheinen, dass sie sehr viel höher eröffnen würde.

An diesem großen Tag hatte ich meine Schwester und meinen Vater eingeladen, um das festliche Ereignis von meinem Trading-Gefechtsstand aus zu beobachten. Ich hatte auch Karen dazu eingeladen, aber sie sagte, ich solle sie lieber einladen, wenn ich die Aktie verkaufen dürfte. Sie hatte kein Interesse an einem Prozess, der mich über ein Jahr lang daran hinderte, die Kasse klingeln zu lassen. Dad hatte eine verrostete Blechkiste mit den besten Brezeln von Federal Baking mitgebracht, der Bäckerei an der Ecke Neunte und Federal Street im Herzen von Philadelphia, nicht weit von Society Hill Towers, wo er wohnte. Er wollte eigentlich Käsesteaks von Geno's mitbringen, aber die lassen sich schlecht über die Neunte und Passyunk hinaus transportieren.

Wie die ganzen Fernsehzuschauer auch erwarteten er und meine Schwester, wir würden sofort hören, dass die Aktie von TheStreet.com jetzt gehandelt wurde. Um 9:30 Uhr hielten wir eine Schachtel Konfetti und gekühlten Veuve Clicquot bereit. Aber ich musste ihnen erst erklären, dass die Nachfrage nach Aktien seit theglobe.com so groß geworden war, dass Erstemissionen häufig nicht pünktlich eröffnen konnten. Es war zu einem Ehrenzeichen geworden, wenn eine Aktie möglichst spät und möglichst hoch eröffnete.

Darauf meinte mein Vater, der die konventionellen Geschäfte der Old Economy kannte: „Wenn zu viel Nachfrage besteht, warum druckt man dann nicht einfach mehr Aktien und profitiert davon?" Ich erklärte ihm, dass der Staat das nicht zulasse. Man hatte eine festgelegte Aktienanzahl und durfte sie nicht erhöhen, selbst wenn dies sinnvoll gewesen wäre. Dann fragte er, ob das Unternehmen einen Nutzen davon habe, wenn die Aktie unglaublich hoch eröffne. Nein, antwortete ich, überhaupt nicht. Und dann, sagte er, was soll das dann? Wer profitiert denn davon?

Dad, sagte ich, niemand außer jenen, die Aktien „für Freunde und Familie" hatten und denjenigen, die die Aktie nach den guten Preisvorankündigungen „wegschnippen" konnten. „Freunde und Familie", das war ein Trick, um bestimmten Menschen Aktien zu geben, die keinen Beschränkungen unterlagen, das heißt, Aktien, die verkauft werden durften. Wir bemühten uns im Board von TheStreet.com nach Kräften, das Management davon abzuhalten, dass es diese Aktien an Menschen verteilte, die unserem Unternehmen in Zukunft nützlich sein könnten. Die Aktien waren nämlich wirklich für Freunde und Familien der Unternehmensangehörigen gedacht.

Das hielt English aber nicht davon ab, 1.000 Aktien Barbra Streisand, einer unverbesserlichen Day-Traderin, im Austausch gegen eine Einladung zum Abendessen für ihn und seine Frau zu schenken. „Das wird ja dem Unternehmen viel nützen", meinte ich zu Marty, der deswegen außer sich war.

Die Aktien für Freunde und Familie machten insgesamt etwa fünf Prozent der gesamten verkauften Aktien aus. Für die Bekannten und Verwandten war das zwar ein warmer Regen, aber es war überhaupt nicht sinnvoll für das Unternehmen oder überhaupt für kapitalistische Zwecke.

Dad wollte wissen, wie viele Aktien ich verkaufen oder „wegschnippen" könnte. Gar keine, antwortete ich und erklärte ihm, dass Karen gar nicht erst hergekommen war, weil ich an diesem Tag aus dem Geschäft kein Geld ziehen konnte. Ich sagte ihm, dass ich für einen sehr langen Zeitraum gehalten war, nicht zu verkaufen. Den größten Teil meiner 25.000 Aktien für Freunde und Familie (eine Zahl, die English ohne mein Zutun festgelegt hatte), hatte ich meinem Vater gegeben, der sie nicht wegschnippen, sondern behalten wollte. Meine Schwester durfte keine Aktien annehmen, weil ihr Mann Direktor einer Arbitragefirma ist, und in diesem Geschäft darf niemand neue Aktien für sein persönliches Konto nehmen. Eine weitere Eigenart des Systems.

Und wieder war mein Vater irritiert, wie sehr alles dem natürlichen Empfinden widersprach. Er fragte mich, ob ich die Menschen kennen würde, die sich bereicherten, indem sie die Aktie zu 19 Dollar kauften und sie dann zum Eröffnungskurs wegschnippten. Nein, sagte ich, alles anonym, einfach ein paar gute Kunden von Goldman Sachs. Durch dieses Verfahren, erklärte ich, könne Goldman vielen wichtigen Kunden eine schöne Stange Geld verschaffen und sehr gut dastehen, wohingegen wir selbst ziemlich dumm dastanden. Warum, so fragte er, konnten diese Aktionäre Nutzen daraus ziehen, wo sie doch gar nichts für das Unternehmen getan hatten? Sie gingen doch kein Risiko ein. Ich meinte, so laufe eben das Emissionsverfahren ab. Es verleite zum Wegschnippen und Cramer Berkowitz habe schon oft davon profitiert. Ich sagte ihm, selbst wenn TheStreet.com bei dem Verfahren schlecht abschneide, habe mein anderes Geschäft über die Jahre davon profitiert. Es war also kein reines Verlustgeschäft. Und warum, so fragte mein Vater, klingelte die Kasse nicht für mich, der ich für das Unternehmen unglaublich hart gearbeitet hatte, sondern für den CEO Kevin English? Ich hatte erst in letzter Minute von Fred Wilson, dem Wagniskapitalgeber, der das Verfahren für uns betrieb, erfahren, dass English 83.333 frei handelbare Aktien zum Emissionspreis von 19 Dollar bekam. Als er mit uns über seine Einstellung verhandelt hatte, hatte er die Aktien quasi umsonst bekommen, und jetzt sollten sie lockere 1,5 Millionen Dollar wert sein. Wilson sagte, English habe uns in der Hand. Die Venture-Kapitalisten meinten, ich sollte über den warmen Regen nichts verlauten lassen und einfach weiterschreiben.

Am Morgen des absurden Börsengangs verkörperte mein Vater, der seinen Großhandel von Grund auf selbst aufgebaut hatte und dem niemals etwas geschenkt worden war, den gesunden Menschenverstand. Ein kleines Stück alter Kapitalismus, der sich gegen die neue, protzige und korrupte Version sträubte.

Als der Morgen des 11. Mai verstrich, ohne dass die Aktie eröffnete, sagte ich meinem Vater aufgebracht: „Ich habe die Regeln nicht gemacht. So läuft dieses Spiel eben."

So langsam regte ich mich wirklich auf. Einerseits posaunte das Fernsehen ständig meinen Reichtum aus, aber andererseits stimmte das nur auf dem Papier. Jetzt sah ich es ganz klar kommen. Meiner Schwester Nan sagte ich, dass ich nach diesem Tag ziemlich schnell zum Symbol der Dotcoms werden würde, auf das man mit dem Finger zeigen konnte. Zum richtigen Clown, zum Gegenteil dessen, was meine eigentliche Arbeit war, denn dort verbuchte ich jeden Abend den Gewinn, bevor ich nach Hause ging.

Als die Aktie um 10:15 Uhr immer noch nicht eröffnete, erfuhr ich vom Trading Desk, das in ständigem Kontakt mit Goldman stand, die Aktie „sehe nach 25 bis 27 Dollar aus". Das bedeutete, erklärte ich meinem Vater, dass unsere Aktie acht bis neun Punkte über dem Emissionskurs eröffnen könnte. Ich wusste, dies würde eine neue Flut von Fragen hervorrufen, warum unser Unternehmen davon nichts bekam, aber mein Vater quälte mich nicht mehr damit. Stattdessen gestand ich freimütig, dass uns sicherlich viel Geld entging. Lieber sagte ich es als mein Vater oder meine Schwester.

Um 10:30 Uhr sah die Aktie nach 30 bis 32 Dollar aus. Das reichte. Ich rief das Verkaufsbüro an: „Was soll das werden, Mann? Eröffnet die verdammte Aktie nicht zu hoch, sonst verlieren wir gleich wieder alle Aktionäre. Die hauen alle ab."

Ein Sprung von zwölf Punkten genügte vollauf. Es war sinnlos, die Sache so zu betreiben, dass alle, die die Geschichte während der Werbekampagne gehört hatten, einen schnellen Dollar machten und wir mit einer Horde schwacher Aktionäre sitzen blieben.

Das Verkaufsbüro meinte, es sei bereit und werde in einer Minute eröffnen. 15 Minuten vergingen und der Preis stieg auf 35 bis 40 Dollar. Innerhalb von zwei Stunden hatten wir verdoppelt, was drei verschwenderische Wochen gebraucht hatte; wir hatten sowieso alle gewusst, dass es so kommen würde. Ich nahm noch einmal das Telefon und wies irgendjemanden an, er solle jemand anderem sagen, so langsam werde es vollkommen verrückt und sie sollten jetzt den Handel mit der Aktie eröffnen. Ich erklärte, wir würden uns selbst einen riesigen Kursabfall bescheren, weil das Unternehmen inzwischen fast eine Milliarde Dollar wert wäre, mehr als MarketWatch. Das ließe keinen Raum für Wachstum und keinen Raum für Fehler. Die Stimme am anderen Ende schien das nicht zu kümmern und ich legte auf. Den Herren am anderen Ende war meine Argumentation zu spitzfindig.

Kurz nach elf bekam ich von den Leuten am anderen Ende der Leitung nur noch in ätzendem Tonfall zu hören, dass wir anscheinend alle halbe Stunde 30 Millionen mehr wert wurden. Bei diesem Tempo wäre ich bis 16:00 Uhr Milliardär! Ich bekam Schweißausbrüche. Um Gottes willen, sagte ich, mir müssen eröffnen, bevor alles noch absurder wird. Ich rief Karen an und sie sagte: „Wenn du es nicht umsetzen kannst, ist es keinen roten Heller wert."

Um 11:15 Uhr war für TSCM von einem Kurs zwischen 45 und 50 Dollar die Rede. Ich wartete darauf, dass sie im Fernsehen verkünden, wir seien mehr wert als das *Wall Street Journal* oder die *New York Times*. Irgendwie vergaßen sie das zu erwähnen, stattdessen ließen sie sich darüber aus, dass ein Unternehmen, das bei einem Umsatz von fünf Millionen Dollar nur Verlust machte, mit mehr als einer Milliarde bewertet wurde.

Jetzt war ich mit Sicherheit auf dem Weg, der Dotcom-Musterknabe zu werden. Unschön. Ich nahm den Telefonhörer und verlangte den

Leiter des Verkaufsbüros bei Goldman zu sprechen. Als ich durchgestellt wurde, drehte ich richtig auf; ich warf dem Mann, den ich seit 15 Jahren kannte, an den Kopf, dass 50 Dollar schlichtweg lächerlich seien und wofür wir ihn eigentlich bezahlen würden, wenn er die Aktie – wie wir alle wussten – so weit über ihrem wahren Wert eröffnete. Ich fragte ihn, warum er denn nicht gleich eine Wagenladung davon shorten würde. Warum nahm er nicht einfach die gegnerische Position ein und eröffnete das verdammte Ding, das konnte er doch einfach tun? Warum setzte er kein Kapital ein, um die Aktie zu einem Kurs zu eröffnen, der etwas mit der Realität zu tun hatte?

Er habe keinen Einfluss auf die Eröffnung. Unsinn, sagte ich zu ihm. Ihr seid Goldman. Goldman ist mit dem Geschäft beauftragt. Ihr führt die Bücher. Ihr bekommt sieben Millionen Dollar dafür, dass das Verfahren korrekt abläuft und damit ihr um Himmels willen ein paar Risiken eingeht. Ihr könnt feststellen, wie die Nachfrage steht. Ihr wisst besser als irgendjemand sonst, welche Aktien wohin gehen. Ich sagte ihm, seine Käufer seien bekloppt, wenn sie diese Preise bezahlten.

Für eine Sekunde war er still und dann erklärte er mir den Schlüssel zu dem ganzen Dotcom-Wahnsinn, das kleine Stückchen Information, das ich von niemandem sonst hörte, bis auf den heutigen Tag nicht: „Ich kontrolliere den Käufer nicht."

„Bitte?", sagte ich. „Goldman macht die Show und kontrolliert nicht den Käufer?" „So ist es", bekräftigte er. „Knight/Trimark kontrolliert den Käufer." „Knight/Trimark? Wie kann das sein? Wie kann Knight/Trimark, das mir nur als kleines Haus für Einzelorders bekannt war und für keine Aktie, die ich je getradet hatte, von Bedeutung war, hier die Führung in der Hand haben? Wer hatte diese Hanseln damit beauftragt?"

„Sie machen alle Dotcom-Deals", klärte man mich auf.

„Dann setz eben gegen Knight/Trimark", sagte ich.

„Kann ich nicht", sagte der Trader. „Die sind zu mächtig."

Der Trader wusste nicht, wie viel Knight zu welchem Niveau kaufen wollte. Irgendein Laden, der vor ein paar Jahren noch nicht einmal existierte, stach den fabelhaften IPO-König Goldman in seinem eigenen Job aus. Wie peinlich.

„Los, macht schon, ihr seid Goldman, nehmt die Sache in die Hand!", schrie ich, aber ich glaube nicht, dass er mir zuhörte.

Er legte auf und von dem zuständigen Verkäufer erfuhr ich, die Aktie würde in wenigen Minuten zwischen 55 und 60 eröffnen, eher im oberen Bereich.

„Meinen Glückwunsch", sagte er. „Wofür?", sagte ich. „Sie sind jetzt reich", sagte er. „Verflucht, ich war schon vorher reich, das hier sollte dem Unternehmen nützen. Ich darf nichts verkaufen. Das ist das Schlimmste, was passieren konnte. Alle werden uns bis zum Jüngsten Gericht hassen. Alle werden heute Geld verlieren!"

Nach diesen Worten erschien das Konfetti, das unser Mitarbeiter Joe Mastellone für den großen Moment vorbereitet hatte, schon ziemlich schlapp, von den Brezeln ganz zu schweigen. Alle Anwesenden waren entsetzt. Sollte das nicht eigentlich ein fröhlicher Anlass sein?

Nan, die mich nur allzu gut kannte, fragte mich, ob ich wieder einmal nur das Haar in der Suppe gefunden hätte. „Nein", sagte ich. „Wir sind am Arsch. So hoch wie jetzt werden wir nie wieder gehandelt. Wir sind am Arsch."

Dann sagte ich meinem Papa: „Hör zu, du hast 5.000 Aktien für Freunde und Familie und ich wünsche, dass du jede einzelne Aktie abstößt."

Für meinen Vater war das jedoch ein Sakrileg. „Niemals", erwiderte er.

Ich beschwor ihn: „Nein, tu es für mich. Verkauf alle Aktien. Das ist jetzt der höchste Kurs, den wir je haben werden. Wir werden niemals wieder mehr wert sein als heute. Nie mehr."

Und dann rief ich alle an, denen ich Aktien für Freunde und Familie gegeben hatte (meine Assistentin Jeannie bekam die Aktien der Menschen, die ich nicht erreichte), und drängte sie dazu, die Aktie bei Eröffnung zu verkaufen.

Um 11:30 Uhr rief ich den Trader noch einmal an. „Knight ist jetzt mit dem Kauf von 400.000 auf dem freien Markt angetreten", sagte er.

„Verdammte Irre", sagte ich. „Die hauen alle in die Pfanne. Die haben die Orders einfach auflaufen lassen." Ich drängte ihn noch einmal, die Gegenposition einzunehmen.

Nein, sagte er, das könne er nicht. Wenn Knight herausfinden würde, dass er short sei, würden sie dort einfach noch ein paar mehr Market-Kauforders auflaufen lassen und ihn dann damit in die Enge treiben. Einen derartigen Verlust wolle er nicht riskieren.

„Also zieht Knight/Trimark hier die Show ab?", schrie ich, immer noch ungläubig. Aber am anderen Ende war schon niemand mehr. Um 11:43 Uhr eröffnete die Aktie mit 63 Dollar, wobei fast der gesamte Kaufdruck aus einem Bündel elektronisch aufgegebener Market-Orders stammte, das Knight angesammelt hatte. Das Unternehmen hatte unser Geschäft quasi gekidnappt. Binnen Minuten stand die Aktie bei 70 Dollar.

„Hör zu, Dad, ich will, dass du jede einzelne Aktie verkaufst. Stoß sie ab, stoß sie ab. Wir stehen zu hoch. Das ist Blödsinn! Verkauf sie."

Dad protestierte zwar nicht, aber er verkaufte nur die Hälfte. Den Rest, für den er 19 Dollar bezahlt hat, hat er immer noch. Ich war wie vor den Kopf geschlagen. Knight/Trimark hatte soeben ein gigantisches Bündel Verkaufsorders gesammelt und hatte die andere Seite eingenommen, also die Aktie geshortet.

In der Stunde der Wahrheit kontrollierte Knight beide Seiten des Geschäfts, nicht Goldman Sachs. Was für eine elende Fehlplatzierung unserer Gebühren. Was für ein merkwürdiger Prozess, bei dem es Knight erlaubt war, die Market Orders der unwissenden Öffentlichkeit zu ihrem eigenen persönlichen Vorteil zu nutzen. Dort wusste man, wo die Nachfrage war, und missbrauchte den IPO vollkommen. Man hätte die Aktie auch niedriger eröffnen können. Da Knight aber beide Seiten kontrollierte, wollte man dort so hoch wie möglich eröffnen und mit eigenem Kapital die Gegenposition einnehmen, das heißt, die Eröffnung shorten, um ihr dann beim Sinken zuzusehen und von jedem Punkt des Abstiegs zu profitieren. Je höher der Eröffnungskurs, desto weiter würde TSCM fallen, und umso besser für Knight. Die Firma muss einen mörderischen Schnitt gemacht haben – sie schlüsselt nicht auf, wie viel sie pro Geschäft verdient, aber ich wette, das war einer der größten Geldbringer des Jahres oder gar der Unternehmensgeschichte. Knight war am 11. Mai der einzige Gewinner. Goldman, die Aktionäre von TheStreet.com und TSCM waren die Verlierer.

Wir hatten es geschafft, dass alle Käufer verloren und alle Verkäufer gewannen. TSCM bekam ein Drittel von dem, was die Menschen bezahlt hatten, eine kolossale Preisabzocke. Der Rest blieb auf dem Tisch liegen. Dieses Fiasko geht mir auch heute noch nach. Um die Mittagszeit war ich so absolut davon überzeugt, dass der IPO eine vollkommene und unzweideutige Katastrophe war, dass ich nichts anderes tun konnte als das, was ich immer tat, wenn ich höchst aufgebracht war. Ich ging einmal zu Fuß um den Block. Ich bräuchte frische Luft, erklärte ich allen. In dem Moment, in dem ich durch die Drehtür der Wall Street 100 ging, wusste ich, dass das ein Fehler war.

„He, wie wär's mit einem Darlehen?", witzelte einer von dem halben Dutzend Raucher außerhalb des Gebäudes.

„Schlag ein, reicher Mann!", meinte ein anderer auf der gegenüberliegenden Straßenseite.

„Mr. Dotcom", rief noch einer, als ich Richtung Börse ging.

Ja. „Mr. Dotcom". Irgendwie hatte ich eine gewisse Vorahnung, dass dieser Moment meinen Ruf als Geschäftsmann mehr schädigen würde als alles andere, was ich je tun würde. Die Aktie konnte unmöglich auf diesem Kursniveau bleiben. Sie konnte unmöglich überdauern. Als ich den Hügel der Wall Street hinaufging, hätte ich schwören können, dass ich Stimmen gehört hatte, die sagten, „Wir lachen dich alle noch aus", wie Carrie auf dem Abschlussball. Mir blieb nichts anderes übrig, als das alles über mich ergehen zu lassen. Ich war ein Viertel-Milliarden-Clown geworden, ein Papier-Multimillionär, der ebenso wenig Hoffnung hatte, echte Dollars zu kassieren, als hätte ich gerade in einem riesigen Monopolyspiel gewonnen.

Meine Vorahnung bezüglich der TSCM-Aktie bewahrheitete sich sofort. Unsere Aktie erhob sich nach jenem Morgen nie wieder. Sie ging in gerader Linie nach unten, mit ein paar Ruhepausen und gelegentlichen Totalzusammenbrüchen.

Bei TheStreet.com waren jedoch alle, mit denen ich sprach, auf diesen ersten Tag riesig stolz. Der Gestank lag noch monatelang in der Luft, bis zu dem feierlichen IPO-Abendessen, das Goldman am 21. Juli veranstaltete. Warum am 21. Juli? In jenem Jahr gab es Ende des Frühjahrs und Anfang des Sommers so viele Börsengänge, dass die Juniorenmannschaft von Goldman, die unseren Deal betreut hatte, vorher keine Zeit hatte.

Goldman Sachs lud unsere leitenden Mitarbeiter in ein Nebenzimmer des Picholine zum Essen ein, mit speziellen Speisekarten für TheStreet.com. Ich fragte mich, wie viel von den sieben Millionen, die wir Goldman bezahlt hatten, wohl in diese Feier flossen. Die jungen Goldman-Mitarbeiter, die entscheidend an dem Geschäft beteiligt gewesen waren, teilten lustige kleine Preise aus – zumindest hielten sie sie für lustig –, zum Beispiel bekam einer unserer Finanzleute eine Dose Altoids; vielleicht hatte er Mundgeruch oder so was. Richtiger Insiderkram eben. Und ich war kein Insider. Ich saß neben Larry Calcano, dem ultracoolen leitenden Investmentbanker, der während der Werbetour immer so überaus beschäftigt gewesen war, dass er sich gar nicht richtig auf uns einstellen konnte – aber zumindest hatte er unsere Anrufe beantwortet! Calcano zuckte nicht einmal mit der Wimper, als ich darauf hinwies, wie ironisch es doch war, dass unsere Aktie bis zur „Feierstunde" schon zwei Drittel ihres Wertes verloren hatte. Calcano zuckte niemals über irgendetwas mit der Wimper.

Ein paar Minuten nach Beginn des Abendessens stieß er mitten im Satz sein Glas Cabernet um, und obwohl das weiße Tischtuch derart vollgesogen war, dass der Wein in die weißen Manschetten seines blauweiß gestreiften Hemdes floss, redete er ganz einfach weiter darüber, wie stolz er auf unser Team sei und auf das, was wir geschafft hätten. Er wollte auf unsere lange Beziehung anstoßen und noch einmal betonen, dass dieser Börsengang der Beginn einer wirklich festen Partnerschaft zwischen Goldman und TheStreet.com sei.

Gegen Ende seines Lobgesangs unterbrach ich ihn und sagte: „Larry, schau mal, ich glaube, dein Ärmel braucht etwas Mineralwasser."

Er schaute den Ärmel an, der von Rotwein tropfte, als habe er sich die Pulsadern aufgeschlitzt, dann schaute er wieder mich an und redete einfach weiter, dass das Beste zwischen uns ja erst noch kommen würde. Er kümmerte sich überhaupt nicht um den tropfenden Wein. Das nenne ich ungerührt!

Gegen Ende des Abendessens gab es noch mehr Trinksprüche darüber, dass Goldman und TheStreet.com in den kommenden Jahren eng zusammenarbeiten würden. Die Goldman-Mitarbeiter teilten kleine Plexiglasklumpen mit einem zehn Zentimeter hohen Wegweiser darauf aus, auf dem „Wall Street“ und „TheStreet.com“ stand.

Meiner war schon kaputt, als ich ihn bekam.

Nach ein paar Monaten beantworteten die Investmentbanker von Goldman kaum noch unsere Anrufe. Die Researchabteilung, die sporadisch über uns schrieb, hörte ein Jahr später ganz damit auf. Wir sahen keinen einzigen dieser Menschen wieder oder arbeiteten gar mit einem von ihnen zusammen. Der hervorragende Cabernet und die hervorragenden Nudeln im Picholine waren das Einzige, das uns Goldman wirklich gegeben hat.

19
Medien-Wahnsinn

Kevin English, der CEO von TheStreet.com, schien es als seinen vornehmsten Auftrag anzusehen, mich aus dem Geschehen herauszuhalten.

Unser Verhältnis hatte nicht feindselig angefangen. English machte den Eindruck, als wisse er, was er tue. Er kleidete sich gut, immer im blauen Anzug mit weißem Hemd und Krawatte. Gut frisiert war er auch. Er sah definitiv aus wie ein Generaldirektor. In einem Artikel, den *Business Week* veröffentlichte, als English an Bord kam, hatte ich ihn als den „Graubart, den man als Dotcom braucht", bezeichnet.

Er klang auch nach dieser Rolle. Er machte immer einen seriösen Eindruck und es sah so aus, als würde er sich auch mit Details die Hände schmutzig machen.

Ich brauchte jedoch nicht lange, um festzustellen, dass English ein CEO war, der lieber nichts selbst anpackte. Das wäre in Ordnung gewesen, wenn er ein gutes Team von Topmanagern gehabt hätte. Es sah aber eher so aus, als würde er alle Kompetenzen dem Chefredakteur Dave Kansas übertragen, der mich so langsam als größtes Hindernis für den Erfolg von TheStreet.com betrachtete.

Ich hatte 1998 schon einmal mit Kansas die Klingen gekreuzt, als ich eine E-Mail an die Reporterin Marcy Burstiner an der Westküste abgeschickt hatte, in der es um einen Fehler ihrerseits ging. Obwohl ich mit dem Fehler recht hatte, schickte Kansas eine E-Mail an mich und seine gesamte Belegschaft, in der er jeglichen Kontakt zwischen mir und jeglichem Reporter verbot. Er sagte, er wolle sich meinen Einschüchterungsversuchen nicht beugen. Um Himmels willen, sagte ich, das war ein Fehler und angebracht war eine einfache Zurechtweisung, aber doch kein vollständiges Kontaktverbot. In der Genehmigung des SEC, in der meine Beteiligung an TheStreet.com geregelt wurde, stand das nicht. Kansas stand jedoch zu seinem Wort. Von da an durfte ich gute Storys oder Ideen nicht mehr der Organisation geben, die ich mitgegründet hatte, sondern nur *CNBC* oder *SmartMoney* oder Dow Jones. Ich beklagte mich bei English, dass ich für andere Journalisten eine ergiebigere Quelle sei als für unsere eigene Website. English meinte, er werde sich darum kümmern, sagte mir dann aber später, die Nachrichtenzentrale sei für mich Sperrgebiet.

Am 20. November 1998, auf einem jener Treffen „außer Haus", die aus keinem anderen ersichtlichen Grund abseits vom wirklichen Geschehen stattfanden, als dass sie teuer waren (beim Hedgefonds machten wir so etwas nie), stellte ich fest, dass ich bei TheStreet.com unter English allerhöchstens eine Statistenrolle spielen könnte. Auf diesem Treffen, das meiner Meinung nach den Beginn der Abwärtsspirale markierte, aus der TheStreet.com erst kürzlich mit der Beseitigung von Kansas ausgebrochen war, sprach ich die Idee einer Art Website-Regisseur an, der die Seiten ähnlich wie der Regisseur eines Fernsehmagazins lebendig halten sollte. Kansas widersprach vehement – er würde niemals so viel Kontrolle aus der Hand geben. English pflichtete ihm auf der Stelle bei. Daraufhin schlug ich vor, dass vielleicht die geschäftliche und die redaktionelle Seite mehr kooperieren sollten, denn ich hatte aus der Verwaltung gehört, dass die Redakteure die Mitarbeiter nicht einmal grüßten. Kansas lehnte jegliche Kooperation mit der geschäftlichen Seite ab, und English stimmte ihm auch in diesem Punkt zu.

Stattdessen wurde der Tag auf die Frage verwendet, was denn die „Mission“ von TheStreet.com sei. Wie bitte? Der Auftrag war doch klar: versuchen, den Lesern zu möglichst viel Geld zu verhelfen. Das war der Hauptgrund gewesen, warum ich dieses verdammte Ding gegründet hatte. Es war mir peinlich und ich schämte mich für das, was ich geschaffen hatte, als ich den Blödsinn betrachtete, den Kansas und English verzapften. Ich verließ das Treffen vorzeitig. Außerhalb der Organisation dachten alle, ich sei in der Gesellschaft ein wichtiges Zahnrad, aber intern war ich eindeutig ein nörgelnder, tatteriger Onkel, auch wenn ich der einzige Anwesende war, der irgendwelche Erfahrungen an der Wall Street oder im seriösen Finanzjournalismus hatte. English kam von LexisNexis, dem Informationsunternehmen, das vom Web vollständig in die Zange genommen wurde. Kansas war Börsenberichterstatter irgendwo in den mittleren schreibenden Rängen von Dow Jones gewesen und hatte kaum redaktionelle Erfahrung. Gemeinsam hatten die beiden jedoch beschlossen, dass meine Vorschläge und Beiträge missachtet wurden. Kansas betrachtete mich irgendwie als korrupt und English wollte die Show ohne Einmischung und ohne Beiträge meinerseits durchziehen. Aus meiner Sicht war mein Unternehmen entführt worden. Eigentlich hätte ich das aufhalten müssen, aber die Venture-Kapitalisten, die jetzt im Board herrschten, benutzten das böse Blut zwischen mir und Marty, um die Macht zu ergreifen und eine Vision für diejenigen zu schaffen, die täglich in dem Unternehmen schufteten, nicht für diejenigen, die das Unternehmen geschaffen hatten.

Ich hatte aber trotzdem noch keine Ahnung, wie sehr English, Kansas und ich zu Widersachern werden würden. Eine Woche nach der externen Versammlung war ich wieder in der Squawk Box, wobei Mark Haines als Co-Moderator von Joe Kernen vertreten wurde. Der Markt war geladen wie eine Pistole, viele Aktien verdoppelten oder verdreifachten sich, wenn sie im Fernsehen vorgestellt wurden und eine gute Geschichte erzählten. Ich hatte beschlossen, den Menschen zu sagen, wie gefährlich diese Hitze sein konnte, wenn man zu spät einstieg. Ich wusste, WavePhore, eines der vorgestellten Unternehmen, hatte sich gerade innerhalb von Wochen verdreifacht. Ich fragte die Mitarbeiter von

Squawk vor der Show, ob ich herausfinden sollte, ob WavePhore mit seinem aktuellen Kurs von 15 Dollar vor einem Short-Squeeze stand oder nicht. Aber sicher, sagten sie, das sei ja genau der Grund, weshalb sie in Squawk echte Vermögensverwalter hätten.

Also rief ich mein Trading Desk an und fragte, ob Goldman, unser Hauptbroker, WavePhore zum Shorten verleihen würde. Sie erinnern sich, man kann nicht einfach so gegen eine Aktie spekulieren und sie short verkaufen. Zuerst muss man in der Lage sein, sie tatsächlich zu leihen, damit der Käufer auch wirklich etwas bekommt. Ich erhielt sofort die Rückmeldung, dass WavePhore nicht geshortet werden könne; „gespannt wie ein Trommelfell". Es gab keine Aktien, die man leihen konnte, ein Short wäre also illegal gewesen; man darf keine Aktien leerverkaufen, ohne vorher die Aktien gefunden zu haben.

Ein Blick auf die Bilanz und den Kapitalverbrauch zeigte mir außerdem, dass WavePhore Bargeld brauchte; seit unseren Erfahrungen mit TheStreet.com war ich darin recht gut geworden. Ich sah eine Situation kommen, in der WavePhore seine Aktie anheben könnte und in der man als Trader ein paar Dollar verdienen, als Zuschauer aber draufgehen könnte, wenn man WavePhore nach diesem Kursanstieg kaufen würde. Das Gleiche sagte ich, als die Sendung anfing, und ich erwähnte auch, dass man sich bei Goldman keine WavePhore-Aktien leihen konnte. Als ich dem Management gegenüber erwähnte, die Aktie stehe möglicherweise nur wegen eines Short-Squeeze so hoch, wurde es wütend. Das Momentum der Aktie war gebrochen und sie stürzte ab. Fast sofort nach dem Interview fiel sie von 15 auf 8 Dollar.

Darüber hatte ich überhaupt nicht nachgedacht. Unternehmensleitern gegenüber war ich schon immer hart gewesen und ich warnte schon immer das Publikum, wenn ich dachte, es könnte Geld verlieren. Aber diesmal wurde der Posteingang meines E-Mail-Kontos von Menschen überflutet, die mich umbringen wollten, weil ich WavePhore ruiniert hätte. Und sofort danach drohte das Management mich zu verklagen, weil ich die Aktie zusammengehauen und von dem Abstieg profitiert hätte. Es warf mir vor, ich hätte die Aktie geshortet – und dabei hatte ich überhaupt nicht mit dieser Aktie gehandelt.

Auf Verlangen von WavePhore rief die Börsenaufsicht an, um zu überprüfen, ob ich die Aktie geshortet hätte, und ich konnte sehr schnell zeigen, dass ich keinerlei Position hatte. *CNBC* ließ mich eine Woche aussetzen, weil es seinerseits eine Untersuchung darüber durchführte, ob ich short sei. Diese „Suspendierung", wie sie in den Zeitungen genannt wurde, rief einen Feuersturm an ethischen Vorwürfen hervor. Es hieß, ich hätte schon wieder die Medien zum Nutzen meines Portfolios eingesetzt. In fast allen Artikeln, die ich über den Zwischenfall las, stand, ich hätte eine Short-Position gehabt und hätte damit gutes Geld verdient. Jedes Mal, wenn ich den Reportern und Kolumnisten zu erklären versuchte, dass ich die Aktie nicht geshortet hatte, fragten sie mich, weshalb ich sie dann zusammengehauen hätte, wenn ich nicht short gewesen sei. Das hätte ich getan, erklärte ich ihnen, weil die Aktie kurz vor einem Short-Squeeze gestanden habe und ich nicht gewollt hätte, dass die Menschen Geld verlieren. Ich konnte es kaum glauben, wie viele Menschen glaubten, dass ich nichts Negatives über eine Aktie sagen würde, wenn ich diese Aktie nicht geshortet hatte. Ich wünschte, ich könnte so zynisch sein, denn dann hätte ich 1998 viel mehr von dem Geld wieder zurückgeholt!

Aber egal, ein paar Wochen später war ich wieder bei *CNBC* und Mark Haines nahm mich in einer anstrengenden Sendung bezüglich des Zwischenfalls in die Mangel. Ich bekam das Okay und kehrte wieder in den Co-Moderationsrhythmus zurück. Ich bezahlte die 40.000 Dollar Anwaltskosten, die bei dem ganzen Wirbel angefallen waren, und versuchte weiterzumachen.

Aber selbst nachdem mich *CNBC* rehabilitiert hatte, verlangte English von mir eine eidesstattliche Erklärung, dass ich nicht gelogen hatte; bei *CNBC* hatte niemand so etwas von mir verlangt. Ich sollte schwören, die Aktie nicht geshortet zu haben, obwohl sämtliche Unterlagen eindeutig belegten, dass dies nicht der Fall gewesen war. Dieses Schriftstück sei notwendig, damit die Anleger Vertrauen zu TheStreet.com hätten. Ich unterzeichnete es.

Danach vermittelte English in einer Reihe von Treffen, von denen ich nichts wusste, meine Dienste an Rupert Murdochs Fernsehsender *Fox*, und zwar im Austausch gegen eine Investition in TheStreet.com. Ich erklärte English informell, dass etwa 50 Prozent unserer Leser aufgrund meiner Auftritte bei *CNBC* von uns gehört hatten. Er meinte, ich würde ja bei *CNBC* bleiben, aber eben zusätzlich bei *Fox* auftreten. Ich sagte ihm, dass das im Fernsehen meiner Meinung nach so nicht funktioniere und ich nicht noch mehr Ärger mit *CNBC* gebrauchen könnte, nachdem mich der Sender gerade in dem WavePhore-Zwischenfall verteidigt habe. Er beruhigte mich, ich solle mir keine Sorgen machen. Bei der nächsten Begegnung fragten mich die *CNBC*-Leute, ob ich denn nun Stammgast bei *Fox* sein würde, denn das würde nicht gehen, wenn ich bei Squawk Box bleiben wollte. Ich schwor, dass ich kein regelmäßiger, sondern nur gelegentlicher Gast sein würde und meine Loyalität der Squawk Box gelte. Ich würde die Squawk Box niemals wegen einer anderen Show verlassen, beteuerte ich, sie sei meine Lieblingssendung, und dass ich einfach nur mit dem Management von TheStreet.com über Kreuz geraten sei. Wie alle anderen auch, konnte sich *CNBC* nicht vorstellen, dass ich TheStreet.com nicht unter Kontrolle hatte, wo ich doch so viele Aktien hielt und der bedeutendste Kolumnist der Seite war.

Mir war klar, dass ich bei *CNBC* endgültig untendurch war, als in der Vorbereitungszeit für den Börsengang von TheStreet.com in der *New York Times* eine ganzseitige Anzeige mein Gesicht als regelmäßiger Gastgeber der neuen TV-Sendung „TheStreet.com" auf *Fox* zeigte. Ich erschrak fürchterlich. Das war an einem Morgen im Frühjahr 1999, an dem planmäßig Squawk gesendet wurde. Gerade noch hatte ich meine Loyalität gegenüber *CNBC* beteuert, da erschien schon eine Anzeige, die eindeutig etwas anderes besagte. Als ich English am Telefon verkündete, dass ich wegen dieser Sache bei *CNBC* draußen wäre, erwiderte er, das wäre nicht sein Fehler, sondern der von *Fox*. Er hätte die Anzeige niemals geschaltet, sagte er.

Ich machte an diesem Morgen noch Squawk, aber gleich danach ließ mich die Unternehmensleitung kommen und sagte, ich könne wegen der Show auf *Fox* nicht mehr auf *CNBC* erscheinen.

English hatte den Goldesel geschlachtet, die allerbeste Werbung, die wir hatten. Er hatte mich wegen einer geplanten halbstündigen Sendung auf dem Fox News Channel aus meiner Lieblingsshow geworfen. Squawk war mir der liebste Teil des Arbeitstages gewesen. Ich hatte mir nicht vorstellen können, worauf ich mich einließ, als ich die Kontrolle über TheStreet.com abgab. Ich hatte meine eigene Nemesis geschaffen, dabei dachten alle, ich würde das Unternehmen kontrollieren. So paranoid und masochistisch ich auch veranlagt sein mochte, der von meinen eigenen Leuten verursachte Rausschmiss bei *CNBC* brachte mich direkt ins Reich der vollkommenen Beklopptheit.

So langsam empfand ich TheStreet.com als Betrugsfirma unter der Leitung von Menschen, die mich gern draußen gehabt hätten. Aber ich besaß 3,5 Millionen Aktien davon, war der mit Abstand beliebteste Kolumnist der Seite und hatte das verdammte Ding gegründet. Ich konnte – und wollte – meine Hände nicht davon reinwaschen.

Und abgesehen davon hatte English andere Pläne für mich.

„Du musst mich von Roger Ailes fernhalten“, wies ich Berko an. „Ich werde mich noch in ihn verlieben, aber ich will nicht für *Fox* arbeiten, sondern für *CNBC*.“ Berko wusste, was ich damit meinte. Ailes war Geschäftsmann mit politischen Erfahrungen, die ihn in meinen Augen unwiderstehlich machten, unserem Unternehmen jedoch schaden würden, denn wir brauchten Menschen, die sich auf Aktien konzentrierten und nicht auf Politik.

Ich hatte Kevin English schon Dutzende Male meine Anti-Fox-Haltung dargelegt, aber er wollte nichts davon hören. Er wollte den Kurssprung am ersten Tag, den Homerun, den man nur bekam, wenn man mit Schmackes an die Börse ging; für ihn bedeutete dies, dass Murdoch den IPO kaufen musste, und das tat er dann auch. Was machte es schon aus, wenn das bedeutete, dass ich, der ich TheStreet.com durch meine Auftritte bei *CNBC* bekannt gemacht hatte, jetzt zu *Fox* wechseln musste? English drängte bei mehreren Essen darauf, dass ich mich wenigstens mit Ailes treffen sollte. Ich erklärte ihm jedes Mal, dass wir meines Erachtens bei *Fox* niemals den gleichen Werbeeffekt haben würden wie bei *CNBC*. Dann erschien die Anzeige für die *Fox*-Sendung „TheStreet .com“ und es war zu spät. Es war aus mit *CNBC* und ich musste mich mit Ailes treffen.

Ich mochte ihn auf Anhieb. Sein ganzes Wesen, seine Art war dazu angetan, Fox News erfolgreich zu machen, und ich würde, versicherte er mir, ein Teil dieses Erfolges sein. Er sagte, er könne mich zu einem Star machen. Oh Mann, erwiderte ich, ich dachte, ich wäre schon einer, aber egal. Unser erstes gemeinsames Essen lief ganz gut, auch wenn es durch das Erscheinen des Artikels in *Vanity Fair* belastet war. Ailes wollte wissen, ob ich ein vertrauenswürdiger Irrer oder einfach nur ein Irrer sei. Ich versicherte ihm, ich sei Ersteres, und er stellte klar, dass es eine schwere Strafe geben würde, wenn Letzteres zutreffe. Bei Ailes ging es immer darum, „den Ball zu spielen" und „im eigenen Revier zu bleiben". Für mich waren das nichts anderes als Varianten von „nach meinen Regeln oder Rausschmiss", wie ich bei Cramer Berk immer sagte; mir war also klar, was es für Konsequenzen haben würde, bei Ailes zu arbeiten. Ich unterschrieb einen schnellen Vertrag, der seiner Aussage nach erlauben würde, dass ich jederzeit bei *CNBC* auftreten könnte, solange ich eindeutig als Angehöriger von Fox News erkennbar wäre. Das bedeutete natürlich, dass ich nicht mehr bei *CNBC* auftreten würde. Das machte nichts, denn ich wusste, dass English diese Brücke ohnehin abgebrochen hatte, ob es mir nun gefiel oder nicht.

Die Mitarbeiter versicherten mir, ich gefiele Ailes, aber wenn ich ihn je täuschen würde, dann könne ich davon ausgehen, dass unsere halbstündige Sendung am Samstagmorgen um 2:30 Uhr oder gleichzeitig mit den Footballspielen der NFL ausgestrahlt würde. Und ich wollte ja wohl lieber nicht daran denken, was mir persönlich passieren würde, wenn ich mit ihm über Kreuz geriet.

Am Anfang ging alles gut, ich trat in einer *Fox*-Sendung nach der anderen auf und machte Werbung für unsere halbstündige Wochenendsendung, stets mit dem von Ailes unterstützten Hintergedanken, TheStreet.com damit zu helfen. Unsere Show wurde von Brenda Buttner präsentiert, die inzwischen bei *Fox* war; dabei ging es um eine einfache Bullenrunde. Autoren von TheStreet.com, einschließlich meiner Person, warfen sich gegenseitig den Ball zu und diskutierten über Aktien. Und dann trafen wir Voraussagen; es war ein griffiges Format, das auch gut funktionierte, aber überhaupt nichts für die Website bewirkte. Trotzdem machte es mir großen Spaß, in allen Shows aufzutauchen und über Aktien zu reden. Hinterher kreuzte ich dann bei Roger auf und ließ mir erklären, was man verbessern könnte und was ich noch lernen musste, denn wenn Ailes etwas konnte, dann war es lehren – Medien, Populärkultur, die Message, über alles konnte er einem etwas beibringen.

Er war jederzeit einfach bezaubernd. Oft kamen wir von der Sendung an sich ab und redeten über Politik. Trotz allem, was ich über Ailes und seine festen Bande mit den Republikanern gehört hatte, dachte ich mir immer, dass er sich freute, wenn er einen Liberalen dahatte. Ihm waren schlagfertige Antworten jederzeit willkommen und er hörte sich fremde Meinungen und Sichtweisen lieber an als irgendein anderer leitender Mitarbeiter, mit dem ich je bei einem Fernsehsender zu tun gehabt hatte. Es gab mindestens ein Dutzend Gelegenheiten, bei denen ich mit der Ermahnung rechnen konnte, dass Ailes meine Politik nicht gesendet haben möchte, aber es war immer genau umgekehrt. Es ging ihm immer nur um Überzeugung. Er wollte Debatten. Er wollte wissen, ob die Menschen wirklich das glaubten, was sie sagten, oder ob sie das nur äußerten, weil sie Geld oder sonstige Unterstützung wollten, auch wenn sie wussten, dass das der Republik schaden könnte. Ab einem gewissen Punkt dachte ich, Ailes habe nun endgültig die Nase voll von meiner Unterstützung der Demokraten im Allgemeinen und Clinton im Besonderen, aber das amüsierte ihn nur und er ermunterte mich.

Das ist die Seite von Ailes, über welche die Menschen nicht sprechen.

Aber leider – anfangs ohne Fehlverhalten meinerseits, aber am Ende aufgrund meiner eigenen puren Dummheit – lernte ich den Ailes kennen, über den die Menschen sprachen, der Strafen austeilte, weil ich das Revier verlassen hatte.

Ursprünglich ging die Spannung wieder einmal von English aus. Wie alle anderen, die TheStreet.com von außen betrachteten, dachte auch Ailes, ich würde die Firma leiten und wäre für alles verantwortlich, was dort geschah. Er konnte nicht glauben, dass ich tatsächlich die Macht abgegeben hatte, auch wenn ich ihm schon erklärt hatte, an welche Regeln ich mich halten musste. Er war sich sicher, das war nur eine List.

Ailes hat überall und in jeder Organisation seine Quellen und ist mit Sicherheit einer der mächtigsten und kenntnisreichsten Menschen im Mediengeschäft, wenn nicht sogar der mächtigste und kenntnisreichste.

Als English unmittelbar nach Unterzeichnung meines Vertrages mit Ailes am 25. August 1999 verkündete, er wolle mit CBS MarketWatch über eine Fusion reden, war mir klar, ich würde ein toter Mann sein. Wir könnten keine Gespräche mit *CBS* führen, nachdem ich einen Dreijahresvertrag mit Ailes unterzeichnet hatte, sagte ich zu English. Ailes würde fuchsteufelswild werden, wenn er das herausfinden würde.

Meiner Ansicht nach hatte English weder von Ailes noch von den Medien irgendeine Ahnung, eigentlich hatte er generell keine Ahnung vom Geschäft. Er meinte, wir würden uns im Geheimen treffen, in Uptown in der Wohnung von Allan Tessler, einem der Direktoren von MarketWatch, der auch einen großen Teil der MarketWatch-Aktien besaß. Ich fragte ihn, ob irgendjemand von CBS MarketWatch anwesend sein würde. Er erwiderte, Fred Reynolds, der CFO von *CBS*, werde vorbeikommen. Ich erklärte ihm, ich hätte keine Ahnung, was ich sagen sollte, wenn Ailes von der Besprechung erfahren würde. Das sei lächerlich, meinte er, Ailes werde nie davon erfahren.

Wir trafen uns also, wie es schien, tatsächlich höchst geheim, denn nicht einmal Larry Cramer, der CEO von MarketWatch, der sofort ausverkauft gewesen wäre, wenn wir fusioniert hätten, erfuhr davon.

Doch schon am nächsten Tag rief Ailes meine Durchwahl an – wir müssten uns treffen; es gehe darum, „den Ball zu spielen". Ich erzählte English von dem Anruf und dieser meinte, ich litte unter Verfolgungswahn. Als ich dann an die Kreuzung 47. und Sechste kam und das frostige kleine Büro von Ailes betrat, schaute er mich mit einem Wolframglühen in den Augen an, mit dem gleichen Glühen, das alle haben, von Nixon bis Manson. Und da wusste ich, dass er es wusste.

„Warum verhandelt ihr mit *CBS*?", fragte er geradeheraus. Ich bekannte Farbe, denn Lügen hätten es nur noch schlimmer gemacht. Ich erklärte, English sei mit den Leuten von MarketWatch schon lange befreundet – das stimmte auch. Ailes sagte, er wolle mich nicht daran erinnern müssen, dass ich mit ihm einen Vertrag abgeschlossen hatte.

Das verstehe ich, antwortete ich. Als English kurz danach bei einer Boardsitzung die Fusion auf den Tisch brachte, sagte ich, dass wir es uns schon mit *CNBC* verscherzt hätten und dass wir es uns jetzt mit *Fox* verscherzen würden, und jedes Mal sehe es so aus, als würde ich es mir mit ihnen verderben.

Das blockierte die Gespräche, aber ich hatte das Gefühl, dass Ailes mir danach nie mehr traute. Da er dachte, ich würde TheStreet.com leiten, konnte ich ihm nicht einmal einen Vorwurf machen.

Nach dieser Ermahnung stürzte ich mich pflichtbewusst in die Arbeit für *Fox*. Jeden Freitagmorgen fuhr ich in das *Fox* Midtown Studio und zeichnete „Fox & Friends" auf, wo ich eine Mischung aus Hofnarr und Börsenguru wurde und die wildesten Kapriolen schlug, alles, was verlangt wurde. Um 16:00 Uhr ging ich dann noch einmal nach Uptown und zeichnete drei weitere *Fox*-Sendungen auf, unter anderem auch die halbe Stunde für TheStreet.com. Das tat ich allerdings widerwillig, denn von der Arbeit im Hedgefonds war ich hundemüde und nach diesen anstrengenden Wochen konnte ich mich zu der ganzen Action bei *Fox* kaum aufraffen. Aber egal, ich blieb am Ball.

Bis zum 19. November 1999, als ich gerade aus dem Flugzeug aus Kalifornien gestiegen war und eine Todsünde beging: Hinter der Bühne sprach ich kritisch über Ailes' Möglichkeiten, uns zu helfen, und dabei war ein Mikrofon offen. Ich war gerade in Kalifornien bei E*TRADE gewesen, wo ich versucht hatte, eine halbstündige Fernsehsendung im Abendprogramm anzupreisen, in der es darum gehen sollte, was man im nächsten Jahrtausend kaufen soll. Nebenbei erwähnte ich, TheStreet .com nähere sich so langsam an *Fox* an. Chris Cotsakos, der Leiter von E*TRADE und ein Freund von Peter Chernin, Präsident der *Fox*-Mutter News Corporation, der außerdem im Board von E*TRADE sitzt, meinte, das sei eher unwahrscheinlich. Laut Cotsakos hatte *Fox* weder mit dem Web noch mit uns etwas zu tun.

Übernächtigt und von Cotsakos' „Neuigkeit" bedrückt, dass *Fox* weniger an uns als vielmehr an mir interessiert war, kam ich in das Studio von „Fox & Friends" und war verärgert, weil ich so viel Zeit mit der Arbeit bei *Fox* verbrachte, ohne dass sich zwischen unseren jeweiligen

Unternehmen etwas tat. Ich war schon für den Ton verkabelt, und als mich jemand bei ausgeschalteter Kamera fragte, warum ich einen so verärgerten Eindruck machte, erwiderte ich, Ailes hätte „nicht den Mumm", um zwischen unseren Gesellschaften etwas anzuleiern.

Von allen hirnverbrannten Dingen, die ich je in meinem Leben getan habe, war das eines der größten. Ailes hatte alles getan, worum ich ihn je gebeten hatte.

Blöde, blöde und nochmals blöd. Zwar entschuldigte ich mich, nachdem ich erfahren hatte, dass mein unüberlegter Kommentar Roger zu Ohren gekommen war, aber ich war erledigt. Gegen diese Art von Brunnenvergiftung kommt man nicht an. Ich war bei *Fox* einfach nicht so recht mit dem Herzen dabei, und je länger ich von *CNBC* weg war, desto mehr vermisste ich es. Ich hatte die Nase voll davon, dass die Menschen fragten: „Sind Sie nicht der, der immer bei Squawk dabei war?" Ich bekam dieses Lied immer und überall zu hören, auf Familientreffen, im Flugzeug, sogar in London und in der Karibik. Das machte mich wahnsinnig. Am schlimmsten war, dass mich mein Vater in der Show so sehr vermisste. Als er sich später im Jefferson Hospital einer schwierigen Behandlung unterziehen musste und ich ihn fragte, was ich für ihn tun könnte, sagte er: „Geh zurück zu Squawk." Es ist kaum zu glauben, wie sehr ich die Sendung vermisste, und ich konnte meinen Dad nicht hängen lassen.

In den nächsten Monaten erledigte ich mechanisch meine Arbeit, aber ich hatte unsere Aussichten bei *Fox* mit meinem losen Mundwerk völlig ruiniert, wenn es denn je welche gegeben haben sollte. Eine Woche später setzte ich noch eins drauf, als ich eine Aufzeichnung von TheStreet.com verpasste, bei der ich hätte anwesend sein sollen. Und dann, völlig genervt, empfahl ich in unserer eigenen Sendung unsere eigene Aktie zum Kauf. Das passierte gegen Ende der Sendung, als wir unsere Voraussagen trafen. Ich dachte, unsere Aktie, die unter ihre Bargeldposition gefallen war, stelle einen guten Kauf dar. Obwohl sich die Aktie danach verdoppelte – und ich keine einzige verkaufte –, raste Ailes vor Wut, weil ich seine Show benutzt hatte, um für unsere Aktie zu werben, und in der Woche danach sagte er das auch der Presse. Ich hatte das Revier so weit verlassen, dass mir eine Lektion bevorstand, warum sich niemand mit Roger Ailes anlegt. Im Rahmen der Reklame für meine Rückkehr zu der Zeitschrift *New York*, mit der Titelgeschichte „Dot's All Folks", trat ich dann auch noch in Chris Matthews' Show bei *CNBC* auf und danach bei „Today" auf *NBC*. Was hätte ich denn tun sollen, etwa die Gelegenheiten sausen lassen?

Als ich allerdings kurz nach den Auftritten ins Büro zurückkam, fand ich eine Mitteilung vor, dass mich *Fox* auf Schadensersatz verklagte und dazu zwingen wollte, zwei Jahre lang ausschließlich bei *Fox* aufzutreten, solange eben mein Vertrag galt. Unschön.

Drei elende Monate lang ging es schriftlich und vor Gericht hin und her, bis wir einen Vergleich erzielten, der es mir erlaubte, auch bei anderen Sendern aufzutreten. Das war ein bitterer Sieg, denn jetzt durfte ich zwar zu *CNBC* zurückkehren, aber wieder einmal hatte ich mich von meinem Temperament hinreißen lassen und jemanden verraten, der mir nichts Böses wollte, nur weil ich in einer Sendung auftreten wollte, die ich sehr mochte. Der Prozess und die ganzen Intrigen und das Fernsehen und der Hedgefonds hatten meinen Geist derart erschöpft, dass ich im Herbst 1999, gerade als wir quasi unser eigenes Geld prägten, unglücklicher war denn je.

20 Die Rückeroberung von TheStreet.com

Wenn man sich so ziemlich das Schlimmste überlegen sollte, was einem jungen Start-up-Unternehmen wie TheStreet .com passieren könnte, dann wäre das vielleicht, einem unerfahrenen Chief Executive Officer einen Topf voll Geld und einen Haufen Kinder zur Verfügung zu stellen, für die er es ausgeben kann. Mit fast 150 Millionen Dollar auf der Bank versuchte Kevin English, alle Investment-Websites dieser Welt zu kaufen, und er gab dem Chefredakteur einen Blankoscheck zum Aufbau einer weltweiten Redaktion. Nachdem Marty und ich wieder vereint und English gegenüber misstrauisch waren, gelang es uns, die größeren Erwerbungen zu vereiteln, von denen jede einzelne uns in den Bankrott hätte treiben können. Die Ausgabenflut konnten wir allerdings nicht aufhalten, denn die Venture-Kapitalisten, die im Board saßen, befürworteten sie, weil sie glaubten, wir müssten entweder schnell groß werden oder schnell aussteigen, was immer aussteigen auch bedeuten mochte.

Obwohl wir sogar über unseren eigenen Markt nur wenig wussten, wer bei uns abonnierte, was die Menschen lasen oder was ihnen gefiel – obwohl ja unser Wachstum offensichtlich an den Börsengang und an die Nasdaq gebunden war –, hatte English die fixe Idee, eine Basis in Europa aufzubauen. Ich konnte mir beim besten Willen nichts Dümmeres vorstellen. Wir wussten nichts über Europa oder über den Londoner Markt; wir hatten uns nicht einmal in Amerika ausreichend etabliert, und doch wurde das Vereinigte Königreich unser Schwerpunkt. Sowohl Kansas als auch English glaubten, dort gäbe es das größte Wachstum. Da die Venture-Kapitalisten dieses schwachsinnige Vorgehen guthießen, ebenso wie Michael Golden von der *Times*, und da Marty und ich immer noch versuchten, uns zusammenzuraufen, konnten wir den Ausflug nach Europa nicht aufhalten; und so gaben wir Millionen Dollar für eine Zweigstelle in Europa aus, die innerhalb eines Jahres den amerikanischen Betrieb in den Bankrott zu treiben drohte, bis wir sie dann schlossen.

Vor dem Börsengang von TheStreet.com hatten Marty und ich die Kosten wenigstens ansatzweise unter Kontrolle gehabt, denn wir wussten, dass wir einen begrenzten Geldvorrat hatten, mit dem wir arbeiten konnten. Aber TSCM konnte Geld ohne Ende ausgeben, anscheinend ohne dass dies ein Loch in die Kasse gerissen hätte. In einem Anfall von Wahnsinn steigerten wir die Zahl der Mitarbeiter auf 300, wir stellten 100 Reporter ein und bauten rund um den Globus Büros auf. Unmittelbar nach dem IPO wandte sich English an das Board und drängte uns, die Einnahmen aus den Abonnements aufzugeben, die sich auf jährlich acht Millionen Dollar beliefen – das war unser einziger beständiger Einnahmenstrom. Dies schränke unser Wachstum ein, erklärte er, denn es sollte zu 100 Prozent aus Werbeeinnahmen bestritten werden. Diese Information habe er aus „gut unterrichteten Kreisen", die an der Werbekampagne für den IPO teilgenommen hätten. Er bestand darauf, die Betonung des zahlungspflichtigen Inhalts – das Fundament, auf dem das Unternehmen gegründet worden war – hindere ihn daran, seine Aufgabe zu erfüllen.

Werbeeinnahmen seien keine sichere Sache, argumentierte ich dagegen, und jeder im Vollbesitz seiner geistigen Kräfte würde einen realen Einnahmenstrom nicht für einen eingebildeten aufgeben. Durch den zyklischen Charakter von Werbung würden wir uns von etwas abhängig machen, das in Baissezeiten versiegen könnte. Und außerdem, wandte ich ein, hatten wir 25.000 Menschen, die bereit waren, jedes Jahr 100 Dollar zu bezahlen – warum sollten wir nicht versuchen, sie zu behalten und zusätzlich Anzeigen zu bekommen? Er erwiderte, wir müssten das den Analysten und der Wall Street zuliebe tun, um den Aktienkurs oben zu halten. Ich entgegnete, es sei nicht wichtig, was die Aktie tue, sondern was die Geschäfte täten, außerdem bräuchten wir das Geld auch dann, wenn das Anzeigengeschäft zurückginge. Und der Wall Street gefallen zu wollen, so fügte ich hinzu, sei ohnehin der beste Weg, seine Integrität und seine Mission zu verlieren. Ich wusste vom Hedgefonds her, dass das, was die Wall Street wollte, flüchtige Launen waren; was die Wall Street mochte, änderte sich jeden Tag. An der Wall Street ging es um Moden. Im Moment war gerade das Anzeigengeschäft in Mode, Abonnements waren out. Wenn es mit den Anzeigen bergab ginge, würde sich das wieder umkehren. Man sollte sich darum kümmern, was das Beste für die Geschäfte ist – so argumentierte ich bei meinem ersten heftigen Angriff gegen English im Board. Einen sicheren Einnahmenstrom für einen unsicheren aufzugeben war einfach idiotisch.

Als Marty meine Sicht und meine Position nachdrücklich zu verteidigen begann, machte English einen Rückzieher. Später fand ich heraus, dass er daraufhin das Unternehmen jedem, der es haben wollte, zum Kauf anbieten wollte. Da aber unsere Aktie nach unserem Börsengang zwei Monate lang ungebremst fiel, von den 63 Dollar Eröffnungskurs in die 20er, erschienen jegliche Verhandlungen über eine Übernahme schlichtweg lächerlich. Wir waren gerade erst an die Börse gegangen und er wollte uns verkaufen, egal ob wir verkauft werden wollten oder nicht. Ich weiß noch, ich erzählte Karen davon, dass English aufgeben wollte, und dass es doch ganz nett gewesen wäre, wenn er mich hätte wissen lassen, für wen ich am Ende arbeiten würde, denn schließlich war ich der größte Aktionär und Beitragszahler. Sie drängte mich, English so schnell wie möglich loszuwerden, besonders weil ich einen ehernen Vertrag unterzeichnet hatte, bis zum Jahre 2003 für TheStreet.com zu arbeiten, und weil mir der Betrieb, den ich gegründet hatte, so langsam gegen den Strich ging. Die Idee, dass ich aus der Gesellschaft erst ein funktionierendes Geschäft machen wollte, bevor über einen Verkauf nachgedacht wird, fand in Englishs Denken allerdings keine Beachtung, und fleißig organisierte er Treffen mit E*TRADE und CBS MarketWatch, um unsere Unternehmen zu fusionieren. Dazu zählte auch das Treffen mit CBS MarketWatch, das mein Verhältnis zu Roger Ailes trübte.

Ich hatte immer das Gefühl, English meinte, er könne sich alles erlauben, zum Beispiel rücksichtslos Geld ausgeben und das Unternehmen zum Verkauf anbieten, weil Marty und ich ihn bekämpften. Aber der Friedensvertrag, den English kurz vor der öffentlichen Bekanntgabe des IPOs ausgehandelt hatte, hielt dank der schlechten Behandlung, die English Marty und mir zuteilwerden ließ. Ich glaube kaum, dass wir uns so leicht versöhnt hätten, wenn uns die leichtsinnige Ausgabenpolitik und das kurzsichtige Management nicht so abgestoßen hätten, die English bei TheStreet.com eingeführt hatte. Ende Mai 1999, kurz nach unserem Börsengang, hatte ich meinen 14-jährigen Neffen Cliff Mason, den Sohn meiner Schwester Nan und ihres Ehemanns Todd, als Praktikanten bei TheStreet.com untergebracht und ihm gesagt, er könne sich ein paar Hundert Dollar die Woche verdienen, wenn er ganz einfach die Stunden zählen würde, in denen English anwesend war, und herausfinden würde, was zum Teufel er in dieser Zeit machte.

Jeden Freitag ging Cliff zu Fuß die vier Blocks zum Hedgefonds, brachte chinesisches Essen mit und plauderte aus, was drüben bei TheStreet .com vor sich ging. Und das war nichts Gutes. Cliff erklärte, English sei nicht sehr oft da. Er spiele viel Golf. Gelegentlich berief er eine Besprechung ein. Der eigentliche Chef war Dave Kansas, der nach Cliffs Aussage keine Ahnung vom Geschäft hatte. Falls English wirklich an der Verbesserung von TheStreet.com arbeite, dann sei das für alle etwas Neues, sagte Cliff. Ach ja, und außerdem war er unbeliebt. Von den Mitarbeitern wussten ausreichend viele nicht, dass Cliff mit mir verwandt war, und so erfuhr er, dass die höheren Angestellten alles dafür tun sollten, um mich aus dem Spiel zu halten. Es war bemerkenswert, dass ein Schüler von der Highschool, der gerade erst in die Firma gekommen war, meine schlimmsten Befürchtungen bestätigte (andere bestätigten Cliffs Aussagen).

Das absurde Ausmaß der Ausgaben spornte mich dazu an, Marty zu fragen, ob wir nicht mehr tun als nur Frieden schließen sollten. Es sei mir ein Bedürfnis, mich voll und ganz zu entschuldigen; wir müssten uns gemeinsam aufraffen und den Entführern das Unternehmen wieder abjagen. Er würde sehr gern mitmachen, erklärte er, und einen Monat nach dem Börsengang kamen wir in einem überfüllten Restaurant namens City Hall überein, alles so gut und so schnell wir konnten in Ordnung zu bringen und so das Unternehmen zu retten. Marty war mehr als begierig darauf, mit mir an seiner Seite in den Krieg zu ziehen. Wir beschlossen auf der Stelle, dass wir English loswerden oder seine Beteiligung auf ein Minimum reduzieren mussten, bevor er entweder etwas kaufte, das uns in den Bankrott trieb, oder das gesamte Geld durchbrachte, das wir beschafft hatten.

Im August verbrachte ich eine Woche Urlaub am Strand und bat darum, dass die Woche bei TheStreet.com möglichst ruhig verlaufen sollte. Und genau dann schaltete English sozusagen den Turbo ein, das Unternehmen zu verkaufen, und zwang mich dazu, meinen Urlaub zu unterbrechen und ihn zu fragen, was zum Teufel er da machte. Im August und September gab es ein paar angespannte Sitzungen, auf denen ich verlangte, dass wir einen Chief Operating Officer einstellen sollten, jemanden, der das Alltagsgeschäft regeln konnte, während English mit seinen großen Plänen unterwegs war. Er stimmte zu und ich beschloss, die Suche nach der passenden Person zu leiten. Schnell engagierten wir Tom Clarke vom renommierten Finanzunternehmen Technimetrics, das gerade von Thomson Financial aufgekauft worden war. Tom war ein erfahrener Mann, der wirklich bei Finanzdiensten gearbeitet hatte und begriff, dass wir die Kosten senken mussten, bevor es zu spät war und uns das Geld ausging. Er war Spezialist für Restrukturierungen, und obwohl wir gerade erst an die Börse gekommen waren, hatten wir eine Restrukturierung bitter nötig, nachdem English und Kansas schichtweise Management und Personal gestapelt hatten.

Bei der nächsten Boardsitzung im Konferenzraum der Rector Street 2 im Oktober begann English mit einem Vorschlag. Er behauptete, der aufdringliche Charakter zweier Boardmitglieder mache es ihm unmöglich, seine Arbeit zu erledigen; es sei an der Zeit, entweder das Unternehmen zu verkaufen oder die unnachgiebigen Boardmitglieder auszubooten. Er habe nicht die Absicht, irgendwo anders hinzugehen, erklärte er. Ich blickte mich im Raum um. Ich sah die gesichtslosen Venture-Kapitalisten, die jetzt das Board beherrschten, und Dave Kansas, dessen Verbleib im Board ich zugestimmt hatte, weil wir in den Augen der SEC die redaktionelle Integrität bewahren mussten. Niemanden schien Englishs Attacke sonderlich zu stören.

Ich hatte die Tagesordnung überflogen, in der alle Initiativen aufgelistet waren, die ich verfochten hatte, und war am Ende auf das Ultimatum gestoßen. Ich rauchte vor Wut, ich war geschockt, dass ein Unternehmen, das von mir sein Bargeld, seine Werbung und seine Leser bekommen hatte, mich jetzt einfach so loswerden wollte. Als nun Englishs Ultimatum an die Reihe kam, stand ich auf und sagte: „Hey, wenn ihr meint, ihr kommt ohne mich aus, dann tut, was ihr nicht lassen könnt, ich habe mit meinem Hedgefonds genug Arbeit." Und ich ging hinaus. Ich sprach mit niemandem. Ich ging direkt zu den Aufzügen, fuhr hinunter und ging zu meinem Hedgefonds. Ich hatte genug von diesem Irrsinn. Es war mir egal, dass mein Anteil zu diesem Zeitpunkt 50 Millionen Dollar wert war. Dieses Unternehmen war eine Last geworden und ich hatte keine Lust mehr, dafür zu arbeiten.

English war von der Wendung, die die Ereignisse genommen hatten, offenbar derart entzückt, dass er dachte, das Spiel sei aus; das erzählte mir Marty später. English war davon ausgegangen, meine Annäherung an Marty sei nur vorgespiegelt gewesen, um die Regulierer zufriedenzustellen. Und deshalb war er entsetzt, als Marty nach meinem Weggang das Wort ergriff und English bat, den Raum zu verlassen, damit er die Lage diskutieren könne. Als English draußen war, erklärte Marty dem Board, es sei zwar kein Zuckerschlecken, mit mir zusammenzuarbeiten, aber ich sei sozusagen die Firma und man könne nicht einfach die Firma um Englishs willen wegwerfen. Er verlangte eine sofortige Abstimmung darüber, dass English gefeuert und Clarke seine Stelle erhalten sollte, der noch seit nicht einmal zwei Wochen im Unternehmen war. Das Board stimmte Marty zu und English wurde sofort hinausgeworfen.

Die Venture-Kapitalisten fühlten sich durch die Wendung der Dinge gedemütigt und bestanden darauf, English mit einem massiven, frei handelbaren Aktienpaket zu belohnen – das zweite Mal, dass sie ihm gegenüber klein beigaben –, und dem einzigen Menschen, der mit seiner Arbeit für TheStreet.com Millionen Dollar verdient hatte, wurde ein Jahr nach seiner Einstellung die Tür gewiesen. Die Venture-Kapitalisten erklärten, diese Entlohnung sei der Preis dafür, dass es nicht zu einem Rechtsstreit kommen würde. Mir war das vollkommen egal. Ich hätte ihn persönlich bezahlt, wenn er nur gegangen wäre. Er war eine Katastrophe. Endlich waren wir fertig mit ihm. Danach trieb es ihn von einer Dotcom zur anderen. Wir haben seit diesem Showdown nie wieder miteinander gesprochen.

Als Clarke seine Stelle einnahm, stoppte er sofort bestimmte Ausgaben und löste die Europaabteilung auf. Clarke war klar, dass die Dotcoms nie wieder eine Finanzierung bekommen würden. Er reduzierte die Ausgaben drastisch, kündigte Hunderten von Menschen und brachte das Unternehmen auf einen Kurs, der uns letztendlich am Leben erhalten würde, wenn die Mehrzahl der Dotcoms schon längst dahingeschieden sein würden. Von den Führungskräften, die unter English gedient hatten, feuerte er alle bis auf einen, denn er war der Meinung, dass English die Gesellschaft tatsächlich seinen beiden Gründern entwendet hatte. Er entledigte sich aller Venture-Kapitalisten, die ein disziplinloses Wachstum gefordert hatten (sie verkauften ihre gesamten Aktien), und brachte die Gesellschaft endlich auf einen Weg, der zur Profitabilität führen sollte. Und er war damit einverstanden, dass ich ungehindert alles sehen durfte, was ich wollte, und mit allen im Unternehmen ungehindert sprechen durfte, wenn ich wollte. Er sagte, er wolle mich drinnen und nicht draußen vor der Tür. Clarkes Politik der offenen Türen und sein kluges Management ermöglichten es mir, Seite an Seite mit ihm an der Rettung des Unternehmens vor dem finanziellen Vergessen zu arbeiten.

Englishs Abschied und Clarkes Ankunft ermöglichten es mir, meine Beziehung zu Marty neu aufzubauen.

21
Die Neupositionierung von Cramer Berkowitz

Wir brauchten bei Cramer Berkowitz noch einen Kopf, jemanden, der mit all den neuen Technologieunternehmen umgehen konnte, die über Nacht wie Pilze aus dem Boden schossen. Dort spielte nämlich die Musik, bei den neuen Sachen, die an die Börse kamen wie TheStreet.com. Die Unternehmen, die zur „New Economy" gehörten. Diese Sachen waren in Bewegung und für einen Hedgefonds zählt nur die Bewegung, nicht die Richtung und Geschwindigkeit. Im Jahre 1999 konnten wir unser Geld nicht mehr einfach durch den Handel mit traditionellen Blue Chips oder Wachstumsaktien und durch den Besitz von Small Caps verdienen. Wir mussten unseren Stil ändern. Wir mussten uns an die neuen Unternehmen anpassen, welche die Wirtschaft wie wahnsinnig erschuf, sonst liefen wir Gefahr, bedeutungslos und unterdurchschnittlich zu werden.

Aber glauben Sie jetzt bitte nicht auch nur eine Sekunde lang, Cramer Berkowitz hätte sich in der New Economy engagiert. Ohne TheStreet .com hätten wir der Übertreibung vielleicht geglaubt. Ich war mir jedoch darüber im Klaren, dass die New Economy nur eine Mischung aus überhitzten Aktien war, dem Wunsch, ein Amazon zu gründen, dem

Wunsch, ein Amazon zu vernichten, und dem Wunsch der Investmentbanken, aus einer guten Sache so lange Vorteil zu ziehen, bis sie sie umbrachten, so wie sie es immer getan hatten, wenn etwas neu und anders und vorübergehend gewinnbringend war. Wir durchschauten den baren Unsinn der Dotcoms. Aufgrund der immensen Kosten, die der Betrieb einer Dotcom mit sich brachte, wusste ich, die New Economy war teurer und in vielerlei Hinsicht weniger effizient als die Old Economy. Ich hatte Verständnis dafür, dass man sich vorübergehend in die Top- und Flop-Verkäufer verliebte – wie oft haben wir diese albernen Goldrauschvergleiche gehört –, und auch wir wollten diese Aktien kaufen, denn wir wussten, dass Exodus, die inzwischen bankrotte Web-Hosting-Gesellschaft, die vor zwei Jahren eine Marktkapitalisierung von 40 Milliarden Dollar hatte, TSCM ausplünderte. Hosting bedeutete einfach, dass man irgendwo einen Haufen Sun-Server hinstellte. Wir wussten, dass Akamai viele Unternehmen, die endlich online gehen wollten, zu dem Irrglauben verführt hatte, ihre Seiten würden von viel mehr Menschen besucht werden, wenn sie eine Nanosekunde schneller wären; dadurch bekam Akamai eine Bewertung von 30 Milliarden Dollar (glauben Sie mir, ich habe damit geliebäugelt, auf unsere Seite „Powered by Akama“ zu schreiben, also einfach das „i“ wegzulassen, denn Akamai hatte keine für unsere Leser wirklich wahrnehmbare Wirkung). Aber ja, warum nicht Vignette kaufen, das mit 25 Milliarden Dollar bewertete Web-Commerce-Unternehmen, das uns bei TheStreet.com über den Tisch zog, indem es uns ein Vermögen für ein Handelssystem berechnete, das mit unserem Publishing-System nicht recht funktionieren wollte und uns keinerlei Raum für Flexibilität ließ? Die Upgrades von Vignette brachten uns schier ins Grab. Und wer wollte nicht die elektronischen Broker wie E*TRADE oder Ameritrade kaufen, wenn man das Geschäft betrachtete, das sie betrieben, und die Werbung, die sie platzierten? Wir scheffelten die Scients und die Viants, Unternehmen mit Marktkapitalisierungen in Milliardenhöhe, die letzten Endes einfache Beratungsfirmen waren, die nichts anderes taten, als Websites zu gestalten, und zwar meistens für Internetneulinge. Wir spekulierten bis zum Anschlag, als sie zu Marktkapitalisierungen von 25 Milliarden aufstiegen, denn scheinbar wollte jedes einzelne amerikanische Unternehmen eine Website aufbauen, die Abteilung an die Börse bringen und dann die Summen ernten, die ihnen das Publikum in den Rachen warf.

Diese Trends, so kurzlebig sie auch sein mochten, mussten wir ausnutzen, wenn wir unsere Schäflein ins Trockene bringen wollten – und im Jahre 1999 bedeutete dies einen durchschnittlichen Tagesgewinn von 300.000 Dollar, wenn wir an unsere historische Performance wieder anknüpfen wollten. Und wir nutzten sie, und zwar sowohl auf dem Weg nach oben, solange der IPO-Markt für Unternehmen Kapital beschaffte, die für diese Instrumente Geld ausgeben konnten, als auch auf dem Weg nach unten mit Shorts, als sich das IPO-Fenster Mitte April 2000 schloss und die Unternehmen ohne Neukunden dasaßen.

Was wir allerdings brauchten, war ein Maß, etwas, wonach wir diese Aktien einstufen konnten. Gewinne waren irrelevant, Einnahmen waren irrelevant, Bewertungen waren irrelevant. Wir mussten die Hitze messen, was heiß war und was nicht. Wir mussten die Mode erfassen, um herauszufinden, welche Vorlieben die Käufer haben würden, selbst wenn es nicht die unseren waren. Und wir brauchten jemanden, der diese Aktien genauso analytisch-zynisch betrachtete, wie sie auch geschaffen wurden, jemanden, der mit dem Wissen kaufen würde, dass das hinterhältige Aktien waren; man überfiel die Shorts, trieb die Aktien mit nach oben und stieß sie dann an die Investmentfonds ab, die davon nicht genug bekommen konnten und die Aktien so lange im Fernsehen pushten, wie die Performance anhielt. Wir mussten mit diesen Aktien mitlaufen und sie genau in dem Moment abstoßen, in dem sie herunterkühlten, oder noch besser, sie shorten, während sie in den Staub zurückkehrten, aus dem sie einst hervorgegangen waren.

Wie findet man einen brillanten Zyniker, der auf der einen Seite die neuen Trends kaufen und sie dann auf der anderen wieder wegwerfen kann, so als hätten sie keinerlei Bedeutung oder Tragweite? Wie spürt man genau die Person auf, die den falschen Charakter der Unternehmen versteht, der sie aber gern haben will, solange sie sozusagen noch heiß sind, und der sie einen Tag vor Beginn der Abkühlung geringschätzt? Jemand, dem klar war, dass die Reise nach Jerusalem gespielt wurde und dass der Gewinner, der die heiße Kartoffel fallen ließ, der Firma Unmengen Geld bescherte, wohingegen der Verlierer viel Geld und seinen Job verlor?

Ich hatte es schon ziemlich aufgegeben, Menschen einzustellen, weil ich befürchtete, dass ich den Nächsten umbringen würde, der mir Verluste bescherte. Ich war allen gegenüber außer dem engsten Kreis verbittert geworden und hatte keine Lust, den Arm auszustrecken und noch so eine Dumpfbacke zu finden, die mir erklärte, wie klug sie sei und wie viel Geld sie schon verdient hätte, nur um dann später festzustellen, dass sie wie jeder andere auch unter dem ersten Rückgang um eindreiviertel Punkte zusammenklappen würde. Ich hatte schon Dutzende Menschen ausprobiert und hatte den großen Renner noch nicht gefunden, die Person, die für ein paar Dollar Gewinn nicht darauf angewiesen war, dass der Markt das tat, was sie wollte. Es gab nicht einmal genug gute Leute, denen klar war, dass sie „den Notizzettel tragen" mussten, wenn sie es vermasselten – und ihn elendiglich lange tragen mussten, bis ich sagte, sie könnten ihn abnehmen. Wenn einem die Firma gehört und man das meiste Kapital auf dem Spiel stehen hat, muss man einen Weg finden, dass auch die abhängig Beschäftigten den Schmerz spüren, wenn sie etwas verpfuschen und eine Schrottaktie long halten oder die nächste Microsoft shorten. Für mich gab es keinen nachdrücklicheren Weg, als das Symbol der papierkorbreifen Verliereraktie auf einen Notizzettel zu schreiben und den armen Kerl, der die Aktie ausgesucht hatte, diesen Zettel den ganzen Tag auf der Stirn tragen zu lassen, bis ich das Gefühl hatte, dass sich die Schande eingeprägt hatte. Das war zwar ausgefallen, aber nicht grausam, denn sie mussten die Zettel niemals außerhalb des Büros tragen.

Wer kam schon gern zu uns und wollte den Druck aushalten, wenn ich zu Jeff sagte, „Lass uns mal sehen, wie schnell wir ihn zum Weinen bringen", nachdem der Schweinehund seine ersten 50.000 Dollar verloren hatte? Wer kam mit dem Druck zurecht, dass ich die Aktien alle halbe Stunde kontrollierte und ein Bußgeld von 2.500 Dollar für jeden halben Punkt verhängte, den die Aktie verlor, nachdem ich verkündet hatte, dass ich sie nicht mochte – die betreffende Person sie aber nicht verkauft hatte? Es gibt keinen besseren Weg, die Einstellung eines Menschen kennenzulernen, als ihn für die Verluste Schecks ausstellen zu lassen. Wer konnte damit umgehen, dass ich Aktien hintenherum verkaufte, während man auf der Toilette war? Wer konnte mein endloses Genörgel ertragen, wie wenig alle über die Aktien wussten, die sie uns andrehen wollten, und dass ich ihnen oder ihren Kindern den Verlust für meine Partner niemals verzeihen würde? Wer wollte sich diesem Druck aussetzen?

Nur jemand, der wusste, dass Berko in seinem ersten Sommer bei mir 400 Riesen gemacht hatte. Nur jemand, der wusste, dass ich für eine gute Idee auf der Stelle einen Bonus von 10.000 Dollar bezahlte. Das habe ich zum Beispiel getan, als ein Angestellter sagte, in „Forrest Gump" werde Dr. Pepper auffallend präsentiert und das werde die Verkäufe von Dr. Pepper anheizen. Das geschah tatsächlich und wir machten 200 schnelle Riesen.

Nur jemand, der wusste, dass meine Assistentin eine halbe Million Dollar dafür bezahlt bekam, dass sie die Beschimpfungen ertrug, die ich an jedem Tag austeilte, an dem wir Geld verloren. Nur jemand, der das von Cramer verschuldete Unglück der schlechten Tage für das große Geld der guten Tage in Kauf nahm. Jemand, der das Richtige treffen und dafür mehr Geld bekommen wollte, als man irgendwo sonst auf der Welt dafür bekam.

Deshalb war ich fasziniert, als mir Matt Jacobs, ein Analyst der PR-Firma Carson Group, eine E-Mail schickte, in der er schrieb, er würde eine Ablehnung als den Beginn einer wunderbaren Beziehung betrachten. Selbstverständlich wies ich ihn spontan ab – so ersparte ich ihm die Qual und mir die Verluste. Aber wie angekündigt schickte mir dieser 24-Jährige, der bisher CEOs im Umgang mit den Medien beriet, daraufhin eine weitere E-Mail, in der stand, er sei der Beste, den ich je finden würde; er kenne mehr Aktien und werde schneller Geld für uns machen als irgendjemand seit Berko. Hm, zumindest kannte er die Schauspieler und ihre Rollen. Ich kann Ihnen gar nicht sagen, wie viele Menschen schon versucht haben, eine Stelle bei mir zu bekommen, die meinen Namen falsch buchstabierten und die nicht wussten, dass Berko irgendeine Rolle spielte. Sie dachten aufgrund meiner unaufhörlichen Fernsehauftritte, ich würde immer alles allein machen.

Ich verlangte von ihm drei gewinnbringende Ideen per E-Mail. Wenn sich alle drei innerhalb einer Woche bezahlt machen und uns unabhängig vom Verhalten des Marktes einen sechsstelligen Gewinn bescheren würden, vor dem keine Eins stand, wäre ich vielleicht zu einem Vorstellungsgespräch bereit. Seine Tipps funktionierten und so sagte ich, er könne am kommenden Donnerstag in der dritten Novemberwoche unter folgenden Bedingungen kommen: Erstens sollte er um 4:15 Uhr da sein, zweitens sollte er fünf weitere tolle Ideen mitbringen und drittens das Essen, von dem ich 1997 in einem Artikel für TheStreet.com geschrieben hatte, das müsse mir jeder mitbringen, der von mir ernst genommen werden wollte.

Der Donnerstagmorgen kam, und als ich um 4:12 Uhr aus meinem 500er-Mercedes stieg, sah ich einen unglaublich dünnen Menschen mit Nickelbrille und kurz geschorenem Haar, der mich anlächelte. „Sie müssen Jacobs sein." Ich war irritiert, dass er meine Herausforderung im Morgengrauen angenommen hatte. Ich wollte keinen Streit anzetteln, sonst hätte ich ihn zur normalen Arbeitszeit noch einmal kommen lassen.

„Und ich habe ein Dutzend Krispy Kremes dabei, ganz frisch." Jedenfalls hatte er die Essensparole richtig verstanden.

Ich erklärte ihm: „Sehen Sie, bevor wir in diesen Aufzug steigen, müssen Sie sich darüber im Klaren sein, dass ich schon Mordanschläge auf Researchassistenten verübt habe und ich das angesichts der Verluste, die sie verursachten, immer als gerechtfertigt betrachtet habe." Er erwiderte, eine „kapitale Bestrafung" sei für jemanden, der Cramer Verluste bescherte, sinnvoll. Ich warnte ihn, ich würde ihn gnadenlos lächerlich machen, er würde nach seiner Mutter und seinem Vater weinen, mit seiner Freundin Schluss machen und sich umbringen wollen, wenn er für die Firma Geld verlieren würde.

Er meinte, in diesem extrem unwahrscheinlichen Fall verdiene er alles, was ihm widerfahren würde. Ich sagte ihm, ich hätte wohl schon um die 300 Wasserflaschen nach Jeff geworfen, entweder für Fehler, die er gemacht hatte, oder für Fehler, die ich gemacht hatte, deren ich ihn aber beschuldigte; und als ich sie warf, hätte ich mir immer gewünscht, sie würden Jeff die Augen herausreißen. „Hatte es vielleicht verdient", meinte er. Ich sagte ihm, ich sei jähzornig und willkürlich und launisch und als Vorgesetzter ein Ungeheuer. Entweder auf meine Weise oder in den Tod etc.

Er erwiderte, er wäre nicht hier, wenn ich nicht all diese schrecklichen Sachen verkörpern würde und noch mehr. Genau mein Mann.

Drei Stunden später, als die anderen da waren, bestand ich darauf, dass Matt mit allen eine gewisse Zeit verbringen sollte.

Jeff wurde blass. „Keine Einstellungen mehr. Keine Einstellungen mehr", sagte er. „Die bringen uns um."

Ich beteuerte, dieser Bursche sei anders.

Er erwiderte: „Alle sind anders."

Ich bat ihn: „Verbring ein bisschen Zeit mit Jacobs, nimm ihn in die Mangel, behandle ihn so, wie ich dich behandelt habe."

„Soll ich ihn Mülltonnen durchwühlen lassen? Soll ich ihn vor Büros herumhängen und CFOs auflauern lassen?"

„Okay", schloss ich, „gib ihm einfach eine Chance."

Am Ende des Tages war Jeff der Ansicht, Jacobs habe die Chance verdient, wiederzukommen. Er sagte, wir könnten ihn jedoch nicht mir nichts, dir nichts einstellen, sondern er müsste erst ein paarmal vorbeikommen, weil wir mit Einstellungen so schrecklich waren.

Ich stimmte zu. Jedes Mal brachte Jacobs Krispy Kremes mit. Jedes Mal hatte er neue gute Ideen. Jedes Mal brachten die Ideen Geld.

Nach dem dritten Mal, am 10. Dezember 1999, stellten wir ihn ein. In seinem ersten Jahr bezahlten wir ihm zwei Millionen Dollar. Er hatte sich jeden Cent verdient, denn nach einem Jahr hatte er für die New Economy ein Rolodex, das so umfangreich wie Jeffs war; der begabteste junge Mann, den ich je erlebt hatte. Nach einem Jahr rückte Jeff zu meinem gleichberechtigten Partner auf und wir machten Jacobs zum Researchdirektor.

Am Anfang bestand ich darauf, dass er nur mit mir zusammenarbeitete. Wir entwickelten Planspiele, um neue Aktien kennenzulernen. Wir riskierten nur Spielgeld, um unsere Favoriten herauszufinden, und erst nachdem wir eine Zeit lang damit getradet hatten, investierten wir wirklich – so wie bei den „Rotisserie Leagues“, bei denen man so tut, als trainiere man eine Football- oder Baseballmannschaft. Der Drang, gewinnen zu wollen – und, in meinem Fall, nicht dumm dastehen zu wollen – zwang uns dazu, Dutzende von Unternehmen kennenzulernen, auf die wir sonst keine Zeit verwendet hätten. Als wir auf dem Papier mehr Gewinn machten als mit dem echten Fonds, mussten wir das Spiel abbrechen und mit echtem Geld spielen.

Jacobs durchschaute den schimärischen Charakter der angesagten Aktien. Ihm war klar, welche Unternehmen einen neuen Maßstab bilden würden sowie welche Investmentfonds dann einsteigen und die Aktien auf Niveaus hochtreiben würden, die nicht zu halten waren.

Und was am besten war, er verstand, dass man Ende der 90er-Jahre für das Investmentgeschäft vor allen Dingen wissen musste, wann das Steak aufhörte zu brutzeln und verbrannte – oder ob es sowieso stinkend und madig war. Das war ein erschreckendes Talent und Matt machte unsere Firma zum intensivsten fundamental orientierten Ort des Jahres 1999. Das Wissen um Neuigkeiten und Bewertungen ergab zusammen mit Katalysatoren und Börsen-Gedankenlesen eine tägliche Grundlage für das große Geld.

Als das Jahr 2000 begann, fehlte uns zum ultimativen Bestimmungsort für das Geld reicher Leute allerdings immer noch ein entscheidendes Element. Wir brauchten einen Trader, jemanden, der das tun konnte, was ich tat, sodass ich mehr Zeit zum Denken hatte; jemanden, der „swingen“ konnte, der vom Schreibtisch aus Gewinn machen konnte, der den Markt „sehen“ und ihn „lesen“ konnte, der die ganzen großartigen Informationen ausnutzen konnte, die wir jeden Tag von den institutionellen Trading Desks hörten und sahen. Jemand, der schnell einmal „etwas erledigen“ konnte, der eine Position aufbauen konnte, eine gigantische Position, ohne irgendeinem Broker zu schaden oder den Markt zu bewegen, damit wir bereit waren für das unvermeidliche Ende der Hausse, denn der Nasdaq Composite kletterte absurderweise immer noch in Richtung 5.000 Punkte.

Anfang 2000 machten wir Todd „Cookie" Harrison zum Cheftrader von Cramer Berkowitz. An der Wall Street wimmelt es nur so von Spitznamen und wir wussten nur selten, wo sie herrührten. Ich nannte Todd am anderen Ende der Leitung schon seit zehn Jahren „Cookie" und hatte keine Ahnung, warum. Die habe ich auch jetzt nicht. Bevor wir ihn einstellten, wusste ich nicht einmal, wie er aussah. Das ist ziemlich typisch für die Wall Street. Wir hatten allerdings schon Trades in Milliardenhöhe miteinander getätigt – per Telefon – und ich vertraute ihm blind. Nachdem meine Frau die Firma verlassen hatte, zog ich es vor, einen Cheftrader zu haben, der bei der Aktienauswahl keine aktive Rolle spielte, sondern nur die Orders ausführte, die er von mir bekam.

Mit anderen Worten, eine Annahmestelle. „25.000 Stück General Electric kaufen, nicht mehr als 40 Dollar bezahlen." „Lilly bis auf 77 Dollar hinunter verkaufen." Als meine Frau nicht mehr dazugehörte, wollte ich niemanden haben, der mehr war als eine Verlängerung meines Gehirns. Todd änderte alles. Wie Karen auch brachte Todd seine eigene Sichtweise und seine Ideen mit, wie man zu Geld kommt. Er setzte aggressiv Kapital ein und wollte am liebsten den großen Wurf landen. Er war ebenso flatterhaft wie ich und äußerst emotional, außer wenn er das große Geld verdienen konnte. Dann war er so kalt wie Saturn. Todd machte mein Aktienleben leichter, auch wenn seine und meine Persönlichkeiten – jeweils Mehrzahl – einen Feuerwehrmann zum Aufstöhnen gebracht hätten, weil er befürchtet hätte, das Trading-Büro wäre übervölkert.

Zum Jahresbeginn 2000 stand unser Kessel unter vollem Dampf und wir glaubten, die Nasdaq sei noch nicht am Ende. Nach unserem abrupten Strategiewechsel infolge des Debakels vom Herbst 1998 hatten wir uns dafür entschieden, mit dem Strom zu schwimmen. Wir erkannten, dass sich die Welt der Aktien verändert hatte, auch wenn wir vor allem aufgrund des Chaos bei TheStreet.com wussten, dass sich die Geschäftswelt nicht verändert hatte, denn in diesem Fall waren wir als Dotcom gegenüber den Kollegen von Funk und Fernsehen letztendlich im Nachteil. Wer nicht miterlebt hatte, wie Internetunternehmen ihre Vorteile verplemperten und sich einem immer feindseligeren Verbraucher gegenübersahen, der meinte, im Netz müsse alles kostenlos sein, wenn nicht gar von der jeweiligen netzunabhängigen Muttergesellschaft subventioniert, konnte wirklich glauben, es werde eine New Economy geschaffen. Wir hatten erlebt, wie sich der Nasdaq Composite am Jahresende auf 4.000 Punkte hochschwang, mit quasi täglichen Sprüngen. Ich war überzeugt, dass dieser Markt die 5.000 sehen würde, bevor die 3.000 wiederkommen würden, selbst wenn er es verdient gehabt hätte, bei 1.500 zu stehen. Was er verdient hatte, war nie von Bedeutung. Gerechtigkeit ist am Aktienmarkt irrelevant. Mich interessierte es immer nur, wo er hinging.

Ein Teil der großen Stärke unseres Unternehmens bestand in der Erkenntnis, dass es beim Investing fast nur um Psychologie und kaum um Substanz geht, egal, was einem die millionenschweren Researchabteilungen der Wall Street erzählen. Wir wissen, dass die Wall Street kurzfristig betrachtet eher eine Modenschau als eine Übung in rationaler Preisgebung und Kapitalallokation ist. Wir wussten Anfang 2000, dass die Aktienkurse durch die geschäftlichen Aussichten nicht zu rechtfertigen waren. Rechtfertigen konnten sie nur diejenigen, die für diese Rechtfertigung bezahlt wurden, die Analysten und Broker, die einen zum Kauf verleiten wollten. Mussten Aktien verkauft werden, erfand man dazu passende Geschichten. Ich kenne das noch aus meiner Zeit als Aktienverkäufer. Wir wussten, dass man zur Rechtfertigung einer Investition irgendwelche Geschichten spinnen konnte, ob nun fundamentaler oder anderer Natur. Wir hatten es nach der Bodenbildung 1994 erlebt, dass die Bewertung einer Aktie immer mehr an Bedeutung verlor. Für die gleichen Unternehmensgewinne bezahlten wir von Jahr zu Jahr mehr Geld. Preise, auf die wir im Jahre 1995 noch gespuckt hätten, bezahlten wir 1996, ohne mit der Wimper zu zucken. Nach Preisen, die wir 1996 als schwer verdaulich empfanden, leckten wir uns 1997 die Finger. Und was dem Markt im Jahre 1997 noch an Disziplin geblieben war, verschwand im Herbst 1998 endgültig, als sich die Internetblase weiter aufblähte. Wenn es um den Aktienkauf ging, durfte man an nichts glauben, denn wenn man an irgendetwas Exaktes glaubte – Kurs-Gewinn-Verhältnisse, Kurs-Buchwert-Verhältnisse, Kurs-Umsatz-Verhältnisse, Dividenden oder den Cashflow –, dann stand man wie ein Idiot da. Altmodisch und verkalkt. Jemand, der aus dem Geschäft ausgestoßen wurde, so wie es damals vielen Wachstums- und Markenfans ging. Ich weiß das: Im Fernsehen und im gedruckten Wort hatte ich zu dem Ausstoßungsprozess selbst viel beigetragen.

Nach dem Rücknahmefiasko 1998 kannte ich die Wahrheit: Bleibt man einem Stil verhaftet, mit dem man sich wohlfühlt, dann bleibt man letztendlich „nichts" verhaftet. War die Performance unterdurchschnittlich, nahmen einem die Menschen das Geld wieder ab. Das hatte ich in meinem ersten Jahr, in dem ich hinter den Indizes zurückblieb, aus den Auszahlungen in Höhe von 100 Millionen Dollar sicherlich gelernt. Und wenn man Verlust machte? Dann wurde einem der Laden zugemacht. Das war die Lehre aus dem Jahr 1998. Ich wusste das alles schon früher als die ganzen Investmentfonds, die schließlich in dem großen Massaker des Jahres 2001 daran glauben mussten. Ich wusste das aufgrund meines Probelaufs im Oktober 1998, als den Menschen mein Auswahlstil nicht mehr gefiel, weil ich damit nicht mehr mit der Nasdaq Schritt halten konnte – dabei war ich darauf konditioniert worden, dass die einzigen gültigen Maßstäbe der Dow Jones und der S&P 500 seien. Warum sollte ich nicht dieses Gefühl haben? Ich hatte seit 18 Jahren Geld verdient, und als ich das erste Mal strauchelte, verlor ich innerhalb von fünf Werktagen die Hälfte meines Anlagekapitals, obwohl ich mich als scharfsinnigen Beobachter betrachtete und den wahren Wert von Aktien gut einschätzen konnte. Ich wollte nie wieder dumm genug sein, so etwas noch einmal geschehen zu lassen. Wenn die Menschen Tech wollen, dann setzen wir eben auf Tech. Wenn die Menschen neue Technologien wollen, dann engagieren wir Matt und lernen etwas über neue Technologien. Und wenn die Menschen die Erstemissionen traden wollen, die aufregendsten, hinter denen am wenigsten Handfestes stand und die das größte Absturzrisiko bergen? Dann holen wir uns einen neuen Trader, der damit zurechtkommt. Holen wir Todd Harrison. Wenn die Menschen tanzende Bullen wollen, die auf dem Kontaktstift eines Internetkabels Pirouetten drehen und die ganze Zeit wissen, dass die ganze Angelegenheit auf wackligen Füßen steht, dann lassen wir sie doch. Ich komme damit zurecht. Ich kann dieses Spiel mitspielen.

Todd ist genau wie ich ein solider Staatsbürger von Paranoia und Psychose. Ich wusste, dass wir geistesverwandt waren, als er am Tag nach seinem ersten guten Tradingtag in den gleichen Kleidern auftauchte. Und dann trug er sie wieder und wieder und wieder. Er wusste es, obwohl er zehn Jahre bei Morgan Stanley gearbeitet hatte, und nicht bei Goldman. Er wusste es, obwohl er Millionen von Trades aufgrund von Fundamentaldaten getätigt hatte. Diese Kleider bestimmten den Ausgang der Trades. Ist es nicht irrational und entsetzlich, dass die besten Trader auf diese Weise denken?

Bei Todd ist alles Karma. In meiner Welt ist es so: Wenn jemand Geld verliert, dann hasse ich ihn, ich hasse alles an ihm und will sein Haus plündern, aber nur bis zur Schlussglocke um 16:00 Uhr, dann liebe ich ihn wieder. Todd hingegen wusste, dass man es, wenn man Geld verlor, verdient hatte, in der Hölle zu schmoren und dass einem seltsame Raubvögel die Leber aus dem Leib pickten. Man brauchte allerdings nicht noch einen Cramer, der ebenfalls danach pickte.

Wir waren eine wüste Kombination, wir waren so hoch entzündlich, dass wir uns täglich mehrmals umarmen mussten und uns Instant-Messages mit dem Inhalt „Mann, ich liebe dich“ zuschicken mussten, damit wir uns nicht gegenseitig die Kehle durchschneiden wollten und uns dann erst überlegen, ob wir dafür stumpfe oder scharfe Messer benutzen sollten. Mit Todds Worten waren wir unser eigenes Minjan. Das ist der jüdische Ausdruck für eine Versammlung von zehn Männern; wir waren sogar noch mehr, wir waren Dutzende von Persönlichkeiten in zwei Körpern, die einander gegenübersaßen. Was das Geschehen am Markt betraf, rasselten wir fast unverzüglich zusammen. Nach dem ersten Monat des Jahres 2000, als die Nasdaq quasi täglich stieg, sagte Todd, er „hasse sie“. Damit meinte er, dass die Aktien heftig überbewertet waren und bald wieder nach unten gehen würden. Oh Mann, wie er sie hasste. Er hatte zugesehen, wie Matt und ich Blätter mit New-Economy-Zeug vollschmierten, Aktien, die stündlich um 10, 15 oder 20 Punkte anstiegen, alles reine Short-Squeezes. Er wusste, dass wir wussten, dass sie alle überbewertet waren und eines Tages kolossal geschlachtet werden würden. Aber er wollte diese letzten Punkte nicht haben.

Als Student der Manien wusste ich, dass der beste Zeitpunkt für maximale Long-Positionen das Wegblas-Stadium war, das Stadium, in dem die Aktien in Flugbahnen einschwenken würden, die der Fantasie spotteten, weil die Shortseller von der bullishen Welle zu Boden gedrückt werden würden. Man musste genau auf dem Gipfel aussteigen. Dort lauerte der maximale Kursgewinn, und wenn man das nicht schaffte, dann sollte man eigentlich kein Fondsmanager sein. Abgesehen davon hasste oder liebte ich niemals Aktien. Diese Gefühle sparte ich mir für die wirkliche Welt und für die Welt des Sports auf. Sie waren nichts für die Finanzwelt, in der ich jeden Tag mitspielte. Steigende Aktien hassen? Nein, Terroristen und Mörder hassen, aber doch keine davonlaufende Qualcomm oder eine überbewertete Amazon.

Matt Jacobs versorgte mich mit Ideen, mit Ideen aus der neuen Welt, welche die Launen des Marktes einfangen konnten. Anfang 2000 wurden sie so schnell gedruckt, dass wir kaum mithalten konnten. Im November und Dezember 1999 schaufelten wir Millionen Dollar in diese Namen, deren Flugbahn derjenigen einer Rakete glich, die den Bereich der irdischen Schwerkraft verließ. Der Kurs setzte sich, ohne zu stocken, bis in das Jahr 2000 hinein fort. Ich hatte mich schon lange damit abgefunden, dass das, was in der Internetwelt passierte, irgendwann ein Ende haben würde. Dieser Prozess lief so ab: Man ging an die Börse, wurde von den Day-Tradern und elektronischen Tradern im Internet nach oben getrieben und gab den Erlös an Yahoo! und AOL für Werbung und Links weiter. Das war ein abgekartetes Spiel, das wir alle mitspielten. Die Idee war einfach. Wenn man viele Zugriffe auf seine Seite hatte, konnte man theoretisch gegen diese Zugriffe Anzeigen verkaufen. Wollte man möglichst viele Zugriffe haben, musste man allerdings bei AOL und Yahoo! verzeichnet sein und dafür sozusagen einen Haken mieten, denn dann klickten die Menschen auf das Icon oder auf eine Erwähnung und wurden zu einem geschickt. Klickten viele Menschen, um auf die Seite zu gelangen, konnte man mehr Anzeigen verkaufen. Yahoo! und America Online verlangten Gebühren dafür, dass die eigene

Story über anderen Storys platziert wurde – ob sie nun besser war oder nicht. Bei TheStreet.com hielten wir das für falsch, weil wir eigene Analysen brachten und trotzdem hinter Massenware aufgeführt wurden, die zwar weniger hilfreich für den Verbraucher war, aber den Portalen mehr Geld einbrachte, als wir hätten bezahlen können. Wenn das Anzeigengeschäft zurückging, dann stand man mit einer Menge Seitenzugriffe da, die sich nicht mehr zu Geld machen ließen. Dann bezahlte man für nichts! Anhand der Zahlen von TheStreet.com sah ich das kommen, und ich wusste, dass die Tage gezählt waren, in denen die Dotcoms an die Börse gingen und Geld an Yahoo! und AOL für die Zugriffe zahlten. Es waren einfach nicht mehr genug davon übrig, die noch nicht an der Börse waren und die dieses Spiel überhaupt hätten mitspielen können. Die Pipeline war leer. Alle e-Geschäftsfelder waren doppelt und dreifach an die Börse gebracht worden. Nachdem wir auf allen e-Hochzeiten getanzt hatten, ging einfach die Ware aus, die verkauft werden sollte. Wir warteten immer noch auf die Bestätigung von Menschen aus der richtigen Geschäftswelt, dass wir die Fundamentaldaten meilenweit hinter uns gelassen hatten.

Ich wusste, dass das Spiel eigentlich schon ein Jahr davor hätte zu Ende gehen müssen, als so viele Unternehmen einschließlich TheStreet .com zu luftigen Kursen an die Börse gekommen und dann in Stücke geschlagen worden waren. Aber es gab so viele Menschen, die daran glaubten. Und dass ich ein Abtrünniger war, spielte keine Rolle; niemand hörte auf mich. Ich hatte zweimal versucht, eine Grabrede für das Web zu halten, einmal in London für Goldman Sachs als programmatische Rede der internationalen Technologiekonferenz des Unternehmens im Jahre 1999 und dann einen Monat später in New York anlässlich der Präsentation von Crain's New York Business – beides absurde Veranstaltungen, auf denen ich wie ein Idiot dastand. Auf der Technologiekonferenz von Goldman verärgerte ich alle Anwesenden, als ich verkündete, das Internet sei überbewertet, abstoßend und teuer in der Nutzung. Wer brauchte mitten in dem großen Emissionsboom jemanden, der die Wahrheit sagte? Auf jeden Fall stieg der DOT (Internet) Index von TheStreet.com auf neue Hochs und ließ mich wie einen

Schwachsinnigen aussehen. Dann probierte ich es ein paar Wochen später bei dem Crain's-Frühstück vor 2.000 Menschen noch einmal. Ich sprach davon, dass nur wenige Dotcom-Unternehmen überleben würden und dass das diejenigen sein würden, deren Seiten kostenpflichtig waren. Die Seiten, die Einnahmen erbrachten, würden gewinnen; Seiten, die nur Zugriffe erzeugten, würden verlieren. Und an genau jenem Morgen musste ich meine Rede zerreißen, denn eine Stunde, bevor ich sie hielt, gab Excite@Home bekannt, dass es 730 Millionen Dollar für Blue Mountain Arts bezahlt hatte, ein einnahmenfreies Unternehmen, das Internet-Grußkarten verteilte. Ich war schon widerlegt, bevor die Tinte der Rede trocken war, nachdem sie aus dem Drucker gekommen war (American Greetings kaufte Blue Mountain Arts später für 35 Millionen US-Dollar von Excite@Home, das bankrott war).

Rings um mich herum wurden Erstemissionen astronomisch bewertet und das wurde als positiv für den Käufer und den Verkäufer betrachtet. Wie konnte das Internet dem Tode nah sein, wenn Yahoo! fünf Milliarden Dollar für GeoCities und weitere fünf Milliarden für Broadcast.com bezahlte oder wenn Start-up-Unternehmen ohne Einnahmen und ohne Produkte in Finanzierungsrunden mit drei Milliarden Dollar bewertet wurden? Vielleicht lag es nur an mir. Vielleicht lag es nur daran, dass mir das Management von TheStreet.com immer mehr sagte, wie fürchterlich es war, im Internet Geschäfte zu machen. Vielleicht lag es ja daran, wie sehr sich alle um das Netz drängten, und dass ich es von innen sah. Die „Äuglein" waren immer noch Trumpf, auch wenn ich scherzhaft sagte, nur Augenärzte würden pro Auge bezahlt.

Bis sich dann eines Tages alles änderte, nämlich an dem Tag, als Time Warner und AOL fusionierten. Niemand verstand das Internet so gut wie Steve Case, außer vielleicht sein Vize Bob Pittman. Rückblickend beruhte ihre Entscheidung, mit Time Warner zu fusionieren, auf der Erkenntnis, dass das Wachstum den Höhepunkt überschritten hatte; aber wir wussten das noch nicht. Als der Rest der Nasdaq brodelte, aber nach der Meldung von AOL dann doch nicht fiel, dachte ich, dort könnte man vielleicht noch mehr Geld verdienen. Ich kaufte damals eine Reihe von Aktien, die ich als „Gewinner der Neuen Welt" bezeichnete,

Unternehmen, die von der sogenannten Revolution profitieren sollten; ich wusste, dass die Revolution nicht stattfand, aber ich war des Kämpfens müde. Anlässlich eines Vortrags für die Gartner Group über Internet und Electronic Commerce stellte ich am 29. Februar 2000 im Marriott Marquis diese Liste vor und bezeichnete sie als die heißesten Aktien, die ich je gesehen hätte. Ich sagte den Menschen, diese Aktien seien brandheiß. Ich lachte die verkalkten Manager aus, die sie nicht kaufen wollten. Die meisten dieser Unternehmen gibt es inzwischen gar nicht mehr. Fast alle haben Insolvenz angemeldet oder sind einfach zugrunde gegangen. Sie sind nur noch Geschichte. Damals jedoch waren sie Milliarden und Abermilliarden Dollar wert und wir wollten sie noch nicht aufgeben. In den zwei Wochen nach meinem Vortrag gingen einige davon im Preis dramatisch nach oben. An einem Tag brachten sie uns mehr Geld ein als der Besitz von Heinz, General Mills oder Procter & Gamble in einem ganzen Leben.

Todd als Trader kannte die Wahrheit – all diese Aktien waren in schwachen Händen. Manche befanden sich im Besitz von „schnell ziehenden" Burschen wie unsereinem, die sie innerhalb von Sekunden losschlagen konnten. Andere befanden sich im Besitz momentumorientierter Investmentfonds und wir wussten, dass diese Fonds Aktien nicht dulden konnten, die zu scheitern begannen. Der große Rest wurde von Insidern gehalten, die nur zu gern aussteigen wollten, oder von Venture-Kapitalisten mit einer Kostenbasis von vier Cent, die allerdings größtenteils durch Bundesgesetze daran gehindert wurden, ihre Aktien zu Geld zu machen, bevor nach dem Emissionsverfahren eine gewisse Zeit verstrichen war. Das waren Menschen, die ihre eigene Großmutter verkaufen würden, wenn ihnen das einen großen Gewinn brächte. Ich habe mich schon immer geweigert, einen Tag unterdurchschnittliche Performance in Kauf zu nehmen, egal, wie groß die Gewinnmöglichkeit letzten Endes war. Ich wollte die Aktien nicht shorten, die wir alle als überbewertet betrachteten, denn das Shorten einer Überbewertung ist ein schräges Spiel. Es findet sich immer irgendein Fondsmanager, der behaupten kann, eine Aktie sei bezogen auf die Gewinnschätzungen für 2010 unterbewertet, und der sie scheinbar für immer kaufen kann, bis seinem Fonds das Geld ausgeht. Solange die Investmentfonds den Ball in der Luft hielten, auch wenn der Ball mit Billionen von Dollars übermäßig aufgebläht war, verabschiedete ich mich nicht von den Aktien. Ich wollte damit weiter auf der Long-Seite traden. Todd, der kein Kopf-an-Kopf-Rennen mit mir wollte, shortete die Indizes gegen unsere einzelnen Long-Positionen. Jeden zweiten Tag glichen wir uns so ziemlich auf null aus.

Und dann kam das zweite Ereignis nach der Fusion von AOL und Time Warner, das der scheinbar niemals enden wollenden Technologierallye den Todesstoß versetzte: der Tag, an dem MicroStrategy in die Luft flog. Wenn die Geschichte dieser Flitterperiode in die Lehrbücher aufgenommen wird, dann wird der 10. März 2000 als Höhepunkt der Nasdaq aufgezeichnet werden. An diesem Tage erreichte der Nasdaq Composite mit 5.010 Punkten den Gipfelpunkt. Aber das ist nur statistisch betrachtet richtig. Das eigentliche Herz der Nasdaq starb erst zehn Tage danach, als das Unternehmen MicroStrategy, dessen Produkte mit dem Begriff der New Economy auf das Engste verbunden waren – an der Wall Street für alle Welt MISTER, wegen des Symbols MSTR –, enthüllte, dass es bei den Ergebnisberichten betrogen hatte. Wir sprechen immer von Lieblingen. Cisco, der Netzwerkliebling. Intel, der Halbleiterliebling.

MicroStrategy war der Internet-, der Internet-Infrastruktur- und der Business-to-Business-Liebling. Das Unternehmen hatte reale Einnahmen, reale Gewinne, ein reales Management und reale Aussichten. Es war das nächste IBM, Microsoft und Oracle in einem. Es gab keine glänzenderen Aussichten als die von MicroStrategy. Bis zum 20. März.

An jenem Tag fanden wir heraus, dass alle diese Aussichten rein virtueller Natur waren und dass bei MISTER nichts real war – und am allerwenigsten die Zahlen. Das Unternehmen hatte seine Einkünfte und Gewinne frisiert und allen vorgegaukelt, es stehe knapp davor, das ganz große Geld zu machen. Bis zu dieser Enthüllung ging MicroStrategy, wie so viele Internetgesellschaften, jeden Tag ein Dutzend Punkte nach oben. Die Institutionen, insbesondere die Investmentfonds, hatten eine tückische Methode entwickelt, die im März 2000 ihren Zenith erreichte.

Sie hefteten sich an gewisse Aktien, manchmal von Anfang an, und hielten sie beständig am Steigen, indem sie sie kauften und im Fernsehen darüber sprachen, dass sie steigen würden; damit zogen sie mehr Geld an, denn durch ihr eigenes Anpreisen im Fernsehen steigerten sie ihre Performance. Solange sie „den Float kontrollieren" konnten und solange sie alle die gleichen Aktien kauften, scheffelten sie alle Geld. Mir war dieses Muster schon seit über einem Jahr bekannt. Ich wusste das, weil viele meiner Freunde an Trading Desks arbeiteten, an denen sie für diese Investmentfonds Aktien shorten mussten, und dabei ein Vermögen verloren. Die Fonds betrieben eine ausgefeilte Form des Ponzi-Betrugs, die darauf angewiesen war, dass immer mehr Geld hereinkam.

Nach den Regeln der New Economy ließen sich die Bewertungen natürlich auch rechtfertigen. Und woran merkte man, dass ein Unternehmen den Regeln der New Economy folgte? Auch das war einfach. Die Unternehmen mussten zunächst eine Reihe von leicht zu überbietenden Umsatz- und Gewinnschätzungen aufstellen und diese dann den Lakaien übergeben, den Analysten, die ihnen bei ihrem Börsengang geholfen hatten. Und dann konnte das Unternehmen die Schätzungen mit seinen Ergebnisberichten locker schlagen. Wie auch nicht? In guten Zeiten haben Unternehmen eine ziemlich klare Vorstellung davon, wie viel sie verdienen werden. Wenn man wusste, dass man drei Cent machen würde, schätzte man beispielsweise einen Cent, und dann gab man eine Zahl bekannt, die besser war als erwartet. Wenn man wusste, dass man fünf Millionen Umsatz machen würde, sagte man aller Welt, man würde vier Millionen Umsatz machen, und dann blies man die Zahlen weg. Alle spielten dieses Spiel, einschließlich des alten Managements von TheStreet.com. Niemand beschwerte sich über das Theater mit den geschlagenen Schätzungen. Es machte viel zu viel Spaß und brachte viel zu viel Gewinn. Solange die Zahlen geschlagen und die Schätzungen unerbittlich weitergetrieben wurden, konnten die Analysten mit jenen gierigen Investmentfonds unter einer Decke stecken und die Preise ungeachtet der Bewertung in luftigen Höhen halten. So kam es, dass Unternehmen ohne nennenswerten Gewinn und mit geringem Umsatz zehnmal so hoch bewertet wurden wie General Motors, Boeing und Ford zusammen.

Bis das Spiel eben mit der Enthüllung eines Betrugs endete. MicroStrategy, ein winziges Unternehmen aus Washington, D.C., das intelligente Software für internetbasierte Anwendungen herstellte, war erstaunlicherweise wie eine Rakete hochgegangen und erreichte am Ende fast den gleichen Wert, den Merck oder Bristol-Myers Squibb heute haben. Aus welchem Grund sollte man eine Aktie im Wert von 300 Dollar besitzen, wenn das Unternehmen keine Gewinne und keine Perspektiven hatte? – so fragten sich die gleichen Fondsmanager, die diesen Moloch aus dem Nichts geschaffen hatten. Als die Marktkapitalisierung zusammenschmolz, dämmerte es auch anderen, weniger beliebten Lieblingen, dass sich Aktienkurse auch nach unten bewegen können. Bevor MicroStrategy implodierte, bestanden die meisten Verkäufe solcher Aktien in Leerverkäufen durch Brokerhäuser; sie wollten es den Investmentfonds recht machen, die diese Aktien unbedingt hinauftreiben wollten. Eine Institution, die zwei Millionen Stück MicroStrategy kaufen wollte, konnte ja nicht an den freien Markt gehen und die Aktien einfach so kaufen. Das hätte den Aktienkurs zu sehr beeinflusst. Also wandte sich die Institution stattdessen an ein Brokerhaus wie Goldman oder Morgan und bat: „Shortet mir bitte ein paar MicroStrategy." Mit anderen Worten schufen sie Aktien durch Leerverkäufe. Bis der Betrug aufgedeckt wurde, waren derart viele Investmentfonds eingestiegen und hatten derart viele Broker auf die Short-Seite gebracht, dass diese ihre Aktien nicht mehr zurückkaufen konnten, weil es keine Verkäufer gab; es gab nur Menschen, die glaubten, die Aktien seien künstlich nach oben gedrückt worden, sodass die Broker shorter und immer shorter waren. Irgendwann müssten einige von ihnen gezwungenermaßen ausscheren und selbst zu Käufern werden. Und das ließ die Rakete nur umso schneller steigen.

Nachdem MicroStrategy den Betrug offenbart hatte, schien sich die Welt über Nacht zu verändern. Hals über Kopf verkauften die Insider ihre Aktien und machten sie zu Barem. Venture-Kapitalisten, die von Berufs wegen langfristig orientiert waren, taten nun alles, um die Aktien zu verkaufen. Nun kamen shortende Hedgefonds ins Spiel, die wussten, dass viele dieser Aktien von den Investmentfonds weit über das erträgliche Maß hinaufgetrieben worden waren; in rasender Geschwindigkeit verkauften sie die Aktien jedem, der sie haben wollte. Sie wollten später eindecken, wenn die Investmentfonds kapituliert und verkauft haben würden. Und die haushohe Flutwelle von Aktien überrollte in der letzten Märzwoche den Markt. Das Angebot war bei Weitem zu groß, als dass es dieser Markt hätte verkraften können.

Für uns bei Cramer Berk war die Feststellung hart, dass es schließlich vorbei war. Wir hatten auf der Long-Seite dermaßen viel Geld verdient, dass wir ganz und gar nicht gewillt waren, die Seite zu wechseln. Zwar waren wir glücklich damit, die Aktien loszuschlagen, aber der Gedanke, sie zu shorten – etwas, das in den letzten Jahren viele Hedgefonds zur Geschäftsaufgabe gezwungen hatte – widerstrebte allen außer Todd. Da er bei Morgan Stanley jahrelang den Käufern zum Gefallen Aktien leerverkauft hatte, genauso wie die Broker jetzt gezwungen gewesen waren, den Kaufwilligen die Aktien zu shorten, fühlte sich Todd mit Short-Positionen wohler als mit Long-Positionen. In der letzten Märzwoche machten wir klar Schiff und stießen Positionen ab, die wir über den größten Teil der seit 1999 herrschenden Hausse hinweg gehalten hatten. Als der April kam und der Nasdaq Composite immer noch im Bereich von 4.500 Punkten stand, äußerte Todd die Vermutung, dass wir am Rande eines Zusammenbruchs von titanischen Ausmaßen stünden, dass die gesamte Nasdaq-Blase platzen würde und dass der Index schon bald bei 1.500 stehen würde.

Junge, Junge, ganz schön bearish. Todd konnte genauso wenig wie meine Frau erklären, warum das passieren sollte. Ähnlich wie bei meiner Frau war das eben so ein Gefühl. Er sollte mir einen Grund nennen, warum sich die Auflösung fortsetzen sollte. Ich schlug vor, dass wir vorläufig alles, was Technologie war, vom Tisch nehmen sollten – und das schrieb ich auf meiner Website ein Dutzend Mal –, bis wir herausgefunden hätten, warum der Crash kommen würde. Von der Fähigkeit der Investmentfonds, Bargeld zu beschaffen, die Shorts zu zerschlagen und die Aktienkurse in absurden Höhen zu halten, war ich derart erschöpft

– glauben Sie mir, es lag wirklich fast ausschließlich an diesen fröhlichen Investmentfonds, dass ich nicht short gehen wollte, bevor ich nicht mit Sicherheit wusste, dass da nichts anderes als die Bewertung am Werk war.

Zum Glück hatte ich TheStreet.com. Bis zum Jahre 2000 war mir klar geworden, dass das Netz trotz des fantastischen Managements, das English weggefegt hatte und immer noch seine Schützlinge hinauswarf, abgesehen von America Online und Ebay, kein wirtschaftliches Projekt war. Und AOL hatte durch seine Fusion mit Time Warner das Ende des Internets als eigenständiges Konzept signalisiert, in das zu investieren sich lohnt. Während wir überlegten, was mit dem Markt passieren würde, kam ich immer mehr zu dem Schluss, dass alle Unternehmen, welche die Infrastruktur für TheStreet.com bereitstellten, überbewertet waren, denn sie existierten nur aufgrund der überbewerteten Börse. Wenn man die Stützung, das knappe Angebot und den Trick mit den Ergebnissen wegließ, welche die Erwartungen übertrafen – wenn man das Angebot losließ und die Ergebnisse einmal enttäuschend ausfielen –, so argumentierte ich, wäre nicht abzusehen, wohin eine solche Aktie fallen könnte. Jeden Tag drängte mich Todd zu einer noch negativeren Einstellung. Da wir nun, im April, alle Technologie-Aktien verkauft hatten und unsere größten Positionen General Mills, CPC (von Unilever gekauft) und Anheuser-Busch hießen, freundete ich mich immer mehr mit Todds These an, dass wir ein Hoch auf Lebenszeit hinter uns hatten.

Wir verkauften fast alle Technologie-Aktien, die uns seit dem Boden im Oktober 1998 so viel Geld eingebracht hatten. Am 7. April argumentierte ich in der TheStreet.com-Sendung auf *Fox* mit unserem Haus-Bären Herb Greenberg um die Wette und warnte die Menschen, sie sollten aussteigen. Ich argumentierte fieberhaft, mancher würde es erschreckend nennen; ich rief, die Menschen müssten aussteigen, genauso wie Kevin McCarthy am Ende von „Die Dämonischen" versucht, die Menschen dazu zu bringen, an ihre schlimmsten Ängste zu glauben. Die *Fox*-Sendung sollte nur noch ein paar Monate laufen, aber ich gab mir alle Mühe, die Menschen aus der Nasdaq herauszubringen, solange es noch etwas zu verkaufen gab. Im Gegensatz zum 8. Oktober 1998, als ich panisch und allein war, als ich mit der Margin und den Rücknahmen zu kämpfen hatte, war in meinem Kopf diesmal alles glasklar.

In der zweiten Aprilwoche überließ ich dann Todd den Sieg und wir shorteten den Markt, weil wir dachten, es würde zu einem Crash kommen. Und dazu kam es auch wirklich. In einer Woche ging es um 20 Prozent abwärts, während unsere Firma tonnenweise Geld machte. Welch ein Kontrast zum 8. Oktober, dem Boden der Baisse 1998, als ich mich irrigerweise vor einer lauernden Baisse fürchtete. Damals schienen die Gewinne zu boomen, aber diesmal drohten sie zusammenzubrechen. Das Internet implodierte. Die ganze Ware, die in der exzessivsten IPO-Phase der Geschichte auf den Markt gepumpt worden war, lag jetzt hinter uns. Mich schmerzten unsere Gewinne. Anders als Todd und meine Frau hasste ich es, gegen Aktien zu spekulieren, auch wenn es überbewertete Aktien waren, denn ich war auf die Tatsache konditioniert, dass alles im Sinne der Bullen enden würde. Außerdem bin ich von ganzem Herzen Optimist und halte nicht gern gegen amerikanische Unternehmen. Eine schräge Kombination aus Kaufen und Halten und Technologie-Aktien hatte ein Füllhorn von „Tech-Blue-Chips" erzeugt; jetzt weiß ich, dass das ein Oxymoron ist, auch wenn ich zu allen Zeiten an den Markt glauben wollte. Gewinne aus Leerverkäufen drehten mir einfach den Magen um.

Nachdem wir in jener Woche vom Abstieg des Marktes profitiert hatten, hatte ich das Gefühl, dass man noch einmal, aufgrund eines letzten Aufbäumens, auf der Long-Seite abräumen könnte. Als sich der Markt am Freitag, dem 14. April, genauso wie an den anderen Tagen jener Woche auflöste, versammelte ich alle in Jeffs Büro und sagte, wir müssten unsere Shorts ernten. Alle würden denken, wir hätten den Freitag vor dem Crash 1987, aber ich war der Meinung, wir hätten genauso wie 1998 den Crash gerade hinter uns und sollten nun eindecken. Um drei Uhr, als der Markt 200 Punkte im Minus stand und die Welt wieder einmal so aussah, als würde sie untergehen, setzten wir 100 Millionen Dollar ein. Mithilfe einer neuen Software, die Todd installiert hatte, konnte ich sehen, dass die 100 Millionen neun Minuten später nur noch rund 94 Millionen wert waren. Ich glaube, ich habe noch nie so schnell sechs Millionen verloren.

Um 15:07 Uhr rief meine Frau an. Nach Handelsschluss wollten wir zum Frühjahrsurlaub nach Mexiko fliegen. Die Kinder hatten eine Woche Ferien. Seit dem Boden im Oktober 1998 hatte ich jeglichen Urlaub zurückgestellt, weil ich in dieser erstaunlichen Hausse-Periode keine Gelegenheit verpassen wollte. Und jetzt hatte ich eine. Diese würde ich richtig erwischen. Ich wollte nicht einmal die Besprechung unterbrechen, als meine Assistentin Jeannie Cullen sagte, Karen sei am Telefon und wolle mich sprechen. „Der Urlaub, Mexiko, nach Börsenschluss", sagte ich zu Jeff, um zu signalisieren, dass sie unsere Zusammenkunft unterbrach. Es war 15:30 Uhr. Karen sagte, sie habe in den Nachrichten gesehen, dass der Markt um die 400 Punkte im Minus stand. Ihr sei klar, angesichts der Tatsache, dass wir die größten Teilhaber des Fonds waren, würde ich es als unverantwortlich betrachten, jetzt wegzugehen. Und so habe sie mein Ticket, ohne mich zu fragen, einfach stornieren lassen. Sie wisse, was ich zu tun hätte. Ich hörte kaum zu. Ich stand wie gebannt vor dem Programm von Eze Castle, das uns sofort zeigte, wie viel wir verloren. Leuchtend hellrot. Faszinierend. Unwiderstehlich. Während sie über die Reise sprach, hatten wir schon wieder 900.000 Dollar verloren. Ich hätte mich übergeben können, so weh tat das. Standen wir im Begriff, unser großartiges Jahr in den Wind zu schießen, das schon jetzt ein gutes Jahr war, weil wir vorher schon so viel vom Tisch genommen hatten und von Technologie auf Pharma und Nahrungsmittel umgeschwenkt waren? Sie plauderte drauflos, wie sehr doch Pflicht und Ehre das Leben ruinierten. Regt mich wirklich auf, dieser Trade. Der große Rücksprung nach der Bodenbildung. Jetzt schon 950.000 Dollar, während wir über diesen blöden Urlaub reden.

„Was machen wir stattdessen? Aufs Land fahren?", fragte ich, weil ich gar nicht mitbekommen hatte, dass sie nur mein Ticket storniert hatte. Diesmal wollten sie ohne mich fliegen.

„Genug ist genug", sagte sie. „Wir fliegen ohne dich nach Mexiko. Mir stinkt's, dass du die Kinder in jeden Ferien hängen lässt. Mir stinkt dein Arbeitsethos."

Sie bat mich, in einer Minute zum Faxgerät gehen. Dort würde ich ein Papier finden, das ich unterschreiben sollte: „AN DIE ZUSTÄNDI-

GE STELLE: Ich, James J. Cramer, habe Kenntnis davon und bin damit einverstanden, dass meine Ehefrau Karen L. Cramer mit unseren Kindern die Vereinigten Staaten verlässt." Ich sagte ihr, das würde ich tun, und kehrte zu der Krisensitzung zurück, ohne weiter darüber nachzudenken. Jeff wollte wissen, ob zu Hause alles in Ordnung sei. Ich zog die Augenbrauen hoch.

„Mann, was hat sie denn?", sagte ich zu Jeff.

Er schaute mich an und kniff ein Auge zusammen: „Hey, sie fragt sich das Gleiche über dich."

„Ja", antwortete ich. „Sie fliegt ohne mich."

Jeff schaute mich an und meinte, „ruf zurück und sag, dass du mitfliegst". Ich sagte zu ihm, solange ich das Geld anderer Leute verwalte, wüsste ich, dass ich das Richtige täte.

Ich würde aufhören müssen, bevor es falsch war. Aufhören und alles aufgeben. Und dafür war ich noch nicht bereit. „Auf keinen Fall. Noch nicht." Ich ging hinaus, sah das Dokument im Faxgerät, unterschrieb es und gab es Jeannie, damit sie es zurückfaxte. Zeit: 15:45 Uhr. Ich stellte fest, dass wir 15 Minuten vor Schluss mit unserer Spekulation sieben Millionen im Minus standen, und beschloss, weitere 10 bis 15 Millionen einzusetzen.

Das taten wir dann auch. Bis 16:10 Uhr hatten wir so viel gekauft, wie wir konnten, wir hatten abgewartet, meiner Meinung nach genau richtig abgewartet, und es richtig erwischt; wir waren für die nächste Woche perfekt positioniert. Und dann fiel es mir wieder ein. Meine Frau hatte mich gebeten, nach Börsenschluss noch einmal anzurufen, um auf Wiedersehen zu sagen.

Ich wählte die Nummer. Zu spät, schon weg. Und da dämmerte es mir erst so richtig, als ich Karens Voicemail hörte: Sie flogen wirklich ohne mich.

So war ich eben: Ein wahrer König, nein, ein Stalinist, ein Kolossalstandbild im Büro, einer, der wusste, dass er diesen Ausverkauf gemeistert hatte, indem er short gespielt und dann perfekt auf die Long-Seite gewechselt war. Die Partner würden allein durch sein heldenhaftes Trading auf die Forbes-400-Liste der reichsten Personen kommen. Und daheim ein totaler Reinfall, der wusste, dass er den Menschen nicht mehr wirklich wichtig war, die er routinemäßig und zuverlässig enttäuscht hatte, weil er immer nur Geld für seine Partner verdiente. Jetzt war der Punkt erreicht, an dem es Karen und den Kindern ohne mich besser gegangen wäre. Nicht, dass ich das etwa gewusst hätte. Ich war zu sehr damit beschäftigt, darüber nachzudenken, wie viel Geld wir mit den ganzen köstlichen, am Boden gekauften Longs machen würden, wenn am Montag wieder der Handel beginnen würde.

22 Aussteigen

Am Montag, dem 17. April, schlugen wir zu. Wir schlugen perfekt zu. Wir lagen goldrichtig und waren in Topform. Die Käufe in die Schwäche nach einer der schlechtesten Wochen der Börsengeschichte zahlten sich eimerweise aus, und in den ersten paar Handelsstunden klingelte die Kasse mit 14 Millionen Dollar Gewinn. Das war eine süße Rache für den 8. Oktober 1998.

Im Gegensatz zu damals, als wir bis zum Hals in Margin-Schulden steckten, waren wir fast mit einer reinen Bargeldposition in diese fürchterliche zweite Aprilwoche gegangen, nur mit ein paar Nahrungsmittel- und Pharma-Aktien, die während des Nasdaq-Verfalls stiegen. Anders als am 8. Oktober, als wir anfänglich in der Panik verkauft hatten, kauften wir diesmal in die Panik. Wir waren zeitweise die einzigen Käufer. Und anders als 1998 machten wir über das Wochenende einen guten Schnitt, während andere Hedgefonds, zum Beispiel George Soros und Julian Robertson, strauchelten und zusammenbrachen (später erfuhren wir, dass sie durch die Geschäftsaufgabe die Schwere des Ausverkaufs noch vergrößert hatten). Wir hatten gut lachen, wir führten zweistellig vor allen anderen, während die Nasdaq zweistellig im Minus stand und auch Dow Jones und S&P 500 wendeten.

Genau so stellte ich mir die Mitte des zweiten Quartals vor. Werdende Champions.

Als mich Karen an jenem Montag aus dem Four Seasons in Punta Mita anrief, war das jedoch eher unerfreulich. Kurz vor Antritt der Reise hatte sie sich beim Inlineskaten das Handgelenk gebrochen, und während ich prahlte, wie richtig ich gelegen hatte und wie viel Geld wir verdient hatten, quälte sie mich mit schmerzlichen Geschichten, wie anstrengend es war, das ganze Gepäck mit einer Hand zu tragen, und wie sehr sich die Kinder gewünscht hätten, dass ich auch dabei wäre. Das trübte natürlich die Freude über den Gewinn von 14 Millionen. Ich war so gedankenlos wie immer; verzweifelt versuchte ich, meiner Frau klarzumachen, wie tapfer wir uns gegen Cisco und Veritas geschlagen hatten und dass wir sie erst im allerletzten Moment gekauft hatten. Ich verglich es mit der Stelle in „Braveheart", wo Mel Gibson sagt: „Halt." Sie wollte wissen, ob ich denn irrsinnig wäre und meine Medizin bräuchte. „Wen interessiert die Tapferkeit gegen Veritas? Die Kinder wollen, dass du in ein Flugzeug steigst und den Rest der Ferien mit uns verbringst."

Das ginge auf keinen Fall, antwortete ich, die Volatilität sei zu schön, die Gelegenheiten zu zahlreich, ich könnte nicht warten, bis sie wieder zurückkäme. Ich sagte zu Jeff, ich sei sicher, dass sie verstand, wieso ich bleiben musste. „Zum Donnerwetter, sie war doch auch in dem Geschäft, sie müsste es eigentlich wissen." Jeff war der Ansicht, nach dem fünften oder sechsten Urlaub, der wegen Volatilität gestrichen wurde, sei das kein besonders guter Grund mehr, auf Gefechtsstation zu bleiben.

Nach diesem großen Treffer auf der Long-Seite beschlossen wir, jetzt nicht mehr so viel Kapital in Aktien zu investieren, solange die Lage derart prekär bleiben würde. Da nun der Geist des Marktes gebrochen war, hatten wir keine Angst mehr vor dem Shorten. Wir wollten nun eher in der Short-Richtung traden, solange die Preise noch so hoch blieben, wie sie waren.

Als sich die Nasdaq auf fast 4.000 Punkte erholte, kehrte ein enormes Maß an Hoffnung zurück in den Markt. Die war jedoch unberechtigt, denn die Fed hob nach wie vor die Zinsen an und es gab zwar weiterhin Erstemissionen, aber sie trafen auf Käufer, die schon voll mit Aktien eingedeckt waren.

Mithilfe der großen Montagserholung und eines kleineren Anstiegs am Morgen des 18. April, in dem wir noch mehr verkaufen und sämtliche Techs abladen konnten, erreichten wir ein Plus von 25 Prozent. Für den Rest des Jahres brauchten wir außer Day-Trading nichts mehr zu tun – am Ende jedes Tages ohne Risiken auf null stehen –, wozu sollte man also ein Held sein wollen? Geldverwaltung hat nichts mit Heroismus zu tun.

Während der ganzen 90er-Jahre hatten wir von den Weisen immer zu hören bekommen, die Erträge seien überzogen, zu groß, und sie würden zu Ende gehen. Ich wollte das nie glauben. Das Geld war einfach zu schön und es schien jeder Vernunft zu widersprechen, die Chancen auf große Gewinne zu ignorieren.

Aber jetzt lagen die Dinge anders. Eine Generation von Aktien war ohne die strengen Regeln geschaffen worden, die unsere Kapitalmärkte üblicherweise kennzeichnen. Eine milliardenschwere Generation von Aktien, die aber gar nichts wert wären, wenn nicht das Kapital so unsinnig verteilt worden wäre. Diese Kombination aus heißen IPOs, elektronischem Trading und der amerikanischen Kaufen-und-Halten-Gehirnwäsche – egal, was, Hauptsache, eine Aktie – erzeugte ein geistiges Umfeld, in dem sich die Vorsicht als Leichtsinn verkleidete und die Form des Verkaufs annahm und in dem ultra-aggressive Strategien unter „langfristig“ firmierten.

Von meinem Sitz bei Cramer Berkowitz aus staunte ich über die zahlreichen Unternehmen, die in dem ersten und zweiten Quartal durch meine Büros defilierten, als der Markt den Höhepunkt erreichte. Große Unternehmen, die im Milliardenbereich bewertet wurden, besuchten mein Büro, aber bei näherer Befragung wussten sie nicht, wie ihre eigenen Geschäfte gingen oder wie die Analysten sie einstuften. Alles war möglich. Unbegrenzter, schrankenloser Kapitalismus.

Jeden Tag passierten verrückte Dinge. Ein paar Beispiele mögen genügen. Nachdem ich in einem Artikel geschrieben hatte, dass Stamps.com eines Tages wertlos sein würde, sagte John Payne, der CEO des

Unternehmens, er wolle mich sprechen und er würde 10.000 Dollar an eine gemeinnützige Einrichtung meiner Wahl spenden, wenn es ihm nicht gelänge zu beweisen, dass das Unternehmen funktioniere und ein langfristiger Gewinner sei. Ich nahm die Herausforderung an. Er kam und erzählte mir eine glaubwürdige Geschichte, sodass ich sogar ein paar Aktien kaufte. Ein paar Tage danach reagierte er allerdings nicht mehr auf meine Anrufe. Und noch ein paar Tage später wurde ihm gekündigt. Die Aktie fiel auf null (ich konnte ihn dann nicht mehr finden, um den Scheck entgegenzunehmen).

Die Führungsmannschaft von Portal Software, eines 7-Milliarden-Dollar-Unternehmens, kontaktierte mich. Laut den Analysten der Wall Street war das Unternehmen im Kommen und sollte die Online-Abrechnung für Brokerhäuser aufmischen. Als ich nach diesem potenziellen neuen Geschäftsbereich fragte, blieb das Unternehmen eine Antwort schuldig. Sie wollten wissen, ob ich jemanden bei Merrill oder Goldman kennen würde, den man anrufen könnte, um einen Teil dieses Geschäfts zu bekommen. Oh Junge!

Oder wie wär's mit 360networks? Vielleicht erinnern Sie sich nicht mehr an diesen Überflieger aus Vancouver. Das Unternehmen erfand so ziemlich alles im Telekombereich neu, die schnellsten Leitungen, ein weltweites Netz und fantastisches Wachstum. Ich schrieb einen Verriss und prophezeite, dass es auf null fallen würde. Nach einigen Tagen rief mich der Chief Executive Officer Greg Maffei an, den ich noch von Microsoft als Chief Financial Officer mit unbeflecktem Ruf kannte; er redete auf mich ein, ich hätte die Geschichte nicht richtig verstanden. Das Unternehmen sei finanziell abgesichert, habe sehr viel Bargeld, und ich hätte keine Ahnung. Schnell schrieb ich zu meinem eigenen Kontra auf der Website ein Pro. Drei Monate später meldete das Unternehmen Konkurs an, alle Voraussagen waren Unsinn, ein Schreibfehler sei schuld.

Uns dämmerte die Erkenntnis, dass man vielleicht nie wieder ohne Angstzittern ein Hightech-Wachstumsunternehmen kaufen konnte, als Naveen Jain in unser Büro kam. Seine Aktie, InfoSpace, stand bei 255 Dollar, sodass das Unternehmen mit 18 Milliarden Dollar bewertet war.

Vor InfoSpace war Naveen bei Microsoft gewesen. Er hatte sein Internetunternehmen gegründet, um die Gelben Seiten des Internets zu schaffen – ein sinnvolles Ziel. Ich ertappte ihn auf *CNBC*, als er versprach, seine Gesellschaft werde Microsoft an Größe übertreffen, weil das Internet so groß sei.

Er kam zu uns im Rahmen eines Werbefeldzugs, in dem er seine Aktie anpreisen wollte, die von 300 Dollar aus gefallen war. Er hatte eine Geschichte zu erzählen und er wollte sie mir erzählen. Er habe da eine neuartige Software, mit deren Hilfe man flugs herausfinden könne, wo es südlich der 14. Straße die günstigste Pizza gab, und dazu gebe es auch noch eine Quittung. Das könne er auch mit Büchern machen, mit Nudeln, Filmen, mit allem. Einfach mit dem Handy.

Und die Bell-Telefongesellschaften würden ihm ein Vermögen für die Integration seiner Software bezahlen. Er würde das Geld nur so scheffeln. Einfach so. Und InfoSpace würde bald eine Billion Dollar wert sein.

Ich war begeistert. Naveen war bullish bis zum Anschlag. Er klatschte Matt Jacobs und mich ab und erzählte uns, wie viel SBC Communications und Verizon ihm bezahlen wollten. Eine Goldgrube.

Als wir Naveen hinausbrachten, hörte ich Jeff etwas ins Telefon flüstern. Ich verstand nicht, was er sagte. Als ich Naveen zur Tür brachte, versicherte ich ihm, ich sei einer seiner größten Fans.

Ich drehte mich zu Jeff um. Noch während der Besprechung hatte er alle 50.000 Aktien von InfoSpace abgestoßen. „Ich habe gesehen, wie ihr euch abgeklatscht habt. Und da habe ich zu Todd gesagt: ‚Dieses Treffen kostet uns Millionen Dollar.‘ Also habe ich alles verkauft."

Ich fragte nicht weiter. Die Zeit des Abklatschens war vorbei.

InfoSpace blickte nicht mehr zurück. Momentan steht es knapp über einem Dollar. Wir hätten Millionen und Abermillionen verloren.

Es gab Hunderte von InfoSpaces, Hunderte von Unternehmen, die reine Übertreibung waren, nicht mehr wert als ein warmer Kotzkübel.

Während die Unternehmen durch unsere Büroräume paradierten, wurde unsere Haltung trotz der niedrigen Kurse immer bearisher. Nicht lange nach der abgesagten Reise verkündete ich, ich würde jedem seine Rechte vorlesen, der ernsthaft den Kauf einer Aktie vorschlagen würde. Wir hielten sogar lange und ausführliche Besprechungen, bevor wir 5.000 Aktien eines Unternehmens kauften. Und das, obwohl wir noch vor ein paar Monaten sorglos im Nu 500.000 Stück gekauft hatten.

Jede Aktie, jede denkbare Bewegung wurde von vier wütenden Burschen unter die Lupe genommen, die sich fast nie einig waren. Todd hasste das. Matt war ausschließlich dafür abgestellt, Unternehmen zu finden, die ihre Quartalsprognosen überbieten konnten, und er kam mit immer weniger Namen zurück. Und wenn er sie brachte, versuchte Todd, sie niederzumachen.

Jeff ging zu Versammlungen, eine nach der anderen, und hörte nur von der kommenden Verlangsamung; wir mussten alles, was wir angefangen hatten, wieder retten. Alles auf der Long-Seite schien falsch zu sein. Alles.

Als ich in diesem Geschäft angefangen hatte, wurde ich wütend auf mich selbst, wenn wir ein Minusquartal hatten. Nach fünf Jahren rief schon ein schlechter Monat Angstzustände hervor. Nachdem wir nun 14 Jahre ohne Verlust hinter uns gebracht hatten, wurde ich immer vorsichtiger, weil ich fürchtete, unser tolles Ergebnis zunichtezumachen. Eine Verlustwoche war schon ein Fiasko.

Gegen Ende des vierten Quartals 2000 war ich davon besessen, keinen einzigen Tag mit Verlust abzuschließen. Ein Verlusttag verursachte Wutanfälle, intensive Wutanfälle, und ich drohte regelmäßig damit, jeden zu feuern, der uns einen Verlust bescherte. Und ich stieß noch einmal nach, wenn es ein zweites Mal vorkam. Ich war 45 Jahre alt und der tägliche Kampf meiner langen Arbeitstage überwältigte mich häufig. An den Freitagen war ich so erschöpft, dass ich um 13:45 Uhr in das Besprechungszimmer ging, mich auf das schwarze Sofa neben dem großen Tisch legte und abschaltete; ich fiel buchstäblich in Schlaf, als mein Kopf auf das Kissen sank, das ich für solche nun immer häufigeren Gelegenheiten bereithielt. Ich sagte: „Weckt mich nach 150 Punkten Plus oder 150 Punkten Minus oder um 15:15 Uhr, egal, was passiert.“ In dieser Marktlage waren das genau die richtigen Anweisungen. Der mentale Stress, das Richtige zu treffen, hatte mich dermaßen erschöpft.

Und als wir dann die neue Software hatten, die es uns erlaubte, in Echtzeit zu sehen, wie es uns erging, irritierte und ärgerte es mich, wenn wir überhaupt im Minus standen, auch wenn es nur ein paar Minuten waren. Wer setzte unsere Führung und unsere guten bisherigen Ergebnisse aufs Spiel? Ich fing an zu schreien. „Wer setzt uns diesem Risiko aus? Wer war das?“ Die meiste Zeit war ich das selbst, weil ich einem Trade nicht widerstehen konnte.

Den ganzen Sommer über tradeten wir in dieser Zwangsjacke, während die Indizes weiter sanken. Wir machten mehr Geld und ich wurde immer verdrossener.

Ende des Sommers erschien ein Buch des Medienkritikers Howard Kurtz von der *Washington Post* mit dem Titel „The Fortune Tellers“. Es untersuchte die Schnittstelle zwischen den Menschen, die über Aktien sprechen, und denen, die mit Aktien handeln. Ich erschien darin als ein Mann, der vom Geld besessen war und von dem Bedürfnis, um jeden Preis erfolgreich zu sein und mir Respekt zu verschaffen. Kurtz – der schon früher über mich geschrieben hatte – beschrieb mich als jemanden, der sich im Namen der Performance mit jedermann anlegen würde. Die Performance rechtfertigte alles. Menschen, die mich kannten und das Buch von Kurtz gelesen hatten, waren entsetzt, wie negativ ich darin erschien, und sie wollten, dass ich mich verteidigte. Aber das konnte ich nicht. Kurtz hatte recht.

Ich schnitt aus dem *San Francisco Chronicle* eine Rezension des Buches aus und legte sie auf mein Bloomberg. Ich habe die Passage über mich immer noch: „Cramer ist jeden Morgen um fünf Uhr in seinem Büro und gibt dem Begriff des Workaholics einen schlechten Beigeschmack. Es ist erstaunlich, dass ein so wohlhabender und erfolgreicher Mann dennoch so manisch und unglücklich sein kann.“ Recht hatte er.

Kurz vor Thanksgiving war ich gebeten worden, in Las Vegas auf der „Money Show“ eine Rede zu halten, einer jener Jubelveranstaltungen für Marktteilnehmer des späten 20. Jahrhunderts, eine Art von Versammlung, von denen man jetzt nicht mehr so oft hört. Ich sagte zu, wenn mein Vater und ich auf Kosten der Veranstalter im Bellagio wohnen könnten. Mein Vater merkte, dass ich nicht einmal für eine Minute von dem Handy lassen konnte, von dem aus ich ins Büro telefonierte. Sobald der Pilot die Flugzeug-Verbindung freigegeben hatte, führte ich ein dreistündiges Telefonat mit Jeff und tradete quer über das Land. Als wir landeten, stieg ich wieder auf das Handy um und tradete, bis wir im Hotel eincheckten. Erst dann, als es eine Minute nach vier New Yorker Zeit war, konnte ich durchatmen und mich entspannen. Mein Vater war vollkommen entsetzt. Er konnte nicht glauben, dass ich unter einem solchen Druck leben konnte. Noch mehr haute es ihn vom Hocker, als ich nicht an die Spieltische ging, sondern Ärger machte, weil der Telefonanschluss nicht funktionierte und ich das Zimmer wechseln musste, damit ich vier Artikel über Aktienhandel abschicken und etwa 400 E-Mails beantworten konnte. Er befürchtete, dass er mich eines Tages zu Grabe tragen müsste, obwohl er fast doppelt so alt war wie ich.

Als ich zurückkam, hatten wir den ersten schlechten Tradingtag seit Monaten, wir hatten fast eine Million Dollar verloren und meistens mit dem Markt spekuliert. Am nächsten Tag, als wir 500.000 Dollar im Minus standen, hatte mich Jeff gefragt, ob ich etwas dagegen hätte, wenn er weggehen würde, weil er sehen wollte, wie seine Kinder Theater spielten. Ich sagte, schön, aber ich würde alles verkaufen, was wir hatten, weil wir in zwei Tagen fast ein Prozent verloren hatten und ich den Schmerz nicht ertragen konnte. Im Gehen meinte er noch, er würde versuchen, noch einmal anzurufen, aber wegen des Stücks würde er das vielleicht nicht schaffen. Kurz danach erholte sich der Markt wieder, und zwar mächtig, unmittelbar, nachdem ich fast unsere gesamten Long-Positionen verkauft hatte.

Als er anrief, war ich gerade unterwegs zur Tür und wollte die U-Bahn Richtung Uptown nehmen. Ich war rasend vor Wut, rasend, weil wir verkauft und Verluste eingesteckt hatten, rasend, weil sich der Markt ohne uns erholte, rasend, dass er dieses gottverdammte Schultheater anschaute, während wir ihn brauchten. Ich redete von Pflichtversäumnis. Ich schrie ihn gnadenlos an. Und dann, als ich gerade einmal Atem holte, stellte ich fest, dass er gar nicht mehr am Telefon war. Die Leitung war tot. Als Jeff am nächsten Morgen kam, wollte er mit mir reden. „Sicher“, sagte ich. Als wir in seinem Büro waren, meinte er, er müsse sich entschuldigen, er sei zu hart gewesen, zu gemein, zu verärgert. „Wovon sprichst du?", fragte ich.

„Von dem, was ich gesagt habe, nachdem du mich angeschrien hast."

Davon wisse ich nichts, antwortete ich. Er lachte. Er hatte vier Minuten lang getobt, ich könne ihn kreuzweise und er würde kündigen, wenn ich ihn noch einmal so anschreien würde.

„Auf jeden Fall tut es mir leid", meinte er. „Aber trotzdem muss mit dir etwas passieren. Wir haben das beste Jahr unseres Lebens, das beste Jahr aller Zeiten, besser als alle anderen. Alles, was wir tun, ist genauso, wie es sein muss, und wir gewinnen, wir sind auf dem Weg zum Superbowl, aber du lässt nicht locker. Du hörst nicht auf. Du bringst dich selbst für nichts und wieder nichts um."

Ich nickte. Ich weiß, erwiderte ich, aber ich habe jeden Tag Angst, dass wir es wieder zurückgeben.

„Das werden wir nicht", sagte er. „Das werden wir nicht."

Ich tat seine Kommentare als gönnerhaft ab und fuhr nach Hause. Ich wusste es besser. Wir konnten es innerhalb von Sekunden zurückgeben. Man konnte es immer zurückgeben. Die Geschichte lehrt, dass man es selbst im November, wo wir jetzt waren, noch vermasseln konnte und alles zurückgeben musste.

Jeff begleitete mich zum Aufzug. Ich erinnerte ihn daran, dass ich in der dritten Novemberwoche 1988 eine Grippe bekommen hatte und eine falsche Spekulation auf die Gewinne von Service Merchandise und Zayre getätigt hatte. Augenblicklich gab ich neun Prozent zurück und stutzte meinen Ertrag von den 40ern auf die 30er.

Ein anderer Mensch hätte dazu angemerkt, dass Service Merch und Zayre nicht mehr existierten und dass dieses Missgeschick zwölf Jahre zurücklag; dass ich jetzt viel besser sei und dass wir jetzt viel besser seien.

Jeff nickte nur. Ich hatte ihn zu gut geschult.

Am nächsten Tag, dem 22. November, fingen wir mit frischem Mut an und steckten bis zehn Uhr schon drei Millionen Dollar Gewinn ein. Bis zur Schlussglocke machten wir noch eine Million mit dem QQQ-Index (Nasdaq 100) und Microsoft. Wir hatten den ganzen Verlust wieder aufgeholt und noch ein bisschen mehr. Und das war gebucht. Gebuchte Gewinne nimmt einem keiner mehr weg.

Und das alles, obwohl der Markt kräftig gefallen war. Das ist die Art von überdurchschnittlicher Performance, die ich mag. Ich liebe den Doppelschlag, wenn man selbst Geld macht und die anderen verlieren. Jaa! Viel, gaanz, gaanz viel. Ein großartiger Handelstag. Cramer Berk vom Feinsten. Jeff und Matt hatten uns beständig mit Trader-Klatsch aus der Konferenz von Credit Suisse First Boston versorgt. Jeff zauberte bei solchen Besprechungen immer etwas aus dem Hut (als Nortel in den 60ern stand und John Roth bemerkte, ein Umsatz von zwölf Milliarden sei schwer zu schaffen, trotzte nur Jeff dem Zorn der Nortel-Oberen und flüsterte in sein Handy, wir sollten Nortel jetzt abstoßen. Alle anderen warteten und die Aktie erholte sich nie wieder). Matt konnte das allerdings auch. Indem wir herausfanden, wonach alle anderen suchten – alle Analysten der größeren Investmenthäuser –, und das mit dem verglichen, was gesagt wurde, machten wir aus einem solchen Treffen gut und gern ein paar Hundert Riesen, und an diesem Tag trafen wir haargenau ins Schwarze.

Todd und ich hielten die Stellung im Büro und spekulierten aufs Heftigste, meistens auf der Short-Seite gegen Aktien. Ich ging dann nach dem Abklatschen heim, nachdem ich meine Kolumne zum Börsenschluss fertig hatte – ich schrieb jetzt stündlich einen Artikel und fertigte so von meinem Gefechtsstand aus täglich regelmäßig zwölf Stück an –, aber es fehlte immer noch ein großer Bericht. An jenem Novembertag versammelten wir uns nach Börsenschluss um 16:40 Uhr um unsere Bildschirme und warteten auf den Quartalsbericht von Brocade. Brocade war schon länger einer meiner Favoriten und es war unsere letzte verbleibende Momentum-Position – eine hart erkämpfte Position in einem Büro, in dem Momentum-Aktien, genau genommen die einmaligen Momentum-Aktien, als Gift galten. Der Besitz von Brocade, eines Unternehmens für Computerspeicher, hatte für enorme interne Spannungen gesorgt. Wie konnten wir eine Long-Position einer Momentum-Aktie haben, in einer Zeit, in der die Momentum-Fonds jeden Tag abgeschossen wurden? Wieso sollte Brocade dagegen immun sein? Wer war ich denn, dass ich verlangte, Brocade sollte bleiben, nachdem ich in den Besprechungen bei Cramer Berkowitz und in meinen Artikeln alle anderen Momentum-Aktien niedergemacht hatte? Ich gab darauf immer die gleiche Antwort: Brocade macht alle nieder – alle! Und bevor es nicht damit fertig ist, alle anderen niederzumachen, so lange will ich long bleiben.

Dann gab Brocade die Ergebnisse bekannt. Die Zahl war perfekt. Ein perfektes Bild. Es gab irgendeine Internetseite, so unbedeutend wie eine zerquetschte Fliege, die sich bessere Zahlen im Vergleich zum vorangegangenen Quartal gewünscht hätte, aber ich wusste, dass die Zahl den Aufstieg bedeutete und Schönheit. Faszinierende Vollkommenheit.

Und genau in diesem Moment, genau in dem Moment, in dem ich beschloss, unsere 20.000-Aktien-Position Brocade um ein paar Tausend aufzustocken, meldete das Halbleiterunternehmen Altera Ergebnisse, die hinter den Erwartungen zurückblieben. Und zwar kräftig.

Obwohl Altera kaum mit Brocade korrelierte, begann letztere Aktie zu fallen wie ein Stein. Ich wusste, dass sie sowieso ein Kauf war, und bot 150 Dollar für 1.000 weitere Aktien.

Und dann stand die Aktie plötzlich sechs Punkte tiefer. Nach 60 Sekunden. Wie ein Mercedes im Rückwärtsgang. Mir gingen die Antworten aus. Ich dachte, ich wäre ganz einfach im Unrecht. Aber wir kalkulierten knapp und ich wollte dem fürstlichen Jahr keinen Schaden zufügen. Ich hörte, wie am anderen Ende der Leitung jemand jammerte, dass die Aktie fiel. Ich sah die Gebote verschwinden. Ich sah den Verlust wachsen. Ich schwitzte, ich war wütend, ich schüttelte den Kopf. Todd schaute mich an und fragte mich, was los sei.

Das sei doch keine große Sache, meinte er. Wir haben's vermasselt, einfach weitermachen, keine große Sache.

„Keine große Sache?", schrie ich. „Keine große $/%&! Sache?" In ruhigem Ton erinnerte er mich daran, dass wir an diesem Tag schon mehrere Millionen ertradet hatten. Ich war nicht zu besänftigen.

„Wen interessieren die Millionen, die wir verdient haben, wenn wir gerade mit Brocade Geld verloren haben? Verstehst du das denn nicht? Weißt du denn nicht, dass ich so denke und dass ich so bin?"

Todd ging kopfschüttelnd hinaus. Als er ging, warf ich eine Wasserflasche gegen die Tür; es kotzte mich an, dass er sich nicht mit mir streiten wollte. Ich war wütend auf ihn.

Ich rannte in mein Büro und versuchte, Jeff bei sich zu Hause zu erreichen; ich wollte mich beklagen, dass Todd der Verlust, den ich verursacht hatte, nicht kümmerte. Ich bekam ihn zwar an das Telefon, aber die Verbindung war dauernd unterbrochen. Angewidert warf ich das Handy gegen den Pfeiler neben meinem Schreibtisch.

Inzwischen kannten schon alle die Übung, sie wussten, was geschah, wenn ich aus dem Büro zurück an den Schreibtisch rannte. Sie wussten, was zu tun war, wenn sich der Boss über einen Trade aufregte, in diesem Fall 21.000 Brocade-Aktien, mit denen ich sieben Punkte im Minus lag. Als Erstes musste die Tastatur dran glauben. Manchmal zerschlug ich sie einfach mit dem Telefon. Diesmal nahm ich sie hochkant und pfefferte sie viermal so auf den Tisch, dass die Buchstaben QWERTY links und ZXCVB rechts herausflogen – auf dieser Seite sitzt meine rechte Hand, Schreibtischgenossin und Vertraute Jeannie Cullen. Seit nunmehr sechs Jahren musste sie immer wieder Briefe aus ihrem Kaffee, ihrem Pullover oder ihrem Haar klauben. Sie zuckte zusammen und betete, wie sie mir später erzählte, dass ich nicht die Heftmaschine in den Monitor werfen oder den ganzen Schreibtisch umschmeißen würde. Das letzte Mal, als ich meinen Schreibtisch umgeworfen hatte – mein Computer war abgestürzt, als ich dachte, Intel würde steigen; ich hatte wie ein Wilder gekauft und dann herausgefunden, dass die Aktie in Wirklichkeit gefallen war, dass ich eine Million Aktien zu schrecklichen Preisen gekauft und in wenigen Augenblicken Millionen Dollar verloren hatte –, flogen überall Glasscherben herum und alle Mitarbeiter fingen sich bei der nachfolgenden Aufräumaktion Splitter ein.

Dann war das Telefon an der Reihe. Brocade fiel weiter und näherte sich so langsam 140 US-Dollar – wütend riss ich das Telefon vom Kabel und hämmerte damit auf den Schreibtisch, bis es in Dutzende scharfkantiger Teile zersprang. Ich schlug mit dem Telefon den Rhythmus zu einer Folge rasender Flüche, und jedes Mal, wenn die Aktie um einen weiteren Punkt einbrach, brüllte ich „Scheiß Brocade!". Und immer noch hob keiner den Kopf. Sie wussten, solange die Aktie im Fallen war, könnte sich alles, was sich auf dem Schreibtisch ihres Bosses befand, in ein Geschoss verwandeln, das direkt auf sie zielte.

Bei 143 Dollar ging die zweite Tastatur auf die ewige Reise, die Leertaste und die Rückschritttaste trennten sich mitten in der Luft, bevor die Tastatur auf die ausgestopften Tiere knallte, die die Grenze zwischen meinem und Todds Schreibtisch markierten. Todd hatte sich rechtzeitig verzogen, bevor er zum Zielobjekt werden konnte.

Als dann kaum noch etwas zum Kaputtmachen übrig war, erreichte die Aktie den Boden, und gnädigerweise kletterte sie wieder nach oben, was für mich das Signal war, zurück ins Büro zu gehen und Jeff noch einmal anzuschreien, dass es wohl doch richtig gewesen sei, aber wie hart es war und dass ich alles kaputtgemacht hatte und dass ich unser Jahresergebnis hätte versauen können, dass dies dann aber doch nicht passiert sei. Auch das tat ich jedes Mal, unter anderem, damit Jeannie die Reservetastaturen und Reservetelefone auspacken und ein bisschen aufräumen konnte, damit für den nächsten Ausbruch wieder alles bereit war. Sie hatte eine ganze Abstellkammer voller Ersatzteile. Zitternd ging ich zurück zu meinem Platz, starrte die Bruchstücke an, die auf dem Boden lagen, schaute die neue und schon angeschlossene Tastatur an und schoss Brocade ab. Inzwischen war der Handelstag zu Ende und Brocade stand bei 145 Dollar.

Ich zitterte und hatte ein Taubheitsgefühl von den Schultern bis in die Fingerspitzen. Kribbeln und Taubheit. Jeannie schickte mich nach Hause. Sie sagte, sie hätte nur noch eine Tastatur übrig, deshalb sollte ich besser vorsichtig sein. Ich wusste nicht, ob das ein Scherz sein sollte oder nicht. Bei Verlusten über 100.000 Dollar sollte man lieber keine Scherze machen.

Aber es sollte keine weiteren Anfälle mehr geben. Denn am nächsten Tag gab ich den Job auf. Jeannies Reservelager würde sicher sein. Ich ging ins Büro, stellte mich vor die Schreibtische und sagte: „Meine Damen und Herren, ich bin draußen. Ich steige aus, bevor man mich irgendwann hinausträgt. Die Firma gehört jetzt Jeff Berkowitz."

Ich hatte mindestens genug Möbel und Monitore und Tastaturen für ein ganzes Leben zerstört. Eigentlich für mehr als ein Leben. Als 45-jähriger Hedgefonds-Manager hatte ich meine Versicherung schon überstrapaziert. Es war Zeit, auszusteigen, bevor mich das Spiel umbrachte. Zeit, auszusteigen, bevor ich jemanden umbrachte.

Nach Börsenschluss übergab ich bei einer Tasse heißer Schokolade an der Stelle, wo die Wall Street auf den South Street Seaport stößt, die Firma formell an Jeff Berkowitz, meinen 34-jährigen Partner. Er wollte dafür bezahlen. Ich wollte ihm etwas dafür bezahlen, dass er sie übernahm! Jetzt war er dran mit dem Zerschmettern von Telefonen und dem Einschlagen von Monitoren. Jetzt war er an der Reihe, sich zu fragen, ob sein Herz den Druck Tag für Tag aushalten würde.

Jemand, der wegen eines Verlustes von 60.000 Dollar einen Herzanfall bekam, weil er in dem Jahr schon 400 Millionen Verlust – und glücklicherweise auch 535 Millionen Gewinn – gemacht hatte, musste etwas anderes machen. Nicht weil die Angst falsch gewesen wäre, sondern weil mich die Angst jetzt hätte umbringen können. Jetzt sollte Jeff schwitzen und sich sorgen und sich ängstigen, wie gut er sich in der wettbewerbsintensiven Welt der Hedgefonds hielt. Ich wollte das nicht mehr. Ich wusste, ich schaffte es nicht mehr bis Januar, wenn es wieder Zeit war, sich Sorgen zu machen und wieder bei null anzufangen. Die einzige Möglichkeit, das zu sichern, was wir schon erreicht hatten, war der Rückzug, und mehr als alles andere wollte ich, dass das gesichert würde. Ich wollte aussteigen, bevor offensichtlich wurde, dass ich meinen Vorsprung verloren hatte. Ein Gewinn von 36 Prozent, während die Indizes zweistellig im Minus standen, schien ein guter Zeitpunkt zu sein, meinen Trading-Gefechtsstand zu verlassen.

Wer nichts mit dem Spiel der Hedgefonds-Manager um hohe Performance zu tun hat, dem mag meine hysterische Wut nach einem Verlust wie dem mit Brocade übertrieben, kindisch und vollkommen unnötig erscheinen. Reine Überreiztheit.

Aber das ist falsch. Der Grund, weshalb die Burn-out-Rate in der Hedgefonds-Szene so hoch ist – weshalb es keine alten Hedgefonds-Manager gibt –, liegt darin, dass jemand, der sich nicht darum kümmert, wenn eine Aktie kurz nach dem Kauf um zehn Punkte fällt, eigentlich nicht mehr im Spiel sein sollte. Der Moment, in dem man sagt: „Ich weiß, ich bin so gut und so sicher, dass ich auf den Kursrückgang von Brocade pfeifen kann" – das ist der Moment, in dem einen die Partner einkassieren und jemand Jüngeren, Hungrigeren und Besseren finden sollten.

Man muss so sehr gewinnen wollen, dass es einem egal ist, was andere über das Benehmen denken, wenn man nicht gewinnt. Gute Geldverwalter vergleichen sich ständig mit anderen. Als ich bei Cramer Berkowitz war, verfolgte ich die Performance von Hunderten von Managern, von Hunderten, und es gefiel mir nie, wenn mich irgendeiner von ihnen übertraf. Es machte mich wahnsinnig, wenn mich Richie Freeman von Smith Barney Aggressive Growth an einem Tag schlug oder wenn Paul Wick drei Performancepunkte hatte und ich nur zwei. Ich beobachtete die Ergebnisse genau so, wie eine Sportmannschaft immer mit einem Auge auf die Tabelle schielt, um zu sehen, wie sich ein Rivale in einem entscheidenden Spiel schlägt. Mir genügte es nie zu gewinnen, die anderen mussten gleichzeitig verlieren, damit es sich lohnte. An den Tagen, an denen die Bösen – alle anderen Geldmanager – Geld verdienten und wir Geld verloren, musste ich die Tränen zurückhalten.

Man hält die manische Quälerei der Nonstop-Performance tagein, tagaus nicht aus ohne die Fiktion, dass um die Ecke immer noch die Armut lauert, dass ich wieder in meinem Ford Fairmont neben der Interstate 5 schlafe – einen Augenblick nach ein paar schlechten Brocade-Trades. Aber es ist ein hartes Brot, hungrig zu bleiben, wenn man im Jahr zehn Millionen verdient.

Dieses ganze Risiko, das notwendig ist, wenn man überdimensionalen Lohn erwartet, erscheint logisch betrachtet als dumm, wenn man das ganze Geld erst einmal verdient hat. Mein alter Goldman-Kollege Jack Shepherd sagte den superreichen Klienten, zu denen ich jetzt auch gehörte, immer: „Man braucht nur einmal reich zu werden." Aber man musste so tun, als bräuchte man immer größere Summen, damit man hungrig genug blieb, um für seine Partner so viel Geld wie möglich zu verdienen. Also tun die Großen entweder so, als fürchteten sie, von der finanziellen Unsicherheit zermalmt zu werden, oder sie glauben, man könnte nie genug Geld haben. Ich nehme an, von beidem ein bisschen.

Wenn man 30 Jahre alt ist und nach einem Geldverlust einen Anfall bekommt, dann kann man sich abreagieren – man läuft ein paar Runden um den Wasserspeicher im Central Park, wie ich es früher getan habe, oder man stemmt im Fitnessclub Gewichte. Wenn man 35 ist und ein paar Computer zerschlägt, dann kann man zur Tränke gehen. Zwei Grey Gooses danach sagt man sich, was soll der Geiz, eine Nacht darüber schlafen, und dann wieder los.

Wenn man 40 ist und versucht, seinen Bildschirm aus dem Fenster zu werfen, weil man Intel zu früh gekauft hat, ist man zu alt, um nach der Arbeit noch etwas zu trinken, ohne dadurch seinen Trading-Scharfsinn für den nächsten Tag zu ruinieren. Also geht man einfach heim und umarmt Frau und Kinder.

Wenn man allerdings 45 ist und zwei Tastaturen und ein Telefon zerschlägt, bekommt man keine Luft mehr. Man verspürt einen Würgereiz. Der Kopf dreht sich, alles wird taub und die Assistentin will den Notruf wählen. Man kann in der Nacht nicht ohne Schlafmittel schlafen und am nächsten Morgen kommt man wieder, ohne dass einen zwei extra große Tassen Kaffee belebt hätten. Als 45-Jähriger übersteht man diesen Stress nicht ohne bleibende Schäden. Jedes Jahr zehrt es ein bisschen mehr an einem, bis nichts mehr übrig ist; und dann vermasselt man es. Dann wird man zu Willie Mays, man bleibt zu lange dabei und schafft keinen zweiten Fernwurf mehr. Man sollte auf dem Höhepunkt aussteigen und mir wurde diese Chance gegeben. Die perfekte Chance.

Als ich an jenem Abend nach Hause kam, kam wie immer niemand an die Tür. Sie hatten schon vor Jahren damit aufgehört. Warum sollten sie sich mit meiner Angst um die Performance herumschlagen, wenn sie selbst harte Tage hinter sich hatten? Wer wollte schon einen missmutigen Hedgefonds-Manager umarmen, nachdem dieser wieder einmal einen elenden Arbeitstag mit dem Kampf gegen den Markt verbracht hatte?

Ich ging an die Bar hinter der Küche, öffnete eine Flasche 37er Warre's Portwein, goss mir einen kräftigen Schluck ein und ging in die Küche, wo Karen gerade das Abendessen zubereitete.

„Was ist der Anlass?“ Sie schaute mich kaum an.

„Ich habe heute gekündigt“, antwortete ich.

„Das wäre ein Tag!“, scherzte sie und hörte überhaupt nicht auf mich.

„Ich habe Jeff die Firma übergeben.“

„Sehr witzig“, sagte sie.

„Ich habe mich zurückgezogen, ernsthaft“, beharrte ich.

„Du hast es wirklich getan, oder?“, fragte sie plötzlich und erkannte, dass ich einmal ernstlich etwas richtig machte, nachdem ich so lange Zeit alles falsch gemacht hatte.

Sie umarmte und küsste mich stürmisch und dann fragte sie mich: „Wie weit steht ihr im Plus?“

Ich sagte: „36 Prozent.“

Und sofort legte sie nach: „Wie weit stehen die Indizes im Plus?“

Ich lächelte: „zweistellig im Minus.“

Sie lachte: „Du weißt ja, ich sage immer, man ist nur so gut wie der letzte Trade, und der da ist verdammt gut.“

Diesmal hätte ich es wohl richtig erwischt, erwiderte ich.

Nur eines noch, wandte sie ein, „du willst aber nicht den ganzen Tag im Wohnzimmer auf der Couch sitzen und den *CNBC*-Ticker anschauen, oder?“

„Nein“, sagte ich. „Mit dem Trading bin ich fertig. Ich will jetzt das machen, was ich immer schon wollte: nur noch schreiben.“

„In einem Büro in der Stadt, hoffe ich“, sagte sie. „Nicht zu nahe“, merkte sie mit einem Lächeln an.

„Natürlich“, antwortete ich. „Bei TheStreet.com. Ich will wieder hauptberuflich schreiben.“

Da rief sie die Kinder herunter und kündigte ihnen an, ab jetzt würde ihr Papa nie wieder ein Fußballspiel versäumen, den letzten Ferienabend oder einen Urlaub, denn ich hätte beschlossen, den Job zu wechseln.

Cece, die Älteste, meinte daraufhin: „Das glaube ich erst, wenn ich es sehe.“

Und sie hat es gesehen.

23
Bekenntnisse eines ehemals Wall-Street-Süchtigen

Jetzt ist es schon über ein Jahr her, dass ich vor Wut eine Tastatur zertrümmert oder ein Telefon zerschlagen habe. Es ist schon über ein Jahr her, dass ich Mitarbeiter wegen 25.000 Dollar Verlust gedemütigt oder jedem mit Strafgeldern gedroht habe, der durch einen dummen Trade Geld verliert. Es ist über ein Jahr her, dass ich einen selbstklebenden Zettel mit der Aufschrift „IBM" oder „HWP" einem unglücklichen Angestellten auf die Stirn gedrückt habe, um ihn daran zu erinnern, dass Verluste weder heruntergespielt noch vergessen werden sollten. Es ist mehr als ein Jahr her, dass ich einen Trade getätigt oder eine Aktie gekauft und gleich darauf wiederverkauft habe, um einen schnellen Gewinn zu erzielen.

In diesem Jahr habe ich keine Theateraufführung meiner Kinder, keinen letzten Ferientag, keinen Elternsprechtag und kein Fußballspiel verpasst. Letzteres könnte ich mir allein schon deshalb nicht erlauben, weil ich der Trainer bin. Wir haben gerade eine triumphale Herbstsaison hinter uns und beim Summit Charge einen 4-3-3-Rekord erreicht. Kein einziges Mal habe ich einen Schiedsrichter angebrüllt oder einem Kind gesagt, es habe mich enttäuscht. Gern gehe ich unter der Woche zum Training, zu Zeiten, zu denen ich sonst Brocade gekauft oder Yahoo! aufgestockt hätte. Gelegentlich balge ich mich mit den Mädchen. Ich kenne die Namen der Lehrer meiner Kinder, und Teufel noch mal, sie kennen mich. Alle Lehrer kennen mich, auch der Direktor, und das nicht, weil ich im Fernsehen etwas über Aktien erzähle, sondern weil ich meine Pflicht tue und so oft wie möglich in der Schule bin.

Es stellt sich heraus, dass meine Kinder und ich viel gemeinsam haben. Wir gehen gemeinsam zu Baseballspielen, obwohl wir zu unterschiedlichen Mannschaften halten. Cece schwärmt so sehr für Basketball, dass sie ihre Katze Iverson getauft hat, nach dem damals besten Spieler der 76ers (sie hätte ihn gern Kobe genannt, aber das hätte mir wehgetan, weil ich immer noch Fan von Philadelphia bin). Ich war im Jahre 2001 achtmal im Urlaub und habe nur beim ersten einen Rückzieher gemacht, weil ich mich nicht an die fehlende Verantwortung gewöhnen konnte. Ich schlafe jeden Tag bis halb sechs und brauche zum Wachwerden einen Wecker. Ich habe nicht ein einziges Mal geträumt, ich würde eine Abschlussprüfung verpassen.

Gelegentlich schaue ich in der Fulton Street 40 vorbei, wo sich Cramer Berkowitz jetzt befindet – Jeff hat meinen Namen an der Tür gelassen –, und es fasziniert mich, welche Fortschritte die Firma unter dem neuen Eigentümer macht. Er verdient einiges an Geld. Anfangs war es schwer, das Büro zu betreten und zu sehen, dass jemand anders in meinem Gefechtsstand saß. Ich fühlte mich alt und verbraucht. Aber das verging. Jetzt fühle ich mich so, als würde ich auf einen alten College-Campus zurückkehren, den ich geliebt habe, auch wenn meine Erinnerungen an die Hochs lebhafter sind als die an die Tiefs. Ich sehe, dass Jeff unter dem Druck seine Haare, wenn auch nicht seinen Verstand verliert, und ich weiß, dass ich ein guter Lehrer war. Er sollte den Druck spüren; er ist einfach wirklich da und verschwindet erst, wenn man aufhört. Das ist gut für die Bilanz. Und ich habe auch keine Angst mehr vor dem Jahresende. Ich brauche mir keine Sorgen um die Erhaltung meiner Gewinne zu machen oder darum, dass die Uhr bald wieder zu ticken beginnt und mein schönes Jahresergebnis nur noch Geschichte ist. Ich bin nicht mehr nur so gut wie mein letzter Trade.

Ich bezahle niemanden mehr dafür, dass er mir mein Elend nimmt, indem ich es auf ihn ablade. Nach wie vor arbeite ich täglich bei TheStreet.com, aber ich habe keine offiziellen Verpflichtungen. Besonders viel Vergnügen bereitet mir eine tägliche Radiosendung, in der ich über das Geschäft rede und sämtliche Geheimnisse verrate, die ich in 20 Jahren Aktienauswahl gelernt habe. In dieser Sendung mit dem Titel „RealMoney" verrate ich die Live-Börsenkommentare, mit denen ich früher meine Mitarbeiter beschimpft habe, aber jetzt ohne die giftigen Bemerkungen, wie jemand dieses verpasst oder jenes versaut hat. Selbst wenn ich wollte, ich könnte nicht einmal traden. Mein Vertrag mit *CNBC*, den ich abgeschlossen habe, nachdem ich die Beziehung mit *Fox* abgebrochen hatte, verbietet es mir, gekaufte Aktien vor Ablauf eines Monats zu verkaufen. Aktien, über die ich im Radio oder Fernsehen spreche, darf ich fünf Tage lang nicht kaufen. Und es ist mir streng untersagt, gegen Aktien zu spekulieren sowie Puts oder Calls einzusetzen. Somit kann ich nicht (auch emotional nicht) auf die Volatilität der Börse reagieren. Mein Freund Mark Haines stellt mich inzwischen als „Reverend JimBob von der Kirche der Ereignisse in einem Monat" vor. Seit Kurzem bin ich Co-Moderator einer Abendsendung auf *CNBC* mit dem Titel „America Now" und auch die ist ein Renner.

In diesem Jahr habe ich mehr schöne Arbeitstage erlebt als in den 20 Jahren, in denen ich mich gegen den Markt durchgebissen habe. Es stimmt zwar, dass TheStreet.com immer noch im niedrigen einstelligen Bereich steckt, und es stimmt auch, dass ich mitverantwortlich für den extrem steilen Aufstieg und Fall war, den wir erlebt haben. Mir hatte der Markt bis zu seinem Höhepunkt und noch ein paar Wochen darüber hinaus gefallen, aber wer nicht TheStreet.com las, der wusste nicht, dass ich mich in einen Bären verwandelt hatte. Sie können mir vorwerfen, dass ich Sie dazu gebracht habe, in Yahoo! oder Cisco zu investieren, obwohl ich sie zu bedeutend höheren Kursen abgestoßen habe. Sie können mich auch dafür schlagen, dass ich geglaubt habe, die Aktien hätten Baseball als Zeitvertreib Nummer 1 der Amerikaner abgelöst. Das können sie nicht, weil man damit mehr Geld verliert als mit Baseball; sie brechen einem Herz und Brieftasche schlimmer, als es die Red Sox je tun könnten. Aber ich habe im Gegensatz zu vielen meiner Leidensgenossen meine Dotcom nicht sitzen gelassen. Ich habe meinen Hedgefonds sitzen gelassen und besitze immer noch alle meine Aktien von TSCM. Ich gelobe, dass ich nicht davon lassen werde, bevor wir nicht triumphieren, bankrottgehen oder übernommen werden. Ich weiß beim besten Willen nicht, welcher dieser drei Fälle eintreten wird.

Nach jedem Auftritt bei Squawk rufe ich meinen Vater an und wir unterhalten uns endlos darüber, wie viel Spaß das macht und wie toll David Faber, Joe Kernen und Mark Haines sind.

Jetzt rede ich mit meiner Frau, ohne dass ich gleichzeitig auf den Bildschirm auf der Arbeit schaue, und ich denke nachts nicht mehr an Aktienkurse. Sie hat mich seit Jahren nicht mehr gefragt, wo die Indizes stehen, und die einzigen Aktiengespräche, die wir führen, drehen sich um das Collegegeld für unsere Kinder. Sie setzt auf Anleihen, Aktien kommen kaum vor. Wenn ich von TheStreet.com nach Hause komme, lächle ich, und alle begrüßen mich an der Haustür.

Mir ist klar, dass ich all das schon vor Jahren hätte tun können. Ich hätte aussteigen können, wenn Geld das Einzige gewesen wäre, was zählte. Aber ich kenne mich, denke ich, gut genug, um sagen zu können, dass es mir nachgegangen wäre, wenn ich nicht auf dem Höhepunkt aufgehört und ein für alle Mal mit der Vorstellung aufgeräumt hätte, ich sei nichts anderes als ein Schreiberling und ein Hausse-Profiteur. In vielen Dingen bin ich unsicher, aber diese gehören nicht mehr dazu.

Als jemand, der ein paar Blocks von den beiden Türmen des World Trade Center entfernt gearbeitet hatte, der bei der Katastrophe viele Freunde verloren hat und der täglich die Nachrufe in der *New York Times* liest, muss ich sagen: Wenn ich selbst dort gewesen wäre, hätte bis vor einem Jahr über mich nicht viel dringestanden, worauf man stolz sein könnte. Oh ja, natürlich, ich hätte Auszeichnungen bekommen und wohltätige Einrichtungen hätten wegen all der Schecks ein Loblied auf mich gesungen, aber ich war kein Familienmensch. Meine Frau hätte mit der brutalen Ehrlichkeit, für die ich sie so liebe, gesagt: „Er arbeitete sehr hart und war wirklich stolz auf seine Performance. Die Durchschnitte schlug er haushoch." Meine Kinder hätten gesagt: „Wir hätten unseren Papa gern besser kennengelernt. Wir haben ihn oft im Fernsehen gesehen und er war echt lustig."

Und jetzt kommt der entscheidende Beweis, der Punkt, das schwerste Belastungszeugnis für mein früheres Leben: Ich bin jetzt ein besserer Stock-Picker als jemals zuvor in den letzten zehn Jahren. Ich höre und sehe dies und das und habe ein Gefühl für das, was im wirklichen Leben wurzelt und nicht in der Wall Street. Ich habe diesbezüglich einen klaren Kopf, und keine Halten-bis-Kaufen-, keine Hoch- und Herabstufungs-Mechanismen rattern mehr in meinem Kopf.

Nein, der Umgang mit mir ist kein Zuckerschlecken. Ich gerate immer noch in Streitereien, aber nicht mehr auf die Art, die mich im Hedgefonds jahrelang verfolgte oder mich zwang, wegen eines herumschleichenden Eindringlings die Schlösser meines Hauses auszutauschen. Mein Freund Tom Clarke, inzwischen Vorstandsvorsitzender und CEO von TheStreet.com, beschreibt mein neues Ich als „staatsmännisch", und obwohl ich mich an der Sanftheit dieses Ausdrucks störe, erkenne ich die Vorteile, die es mit sich bringt, ein Botschafter des guten Willens zu sein. Ich kann immer noch Feuer fangen und eine tiefe Leidenschaft für Aktien empfinden. Aber diese Tiefe lässt sich nicht mit der Leidenschaft für meine Familie vergleichen.

Ob mir die Action der Wall Street fehlt? In der Thanksgiving-Woche 2001 stellte ich fest, dass sich der Markt von dem Tief am 21. September, der Wiedereröffnung nach der Tragödie vom 11. September, um fast 20 Prozent erholt hatte. Ich erzählte es Karen und für einen Augenblick – nur einen Augenblick – dachte ich, wäre es nicht toll, wieder im Hedgefonds zu sein, den Finger am Abzug für Hunderte Millionen Dollar, und abzuräumen, während alle anderen bearish waren?

Aber nur, wenn die Trading-Göttin zurückkommen würde. Als ich ihr das mitteilte, ließ sie mich nicht einmal ausreden.

„Denk nicht mal daran", sagte sie. „Nicht für alles Geld der Welt."

Kann ich wirklich wegbleiben? Warum gehe ich nicht einfach zurück, stelle mich hinter das Schild „Hochspannung", das ich noch von meinem alten Job hatte, und schlage wieder mit Aktien um mich? Wirble sie herum und verdiene viel Geld?

Dazu sage ich nur: Nein, danke! Ich bin nicht mehr süchtig. Ich bin von den Dämonen befreit, die mich im letzten Jahr schon um 3:15 Uhr auf die Arbeit trieben, weil ich dachte, ich würde gegen die jüngeren und besseren Kerle verlieren. Nein, nein, ich gehe nie wieder zurück.

Jetzt kenne ich die Wahrheit: Ich habe Glück, und Glück zu haben ist besser, als gut zu sein.